R

by BRIAN TRUEMAN

Book version by Nicholas Jones

Illustrations from the Cosgrove Hall production
Directed by Chris Taylor

THAMES METHUEN

First published in Great Britain 1986
by Methuen Children's Books Ltd
11 New Fetter Lane, London EC4P 4EE
in association with Thames Television International Ltd
149 Tottenham Court Road, London W1P 9LL

Designed by Sue Ryall
Printed in Great Britain
ISBN 0 423 01980 5

The unabridged edition of THE WIND IN THE WILLOWS
by Kenneth Grahame is available with full colour illustrations
from the award-winning Cosgrove Hall production.

The Cosgrove Hall film of the original book
by Kenneth Grahame is available on Thames Video

The Rescue

Winter held the Wild Wood in its fiercest grip. Hoar-frosted rushes glistened above frozen ponds. Icy crystals outlined the few remaining fallen leaves. Encrusted with wind-blown snow, leafless branches stood stark against the wan sky.

Underneath the iron-hard ground, however, the burrowing animals were safe. Rat, too, was secure in his Riverside house. He had been baking scones, and his parlour was so warm that he had opened the window. He had just finished clearing

away, and was giving a last glance round to see that everything was shipshape, when he glimpsed a stealthy movement at the window. A weasel hand reached in towards the scones cooling on their rack. Rat picked up a wooden spoon, and moved nearer, choosing his moment. Just as the Weasel thought he had reached his prize, Rat rapped his knuckles sharply.

'Ow! Oooh! Oh!' Rat recognised with satisfaction the voice of the Chief's Henchman. As the Weasel slunk away, Rat said to himself, 'Villainous Weasels – I'll learn them. Now, where was I?' He had been working on the lyrics of his latest song, and was glad to get back to the task.

The bubble of the River is music to my ears,
Dee-dum, dee-dum, dee-dum, dee-dum . . .
And . . . measures . . . out . . .the . . . years . . .

But he got no further in his juggling of metre and rhyme, for there was a loud knock on the door, and Mole's voice called, 'Ratty! Ratty!'

Ratty opened the door. 'My dear Mole! Whatever . . . !' he began.

Mole interrupted, 'Oh, Ratty! It's young

Ernest! I mustn't stop a minute!'

'Of course not – but come in!' Once they were inside the warmth of his parlour, Rat asked,

'Now, Mole, old fellow! Whatever's the matter? You didn't fall foul of that wretched Weasel?'

'No, no, Rat! It isn't *me* at all!' cried Mole. 'It's Ernest, young Ernest. One of that shrew family from Bramble Bank. He's gone missing! Went out to slide on some frozen puddles – so his mother said – and seems to have gone off somewhere!'

'Goodness! In *this* weather? I'll come and help you look for him.'

'There's a search party being organised – but I think it needs your common sense, Ratty!'

* * *

Thus briefed, Ratty and Mole set off to where a group of concerned animals was gathered. Some of the younger ones were already away into wild flights of fancy as to what might have happened to the poor lost Shrew. As they approached, Ratty heard snatches of conversation: '. . . and he might've got kidnapped and held to ransom . . . '

With a wild disregard for geography, one Field-mouse even suggested, 'I bet you a navalanche has got him! They always do!'

Ratty stopped their talk and called to them. 'Quiet! Quiet, please!' He waited for silence. 'Now! Come on, you youngsters! Let's have a bit of sense out of you. Did anyone *see* young Ernest?'

Billy, the Hedgehog, piped up, 'Please. Mr Rat! I did! I think . . . '

'Right! *Where*?' Rat interrupted impatiently. 'And what do you mean by "I think"?'

'Well, please Sir, I went to get some twigs so my Mum could light the fire, and I *think* it was him I saw. He was a bit far off, Mr Rat!'

'Yes. All right! And where *was* this?'

'Please Sir, it was near that old barge on the Canal.'

'The *Canal*!' cried Mole in alarm. 'Oh my!'

Rat did not allow his feelings to show, however. He needed precision. 'Just up from the bridge?'

'Yes Sir!'

When he did voice his concern, it was privately, to Mole: 'Hmm! That could be bad!'

'Oh, yes!' Mole agreed.

'And if it *was* him . . . ' He spoke louder: 'Right! Quiet! Mr Mole and I will look for Ernest near the Canal . . . Billy!'

'Yes, Mr Rat!'

'You and Lucy make sure he's not gone home.'

'Yes, Mr Rat!'

Rat continued until he had briefed all the other Fieldmice and Rabbits, so that between them they could cover the widest possible area. 'If there's *any* news, go and tell Ernest's mother. All clear?' he finished.

With a chorus of understanding, grateful for Ratty's calm and confident approach to the search, everyone moved off. Left alone with Mole, Rat turned and said, 'Right! We'd better get down to that Canal as fast as . . . '

His voice tailed away. A strange figure was coming towards them. The weather was cold, Ratty would agree, but this figure looked as though it had just returned from an expedition to the Yukon or the Klondike. It spoke: 'Hello you chaps!'

'Good heavens, Toad! What *are* you meant to be?'

'Meant to be? I am equipped for the search!'

'Equipped?' queried Rat.

'I heard about young Ernest from the paper-boy – but I'll soon find him!'

'Indeed?' said Rat sharply. 'Well, I hope you do!'

Mole was still intrigued by the detail of Toad's curious costume. 'But, Toad, what are the . . . er . . .' He pointed to Toad's eyes.

'Goggles! Against snow-blindness!'

'Snow-blindness!' exclaimed Rat. Toad was as outrageous as ever.

Unconcerned by Rat's ridicule, Toad continued, '*And* . . .' – he pointed to his feet – 'snow shoes for trekking over the great frozen wastes . . . !'

'What's the rucksack for?' asked Mole.

'Supplies! For the journey!'

Rat intervened. 'We shouldn't be more than an hour, Toad. That looks like enough for a week.'

'Nonsense, Rat! A little smoked salmon, cold new potatoes, a hard-boiled egg or two, three loaves, damson preserve . . .'

'Yes, well,' interrupted Rat. 'I'm afraid we haven't time for the *whole* menu, Toad! We must find Ernest!'

'But of course! And I shall lead the way!'

'Oh, all right, Toad!' said Rat, in a tone meant to end the conversation. Mole said, 'Well, shall we go?'

Toad agreed. But he obviously had reservations: 'I can't see you fellows getting far, though,' he said. 'Preparation! That's the key . . . ! Oops!' He tripped over his snow-shoes. 'Oh, drat! What . . . ' The others forged ahead.

'I say!'

So Rat and Mole left Toad to disentangle himself from his equipment, and soon reached the Canal. Rat studied the tracks in the snow.

'Now they came in this way, and —'

But he didn't complete his deduction, for Mole interrupted, pointing to the Canal,

'Oh! Rat! Ratty! Look!'
There was a large hole in the ice.

'Oh, my goodness! Oh, Mole!' Rat studied the scene for a little, then suddenly cheered up. 'It's all right, Mole! Ernest didn't make that hole – at least not by falling in!'

'How do you know?'

'No footprints on the ice. There'd have been footprints!'

'Oh. Oh, of course! Oh, Ratty, what a relief!'

But Rat wasn't listening. He was examining the snow on the tow-path again. 'Ah!'

'What?'

'Got them! Ernest's footprints – going off again!'

'Oh, good!'

'Come on!' They set off briskly – too briskly to see or hear Toad behind them. 'Ugh! Phew!' He

panted up. 'Phew! Good job I knew that short cut! Probably miles ahead by now! Ahem!' He drew in a deep breath to call. 'Ernest! Ernest! Are you there!' He waited. Nothing. 'No. Not there!

Ah well! Better press on! Should have a team of faithful huskies, really! Mush! Hy-up! Yes . . . Yes! Toad of the Antarctic! Ha, ha! Mush!' The back of his snow-shoes caught on a fallen branch hidden in snow. 'Whoops!'

* * *

Ratty and Mole, meanwhile, were marching ahead, Rat confidently following the tracks. Suddenly, he became aware that Mole was hanging back: 'I say, Mole,' Rat asked, concerned, 'are you all right?'

'Well . . . aren't we getting awfully near the Wild Wood?'

'Mmmm. By Jove! You're right! There you are, see! Head down over the trail and I don't even know where I am! All the same, we shall have to keep our eyes open for . . . you know who!'

'That's what I thought!'

'Didn't tell you one of them tried to pinch my scones this morning, did I? And from my window-sill. Gave him sore knuckles, so he won't be feeling very friendly! Ah, well! Come on!'

* * *

Toad was still struggling along behind, well out of sight and earshot. 'Oh, my gosh! No use! Have to stop! Base camp! Feed the huskies! Feed . . . ! I say, I *am* a bit peckish. I think perhaps I'll just have a bite of pemmican . . . Well, perhaps cold sausage instead . . . Oh! Ooh!'

As he rooted in his rucksack, he didn't notice the Chief Weasel's Henchman creeping up to him. When a voice said 'Hello' behind him, Toad leapt in surprise, and the sausage flew out of his hand . . . to be neatly caught by the Weasel. 'Oh, that's very nice of you, Mr Toad. Very nice!'

'Oh!'

'It *is* Mr Toad, is it?'

'Erm . . . . yes, of course!'

'Only at first I thought it was an Aylesbury Duckling, gone astray! What with the webbed feet and the funny eyes, you know!'

'Webbed . . . ! Those are my snow-shoes!' He pointed down to display their merits. 'You see – finest leather straps and reinforced frame in seasoned ash. And these' – he tapped his goggles – 'protect me against snow-blindness, which . . . ' The silence made him suspicious. 'Hello? Where . . . ? I can't see him! No, he has gone. Phew!'

Then he noticed that the Weasel wasn't the only thing which had gone. 'I say, where's my rucksack . . . Oh! O-oh!'

* * *

Ratty and Mole were still on the trail. 'Now then, they seem . . . ' began Rat, examining some more tracks. He broke off. 'Oh dear!'

'What?'

'I wasn't sure about it at first, but . . . there are *Weasel* prints here!'

'Oh Rat!'

'Yes! They all went off together!'

'The villains!'

'Yes. I can't see any signs of a struggle – but there are so many prints . . .'

'Oh, Ratty! We must get him back. We can't leave him to those wretched kidnappers!'

'Yes, Mole, you're right! Well then! Come on!'

'I'll show 'em, I'll show 'em!' cried Mole, remembering how that battle cry had strengthened his courage during the battle for Toad Hall.

* * *

Toad, meanwhile, had lost both his confidence and his way. He was trying to cheer himself up with brave talk. It wasn't entirely successful. 'Mush! Er . . . mush!' He thought he heard something. 'Hello? Mush! Hullo! Oh!' He gulped. 'Oh dear!'

A twig cracked. 'What? Oh, nothing! Come on, Toad, Great Explorer. Look, I know you're there! *And* I've got a gun – for the polar bears!'

But the Weasel – for it was he – knew Toad too well of old to be frightened, and a stealthy hand slipped out to remove the goggles perched on Toad's head, who noticed only a slight brushing movement. 'Oooh! What . . . ?' Toad felt his head. No goggles! 'Here! Where are my . . . ? I say! What's going on?'

The reply was an anonymous snigger.

'Oh, look here! It's not funny, you know! I'll get snow-blind!'

* * *

Rat and Mole were becoming increasingly worried, for they had now followed the tracks all the way to the Weasels' den. 'Hmm! No sign of life, Moley!'

'No!'

'But there's no doubt about it! I can see the young feller's tracks going all the way to the door . . .'

They stepped as boldly as they could towards the door. Rat was just about to knock, when it opened of its own accord – and Ernest appeared.

He was still in conversation with the Weasels inside, and so was turned away from the search party.

'Well, thank you *ever* so much, Uncle Bill!' Rat and Mole heard, to their astonishment.

''S alright, son! 'S alright!'

The searchers crept away from the door. They wanted to see more of what was happening, before doing anything more.

'And thank *you*, Uncle Bert, for showing me how to make a funny bunny with a handkerchief!'

The Chief's Henchman – evidently 'Bert' was his name – looked benevolently down at the little animal.

The Chief said, briskly, 'Now then, Uncle Bert 'ere will see you back home – and don't you go wandering about in this sort of weather again!'

'No, Uncle Bill, I won't.'

'Right, er . . . Uncle Bert, better get off then!'

Rat and Mole stepped out of the shadows, fearing that they had been grossly unfair on the Weasels. Rat thought he could save the Weasel the journey. 'Look here . . . !' he said. 'There's no need for that. Mr Mole and I will see the lad home.'

'Mr Mole! Mr Rat!' said Ernest in surprised acknowledgement.

Mole was keen to clear his conscience as soon as

possible, and addressed the mystified Weasels: 'We're awfully sorry!'

'Sorry?' said the puzzled Chief.

'We thought . . . that you . . .' He left it unsaid, and ended instead, '. . . and you've been very *kind*.'

The Chief and his Henchman looked at each other. This wouldn't do at all! If the Riverbankers got the idea that Weasels were getting soft! And if the other *Weasels* found out . . . well, they wouldn't be in charge for much longer.

'Very *kind*?!' said the Henchman.

The Chief denied it strenuously. 'No, no, Mr Mole! Oh *no*!'

Rat was often surprised by the Weasels, but this he couldn't fathom at all.

'What?'

'No!' insisted the Chief. 'Good job you came when you did! Uncle Bert . . . er . . . my colleague 'ere was 'avin great difficulty in restraining my villainous instincts!'

'Oh, that's right. Turning very nasty, he was!' his Henchman confirmed.

'Yeah! I was about to erupt in an uncontainerable parrotism of violets!'

'You mustn't be ashamed of being kind!' laughed Rat, not quite believing what he was hearing.

'Kind, Mr Rat, isn't what *we* are ever!'

'Yeah!' agreed the Chief. 'Now, better take that poor innocent nipper away before I does somefink 'orrible!'

Rat realised that nothing he said would make any difference. He sighed. 'All right! Have it your own way! Come on, Ernest!'

'Yes, Mr Rat. Goodbye, Uncle Bill! Goodbye, Uncle Bert!'

The Weasels shuffled, embarrassed – and slammed the door. Rat didn't know what to say, except, 'Well, come along, then!'

Under Rat's capable direction, the party soon came to the point near Ernest's house where

the path split. Rat and Mole felt they could safely leave Ernest now he was so near to home, 'Well, here we are!' Rat said. 'Now, off you go home, Ernest – and don't stop for anything!'

'No, Mr Rat. It's only round the corner . . .' He ran off, calling behind him, 'And thank you very much!'

Mole looked at Rat and smiled. 'Well, that's that, then!'

But he spoke too soon, for Ernest's voice came clearly through the trees. 'No, no! Please let me go! I don't want to go that way!'

'It must be the Weasels!' said Ratty. 'They've tricked us!'

Mole and Rat set off briskly towards the noise – and were greeted by Toad! 'Ha ha! Ratty! Mole! You're too late!'

'Too late, Toad?'

'Yes, I've found him! Toad, the Great Explorer!'

'What d'you mean *you've* found him?' said Rat, indignantly. 'Let him go! He isn't lost anymore!'

'Of course he isn't lost any more! I've found him!'

'He's been found twice already!'

'Twice?'

'Once by us,' explained Mole, 'but first of all . . .'

'. . . by the Weasels!' finished Rat.

Toad was incredulous. 'By the Weasels?! Don't be ridiculous! They'd knock the poor little chap about something awful!'

'I tried to tell you, Mr Toad! And they were very *nice* to me!'

Toad wouldn't change his prejudice: 'Nonsense!' He turned to Rat and Mole. 'He's delirious! It's the snow-blindness!'

'They *were*, Mr Toad,' insisted Ernest. 'I had a lovely tea – smoked salmon, cold new potatoes, a hard-boiled egg . . . '

Toad could finish this menu. 'And bread and butter with damson preserve?'

'Cor, Mr Toad!' Ernest was impressed. 'That's *right*!'

'How did you know, Toad!'

But before he could reply, Ernest continued, 'And they gave me a present – look!' He showed them the goggles.

'Those wretched Weasels!' Toad spluttered. 'How dare they? They stole my supplies and my goggles – and they've given them to *him*!'

Mole spotted a flaw in Toad's story: 'But how could they if they didn't find him?' he asked.

Toad wasn't quick-witted enough. 'Well, of course they . . . ' He slowed to a halt as he realised he'd given the game away. 'Oh, blow! Oh, double, treble blow!'

Rat laughed. 'Come on, Ernest. We'll take you home!'

'Coming, Toad?' asked Mole, mouth twitching with suppressed laughter.

Toad knew when he was beaten – and even *he* could see the funny side.

'Coming, Mole,' he said, as cheerfully as he could.

Jana Hoch

The Ruby Circle

All unsere Lügen

Weitere Bücher von Jana Hoch im Arena Verlag
The Ruby Circle. All unsere Geheimnisse
Royal Horses. Kronenherz
Royal Horses. Kronentraum
Royal Horses. Kronennacht
Dancing with Raven. Unser wildes Herz

© Tanja Saturno

Jana Hoch wurde 1992 in Hannover geboren und lebt heute immer noch in der Nähe der Stadt. Seit frühester Kindheit hat es sie begeistert, eigene Welten und Charaktere zu entwickeln und diese auf Papier festzuhalten. Die Pferdetrainerin nutzt jede freie Minute zum Schreiben – der perfekte Tag beginnt für sie bei Sonnenaufgang, mit dem Laptop auf dem Schoß und einer Tasse Kakao, und endet auf dem Rücken ihres Pferdes Jamie.

Mehr Infos unter *www.jana-hoch.de* und auf Instagram und TikTok unter *@janahoch.autorin*

Arena

JANA HOCH

THE RUBY CIRCLE

ALL UNSERE *Lügen*

HINWEIS
Dieses Buch kann sensible Themen enthalten.
Weitere Informationen dazu auf Seite 392.
(Achtung: Diese Hinweise enthalten Spoiler!)

Ein Verlag in der Westermann Gruppe

MIX
Papier | Fördert gute Waldnutzung
FSC® C110508
FSC www.fsc.org

1. Auflage 2024

Rottendorfer Straße 16, 97074 Würzburg

Text: Jana Hoch
Cover und Innenillustrationen: Clara Vath
Beigelegte Illustration: Courtney Fricke, @courtmakes_art

Gesamtherstellung: Westermann Druck Zwickau GmbH
Gedruckt in Deutschland

ISBN 978-3-401-60710-8

Besuche uns auf:
www.arena-verlag.de

@arena_verlag
@arena_verlag_kids

Für Debora
Ich bin so dankbar dafür,
dass du meine Freundin bist.

Haverton House

»Strebe nach Großem«

Haverton House ist der Teil des Ruby Circles, dem wohl die reichsten und berühmtesten Mitglieder der Highclare Academy angehören. Das luxuriöse Anwesen lässt keine Wünsche offen, doch hinter den Mauern gibt es auch viele Konkurrenzkämpfe, Intrigen und Geheimnisse.

Belmont House

»Ehre, Pflicht, Weisheit«

Wer Mitglied im Belmont House ist, kann sich einer leuchtenden Zukunft gewiss sein. Hier wird großer Wert auf Fleiß, Ehrgeiz und Leistung gelegt, doch wer dem nicht gerecht wird, kann alles wieder verlieren.

Sir Archer Remington

»Ewig treu, ewig verbunden«

Sir Archer Remington bleibt sowohl in Sachen Größe als auch Luxus hinter den beiden anderen Häusern der Highclare Academy zurück. Doch seine Mitglieder präsentieren sich als empathisch, offenherzig und tolerant. Stipendiaten werden hier gern gesehen, weswegen die anderen Häuser oft abfällig auf Sir Archer herabblicken.

1

Eine Hand über meinem Kopf abgestützt, drängte Theo mich gegen das Regal und küsste mich so leidenschaftlich, dass ich nach Luft schnappte. Die Holzböden drückten gegen meinen Rücken, aber alles, was ich spürte, war das warme Flattern in meinem Bauch, das mich jedes Mal durchströmte, wenn er mir so nah war.

»Ich glaube nicht, dass das in der Bibliothek erlaubt ist«, flüsterte ich, was Theo ein Schmunzeln entlockte.

»Ist mir egal«, antwortete er, beugte sich erneut vor und strich mit seinen Lippen sanft über meine.

»Und was ist, wenn die Bibliothekarin mit dem Buch zurückkommt, nach dem du sie gefragt hast?«

Theo lachte leise, ich spürte seinen Atem auf meiner Haut. Er unterbrach unseren Kuss, griff in seine Hosentasche und zog ein kleines Buch hervor. »Keine Sorge, Mrs Ellington wird noch ein bisschen mit der Suche beschäftigt sein.«

»Du hast es längst?«

Er zuckte mit den Schultern. »Hab's vorhin eingesteckt, als sie uns von ihrem Urlaub in Schottland erzählt hat. Bevor wir gehen, stelle ich es zurück. Und so lange sind wir hier wohl ganz allein und ungestört.« Ein verwegenes Grinsen erschien auf seinen Lippen und ich konnte nicht anders, ich musste es erwidern.

»Ich hab dich vermisst«, sagte Theo leise, seine Finger glitten durch meine Haare. Die Berührung ließ mich erschauern und ich küsste ihn noch einmal. Diesmal fordernder, um ihm zu zeigen, dass es mir die letzten zwei Wochen genauso gegangen war. Theo war zum Jubiläum des Familienimperiums nach New York geflogen und anschließend noch etwas länger geblieben, um einige geschäftliche Angelegenheiten mit seinem Dad zu klären und Zeit mit seinen Eltern und seinem Grandpa zu verbringen. Ich hatte erwartet, dass das nicht so einfach möglich war, aber wenn man Vanderton hieß, konnte man anscheinend fernbleiben, wann immer man wollte, oder sich – wie in Theos Fall – von überall auf der Welt zu seinen Kursen zuschalten.

Während seiner Abwesenheit hatten wir uns unzählige Nachrichten und Fotos geschickt und jeden Tag trotz Zeitverschiebung telefoniert.

Doch es war einfach nicht dasselbe, wie ihm wirklich nah zu sein, seinen Körper an meinem zu spüren und zu merken, wie sein Herz unter meinen Berührungen ebenfalls schneller schlug.

Ich ließ meine Hände von seiner Brust nach oben wandern, griff nach dem Kragen seines Hemdes und zog ihn noch näher zu mir heran. Theo stieß einen kehligen Laut aus. Mit der freien Hand fuhr er an meinem Oberschenkel entlang und ließ sie unter meinen Rock gleiten.

»Whoa«, entwich es mir und Theo hielt sofort inne.

»Was ist?« Er wollte einen Schritt zurückmachen, doch ich hielt ihn fest.

»Das … ist verdammt … heiß«, flüsterte ich und kurz fragte ich mich, ob das vollkommen bescheuert klang, aber da begannen Theos Augen zu funkeln.

»Verdammt heiß, ja?«, wiederholte er neckend und auch wenn ich wusste, dass ich damit sein Ego in ungeahnte Sphären katapultierte, nickte ich.

Er lächelte, beugte sich vor und zog eine feine Spur aus Küssen an meinem Hals entlang und weiter über meine Wange, bis sich unsere Lippen wieder trafen.

»Ich bin dafür, dass wir ab jetzt jeden Tag zusammen an unseren Hausarbeiten schreiben«, hauchte er.

Ich brachte keine Antwort hervor, vergrub nur meine Finger in seinen Haaren und drängte mich noch weiter an ihn, um ihm zu zeigen, wie sehr mir sein Vorschlag gefiel. Sein Vorschlag und einfach alles an ihm. Die Art, wie sich seine Pupillen leicht weiteten, wenn er mich ansah, sein Körper, der unter meinen Berührungen erzitterte, und seine leisen atemlosen Seufzer, die mich wünschen ließen, wir wären wirklich allein. Allein, ohne …

Schritte erklangen neben uns im Gang. Ich versteifte mich und sofort ließ Theo mich los. Eine Sekunde schauten wir uns an, in seinen Augen konnte ich erkennen, dass auch er kurz vergessen hatte, dass wir uns immer noch in der Bibliothek befanden.

Da tauchte ein dunkler Schatten am Rand meines Sichtfelds auf, blieb direkt vor uns stehen und streckte eine Hand aus, um dicht neben meinem Gesicht ein Buch aus dem Regal zu ziehen.

Atlas. Wie beiläufig strichen seine Finger an meinem Ohr entlang. Er sagte nichts und tat bloß so, als würde er den Einband betrachten. Doch als sein Blick kurz über mich huschte, verzog er missbilligend das Gesicht.

»Was soll das?«, fragte Theo kühl und schob sich zwischen uns. Atlas gab sich jedoch völlig unbeeindruckt. »Was meinst du? Ich brauche lediglich ein Buch für meine Hausarbeit.«

Theos Augenbrauen wanderten nach oben. »Charles Dickens?«, fragte er zynisch und presste die Lippen zusammen.

Atlas zuckte mit den Schultern. Es war klar, dass ihm das Buch völlig egal war. »Ja … Solltest du vielleicht auch mal lesen. Es geht um einen reichen Scheißkerl, der von den Geistern der Vergangenheit heimgesucht wird. Müsste also genau dein Ding sein.«

Theo spannte sich an und ich schloss meine Finger blitzschnell um sein Handgelenk: eine stille Bitte, sich von Atlas nicht provozieren zu lassen. Kurz glaubte ich, Theo würde sich wieder entspannen, aber dann verengten sich seine Augen und ich befürchtete schon, dass die Situation eskalieren würde. Doch da wandte Atlas sich ab, bedachte mich mit einem letzten herablassenden Blick und schritt in aller Seelenruhe den Gang entlang. Kurz darauf hörte ich eine Tür ins Schloss fallen.

Theo atmete aus. Er lockerte die Schultern, dann schaute er zu der Nische am Fenster, wo wir unsere Bücher und seinen Laptop abgestellt hatten. Ich verstand sofort – und mir entwich ein frustrierter Laut, weil Atlas sein Ziel erreicht hatte. Der Moment zwischen Theo und mir – einer der seltenen Momente, in denen er seinen Kopf ausschaltete und sich erlaubte, sich fallen zu lassen – war vorüber.

Wir arbeiteten noch eine Weile an unseren Hausaufgaben – Theo an einer wissenschaftlichen Arbeit und ich an einem Referat –, ehe er den Laptop zuklappte und ihn in seiner Tasche verschwinden ließ.

»Wollen wir los? In einer Stunde beginnt das Training.«

Ich nickte, notierte einen letzten Satz und verstaute alle Unterlagen in meiner Umhängetasche, während Theo heimlich das Buch zurückstellte und sich von Mrs Ellington verabschiedete. Die Bibliothekarin wollte ihn überhaupt nicht gehen lassen. Immer wieder betonte sie, wie leid es ihr täte: »Ich kann gar nicht verstehen, warum das Buch plötzlich verschwunden ist.«

»Das ist kein Problem, wirklich«, beteuerte Theo. »Ich bin auch sehr gut ohne klargekommen. Aber vielen Dank für Ihre Mühe.«

»Natürlich, immer gerne, Mr Vanderton.«

Sie winkte uns zum Abschied und als Theo mir die Tür aufhielt, schlüpfte ich hindurch und steuerte auf unsere Fahrräder zu, die draußen vor dem imposanten Portal der zentralen Academy-Bibliothek an einem Laternenpfahl lehnten.

Theo ließ nie heraushängen, wie viel Geld seine Familie besaß, und das war eine der Eigenschaften, die ich an ihm besonders liebte. Genau wie ich ging er meist zu Fuß oder fuhr mit dem Fahrrad und verzichtete darauf, sich von den Shuttles der Academy umherkutschieren zu lassen oder selbst mit einem teuren Sportwagen über den Campus zu rollen.

Anfangs hatte ich sogar geglaubt, dass er wie ich auch ein Stipendium für die Highclare hatte. Erst als wir uns schon eine ganze Weile kannten, hatte ich herausgefunden, dass der verschlossene Junge, in den ich mich so Hals über Kopf verliebt hatte, der mit Abstand reichste Student am gesamten Campus war. Als einziger Enkel seines Großvaters würde Theo einmal die Vanderton Group übernehmen, ein Imperium, das laut Internet rund achtzig Milliarden Dollar wert war. Bei dieser Summe wurde mir immer noch schwindelig. Hinzu kam das private Vermögen der Familie, mehrere Anwesen, Jachten und Flugzeuge sowie weitere Wertanlagen, die ich mir wahrscheinlich nicht einmal vorstellen konnte. Trotzdem verhielt sich Theo nie, als würde ihm die Welt gehören. Im Gegenteil: Er ging einkaufen, wusch seine Wäsche selbst und wohnte in dem kleinsten aller Häuser des Ruby Circles: Sir Archer Remington. Im Gegensatz zu Haverton und Belmont House, die wie Paläste aussahen und auch entsprechend ausgestattet waren, glich Sir Archer eher einem verwunschenen Cottage. Mit der über und über von Efeu bewachsenen Fassade, den Sprossenfenstern und dem angrenzenden gläsernen Gewächshaus wirkte das kleine Herrenhaus immer ein wenig, als wäre es einem Märchen entsprungen. Es gab keinen Fitnessraum, keinen Indoor-Pool oder gläserne Panels in jedem Raum, über die man in Sekundenschnelle einen Dienstboten herbeirufen konnte. Doch inmitten des ganzen übersprudelnden Luxus und der vielen prominenten Namen waren genau dieses Haus und seine Bewohner in den vergangenen Monaten zu meinem persönlichen Ruhepol geworden.

An der Highclare Academy ging es oft darum, sich den anderen im besten Licht zu präsentieren, das hatte ich schnell gelernt. In den alten Gemäuern waren Geheimnisse die heißeste Währung und es war manchmal nicht leicht, zwischen echten und falschen Freunden zu unterscheiden. Doch Sir Archer Remington war mit der Zeit zu einem richtigen Zuhause geworden. Hier fühlte ich mich angenommen, genau so, wie ich war. Und so verbrachte ich meine freie Zeit inzwischen nicht mehr in Haverton House, wo ich mein Zimmer hatte, sondern dort. Oder im Reitstall, der genau wie alle anderen Sportanlagen im Zentrum des großzügigen Geländes lag.

Theo und ich radelten ein Stück auf der breiten Straße entlang, die ringförmig angelegt war und alle Häuser miteinander verband. Dann bogen wir ab und ich ertappte mich dabei, dass ich automatisch fester in die Pedale trat, sobald die Stallungen samt Paddocks und die zwei riesigen Reithallen in Sicht kamen. Auch Theo wurde schneller und kaum, dass wir die Räder an die Stallwand gelehnt hatten, griff er nach meiner Hand und zog mich mit zur Weide, um seine Pferde zu begrüßen. Alaska und Coco, zwei seiner drei Fuchsstuten, kamen sofort angetrabt. Skye, das neueste Mitglied in seinem Team, hob zuerst nur den Kopf, setzte sich dann jedoch ebenfalls in Bewegung. Ich stieß einen leisen Pfiff aus und mein Herz machte einen Hüpfer, als auch Twister, der mir von der Academy zur Verfügung gestellt wurde, ein Wiehern ausstieß und sich Skye anschloss. Mit einem leisen Brummeln kam der Schecke neben mir zum Stehen. Ich streichelte ihn an der Stirn und umarmte ihn. Anschließend begrüßte ich auch Theos Pferde und kraulte Skye unter dem Schopf.

Während Theo in Amerika gewesen war, hatte ich mich um sie gekümmert und die rotbraune Stute mit der schmalen Blesse und dem rosafarbenen Fleck auf den Nüstern noch mehr ins Herz geschlossen.

»Sie sieht richtig klasse aus«, sagte Theo und streichelte ihr über den Hals. »Bist du, während ich weg war, auch auf ihr geritten?«

Ich nickte. »Aber nicht oft. Zwei-, dreimal.«

»Und wie lief's?«

»Ich glaube, ganz gut.«

Ich lächelte, weil es mir immer noch ziemlich viel bedeutete, dass er mir eines seiner Pferde anvertraut hatte. Sie waren seine größten Schätze. Den Angestellten und Bereitern der Academy erlaubte Theo lediglich, sie zu füttern und täglich auf die Weide zu bringen.

»Meistens habe ich Bodenarbeit gemacht und frei mit ihr gearbeitet. Wir haben geübt, dass sie stehen bleibt und auf das Kommando wartet, wenn ich sie abrufe. Da ist sie immer noch ziemlich ungeduldig. Aber es wird besser. Und …« Nun grinste ich ihn an, weil ich darauf besonders stolz war: »Vorgestern ist sie komplett frei über mehrere Hindernisse gesprungen. Nur auf mein Handzeichen hin. Genau, wie du es mit Alaska immer machst.«

»Das muss ich mir unbedingt ansehen.« Theo schmunzelte, beugte sich zu mir und gab mir einen Kuss.

»Besser nicht.« Ich lehnte mich an ihn. »Skye und ich sind nämlich inzwischen ein Dreamteam. Ich fürchte, dein Ego würde das nicht verkraften.«

2

Das Springtraining lief großartig. Seit Theo den Knoten in meinem Kopf gelöst hatte, gelang es mir immer besser, meine innere Anspannung und den Leistungsdruck, den ich mir selbst so häufig machte, beiseitezuschieben. In meinen ersten Wochen an der Academy hatte Twister es nicht leicht mit mir gehabt, weil ich gedanklich oft woanders gewesen war, voller Sorgen und Angst vor der Zukunft. Aber jetzt, da ich vor dem Stiftungskomitee bewiesen hatte, dass ich wirklich Talent im Umgang mit Pferden besaß, konnte ich es endlich wieder genießen zu reiten.

»Das war eine sehr gute Runde, Louisa«, sagte Liz, unsere Trainerin, mit einem Blick auf ihre Stoppuhr. »Damit bist du bisher die Schnellste.«

»Aber nicht mehr lange«, warnte mich Bellamy, der gerade auf seinem Schimmel Amethyst an mir vorbeiritt. »Ich bin nämlich jetzt dran. Und ich werde dich schlagen.«

»Das will ich sehen«, sagte ich feixend, woraufhin er ein Handzeichen machte, das wohl so viel wie *Watch me* heißen sollte. Er zwinkerte mir zu, dann ritt er los und tatsächlich gelang es ihm, meine Zeit noch zu unterbieten.

Als er durchparierte, hielt ich ihm die Hand zum Abklatschen hin. »Glück gehabt, Champ«, sagte ich und grinste. »Du hast dir den Titel *Superstar* in diesem Team gerade noch so gesichert.«

»Ja, aber langsam muss ich mich echt anstrengen.« Bellamy beugte sich herüber und tätschelte Twisters Mähne. »Wenn ihr so weitermacht, ist mein Ruf als Liebling des Komitees nämlich ernsthaft gefährdet. Und das kann ich auf keinen Fall zulassen.«

Ich lachte und wir alberten weiter herum, bis Liz uns alle zu sich rief und ich zwischen Bellamy und Theo anhielt.

»Ich bin wirklich zufrieden mit euch«, sagte sie und lächelte in die Runde. »So wie ihr gerade reitet, sollte es kein Problem für euch sein, in zwei Wochen in Manchester zu gewinnen.«

Manchester. Im meinem Bauch begann es zu kribbeln. Zwar war ich in den vergangenen zwei Wochen bereits einmal bei einem Turnier gestartet, aber das war eigentlich nur eine Testrunde gewesen, bei der Liz sehen wollte, ob Twister und ich zu einem Team geworden und bereit für den großen Parcours waren. Und ich fühlte mich so was von bereit! Während meine Teamkollegen viel öfter an den Start gegangen waren, Bellamy und Holly sogar international, war es mir schwergefallen, die Füße still zu halten. Aber jetzt war sie da: meine Chance, mich endlich zu beweisen. Das Turnier in Manchester – das Winter Horse Festival – würde über zwei Tage gehen und sehr wahrscheinlich würden potenzielle Sponsoren im Publikum sitzen, die mich und auch alle anderen Reiter ganz genau unter die Lupe nahmen. Vor meinem inneren Auge malte ich mir bereits aus, wie man Twister eine Schleife an die Trense steckte und ich eine Ehrenrunde ritt.

So in Gedanken versunken, entging mir komplett, was Liz noch sagte. Erst als Theo, der schon abgestiegen war, mich fragend ansah, merkte ich, dass sie uns entlassen hatte. Ich verabschiedete mich von ihr, dann folgte ich den anderen zum Stall.

»Bis heute Abend«, rief Bellamy uns zu und stieg in Holly Sages Cabrio ein, nachdem wir alle unsere Pferde versorgt und auf die Weide gebracht hatten. Flora und Nat hingegen verabschiedeten sich nicht. Wortlos nahmen sie auf der Rückbank des Wagens Platz und taten, als wären wir Luft.

»Was ist heute Abend?«, fragte Theo und runzelte die Stirn.

Ich verdrehte die Augen. »Edens Geburtstagsparty.« Fast hätte ich es auch vergessen. »Du weißt schon, *die Party des Jahres.*«

»Oh«, machte Theo nur und ich musste lachen, weil ihm seine Gedanken ins Gesicht geschrieben standen. *Oh,* traf es ziemlich gut, denn Eden, der Vorsitzende von Haverton House, hatte es sich in den Kopf gesetzt, alles zu übertrumpfen, was es bisher im Ruby Circle – der Gemeinschaft der drei Häuser – an Partys gegeben hatte. Und da er auch noch einundzwanzig wurde, war das Motto des Events besonders extravagant: *Dark Circus.*

Seit Tagen schwirrten bereits diverse Partyplaner durchs Haus und vorgestern hatte doch tatsächlich ein Lkw in der Einfahrt gehalten, der haufenweise Deko lieferte: Girlanden, samtene Vorhänge, eine riesige bunte Plane und sogar ein Karussellpferd. Ich hatte versucht, mich weitestgehend aus dem aufgeregten Klatsch und Tratsch, der mit der Organisation einherging, herauszuhalten, und war, wann immer möglich, aus Haverton House geflohen. Dennoch hatte ich heute Morgen mitbekommen, dass sogar Schauspieler und Artisten angereist waren. Vollkommen surreal. Obwohl ich nun schon seit September Mitglied im Ruby Circle war, erschien mir der Lebensstil der anderen manchmal immer noch befremdlich. Und nach der letzten Party, auf der mein bester Freund Jeremy auf abstoßende Weise vor den Augen aller geoutet worden war, war mir der Spaß an derart abgehobenen Veranstaltungen endgültig vergangen.

Die Sache mit Jeremy war der Höhepunkt eines ziemlich kranken Spiels gewesen, das sich jemand, der sich »der Master« nannte, für die Schüler und Studenten des Ruby Circles ausgedacht hatte: Bereits kurz nach meiner Ankunft an der Academy waren geheimnisvolle rote Briefe aufgetaucht. Anfangs hatten sich alle darauf gestürzt, weil sie eine der beliebten Ruby-Circle-Challenges witterten. Doch dann hatte sich herausgestellt, dass die Umschläge Aufgaben enthielten. Erfüllte man sie, winkte eine Belohnung; weigerte man sich, wurde man bestraft. Jeremy war einer derjenigen gewesen, die sich geweigert hatten mitzuspielen, und er hatte einen hohen Preis dafür bezahlt: Die ganze Schule, seine Familie und sogar die Klatschpresse wussten nun, dass er als Student an der Highclare Academy eine heimliche Beziehung mit meinem Klassenlehrer Mr Crawley führte.

Das war nun drei Wochen her. Seitdem hatte es keine neuen roten Briefe und Aufgaben gegeben … aber ich spürte instinktiv, dass der Master nicht einfach aufgegeben hatte und nur kurz Atem holte, bevor es weiterging.

Jede eurer Entscheidungen hat Konsequenzen und die Spiele haben erst begonnen, flüsterte eine Stimme in meinem Kopf seine letzten Worte an diesem Abend und wie damals bekam ich eine Gänsehaut, die meinen ganzen Körper überzog.

»Wir könnten einfach nicht hingehen«, schlug Theo jetzt vor und holte mich damit in die Gegenwart zurück. Ich nickte, immer noch leicht abwesend, und verbannte die schrecklichen Gedanken energisch in den hintersten Teil meines Bewusstseins. Trotzdem löste sich der Knoten in meinem Magen, der sich bei der Erinnerung an die seltsam blecherne Stimme des Masters und an Jeremys Demütigung gebildet hatte, nur langsam. Erst als Theo mich sanft an sich zog und mir einen Kuss auf die Lippen hauchte, wurde es in mir wieder warm.

»Wie wäre es, wenn wir den Abend stattdessen gemütlich in Sir Archer verbringen?«

Ja, das klang wundervoll. In Haverton House würde es so voll sein, dass niemandem auffiel, wenn wir fehlten, und wenn Gary, der über siebzigjährige Hausvorsteher von Sir Archer Remington, abends nach Hause fuhr … hätten wir das Herrenhaus der Remingtons für uns allein. Nur Theo und ich und unendlich viel Zeit, in der wir vielleicht, ganz vielleicht … all das tun konnten, was ich mir in den vergangenen Wochen immer wieder ausgemalt hatte.

»Klingt nach einem fantastischen Plan«, sagte ich, lächelte Theo an und dachte daran, wie er mich in der Bibliothek geküsst hatte. Leidenschaftlich und so intensiv, dass mir schon wieder die Knie weich wurden. Ja, ich wollte das. Ihn. Dass er seinen Kopf ausschaltete und all seine kontrollierenden Gedanken verdrängte. Seine Haut auf meiner, meinen Namen auf seinen Lippen.

Alles an ihm. Und noch viel mehr.

Auf dem Weg nach Sir Archer Remington wurde der Himmel immer dunkler und kaum, dass wir den See hinter uns gelassen hatten und mit unseren Fahrrädern auf das kleine Waldstück dahinter zusteuerten, begann es zu schütten. Wir hatten keine Chance gegen die Wolkenmassen. Als Theo fünf Minuten später die Haustür aufschloss, waren wir völlig durchnässt und unsere Haare klebten uns im Gesicht. Rasch zogen wir unsere Jacken aus und kickten die Schuhe von den Füßen.

Von drinnen schlug uns eine angenehme Wärme entgegen und bereits im Flur hörte ich das leise Knistern des Kaminfeuers aus dem Wohnzimmer. Wie immer lag ein herrlicher Geruch in der Luft, eine Mischung aus frisch gebackenen Keksen und Früchtetee. Ich liebte Sir Archer Remington, die Menschen hier, die behagliche Atmosphäre und die vielen heimeligen Details, die dem Haus seinen ganz besonderen

Charakter verliehen: das Bücherregal unter jeder einzelnen Stufe der Treppe, die nach oben führte, die Sitznischen in den Fenstern, die gemütliche Hängeschaukel neben dem Sofa und die kleinen Pflänzchen, die aus den Regalen hervorlugten oder in der Küche in Makramee-Ampeln von der Decke hingen.

»Da seid ihr ja endlich!«, wurden wir von Jasper begrüßt, der in seinem weißen Hemd, der beigefarbenen Hose und den cognacfarbenen Lederschuhen ungewohnt seriös aussah. Seine blonden Haare waren ordentlich gestylt und nur die Tatsache, dass er auf der Kücheninsel hockte und sich gerade einen Schokocookie aus einem Glas fischte, hielt mich davon ab, ihn zu fragen, wer er war und was er mit Jasper gemacht hatte.

»Ich habe schon gedacht, ihr kommt gar nicht mehr aus dem Stall zurück«, sagte er, fast ein wenig vorwurfsvoll. »Jetzt müsst ihr euch aber echt beeilen.«

»Wegen der Party?«, fragte Theo und machte eine wegwerfende Handbewegung. »Ihr braucht nicht auf uns zu warten. Wir kommen nicht mit.«

»Was?«, erklang es sofort schrill aus dem Wohnbereich. Keine Sekunde später kam Colin zu uns herüber. Ich schnappte nach Luft, als ich sah, was er mit seinem Rollstuhl angestellt hatte.

»Colin, was zur ...?«

»Genial, oder?« Colin tätschelte dem gigantischen Dinosaurierkopf vor sich den Hals. Der gesamte Rollstuhl war Teil eines ziemlich spektakulären Kostüms – es sah aus, als würde Colin auf einem Velociraptor reiten. Aufgenähte Beine baumelten an den Seiten herunter und er zog sogar einen Schwanz hinter sich her. Colin selbst trug einen Cowboyhut und hielt die Zügel des Sauriers in der Hand.

Ich schaute zu Theo, der seinen Mitbewohner ebenfalls

sprachlos und auch ein wenig verstört musterte, dann brach ich in Gelächter aus.

»Ave und ich wollten ja, dass Jas als Triceratops geht.« Colin grinste. »Aber der wollte nicht mitmachen. Was für ein Spielverderber.«

»Entschuldige, aber das geht heute echt nicht«, brummte Jasper und schob sich einen weiteren Cookie in den Mund, wodurch seine nächsten Worte nur undeutlich zu verstehen waren. »Ich singe heute vor meiner zukünftigen Ehefrau. Da kann ich mich nicht als Dino verkleiden. Partymotto hin oder her.«

Theo hob eine Augenbraue. »Wenn ich mich recht erinnere, warst du bei deinem letzten Auftritt mit nichts als einer Haverton-Flagge bekleidet.«

»Ja!«, rief Colin. »Außerdem liebt ja wohl jeder Dinos. Bestimmt ist Holly Sage ganz verrückt nach Jurassic Park und du versaust dir heute deine einzige Chance, bei ihr zu landen.«

»Tja, selbst schuld«, kam es da aus dem Obergeschoss und gleich darauf stapfte ein T-Rex die Treppe herunter. Avery!

»Leute, ich will euch echt nicht den Spaß verderben«, sagte Theo. »Aber es ist eine Haverton Party, noch dazu Edens Einundzwanzigster. Das wird ganz sicher kein Kindergeburtstag und …« Er schüttelte den Kopf, als könnte er nicht glauben, dass das gerade wirklich passierte. »Ach, egal. Macht, was ihr wollt.«

»Oho, da spricht der Haverton-Experte«, witzelte Colin, was dazu führte, dass Theo den Mund verzog. Er konnte es nicht leiden, wenn er daran erinnert wurde, dass er in Haverton House gelebt hatte, bevor er nach Sir Archer Remington umgezogen war. Warum, wusste ich nicht und bisher hatte sich auch noch keine gute Gelegenheit ergeben, ihn danach zu fragen. Außerdem waren wir in unserer Beziehung noch ganz am Anfang – er mochte seine Mauern ein Stück weit für mich gesenkt haben, aber vorhanden waren sie immer noch. Und wenn ich eins gelernt hatte, seit wir zusammen waren, dann, dass Theo sich zurückzog, wenn man ihn zu sehr bedrängte, und zu- statt aufmachte.

»Von wegen Experte«, gab er nun zurück. »Ich wollte ja nur sagen, dass es sein kann, dass ihr auf der Party die Einzigen sein werdet, die … auf diese Weise herausstechen.«

»Das hoffe ich doch!«, rief Avery und Colin bestätigte: »Alter, wir sind die Remingtons. Man erwartet quasi von uns, dass wir aus der Reihe tanzen.«

»Wie ihr meint«, murmelte Theo, griff nach meiner Hand und nahm mich mit zur Treppe und die Stufen hinauf.

»Oh nein! Ihr werdet euch jetzt ganz sicher nicht aus dem Staub machen!«, rief Jasper uns hinterher. »Ich brauche euch als Unterstützung. Das wird heute Abend ein geschichtsträchtiger Augenblick und den dürft ihr nicht verpassen.«

Theo blieb stehen und drehte sich um. »Warum?«, fragte er. »Weil Holly sich nach jahrelangem Schmachten deinerseits endlich Hals über Kopf in dich verliebt?«

»Ja, ganz genau.« Jasper nickte und ließ sich von der Kücheninsel heruntergleiten. »Und wie willst du auf meiner Hochzeit eine Rede darüber halten, wenn du nicht live dabei warst?«

Theo antwortete ihm nicht und sah mich nur an, als wollte er sagen: *Hilfe, wo sind wir hier nur gelandet?*

»Solltest du Holly wirklich mal heiraten, werde ich die beste Rede halten, die du je gehört hast«, versprach er. »Aber deswegen lasse ich mich nicht von euch auf diese Party schleifen.« Damit nahm er die letzten Stufen, zog mich hinauf in sein Zimmer und schloss die Tür hinter uns.

Theo war der Einzige in Sir Archer Remington, der unter dem Dach wohnte. Zusammen mit dem angrenzenden Bad war der

Raum größer als die Zimmer der anderen, wirkte aber auch irgendwie unfertiger. An der Wand, an der sein Bett stand, lag das Mauerwerk offen, der dunkle Holzboden war voller Macken und zur Beleuchtung baumelten lediglich vereinzelte Glühbirnen von der Decke. Doch in Kombination mit Theos dunklen modernen Möbeln, seiner schlichten Kleiderstange und den Kohlezeichnungen an der Wand hatte der Raum einen ganz eigenen Charme. Kühl und gleichzeitig tiefgründig, genau wie Theo.

Auf dem Boden lagen noch immer die Sachen verstreut, die er in New York dabeigehabt hatte: ein geöffneter Hartschalenkoffer und eine lederne Dufflebag, aus denen Hemden und Socken quollen.

»Wir sollten aus den nassen Sachen raus.« Kurzerhand streifte Theo seinen Hoodie über den Kopf und warf ihn achtlos auf den Boden neben den Koffer. »Am besten duschen wir und ziehen uns dann etwas Warmes an.« Er rubbelte sich über die Haare, öffnete seinen Gürtel und strich sich die Hose von den Beinen. Ich erstarrte. Inzwischen hatte ich Theo schon so viele Male geküsst, mit meinem Gesicht auf seiner Brust gelegen und die Konturen seiner Muskeln mit den Fingerspitzen nachgemalt. Aber ... komplett nackt gesehen hatte ich ihn noch nicht. Und bei der Vorstellung, jetzt zu duschen – mit ihm zusammen –, begann auf einmal alles in mir wie wild zu kribbeln und mein Gesicht fühlte sich heiß an. Ja, ich wollte das, keine Frage. Aber hier und jetzt, so plötzlich, überforderte mich die Situation dann doch ganz schön. Theo sah hoch, fing meinen Blick auf und hielt mitten in seiner Bewegung inne.

»Sorry«, sagte er und fuhr sich mit der Hand über den Nacken. »Das sollte jetzt nicht so klingen, als ob ... Also natürlich nicht zusammen. Ich wollte dich zu nichts drängen.«

Kurz glitt sein Blick zu seinem Pullover, als überlegte er, ihn wieder anzuziehen. Doch ich war schneller und hielt ihn davon ab, indem ich ihm die Arme um die Taille schlang.

»Ist schon okay, das hast du nicht«, sagte ich leise und stellte mich auf die Zehenspitzen, um meine Lippen sanft über seine streichen zu lassen. Dann sammelte ich meinen Mut, umfasste den Bund meines eigenen Pullovers und streifte ihn ebenfalls ab. Theo rührte sich nicht, aber ich hörte ihn deutlich einatmen, und als ich ihn abermals küsste, legte er die Arme um mich. So vorsichtig, als wäre ich das Kostbarste, das er jemals festgehalten hatte.

»Ernsthaft? Ihr habt es nicht einmal zwei Minuten allein in einem Raum ausgehalten, ohne übereinander herzufallen?«

Die Stimme erklang so unerwartet, dass ich heftig zusammenzuckte. Sabia! Sie war einfach hereingeplatzt, stand nun im Türrahmen und musterte uns grinsend. Allem Anschein nach hatte sie sich erfolgreich gegen ein Dinokostüm gewehrt, trug aber zu ihrem engen schwarzen Minikleid einen braunen Lederhut auf dem Kopf, der aussah, als hätte sie ihn Indiana Jones persönlich geklaut.

»Raus«, knurrte Theo, aber sein scharfer Tonfall reichte nicht aus, um sie zu beeindrucken.

»Ach, hab dich nicht so. Das Erste, was ich in diesem Haus gelernt habe, war, dass man abschließen muss, wenn man so etwas wie Privatsphäre haben will. Und du wohnst schon deutlich länger hier. Also, heul nicht rum.«

Theo stöhnte auf. »Was willst du?«

»Na, was wohl?« Sabia verschränkte die Arme vor der Brust. »Euch zu dieser Party überreden. Ihr könnt nicht einfach hierbleiben. Jeremy hat nur zugesagt, weil ich versprochen habe, dass wir ihn den Abend über nicht allein lassen – schließlich ist es das erste Mal, seit … na, ihr wisst schon. Und Jas ist es wirklich wichtig, dass ihr mitkommt. Ich kann verstehen, dass ihr zwei euch gerade nicht so sehr nach Gesellschaft sehnt, aber dieser Auftritt ist eine große Sache für ihn. Und wir können ihn jetzt nicht hängen lassen. Du auch nicht, Theo. Du bist sein Freund.«

»Sagt wer?«, knurrte Theo frustriert. Doch an seiner Haltung konnte ich sehen, dass Sabias Worte ebenso zu ihm durchdrangen wie zu mir. Ich war mir sicher, dass es Eden nicht auffallen würde, wenn wir fehlten. Aber ich wusste, wie wichtig Jasper der Rückhalt seiner Freunde war. Und Jeremy? Wenn Sabia ihn wirklich überredet hatte, zu der Party zu kommen, musste ihn diese Zusage viel Überwindung gekostet haben. Ich seufzte und Theos Gesicht verriet mir, dass auch er sich geschlagen gab, wenn auch murrend.

»Ich habe aber gar nichts zum Anziehen«, stellte ich mit einem Blick an mir herunter fest.

»Das sehe ich.« Sabia nickte. »Kleidung scheint hier ja gerade generell eher Mangelware zu sein.« Sie streckte eine Hand nach mir aus und sah mich auffordernd an. »Na los, komm mit in mein Zimmer. Ich bin sicher, in meinem Schrank finden wir etwas Passendes für dich.«

3

Wir hörten die Musik schon von draußen und als sich die Haustür von Haverton House öffnete, kam ich mir kurz vor wie in einer Parallelwelt. Das historisch anmutende Foyer mit seinen hellen Marmorböden, den stuckverzierten Wänden und der breiten Treppe hatte sich verwandelt. Sämtliche Fenster waren verhangen und rotes Licht waberte über uns hinweg. Neben der Tür, auf einem runden Podest, drehte sich eine stark geschminkte Frau wie eine Spieluhrpuppe um die eigene Achse und auch am Geländer der Treppe rekelten sich leicht bekleidete Tänzer und Tänzerinnen.

Willkommen auf Eden Caldwells ganz persönlichem Trip – und das ohne Halluzinationen. Irre!

»Oha«, machte Colin, als wir unsere Jacken abgaben. Er warf den Tänzern einen irritierten Blick zu, den sie erwiderten, dann lenkte er seinen Dino an ihnen vorbei und weiter auf den dunklen Teppich, der die Besucher durch das Entree leitete.

»Ich habe euch ja gleich gesagt, dass das keine Verkleidungsparty ist«, murmelte Theo. Sein Gesichtsausdruck ließ keinen Zweifel daran, dass er am liebsten sofort wieder umdrehen wollte. Mir ging es ähnlich. Warum noch mal hatte ich mich zu diesem verrückten Event schleifen lassen, statt den Abend eingekuschelt mit Theo in seinem Bett zu verbringen? Ach ja: wegen meiner Freunde! Ein Blick auf Jasper genügte, damit ich mir wieder ganz sicher war, die richtige Entscheidung getroffen zu haben. Obwohl er als bekannter YouTube-Star für gewöhnlich keine Probleme hatte, vor anderen zu sprechen und etwas Privates von sich zu teilen, machte ihn sein heutiger Auftritt sichtlich nervös. Den Griff seines Gitarrenkastens hielt er so fest umklammert, dass seine Knöchel weiß hervortraten, und während wir uns einen Weg durch die Grüppchen der anderen Gäste bahnten, blickte er sich immer wieder suchend um.

»Hey!« Ich berührte ihn am Arm. »Entspann dich, du wirst großartig sein. Und Holly Sage wird es lieben.«

Hoffentlich, formten seine Lippen, dann lief er Colin hinterher und ich warf im Vorbeigehen einen Blick in einen der hohen Wandspiegel. In dem goldglitzernden Minikleid und den hohen Schuhen von Sabia sah ich irgendwie fremd aus, aber auch sehr verführerisch. Meine langen braunen Haare waren zu Locken eingedreht und das glänzende Stirnband samt Feder verlieh meinem Look einen glamourösen Zwanziger-Jahre-Touch.

Sabia hatte versucht, Theo eine goldene Fliege anzudrehen, weil sie fand, dass er das Motto wenigstens ein bisschen würdigen sollte. Aber der hatte sich geweigert und sich für ein schlichtes schwarzes Hemd und eine passende Hose entschieden.

»Unser Rapunzel aus dem Dachzimmer geht als seine Lieblingsstimmung«, hatte Colin gewitzelt, als wir uns auf den Weg gemacht hatten. »Oder als sein Sinn für Humor.«

Theo hatte daraufhin nur die Augen verdreht.

»Alles okay?«, flüsterte er mir jetzt zu. Ich nickte und zuppelte mein Kleid nach unten.

»Hey, lass das«, ermahnte Sabia mich sofort. »Du bist superheiß, genau richtig für diesen Abend. Vertrau mir.« Sie umfasste mein Handgelenk und bevor ich mich's versah, wurde ich von ihr mitgezogen, weg von Theo und weiter den Flur entlang, bis wir den größten der Gemeinschaftsräume betraten.

»Nicht sein Ernst«, entfuhr es Theo hinter mir. Auch ich blieb erst einmal stehen, als wäre ich gegen eine Wand gelaufen. Der Wohnbereich war in ein echtes Zirkuszelt verwandelt worden, samt Plane, Bühnenvorhang und runder Manege, auf der sich bereits einige Havertons mit Cocktailgläsern in den Händen im Takt der Musik bewegten. Aber das war noch nicht alles: Zwischen den Sofas und Sesseln, die überall am Rand verteilt standen, entdeckte ich mehrere gigantische Vogelkäfige mit Tänzern darin und von der Decke baumelte ein Ring, in dem ein Mädchen mit funkelndem Body und aufreizendem Augenaufschlag ihre Akrobatikkünste zur Schau stellte.

»Jetzt hat Eden völlig den Verstand verloren«, sprach Theo meine Gedanken aus.

»Nein, Eden ist genial«, verbesserte Sabia ihn und drehte begeistert den Kopf zu allen Seiten. »Nur bei einer Sache muss ich dir recht geben.« Sie blickte von Theo zu Avery in seinem T-Rex-Kostüm und knuffte ihn freundschaftlich in die Seite. »Wir haben das Thema voll verfehlt.«

»So ein Blödsinn!«, rief Colin sofort und machte eine wegwerfende Handbewegung. »Außerdem interessiert mich eh nicht, was andere von mir denken. Los, kommt, suchen wir erst mal das Büfett.«

Und damit rollte er los, verfolgt von einem riesigen T-Rex und Sabia, die uns zuzwinkerte. Jasper hingegen rührte sich nicht, offenbar war er immer noch genauso perplex wie ich. »Mit dieser Party wird Eden endgültig in die Geschichte der Academy eingehen«, stellte er fest und blickte sich um. Ja, dem konnte ich nur zustimmen. Das hier war … der Wahnsinn! Obwohl die Party gerade erst begonnen hatte, war der

Raum bereits gut gefüllt und hinter uns drängten unaufhörlich weitere Gäste herein. Aus den Boxen an den Wänden erklang die Stimme von Olivia Rodrigo, die immer wieder von Ausrufen der Begeisterung übertönt wurde. Überall wurden Selfies gemacht und auf einem der Sofas am Rand erkannte ich drei Leute aus meiner Klasse. Auch Nat und Flora standen zusammen mit mehreren Belmont-Mädchen am Rand der Tanzfläche, ebenso wie Ekatarina, ihre Vorsitzende, heute in einem kurzen schwarzen Kleid mit langem durchscheinendem Rock. Die Haare hatte sie wie fast immer zu einem strengen Knoten gebunden.

Ob Jeremy schon hier war? Ich versuchte, ihn in der Menge auszumachen, entdeckte jedoch nur seinen Kotzbrocken von Bruder. Cedric, groß, sportlich und mit kantigen Gesichtszügen, lehnte an einem der übergroßen Vogelkäfige und unterhielt sich mit Atlas, Celestine und Grayson, die ebenso wie er Teil des Schwimmteams waren. Grayson erinnerte mich mit seinen hellen Augen und den platinblonden Haaren immer ein wenig an einen gut aussehenden Vampir – fehlte nur noch der Glitzer auf der Haut. Ich hatte nichts gegen ihn – anders als bei Cedric … Allein die Art, wie er die Frau hinter den Gitterstäben gerade betrachtete, sagte einfach alles über ihn. *Widerlicher Typ!*

Noch immer hatte ich bildlich vor Augen, wie er Jeremy in der Schwimmhalle unter Wasser gedrückt hatte, bis ich ins Becken gesprungen war, um dem Ganzen ein Ende zu setzen. Keine Ahnung, wie lange er sein krankes Machtgehabe sonst noch …

Eine Gänsehaut lief mir über den Rücken, als ich merkte, dass Atlas zu uns herübersah und mich musterte. Am liebsten hätte ich sofort den Blick abgewandt. Gerade noch so konnte ich mich davon abhalten – diese Genugtuung würde ich ihm ganz sicher nicht verschaffen. Und so erwiderte ich seinen Blick, richtete mich noch etwas weiter auf und hoffte, dass man mir nicht anmerkte, wie viele Emotionen in diesem Moment wild in mir durcheinanderwirbelten und wie unangenehm es mir war, wenn er mich so anschaute. Ich konnte immer noch nicht fassen, dass er zu Beginn des Schuljahres allen Ernstes versucht hatte, seine ehemals beste Freundin, in die er verliebt gewesen war, durch mich zu ersetzen. Einfach nur, weil ich ihr ähnlich sah. Wer kam denn auf so etwas?

Zum Glück hatte Atlas mich seit der Party des Masters in Ruhe gelassen. Trotzdem versetzte mich allein die Tatsache, dass wir uns in einem Raum befanden, in Alarmbereitschaft.

»Vanderton? Du hier?«, rief da jemand so laut, dass es trotz der Musik gut zu hören war. Erst jetzt fiel mir auf, dass Grayson seine Freunde stehen gelassen hatte und sich zu uns durchkämpfte. Er klopfte Theo auf die Schulter und lachte. »Ich hätte nicht gedacht, dass du kommst. Genial! Dann sind die Haverton Five ja heute endlich mal wieder vereint, genau wie in alten Zeiten.« Bevor Theo etwas erwidern konnte, umarmte Grayson ihn und winkte Bellamy herbei. »Trengove, schau mal, wer uns heute beehrt!«

Bellamy, der gerade mit einem Glas in der Hand und Holly Sage im Arm den Raum betrat, blieb erstaunt stehen. Seine Lippen verzogen sich zu einem breiten Lächeln.

»Hey, Mann, cool, dass du da bist.« Er schlug mit Theo ein und hielt auch Jasper und mir zur Begrüßung die Hand zum Abklatschen hin.

»Schön, dass du mal wieder vorbeischaust.« Holly Sage hauchte Theo einen Kuss auf die Wange und umarmte mich, als wären wir die besten Freudinnen. »Ich weiß nicht, wie du es geschafft hast, Theo zu überzeugen mitzukommen. Aber ich bin mir sicher, du hättest Eden kein größeres Geschenk machen können. Seine legendären Five alle wieder zusammen auf seiner Party. Er wird begeistert sein.«

Die Haverton Five. Oder wie Coraline, eine Freundin der Jungs, sie nannte: die Haverton Hot Five – die heißesten Jungs aus Haverton House. Auch wenn Theo den Titel meiner Meinung nach mehr als verdient hatte, fiel es mir nach wie vor schwer zu glauben, dass er tatsächlich einmal ein Teil dieser Clique gewesen war. Und noch weniger konnte ich mir vorstellen, dass er sich damals mit Atlas verstanden hatte …

Unwillkürlich sah ich noch einmal zu der Voliere hinüber und spürte ein Ziehen im Bauch, als meine Augen seine direkt fanden. Atlas hatte den Blick nicht abgewandt. Er beobachtete mich noch immer und ein kleines zufriedenes Lächeln umspielte seine Lippen, so als wüsste er genau, wie sehr er mich verunsicherte. Doch dann veränderte sich sein Ausdruck, fast so, als wäre ich ihm auf einmal zu langweilig geworden. Beinahe großmütig nickte er mir noch einmal zu, dann drehte er sich um und verschwand in der Menge.

4

Genau wie Holly Sage es prophezeit hatte, bekam Eden sich gar nicht mehr ein, als er Theo entdeckte. Wenn man ihn nicht kannte und wusste, dass er immer etwas exzentrisch war, konnte man glauben, Theo wäre monatelang verschollen gewesen oder von einer Expedition am südlichen Polarkreis heimgekehrt. Eine Hand auf seine Schulter gelegt, führte Eden ihn herum wie einen preisgekrönten Pudel. Dass er dabei einen paillettenbesetzten roten Frack und einen goldenen Zylinder auf dem Kopf trug, machte die ganze Sache noch absurder.

Theo ließ das Ganze über sich ergehen, ohne sich anmerken zu lassen, was er darüber dachte. Während er jedoch mit Eden und den anderen für Fotos posierte, kam es mir so vor, als würde er in eine Rolle schlüpfen. Eine Version von ihm, die sich mühelos in ihr Umfeld einfügte, in jeder Situation die richtigen Worte fand und deren Selbstbewusstsein den kompletten Saal einnahm. Ganz so, als wäre er bei einem Business-Event, bei dem es darum ging, einen wichtigen Deal abzuschließen.

»Erinnert ihr euch an den Abend im Ferienhaus von Atlas' Eltern? St. Moritz, das war legendär. Ich meine … wie lange haben wir da durchgefeiert? Eine Woche?« Eden hob sein Glas, stieß damit gegen Theos und grinste. »Und Deverell war so dicht, dass er fast im Jacuzzi ersoffen wäre. Der verdankt dir sein Leben, Mann!«

Grayson verzog das Gesicht. »So besoffen war ich auch wieder nicht.«

Theos Augenbraue zuckte. »Du hast der Wohnzimmerpflanze einen Namen gegeben, ihre Blätter gestreichelt und ihr die halbe Nacht lang deine Lebensgeschichte erzählt. Inklusive Dingen, die niemand von uns jemals wieder aus dem Kopf bekommen wird.«

»Ja, genau!«, rief Eden. »Wie hat er das Teil noch mal genannt?«

»Fred«, erinnerte sich Theo und Eden prustete los.

Auch ich konnte mir ein kleines Lächeln nicht verkneifen. Gleichzeitig fühlte es sich merkwürdig an, Theo so mit seiner alten Haverton-Clique zu erleben. Bisher hatte er mir immer das Gefühl gegeben, dass er Partys hasste und seine Zeit lieber allein als in großen Gruppen verbrachte. Er machte gerne Musik, las Bücher und stand morgens zu absolut gottlosen Zeiten auf, nur um unbeobachtet mit seinen Pferden trainieren zu können. Gespräche mit Menschen, die ihm nicht nahestanden, führte er nur, wenn sie sich nicht vermeiden ließen, und lieber sagte er gar nichts, bevor er Gefahr lief, in Small Talk verwickelt zu werden.

Dass ausgerechnet Theo mehrere Nächte am Stück durchgemacht haben sollte und mit Eden in exklusiven Londoner Underground Clubs gefeiert hatte, konnte ich mir beim besten Willen nicht vorstellen.

»Oh, ich vermisse die alten Zeiten.« Grayson nahm einen Schluck aus seinem Glas. »Ich werde zum Beispiel nie vergessen, wie wir einmal spontan mit dem Eurostar nach Paris gefahren sind, um auf dem Eiffelturm anzustoßen.«

Bei dieser Erinnerung verhärtete sich Theos Gesicht. Es war nur eine winzige Regung, aber mir entging nicht, wie er plötzlich die Kiefer zusammenpresste und seine Mundwinkel herabsanken.

»Annies Geburtstag«, ergänzte Bellamy und ich horchte auf.

Annie. Atlas' ehemalige beste Freundin. Das Mädchen, das mir aus irgendeinem verrückten Grund so ähnlich sah und das sich, genau wie ich, in Theo verliebt hatte. Sie war wie ein Phantom, ein Schatten, der mich verfolgte, obwohl sie nicht einmal mehr an der Highclare studierte.

Nach der Party des Masters hatte ich mit Theo ausgiebig über sie gesprochen und ihm all meine Fragen gestellt. Was für ein Mensch sie gewesen war – zurückhaltend, manchmal traurig, dann ganz plötzlich wieder aufgedreht und nicht zu bremsen. Ob er wirklich nichts für sie empfunden hatte – nein, sie war nie mehr als eine gute Freundin für ihn gewesen. Und zu guter Letzt: Was genau am Abend des jährlichen Gründerballs geschehen war, bevor sie als vermisst gemeldet wurde, und ob wirklich niemand wusste, wo sie sich jetzt aufhielt.

Diese Frage hatte Theo mir nicht beantworten können. Zum einen, weil ihm irgendwer in jener Nacht heimlich Drogen verabreicht hatte und Theo sich an kaum etwas erinnern konnte. Zum anderen, weil Annies Verschwinden komplett vertuscht worden war. Theos Erzählungen zufolge hatte es zwar eine Suchaktion der Polizei gegeben, aber diese war auf Wunsch ihrer Familie nach kurzer Zeit eingestellt worden. Natürlich hatten ihre Freunde und auch er nicht so schnell aufgegeben, aber die privaten Nachforschungen waren im Sand verlaufen. Und so konnte heute niemand sicher sagen, was mit Annie geschehen war – ob sie überhaupt noch lebte oder vielleicht sogar tot war. Für Eden jedenfalls schien Ersteres außer Frage zu stehen. Er redete immer so über sie, als wäre sie nur kurz im Urlaub.

»Annie war so dicht. Ich weiß noch genau, wie sie von der Brücke in die Seine gekotzt hat.«

Alle lachten, nur ich runzelte die Stirn und versuchte, Theos Blick aufzufangen. Der schaute jedoch bloß flüchtig zu mir herüber, wandte sich dann wieder ab und blieb mir die Antwort auf meine stille Frage schuldig, was Annies Erwähnung in ihm ausgelöst hatte.

Unweigerlich fragte ich mich wieder, was für ein Mensch er vor einem Jahr gewesen war. Ob ich mich damals schon in ihn verliebt hätte und was dazu geführt hatte, dass er all dem hier – seinen ehemaligen Freunden, seinem Haus, ja … anscheinend seiner gesamten früheren Identität – den Rücken gekehrt hatte.

Unterdessen fuhr Eden ohne Atempause damit fort, von den alten Zeiten zu schwärmen. Erst als er fand, dass es nun Zeit für seine ganz persönliche Überraschung für uns war, verabschiedete er sich, sprang auf die aufgebaute Bühne und schnappte sich ein Mikrofon. »So, Freunde, nachdem wir uns nun alle warmgetrunken … ähm -getanzt haben, wollte ich natürlich sagen …« Er lachte und ein Großteil seiner Gäste fiel mit ein. »… habe ich noch eine Überraschung für euch. Denn was wäre eine Party unter dem Motto *Dark Circus* ohne entsprechende Showhighlights?«

Energisch winkte er alle von der Tanzfläche. Gleich darauf betrat eine Artistengruppe die Manege. Ihre hautengen Bodys bedeckten nur das Nötigste und erweckten den Eindruck, als würden bei jeder Bewegung schwarze Schlangen um ihre Körper gleiten. Doch nicht nur die Outfits, auch ihre Nummer war wirklich beeindruckend – eine Mischung aus Tanz, Akrobatik und künstlerischen Lichtinstallationen. Die Körper wanden sich in- und umeinander, verknoteten sich in den groteskesten Verrenkungen, sodass man kaum noch richtig erkennen konnte, welches Körperteil zu welchem Menschen gehörte.

Als einer der Männer eine Frau schließlich auf einer Hand balancierte und sie grazil ein Bein in die Luft reckte, wurde der Applaus extralaut. Der Gruppe folgten Burlesque-Tänzerinnen, die Eden wie selbstverständlich in ihre Show miteinbanden, was ihm sichtlich gut gefiel. Den Abschluss bildete ein Zauberkünstler, der seine Fähigkeiten als Mentalist unter Beweis stellte und anschließend Holly Sage zu sich auf die Bühne rief. In ihrem glitzernden hautengen Body, der an einigen Stellen durchsichtig und nur von kleinen Steinchen besetzt war, sah sie selbst aus, als wäre sie Teil der Vorstellung. Jasper neben mir stand der Mund ein bisschen offen und ich hätte schwören können, dass er das Atmen kurzfristig eingestellt hatte. Keine Ahnung, ob mich das zum Lachen bringen oder ob ich ihn lieber schütteln sollte. Ja, Holly Sage war umwerfend hübsch, mit langen eichenholzfarbenen Haaren und feinen Sommersprossen auf und um die zierliche Nase. Kurz: Sie war die Verkörperung einer Disneyprinzessin. Wahrscheinlich konnte sie auch singen, tanzen und mit Tieren sprechen. Dennoch war das meiner Meinung nach wirklich kein Grund, auf lebenswichtige Maßnahmen zu verzichten.

»Hey!« Ich beugte mich zu ihm, während der Zauberer zu Musik und Konfettiregen mehrfach hintereinander Holly Sages Outfit änderte und in tosendem Applaus badete. »Schnapp dir schon einmal deine Gitarre, du bist gleich dran!«

Das riss ihn aus seiner Starre und tatsächlich dauerte es keine fünf Minuten mehr, bis Eden Jasper zu sich nach vorne rief. Die Manege wurde wieder als Tanzfläche freigegeben und ich drängte zusammen mit meinen Freunden aus Sir Archer Remington nach ganz vorne zur Bühne. Theo verlor ich dabei aus den Augen, dafür fand ich Jeremy, den Sabia offenbar überredet hatte, beim Sir-Archer-Gruppenkostüm mitzumachen. Statt seines üblichen Hemds und dem ordentlichen Pullover darüber trug er heute Chris-Pratt-Style: schwarzes

Shirt, hochgekrempelte Ärmel und eine braune Weste. Dazu hatte er sich einen Hut aufgesetzt, der dem von Sabia ähnelte.

»Steht dir!«, rief ich und tippte an die Krempe.

»Ja, mal was ganz anderes als sonst. Ich habe heute einen rebellischen Tag.« Er grinste mich an und mir wurde ganz warm, so gut tat es, ihn endlich wieder einmal so fröhlich zu sehen. Die letzten Wochen waren hart für Jeremy gewesen und auch wenn er nur wenig darüber erzählt hatte, konnte ich mir gut vorstellen, was bei ihm zu Hause los gewesen war, nachdem er mit seinen Eltern und seinem Bruder über die Beziehung zu Alaric Crawley gesprochen hatte. Die traurigen Augen und das ausdruckslose Gesicht meines Freundes in den Tagen danach hatten Bände gesprochen.

»Geht es dir gut?«, fragte ich und er schüttelte er den Kopf.

»Nicht wirklich.« Jeremys Gesicht verdüsterte sich. »Nur noch zwei Tage bis zum Termin mit Rektor Lowell … Ich bin schon ziemlich nervös.«

Ich nickte und legte ihm eine Hand auf den Arm. Die Neuigkeit, dass Jeremy und mein Klassenlehrer ein Paar waren, hatte nach der Party des Masters am Campus für viel Wirbel gesorgt. Zwar sahen die meisten meiner Mitschüler und -studenten absolut kein Problem darin, aber einige Eltern hatten sich beschwert und Konsequenzen gefordert. Alaric hatte sich deswegen erst einmal freistellen lassen. Und übermorgen gab es einen Termin, bei dem Jeremy und er nacheinander mit Rektor Lowell sprechen sollten.

»Wenn du möchtest, können wir uns vorher noch mal treffen und alles durchgehen, was du denen sagen willst«, schlug ich vor.

»Das wäre super!«

»Und falls du heute spontan nach Hause willst, sag einfach Bescheid. Dann begleiten Theo und ich dich.«

»Nein, schon gut.« Jeremy winkte ab. »Ich glaube, diese Party ist genau das Richtige, um mich abzulenken. Und Jaspers Auftritt wird bestimmt klasse.«

Er nickte zur Bühne. Wie aufs Stichwort wurde das Licht gedimmt und ein Scheinwerfer auf den Zirkusvorhang gerichtet. Exakt auf die Stelle, an der Jasper nun mit seiner Gitarre Stellung bezog. »Lass uns einfach ein bisschen Spaß haben, okay?«

»Einverstanden«, sagte ich und als die ersten Zeilen von *This Girl,* Jaspers erster eigener Single, erklangen, gab es für uns beide, Sabia und die Jungs aus Sir Archer kein Halten mehr. Wir tanzten und sprangen auf der Stelle, was bei Avery besonders lustig aussah, da er immer noch das T-Rex-Kostüm trug. Ein Blick zur Seite verriet mir, dass auch die anderen im Raum Jaspers Auftritt feierten. Holly Sage tanzte ausgelassen mit Bellamy. Grayson hatte sich Ekatarina geschnappt und Theo, den ich neben Eden etwas abseits des Getümmels stehen sah, beobachtete unser wildes Gehüpfe mit einem amüsierten Schmunzeln auf den Lippen. Als sich unsere Blicke kreuzten, lächelte er mir zu und jeglicher Zweifel an ihm, der sich im Laufe des Abends in meine Gedanken geschlichen hatte, verschwand. Es war egal, wie Theo früher gewesen war, für mich zählte nur der Moment.

Viel zu schnell war das Lied vorbei. Aber Jasper hatte noch einige Coversongs vorbereitet und als er Taylor Swifts *You belong with me* anspielte, riss Colin begeistert den Arm nach oben und sang lautstark mit.

Am Ende forderten alle eine Zugabe und dieses Mal schien wirklich jeder den Text von *This Girl* draufzuhaben. Als Jasper die Bühne verließ und einem DJ Platz machte, wirkte er überglücklich.

»Also, wenn Holly dich jetzt nicht heiraten will, weiß ich

auch nicht weiter!«, rief Colin und hielt sein Handy hoch, als Zeichen dafür, dass er Jaspers Auftritt aufgenommen hatte.

»Dann hat sie dich nicht verdient«, bestätigte auch Sabia. »Wenn sie jetzt immer noch nicht checkt, was für ein Traummann du bist, solltest du sie in die Wüste schicken.«

Jasper lachte. Er drehte sich um, wie um zu sehen, ob Holly zu ihm herüberschaute. Doch sie stand mit dem Rücken zu uns, einen Arm um Bellamy gelegt. Kurz huschte ein enttäuschter Ausdruck über Jaspers Gesicht. Doch nur so lange, bis er von einem gigantischen T-Rex in eine Umarmung gezogen und beglückwünscht wurde. »Bro, du warst super! Davon werde ich noch meinen Enkeln erzählen!«

»Das hoffe ich doch.« Jasper grinste und bevor er sich noch einmal nach Holly Sage umdrehen konnte, legte ich ihm die Hände auf die Schultern und schob ihn nachdrücklich auf die Tanzfläche, wo wir alle einen Kreis um ihn bildeten. Er gab sich geschlagen, aber nach dem dritten Song straffte Jasper auf einmal die Schultern. »Ich werde sie jetzt einfach fragen.«

»Holly?« Colin riss die Augen auf. »Du willst fragen, ob sie dich heiratet?«

»Nein, natürlich nicht.« Jasper verdrehte die Augen. »Ob sie mit mir tanzt.«

»Ja, mach das. Unbedingt!«, rief Avery und klopfte ihm auf den Rücken. »Wir sind direkt hinter dir und feuern dich an!«

»Wehe!«, lachte Jasper. Dann atmete er tief durch und bahnte sich einen Weg zum Rand der Manege, wo Holly Sage inzwischen auf einem der Sofas saß und sich mit Celestine und Coraline unterhielt.

»Komm schon, Mann«, hörte ich Colin neben mir murmeln. Er hielt beide Hände vor sich, drückte die Daumen und sah aus wie meine beste Freundin Kami zu Hause, wenn die finale Entscheidung bei irgendeiner Talentshow fiel. Als er meinen

Blick bemerkte, grinste er. »Falls sie ihm einen Korb gibt, wünschen wir uns einfach *Flowers* von Miley Cyrus.«

»Sie wird ihm keinen Korb geben«, entgegnete Sabia. »Und falls doch, reden wir nie wieder ein Wort mit ihr.«

Gebannt beobachteten wir, wie Jasper vor Holly Sage zum Stehen kam. Er sagte etwas, zumindest vermutete ich das, weil er ein wenig verlegen mit den Händen gestikulierte.

»Alter, halt jetzt bloß keine lange Rede«, murmelte Avery hinter mir und Colin rutschte nervös in seinem Rollstuhl hin und her. Ich konnte sehen, wie Holly Sage die Lippen bewegte.

»Wenn die ihm jetzt ernsthaft das Herz bricht …«, knurrte Sabia, aber genau in diesem Augenblick stand Holly Sage auf und reichte Jasper die Hand. Eine Sekunde lang waren wir alle wie eingefroren, doch dann folgte sie ihm tatsächlich auf die Tanzfläche. Wir rissen gleichzeitig unsere Arme nach oben und jubelten so laut, dass Jasper uns einen scharfen Blick zuwarf. Er sollte wohl böse wirken und so viel heißen, wie: *Leute, reißt euch zusammen. Ihr seid so peinlich.* Gleichzeitig konnte er sich ein Grinsen nicht verkneifen, das jedoch kurz schockgefrostet wurde, als das Lied völlig abrupt abbrach und in einen neuen Song überging. Langsamer, eindeutig viel romantischer und … Moment, war das etwa *Perfect* von Ed Sheeran?

Überrascht drehte ich mich zu dem DJ um und sah gerade noch, wie ein T-Rex hinter dem Pult entlanghüpfte.

»Genial, Ave!«, lobte Colin sofort. »Jas wird uns ewig dankbar sein.«

»Es gibt halt keine besseren Freunde als uns. Auch wenn er das gerade vielleicht noch etwas anders sieht.« Avery griff nach Sabias Hand und zog sie zu sich heran. »Los, tanz mit mir.«

Colin zückte abermals sein Handy und auch Jeremy und ich

begannen langsam von einem Bein auf das andere zu wippen, während wir versuchten, Jasper unauffällig im Auge zu behalten. Er wirkte immer noch ein wenig überfordert mit der Situation, aber Holly Sage lächelte ihn an und in mir breitete sich ein leises Glücksgefühl aus.

Auch wenn ich vorhin noch anderer Meinung gewesen war, diesen Abend hatten wir wirklich gebraucht. Nach der Party des Masters hatte die Stimmung an der Academy einen Tiefpunkt erreicht. Alle waren tagelang schweigend über die Korridore gehuscht, die Köpfe gesenkt, so als könnte man sich selbst schon durch einen einzigen falschen Blick verdächtig machen. Doch nichts war passiert. Keine weiteren Bloßstellungen, keine neuen Briefe. Trotz der unmissverständlichen Drohung, die der Master uns allen gegenüber ausgesprochen hatte. Wahrscheinlich lag das daran, dass Rektor Lowell nach dem Vorfall das Sicherheitspersonal auf dem Campus erhöht hatte.

Außerdem hatte es in den vergangenen Wochen einige Schulabgänge gegeben, weil Schüler oder deren Eltern den guten Ruf der Academy gefährdet sahen. Wieder andere munkelten, dass der Master kalte Füße bekommen und seine Chance genutzt hatte, sich unerkannt abzuseilen. Wie auch immer – seither war alles ruhig geblieben und nach und nach atmeten alle auf. Und auch ich wagte es, mich etwas zu entspannen und die Party und die ausgelassene Stimmung zu genießen.

Suchend schaute ich mich nach Theo um. Zwar war ich mir sicher, dass er für Ed Sheeran wenig übrighatte, und das akzeptierte ich. Aber gerade wollte ich dennoch einfach nur meine Arme um ihn schlingen und den Moment mit ihm teilen. Meiner Meinung nach hatte Eden ihn jetzt wirklich genug beansprucht. Den Rest des Abends gehörte er mir.

Nur … dass ich ihn nirgends mehr sehen konnte. Eden entdeckte ich zusammen mit Atlas an der Bar, ein Whiskeyglas in der Hand. Von Theo keine Spur.

Ich tippte Jeremy an den Arm. »Hast du Theo gesehen?«

Er schüttelte den Kopf. »Keine Ahnung? Vielleicht ist er rausgegangen, frische Luft schnappen.«

Ja, das konnte sein. Wieder schaute ich mich um – vergeblich – und in mir wuchs der Wunsch, meinen Kopf an seine Schulter zu lehnen oder einfach seine Hand zu halten.

»Okay. Ich gehe ihn mal suchen.«

Theo

Der Bass hämmerte so laut, dass Theos Kopf zu platzen drohte. Es war ihm ein Rätsel, wie er solche Partys jemals hatte gut finden können. Obwohl seine Zeit als Mitglied von Haverton House nur etwas mehr als ein Jahr zurücklag, kam es ihm vor wie eine Ewigkeit. Eine Ewigkeit, die ihn völlig verändert und zu einem anderen Menschen gemacht hatte. Früher hätten ihn die ausgelassene Stimmung, die vielen Gäste und der exzessive Alkoholkonsum nicht gestört. Vermutlich hätte er sich selbst am nächsten Morgen eine Kopfschmerztablette einwerfen müssen. Jedoch mit dem Gefühl, einen großartigen Abend gehabt zu haben. Ohne einen Funken Reue.

Jetzt aber sorgte alles hier dafür, dass sich ein leichtes Gefühl von Panik in ihm ausbreitete und Erinnerungen hochholte, die er bewusst verdrängt hatte. Erinnerungen an Annie. Erinnerungen an jene Nacht, bevor sie verschwunden war. Sein Puls beschleunigte sich, plötzlich wollte er nur noch weg. Weg von der lauten Musik, weg von den Leuten, die ihm ins Ohr schrien und halb betrunken beteuerten, wie schön es war, ihn wieder dabeizuhaben. *Ja, klar.*

Er hatte nicht gedacht, dass es ihm so viel ausmachen würde – die Oberflächlichkeit und das bescheuerte Alphagehabe, mit dem einige versuchten, Eindruck zu schinden. Aber nun, nach über zwölf Monaten, die er außerhalb dieser Welt gelebt und unter Menschen verbracht hatte, die einander völlig normal behandelten, spürte er es deutlicher denn je: Er gehörte nicht länger dazu und er wollte es auch gar nicht.

Ganz automatisch suchten seine Augen nach Louisa. Als er sie zusammen mit Jeremy und Colin auf der Tanzfläche entdeckte und zusah, wie sie sich lachend zur Musik drehte, spürte er Wärme in sich aufsteigen. Er dachte daran, wie sie vorhin vor ihm gestanden und ihren Pullover abgestreift hatte. So selbstbewusst und verletzlich zugleich, ohne jeden Zweifel, dass sie ihm vertrauen konnte. Alles hatte sich so leicht angefühlt, so natürlich, so richtig. Und doch … durfte er nicht weitergehen. Unter keinen Umständen. Vorhin war er seiner Grenze gefährlich nah gekommen. Das durfte nicht noch einmal passieren, ganz egal, was Louisas Nähe mit ihm anstellte. Er wusste, dass er ihr nicht nah sein konnte. Nicht auf diese Weise. Der Gedanke daran schickte einen Stromstoß durch ihn hindurch. Er riss seinen Blick von ihr los und bahnte sich einen Weg ins Foyer. Dort ließ er sich seine Jacke geben und trat vor die Haustür. Sofort fuhr ihm ein kühler Wind durch die Haare und benetzte seine Haut mit feinen Regentropfen. Theo legte den Kopf in den Nacken und holte tief Luft. Noch einmal. Und noch einmal. Mit jedem Atemzug versuchte er die Bilder, die ihn überfielen, zurückzudrängen. Er wollte jetzt nicht an Annie denken, das wollte er nie, wenn er mit Louisa zusammen war. Und doch schlich sie sich immer wieder zwischen sie. In jedem vertrauten Moment, bei jedem Kuss, jedes Mal, wenn er nur daran dachte, wie es wäre, Louisa langsam auszuziehen.

Du verdienst sie nicht, und das weißt du, flüsterte Annies Stimme ihm dann zu, bis er sich innerlich wie gelähmt vorkam. Unfähig, weiterzumachen wie bisher.

Hast du vor, ihr das Gleiche anzutun wie mir?

Theos Brust fühlte sich mit einem Mal eng an. Es fiel ihm schwerer zu atmen und seine Hände kribbelten unangenehm. Rasch ließ er sie in den Taschen seiner Jacke verschwinden und stutzte, als seine Finger auf Papier trafen. Da war ein Briefumschlag. Ganz langsam zog er ihn hervor und betrachtete ihn. Rotes Papier. Was sonst? Theo schnaubte. Am liebsten hätte er den Umschlag einfach wieder eingesteckt und bei der nächsten Gelegenheit in den Kamin von Sir Archer Remington geworfen. Doch eine unsichtbare Kraft, ein Teil von ihm, der wissen musste, was es damit auf sich hatte, brachte ihn stattdessen dazu, das Siegel zu brechen. Der Brief enthielt nur wenige Sätze. Theo überflog sie, dann stopfte er den Zettel zurück in den Umschlag und stieß einen leisen Fluch aus. Schnell blickte er sich um. Hatte ihn jemand beobachtet? Nein, er war der Einzige hier draußen und durch die abgedunkelten Fenster konnte ihn niemand sehen.

Gut so. Zähneknirschend ließ er den Brief in seiner Jacke verschwinden. Gerade noch rechtzeitig, denn in der nächsten Sekunde wurde hinter ihm die Tür geöffnet.

»Hier bist du.« Louisa. Sie trat nach draußen und als sie ihm ins Gesicht blickte, gefror das Lächeln auf ihren Lippen. »Alles okay?«

»Ja, klar.« Theo zwang sich, seine Stimme möglichst unbekümmert klingen zu lassen, legte beide Arme um sie und küsste sie, während sich der Umschlag in seiner Innentasche anfühlte, als würde er sich langsam durch den Stoff brennen.

Reiß dich zusammen, ermahnte er sich selbst. Dieses dämliche Spiel stellte absolut keine Gefahr für ihn dar. Keiner kannte sein Geheimnis, nicht einmal seine Familie. Niemand war an jenem Abend dabei gewesen. Nur Annie. Und Annie war fort. Er hatte keine Ahnung, wo sie steckte. Aber sie war nicht hier. Und das zählte. Zumindest für den Moment.

Abermals küsste er Louisa und lächelte sie an.

»Lass uns von hier verschwinden.«

5

Theo und ich verließen die Party kurz nach Mitternacht. Auch wenn ich wider Erwarten Spaß gehabt hatte – ungestörte Zeit zu zweit erschien mir noch um einiges verlockender. Also verabschiedete ich mich von meinen Freunden und versprach Jeremy, mich am Montag mit ihm in der Academy zu treffen, bevor die Anhörung stattfand. Dann schlich ich mich mit Theo nach draußen, in der Hoffnung, dass Brenda, unsere Hausvorsteherin, später nicht mitbekam, dass ich fehlte. Bei denjenigen in Haverton House, die noch nicht volljährig waren, achtete sie immer penibel darauf, dass alle in ihren eigenen Betten schliefen. Aber heute war das Haus so voll, dass ich vermutlich Glück haben würde.

Ausnahmsweise, weil es schon spät und verdammt kalt war, ließen wir uns von einem Shuttle zurück nach Sir Archer Remington fahren. Dort angekommen, erwartete ich eigentlich, dass wir es gerade einmal in den Flur schafften, bevor wir uns küssten und Theo mich gegen die Wand drückte. Doch er war irgendwie abwesend, sprach nur wenig und schien nicht in der Stimmung, die ungestörte Zweisamkeit auszunutzen. Ich fragte nicht nach und legte mich schließlich einfach neben ihn ins Bett, meinen Kopf an seiner Brust. Vielleicht war die Party für ihn anstrengender gewesen als gedacht.

»Geht es dir gut?«, fragte ich später in die Dunkelheit hinein, unsicher, ob er vielleicht schon schlief. Erst rührte er sich nicht, aber dann spürte ich Theos Finger sanft an meinem Hinterkopf entlangstreicheln.

»Jetzt schon«, flüsterte er und hauchte mir einen Kuss auf die Stirn.

»Und … vorhin auf der Party? Es kam mir so vor, als ob du gedanklich ganz weit weg warst. Da hab ich mir Sorgen gemacht.«

»Das brauchst du nicht«, sagte er sofort, ließ mich vorsichtig von seiner Schulter rutschen und drehte sich, bis er über mir lag und seine Lippen meine berührten. Der dunkle Klang seiner Stimme brachte etwas in mir zum Kribbeln.

»Es ist alles gut. Es war nur … vorhin etwas viel. Nichts, worüber du dir den Kopf zerbrechen musst.«

Abermals glitt er mit den Lippen über meinen Mund und dieses Mal küsste er mich richtig – so intensiv, dass ich einen überraschten Laut ausstieß. Theo hielt inne und brachte etwas Abstand zwischen uns, doch als ich meine Finger in seinen Haaren vergrub und ihn wieder zu mir heranzog, kam er sofort zu mir zurück. Mit einem leisen Seufzen presste ich mich an ihn, öffnete den Mund für seine Zunge und ließ meine Finger über seinen Rücken gleiten. Es tat so gut, ihm nahe zu sein. Ihn zu spüren. Das Gefühl zu haben, dass nichts und niemand uns trennen konnte. Und als hätte er meine Gedanken gelesen, flüsterte er: »Ich will dich niemals verlieren, Louisa.«

Seine Worte kitzelten in meinem Bauch und ich schlang meine Arme noch fester um ihn.

»Das wirst du nicht«, versprach ich.

Theo und ich verbrachten das ganze restliche Wochenende zusammen. Ich reizte die Zeit mit ihm in Sir Archer maximal aus und kehrte nur zum Schlafen zurück nach Haverton House. Zu meiner Erleichterung verhielt Theo sich wieder völlig normal, sodass ich nicht mehr an die Party dachte und mich ganz in seinen Küssen verlieren konnte. Die Zeit mit ihm erschien wie eine Blase, in der nur wir zwei und unendlich viele Glücksgefühle existierten.

Zumindest so lange, bis der Montag kam, an dem Jeremys Gespräch mit Rektor Lowell stattfand, und ich unsanft in die Realität zurückgeholt wurde. Während des Unterrichts bei Mr Brown, Mr Crawleys Vertretung, konnte ich mich nur schlecht konzentrieren und kaum, dass der Lehrer die letzte Stunde beendete, stürmte ich nach draußen und eilte zum Innenhof, wo ich mich mit Jeremy verabredet hatte. Es war einer der kleinsten der Academy, eine freie Rasenfläche, eingerahmt von sandgrauen, mit Efeu überwucherten Fassaden und Säulengängen. Hier gab es keine Sitzgelegenheiten, nur Fensternischen. In einer davon wartete Jeremy schon auf mich. Nachdem ich ihn begrüßt hatte, setzte ich mich ihm gegenüber, den Rücken an den Stein gelehnt. Gemeinsam gingen wir noch einmal all das durch, was Jeremy gleich sagen wollte, aber er war zu aufgeregt und verhaspelte sich immer wieder.

»Das wird schon«, versuchte ich, ihm Mut zuzusprechen. »Nimm dir in dem Gespräch die Zeit, die du brauchst.«

Jeremy nickte, wirkte aber schon wieder abwesend. Er drehte den Kopf, sein Blick glitt zu den unterteilten Bogenfenstern, hinter denen das Besprechungszimmer lag, in dem Mr Crawley gerade befragt wurde.

»Habt ihr gestern eigentlich noch mal telefoniert?«, fragte ich und Jeremy nickte steif.

»Ja, aber nur kurz. Alaric ist seit letzter Woche ziemlich …« Er nestelte an seiner perfekt sitzenden Krawatte herum. »… distanziert.«

»Wie meinst du das?«

Jeremy zuckte mit den Schultern und presste die Lippen zusammen. »Na ja, er … meint, er braucht gerade Zeit, um sich über ein paar Dinge klar zu werden.«

Ich schluckte. Das klang nicht gut. Und auch überhaupt nicht nach Mr Crawley. Bisher hatte ich ihn immer als jemanden wahrgenommen, der für alles Lösungen suchte. Selbst im Moment des größten Chaos, als wir Jeremy nach der Party des Masters im Chalwood Estate zu ihm gebracht hatten, hatte er gefasst reagiert und ihm versprochen, dass sich alles regeln würde.

»Ich denke, Alaric bereut es inzwischen, dass wir zusammen hergekommen sind. Er hat es von Anfang an für keine gute Idee gehalten, aber ich ... ich wollte einfach bei ihm sein und war ... verdammt egoistisch.« Jeremy zog seinen Mantel fester um sich. »Und jetzt wird er meinetwegen seinen Job verlieren.«

»Aber das ist doch nicht deine Schuld«, warf ich ein und beugte mich vor, um Jeremy am Knie zu berühren. »Und außerdem steht das noch gar nicht fest.«

Ich fischte einen Zettel aus meiner Tasche, auf dem eine Liste stand: eine Ansammlung von Argumenten, die wir zusammengestellt hatten, um Jeremy und meinen Lehrer zu entlasten. »Denk dran – ihr habt keine offizielle Regel gebrochen und das Wichtigste: Er war nicht dein Lehrer.« Rasch überflog ich die nächsten Stichpunkte, obwohl ich sie längst auswendig kannte.

»Mr Craw... Ich meine, Alaric ...« Es kam mir immer noch komisch vor, meinen Klassenlehrer so zu nennen, auch wenn er erst Mitte zwanzig war. Im Gespräch mit Jeremy ständig seinen Nachnamen zu benutzen, fühlte sich jedoch auch nicht richtig an. »... hat dich ja nicht unterrichtet. Er ist nur für die Schüler zuständig und hat mit den Studenten überhaupt nichts zu tun, das wusstet ihr ja von Anfang an. Außerdem bist du längst volljährig. Es gibt also absolut nichts, was man euch ernsthaft zur Last legen könnte.«

Jeremy seufzte. Er rieb die Lippen aufeinander und ich sah ihm an, woran er dachte. Heute würde er nur mit Rektor Lowell sprechen, aber die Entscheidung, wie es nun weitergehen sollte, würde dieser nicht allein treffen, sondern die gesamte Geschäftsführung, vielleicht auch zusammen mit Ehemaligen oder Vorsitzenden des Elternrats. Kurz: fast ausschließlich Personen, die stockkonservativ oder ungefähr so alt waren wie unser Rektor und bestimmt schon Pläne für ihren Ruhestand schmiedeten. Ich hatte keine Ahnung, wie diese Generation die Situation beurteilte, aber es lag nah, dass nicht alle offen für Veränderungen an der Academy sein würden.

»Hätte der Master eure Beziehung nicht öffentlich gemacht, hätte nie jemand von euch erfahren. Es ist ja nicht so, als ob ihr euch mitten auf dem Gang geküsst hättet und …«

Ich brach ab, weil mir auffiel, dass Jeremy gedanklich bereits wieder ganz woanders war. Und da wurde mir bewusst, dass seine Sorge nicht bloß dem Gremium galt. Da war noch etwas anderes, das ihn bedrückte. Etwas, das gar nichts mit dem bevorstehenden Termin zu tun hatte. Es war … Angst. Die Angst, mehr zu verlieren als nur einen Studienplatz.

»Du hast gesagt, dass Alaric gerade Zeit für sich braucht. Hast du das Gefühl, dass er …« Ich wagte nicht, die Worte auszusprechen, aber Jeremy verstand mich auch so. Er drehte sich um und als er mich ansah, glitzerten Tränen in seinen Augen. Dann nickte er. »Ja. Ich glaube, er denkt darüber nach, ob es nicht besser wäre, wenn wir uns trennen.«

»Was? Aber … doch nicht wirklich wegen …« Ich hielt den Rest des Satzes zurück, weil eine Gruppe Havertons schleichend langsam den Hof überquerte. Ich wartete ungeduldig, bis sie die Tür zum nächstgelegenen Gebäudetrakt öffneten und dahinter verschwanden, ehe ich die Worte aussprach, die all meine Gedanken gerade am besten zusammenfassten. »Das ergibt doch überhaupt keinen Sinn.«

»Leider doch.« Resigniert stand Jeremy auf und klopfte seinen Mantel ab.

»Ist er etwa sauer auf dich?«

»Nein ... zumindest nicht wegen der Master-Sache oder seinem Job.«

Okay. Ich erhob mich ebenfalls, stellte aber keine Fragen, weil ich spürte, dass da noch mehr war, was er mir sagen wollte. Schweigend standen wir nebeneinander, bis Jeremy sich einen Ruck gab und den Mund öffnete.

»Es ist ... wegen meinem Vater«, presste er hervor und ich spürte, wie sich etwas in mir zusammenzog. Jeremy erzählte nicht viel über seine Familie, aber die wenigen Worte, die er bisher über seinen Dad fallen gelassen hatte, reichten aus, um ein eindrückliches Bild von ihm zu erhalten. Allein die Tatsache, dass er die Beziehung zwischen seinem Sohn und Mr Crawley immer noch leugnete, einfach, weil Alaric ein Mann war, sagte alles. Für mich, die mit zwei Dads aufgewachsen war, die ich über alles liebte, war das unvorstellbar.

»Er hält es für eine Phase«, fuhr Jeremy leise fort. »Eine Art Rebellion gegen ihn, keine Ahnung. Jedenfalls denkt er, dass er mich nur lange genug mit Verachtung strafen und das Thema totschweigen muss, damit ich von allein wieder *normal* werde.« Er spuckte das Wort wütend aus, aber gleichzeitig spürte ich, wie viel Kraft es ihn kostete, überhaupt darüber zu sprechen.

Dann hob er den Blick und schaute sich nach allen Seiten um, wie um sicherzugehen, dass wir nicht belauscht wurden.

»Mein Vater hat Alaric bedroht.«

»Moment, was?« Mir klappte der Mund auf.

»Er hat bei ihm angerufen und ihm befohlen, die Beziehung zu mir abzustreiten und seinen Job hier zu kündigen. Weil er sonst dafür sorgt, dass er nie mehr irgendwo eine Stelle als Lehrer bekommt.«

Ich schnappte nach Luft und Jeremy verzog die Lippen, als würden mir meine Gedanken offen ins Gesicht geschrieben stehen. »Mir war klar, dass mein Vater nicht begeistert von uns sein würde, und ich habe auch damit gerechnet, dass er versuchen würde, mich auf seine Art und Weise zur Vernunft zu bringen. Indem er mich anschreit, mir das Geld streicht, was auch immer. Aber dass er meinen Freund erpresst …« Jeremy ließ den Rest des Satzes unausgesprochen, blinzelte ein paar Mal und wischte sich über die Augen. Bei seinem Anblick gelang es mir nur schwer, den bissigen Kommentar herunterzuwürgen, der mir zu seinem Vater auf der Zunge lag. Stattdessen fragte ich: »Und … wie hat Alaric reagiert?«

»Er hat gefragt, ob das alles ist, was mein Vater ihm zu sagen hat. Und dann …« Nun huschte ein kleines Schmunzeln über die Lippen meines Freundes, ein winziger Funken Stolz. »… hat er sich höflich für seine Ratschläge bedankt und ihm gesagt, dass er sich ins Knie ficken soll.«

Ein ungläubiger Laut entwich mir und ich presste mir die Hand auf den Mund, was Jeremy ein Grinsen entlockte.

»Und da zweifelst du noch an ihm?«

»Das ist es nicht«, erwiderte Jeremy. Er schluckte und blickte einen Moment lang in die Ferne. »Aber letzte Woche haben wir uns gestritten. Zum ersten Mal überhaupt. Und es war furchtbar.«

»Das kann ich mir vorstellen. Trotzdem denke ich nicht, dass Alaric sich deshalb von dir trennen will.«

»Nein, deshalb nicht. Aber …« Erneut folgte Stille und wieder wusste ich ganz genau, dass ich keine Fragen stellen musste. Es reichte, jetzt einfach für Jeremy da zu sein. »… er hat gesagt, dass ihm unsere Beziehung, so wie sie ist, nicht mehr reicht.«

»Wie meint er das?«

Jeremy versteifte die Schultern. »Na ja, er will sich nicht länger verstecken und findet, dass wir das jetzt lange genug getan haben. Und deshalb … will er Rektor Lowell heute die Wahrheit sagen und schauen, was passiert.«

»Aber du … willst das nicht?«

»Doch, natürlich, aber nicht so.« Jeremy seufzte und raufte sich die Haare, nur um sie gleich darauf wieder glatt zu streichen. »Rektor Lowell ist auch gar nicht das Problem. Mein Vater ist es. Er ist … schwierig. Ich hatte immer gehofft, ihm das Ganze langsam beibringen zu können, um ihn nicht so wütend zu machen. Wenn er etwas sagt, sind das keine leeren Drohungen.«

»Also willst du Alaric vor ihm beschützen?«

»Irgendwie schon, ja. Du hast noch nie miterlebt, wozu mein Vater fähig ist.« Jeremy zog die Unterlippe zwischen die Zähne und kaute darauf herum. »Als ich mit Alaric darüber gesprochen habe, ist er ziemlich laut geworden.« Er stieß ein bitteres Lachen aus. »*Alaric.* Kannst du dir das vorstellen?«

Nein, das konnte ich nicht. »Was hat er denn gesagt?«

»Er hat mich gefragt, ob es das ist, was ich will. Dass unsere Beziehung für immer etwas bleibt, was nicht sein darf. Wofür wir uns schämen müssen.« Eine Träne rollte über Jeremys Wange, er wischte sie mit dem Handrücken fort. »Und natürlich will ich das nicht. Aber ich halte es auch nicht für eine kluge Idee, wenn wir uns meinen Vater zum Feind machen. Was, wenn dann alles völlig eskaliert? Ich liebe Alaric. Ich kann mir ein Leben ohne ihn nicht vorstellen.«

Jeremy ließ sich wieder in die Fensternische sinken und sackte in sich zusammen. Ganz leise hörte ich ihn schniefen und mir kamen ebenfalls die Tränen.

»Oh, Jere.« Ich setzte mich wieder neben ihn und umarmte

ihn, so fest ich konnte. »Es wird bestimmt alles gut. Wir werden einfach …«

»Mr Peterson!«, hallte es da über den Innenhof und wir fuhren beide zusammen. Rektor Lowells Sekretärin stand an einer der Türen und winkte uns zu. »Ihr Termin beginnt gleich.«

»Oh, natürlich.« Sofort stand Jeremy auf und wandte sich ab, um hastig seine Tränen zu trocknen. Als er sich wieder umdrehte, war sein Gesicht verschlossen.

Ich hatte mit Jeremy vereinbart, dass ich nicht auf ihn warte-te. Er wollte sich gleich nach dem Gespräch mit Alaric treffen und mich abends anrufen, um zu erzählen, wie es gelaufen war. Da ich heute keinen Unterricht mehr hatte, hatte ich eigentlich vorgehabt, direkt in den Stall zu fahren. Aber jetzt, nach diesem Gespräch, sehnte ich mich zu sehr nach Theo und hoffte, dass ich ihn noch abfangen konnte, bevor sein letztes Seminar begann. Im Laufschritt eilte ich durch die nie enden wollenden Korridore der Academy und eine breite Steintreppe nach oben, weiter bis zu dem Trakt, von dem ich wusste, dass Theo dort Unterricht hatte. Schon als ich um die Ecke bog, entdeckte ich ihn und atmete erleichtert auf. Theo stand vor der Tür zum Unterrichtsraum, hatte sich an die Wand gelehnt und blätterte in einem Buch. Als er mich bemerkte, klappte er es sofort zu und kam mir entgegen.

»Hey, ist alles …?« *Okay,* hatte er wohl fragen wollen. Doch dazu kam er nicht mehr, weil ich ihm so stürmisch um den Hals fiel und mein Gesicht an seine Brust drückte. Sofort schloss Theo mich in die Arme. »Was ist passiert? Ist etwas mit Jeremy?«

»Kann man so sagen, ja.« In knappen Sätzen erzählte ich ihm von dem Gespräch, ohne Details zu verraten, die Jeremy mir allein anvertraut hatte. Aber Theo nickte, als würde er mich auch so verstehen. Er spürte bereits, wie ich mich fühlte, bevor ich selbst die richtigen Worte dafür fand.

»Ich hasse diesen Master und alles, was er angerichtet hat, so sehr«, murmelte ich in Theos Hemd und mein Freund strich mir mit einer Hand über den Rücken. »Ich meine … was für ein Mensch muss das sein, der anderen so mutwillig schadet und sie in solche beschissenen Situationen bringt?« Ich weigerte mich einfach zu glauben, dass jemand das bloß unterhaltsam fand. »Das ist doch … irre und längst kein Spaß mehr.«

»Ich bin ganz deiner Meinung.« Theo nickte ernst. »Einige hier an der Highclare haben leider ein sehr abgehobenes Maß für Unterhaltung.« Er knirschte mit den Zähnen und sah zu mir herunter. »Aber ich denke, dass sich das Master-Spiel jetzt auch erledigt hat.«

»Warum bist du dir da so sicher?«

Theo lächelte, aber es wirkte leicht angestrengt. »Weil das bisher immer so war, wenn jemand sich ein neues Spiel ausgedacht hat. Ein paar Tage oder Wochen wurde das Ganze total gehypt, bis die Leute das Interesse verloren haben, weil irgendetwas anderes angesagt war.«

»Ja, aber das hier kannst du doch nicht mit anderen Spielen wie dem Novice Run vergleichen. Immerhin werden diesmal Leute unter Druck gesetzt und erpresst.«

»Glaub mir, das war auch schon vor dem Master-Spiel so.«

»Was meinst du damit?«, fragte ich und er fuhr sich durch die dunklen Haare. »Ich will damit sagen, dass es letztes Jahr auch schon mal …«

Gekicher und Stimmen erklangen und Theo löste sich von mir, als drei Kommilitonen von ihm an uns vorbeiliefen und uns neugierige Blicke zuwarfen. Er fasste mich an der Hand und zog mich mit sich, ein paar Meter den Flur entlang – in eine Wandnische, in der ein Porträt von Arthur Belmont hing, einem der Gründer der Academy. Doch anstatt seine Erklärung fortzusetzen, küsste er mich einfach, meinen Rücken gegen die Wand gedrückt. Tatsächlich gelang es ihm, mich meine Sorgen und die Wut, die ich eben noch empfunden hatte, für einen Moment komplett vergessen zu lassen. Theo küsste mich fordernd und gleichzeitig sanft, und seine warmen Lippen auf meinen gaben mir das Gefühl, weit weg zu sein. Allein, nur mit ihm. Erst als Theo einen Schritt zurückmachte und einen Blick auf seine Uhr warf, war schlagartig alles wieder da.

»Ich muss los zum Unterricht«, sagte er leise und strich mir zärtlich eine Strähne hinters Ohr. Doch scheinbar konnte er mir ansehen, dass es ihm nicht gelungen war, meine düsteren Gedanken ganz und gar zu vertreiben. Denn bevor er ging, nahm er mein Gesicht in beide Hände und hauchte mir einen weiteren Kuss auf die Lippen.

»Es wird alles wieder gut«, versprach er. »Mit Jeremy, aber auch mit dieser ganzen Master-Sache. Vertrau mir.«

6

Als ich wenig später mit dem Fahrrad in den Stall fuhr, regnete es und ich zog mir die Kapuze meiner Jacke weit in die Stirn und trat noch schneller in die Pedale. Normalerweise störte mich das wechselhafte Wetter nicht, aber in Kombination mit dem eisigen Wind, der jetzt im November über die gepflegten Grasflächen des Campus hinwegfegte, fühlten sich die Tropfen auf der Haut an wie kleine Eiszapfen. Auf der langen Einfahrt zum Hof, die zwischen den Weiden hindurchführte, kniff ich die Augen zusammen und fuhr fast blind weiter. Zumindest so lange, bis ich bei den Ställen eine hochgewachsene Gestalt im schwarzen Mantel erblickte. Unvermittelt bremste ich und schaute noch einmal in die Richtung, nur um ganz sicherzugehen. Das war Atlas! Mit zügigen Schritten eilte er an den Ausläufen vorbei und verschwand im Stall. Ich fuhr wieder an, dieses Mal noch schneller. Atlas hatte mit Pferden nichts am Hut. In meiner Anwesenheit war er bisher nur ein einziges Mal in der Reithalle aufgetaucht, und das bloß, weil er mich gesucht hatte. Also … was wollte er jetzt hier?

Von einem unguten Gefühl angetrieben und den Lenker immer noch fest in den Händen, hielt ich auf den Stall zu, sprang direkt davor ab und landete mit den Füßen in einer Pfütze. Egal! In Sekundenschnelle hatte ich die Stalltür erreicht und riss sie auf.

»Atlas?«, fragte ich in die Stille hinein, aber es kam keine Antwort. Die Stallgasse war leer. Irritiert lehnte ich mein Fahrrad an die Wand der Waschbox und lief dann den Gang entlang. Alles war ruhig, bis auf das Rascheln von Stroh und dem Schnauben der vereinzelten Pferde, die bereits hereingebracht worden waren, damit sie vor dem Training trocknen konnten.

Was, wenn er mich gesehen hatte? Und sich jetzt versteckte? Nein, das passte nicht zu ihm. Aber was sollte das dann?

Mit einem mulmigen Gefühl im Bauch steuerte ich auf die Sattelkammer zu, deren Tür einen Spalt weit offen stand.

»Kannst du mir mal sagen, was du …«, setzte ich an, noch ehe ich eintrat, brach dann jedoch ab und hielt überrascht inne. Der Raum war leer. Wie konnte das sein? Atlas war vor mir in den Stall gegangen, das hatte ich mit eigenen Augen gesehen.

Augenblick! Ich blinzelte, aber nein, ich hatte mich nicht geirrt. Etwas war anders als sonst. Ganz langsam setzte ich mich in Bewegung und lief an den in die Wand eingelassenen Holzschränken vorbei, weiter bis dahin, wo die Sättel ordentlich übereinanderhingen. Über jedem Sattel war eine schmale Goldplakette mit dem Namen des dazugehörigen Pferdes angebracht. Und hinter einer davon – Cypriano, Bellamys Pferd – klemmte ein roter Umschlag. Ich griff danach und drehte ihn um. Das rote Wachssiegel mit dem großen *M* wie *Master* darauf schien mich regelrecht zu verhöhnen.

Hast du wirklich gehofft, es wäre vorbei?, wisperte es mir zu. *Wie naiv von dir. Das ist es noch lange nicht. Du weißt doch: Ich fange gerade erst an.*

Obwohl der Umschlag nicht für mich bestimmt war, fühlte ich eine Welle aus Emotionen in mir aufsteigen, die mich fast überschwemmte und von deren Heftigkeit ich selbst überrascht war: Fassungslosigkeit, Angst, aber vor allem Wut. Innerlich hatte ich es die ganze Zeit über geahnt und nun hielt ich den Beweis in der Hand. Der Master war immer noch an der Highclare. Sein krankes Spiel hatte nie aufgehört!

Mit zusammengebissenen Zähnen starrte ich den Umschlag an, als könnte ich ihn so dazu bringen, sich in Luft aufzulösen. Doch dann tat ich das einzig Sinnvolle. Bisher waren die Briefe immer unbemerkt verteilt worden und niemand hatte sagen können, wer sie deponierte. Aber ich hatte nun Gewissheit.

Du verdammter Mistkerl.

Den Umschlag noch in der Hand, rannte ich aus der Sattelkammer. »Atlas, wo zum Teufel bist du?«

Als ich dieses Mal über den Hof stürmte, peitschte der Regen mir nur so ins Gesicht und meine Schuhe sogen sich in den unzähligen Pfützen weiter mit Wasser voll. Doch ich ignorierte es und suchte hastig die Umgebung ab. Atlas war noch immer nirgendwo zu sehen, aber sein schwarzer Wagen stand auf dem Parkplatz. Er musste also noch auf dem Gelände sein. Nur wo?

»Entschuldigung«, rief ich einer jungen Mitarbeiterin zu, die mir mit einem Traktor entgegenkam und einen Heuballen transportierte. »Haben Sie zufällig Atlas gesehen?«

»Wen?«, fragte sie irritiert und stellte den lauten Motor ab.

»Atlas Corentin. Dunkelhaarig, sportlich und …«

»… ziemlich heiß?« Ein Grinsen zog sich über ihre Lippen und sie deutete in Richtung der Reithallen. »Ja, ich schätze, den habe ich gerade vor einer Minute gesehen. Schau mal in der Dressurhalle nach.«

»Danke!« Schon sprintete ich los, vorbei an den Sandausläufen und Weiden, auf denen vereinzelte Pferde dem Regen trotzten, und weiter bis auf den großen Platz, der zwischen den beiden Reithallen lag. Meine Gedanken überschlugen sich. Konnte es sein, dass Atlas hinter all dem steckte? Gut möglich, zugetraut hätte ich es ihm sofort. Allerdings war er auf der Party in dem verfallenen Herrenhaus bei Theo und mir gewesen, als der Master sich uns allen vorgestellt und die Regeln seines perversen Spiels erklärt hatte.

Die Geheimnisse derer, die sich im Inner Circle bewähren und sich mein Vertrauen erarbeiten, sind bei mir sicher. Aber jene, die sich gegen mich stellen, bezahlen dafür.

Das Ganze war so krank, dass es gut zu Atlas gepasst hätte. Hinter der unheimlichen Computerstimme konnte er jedoch nicht stecken, immerhin hatte diese direkt auf das Geschehen im Saal reagiert und es war klar gewesen, dass es sich nicht um eine Aufzeichnung handelte. *Ja, na und?* Selbst wenn Atlas in jener Nacht nicht das Mikrofon in der Hand gehalten hatte, bedeutete das nicht automatisch, dass er kein Komplize des Masters war.

Die Lippen fest zusammengepresst, steuerte ich auf die Halle zu, in der die Dressurreiter trainierten. Dabei kam mir ein weiterer Mitarbeiter entgegen, der ein gesatteltes Pferd an der Hand führte. Er grüßte mich, aber ich eilte einfach an ihm vorbei und schlüpfte durch das Tor ins Innere. Anders als erwartet, brannte kein Licht. Auch in der Riders Lounge, von der man durch eine breite Glasfront direkt in die Reithalle blicken konnte, war alles dunkel. Hatte die Frau sich geirrt, oder …? Nein, da war ein Geräusch. Das Rascheln von Stoff.

»Atlas, bist du …?«

Ich lief weiter, hielt jedoch gleich darauf wieder inne und wäre fast über die nächste Stufe gestolpert, hätte ich mich nicht noch gerade so am Geländer abfangen können. Ich hatte ihn gefunden. Atlas saß tatsächlich auf einer der hölzernen Sitzreihen.

»Was zur …?«, entfuhr es mir, aber ich brachte meinen Satz nicht zu Ende, weil mein Gehirn sich einfach nicht entscheiden konnte, ob ich nun zornig auf ihn losgehen oder einfach fassungslos dastehen und ihn anstarren sollte.

Atlas war nicht allein. Auf seinem Schoß saß ein dunkelhaariges Mädchen in Reitsachen. Sie sah aus, als wäre sie gerade erst vom Pferd gestiegen. Ihr Helm lag neben ihnen auf der Bank. Vereinzelte Strähnen hatten sich aus ihrem ordentlichen Haarknoten gelöst. Ihre Hände verharrten an Atlas' bereits halb geöffnetem Gürtel und sie starrte mich ebenso überrascht an wie ich sie.

Durchatmen, sagte ich mir und zwang mich, nicht weiter darüber nachzudenken, was Atlas und sie gerade noch vorgehabt hatten zu tun. Stattdessen hielt ich den Brief hoch, damit beide ihn gut sehen konnten.

»Du bist so ein Arschloch!«

Atlas zog die Augenbrauen nach oben und musterte mich mit einem spöttischen Lächeln, das mich nur noch wütender machte. »Ja, das ist Teil meines Images.«

»Lass den Scheiß! Diesen Umschlag hier hast du gerade an das Namensschild von Bellamys Pferd gepinnt.« Ich stiefelte die letzten Stufen hinauf, ignorierte das Mädchen und baute mich vor Atlas auf.

»Was soll das? Bist du der Master?«

Nun grinste er doch tatsächlich und ich musste mich wirklich zusammenreißen, um ihn nicht anzuschreien. Diese Selbstgefälligkeit in seinen Zügen machte mich wahnsinnig. Überhaupt, seine ganze Art und Weise, wie er dasaß, einen Arm lässig um die Taille des Mädchens geschlungen. Und erst sein Blick, der immer wieder zu ihren Lippen glitt. So als würde er sie gleich wieder küssen wollen, sobald ich mich beruhigt hatte und abgerauscht war. Aber ich hatte definitiv nicht vor, mich zu beruhigen.

»Atlas, verdammt. Rede mit mir!«, fuhr ich ihn an. »Wenn du nicht wegen des Briefs hier bist, dann sag mir, warum sonst. Für mich sieht es nämlich ganz danach aus, als ob das hier ...«

Ich machte eine Handbewegung an ihm hoch und runter und versuchte dabei, nicht zu seinem Gürtel zu schauen. »… nur dazu da ist, um abzulenken.«

Atlas lehnte sich zurück und stieß ein leises Schnauben aus. »Und für *mich* sieht es so aus, als ob du nicht damit klarkommst, dass ich mich nicht mehr für dich interessiere. Bist du eifersüchtig?«

Bitte was? Jetzt klappte mir endgültig der Mund auf. »Hast du sie noch alle?«

Das entlockte ihm ein provokantes Lächeln. »Na ja, warum sonst solltest du so eine Szene machen?«

»Ganz einfach, weil ich von dir wissen will, was das hier soll!« Wieder hielt ich den Brief hoch. »Arbeitest du mit dem Master zusammen? Oder steckst du selbst dahinter?«

»Louisa, Darling, mach dich doch nicht lächerlich.« Seine Augen blitzten und der arrogante Zug um seine Lippen brachte etwas in mir endgültig zum Überlaufen.

»Was hat Bellamy dir getan? Ich dachte, ihr seid Freunde. Also warum …?«

Atlas hob die Hand, als ob er etwas einwerfen wollte, und ich stoppte mitten im Satz, bereute es jedoch gleich darauf.

»Weißt du, unter anderen Umständen würde ich diese kleine Show ja sogar ganz süß finden. Aber mit dir bin ich fertig, Louisa. Also tu dir selbst einen Gefallen und komm damit klar. Ah, und …« Atlas ließ seinen Blick über das Dekolleté des Mädchens auf seinem Schoß wandern, dann sah er mich noch einmal kühl an. »Bitte mach das Tor unten zu, wenn du gehst.«

Damit beugte er sich vor, zog das Mädchen enger an sich und ließ seine Hände zu ihrem Po gleiten. Ich verschränkte die Arme vor der Brust und atmete tief durch, um nicht auf der Stelle zu explodieren.

»Hör zu«, sagte ich noch, bevor ich mich auf dem Absatz umdrehte und ging. »Es mag sein, dass das für dich keine große Sache ist. Aber für mich ist es das und wenn du noch einmal versuchst, einem meiner Freunde zu drohen, wirst du mich von einer ganz anderen Seite kennenlernen.«

Als ich die letzte Stufe nahm und in den Vorraum trat, hörte ich Atlas lachen. »Das könnte unterhaltsam werden. Ich freue mich schon darauf.«

7

Kaum, dass Theo und Bellamy aus Holly Sages Wagen gestiegen waren, nahm ich die beiden zur Seite, führte sie von den anderen weg und erzählte ihnen, was passiert war. Inzwischen hatte es aufgehört zu regnen, aber in mir tobte das Unwetter weiter.

»Ich bin ganz sicher, dass es Atlas war«, wiederholte ich zum gefühlt hundertsten Mal, als wir an den Sandpaddocks ankamen. »Wir müssen etwas unternehmen, um ihn zu stellen.«

Doch Bellamy schüttelte den Kopf. »Nein.« Er nahm mir den Brief ab, öffnete ihn und zog die Karte im Inneren heraus. Rasch überflog er sie, dann reichte er sie mir wortlos zurück und nickte als Zeichen, dass ich lesen durfte, was darauf stand. »Ich werde den Brief Rektor Lowell geben. Wir haben jetzt ein Sicherheitsteam für genau solche Vorfälle an der Academy und die kümmern sich bereits für mich darum.«

Bereits? Aber …

»Das ist nicht dein erster Brief?«

Überrascht las ich die wenigen Zeilen auf dem Zettel und tatsächlich … Das übliche Gefasel davon, dass man auserwählt worden war, fehlte. Stattdessen gab es klare Anweisungen: Bellamy sollte sich unbemerkt in den Computer eines Professors einloggen und einen Ordner mit Prüfungsdateien herunterladen.

»Das ist schon mein dritter«, gestand Bellamy. »Der erste kam kurz vor der Party des Masters. Der zweite letzte Woche.«

»Warum hast du denn nichts gesagt?«

Bellamy zuckte mit den Schultern. Zu meinem Erstaunen wirkte er immer noch völlig gelassen. »Ich will diesem Freak – Atlas, dem Master, wem auch immer – keine Bühne bieten und dafür sorgen, dass er noch mehr Aufmerksamkeit bekommt. Also habe ich mich damit direkt an Rektor Lowell gewandt und seither arbeiten wir daran herauszufinden, wer dahintersteckt.«

»Ja, aber«, versuchte ich es noch einmal und wollte mir am liebsten die Haare raufen. Wir konnten das doch nicht einfach so hinnehmen! »Wenn Atlas etwas damit zu tun hat, können wir vielleicht zusammen aus ihm herausbekommen, wer der Master ist.«

»Wie denn?«, fragte Theo, der bisher geschwiegen hatte. »Willst du ihn in der Academy abfangen, in einen dunklen Gang zerren und ihm drohen, ihn zu verprügeln, wenn er nicht redet?«

»Nein, natürlich nicht!« Ich schnaubte, aber da kam Theo schon zu mir herüber, legte einen Arm um mich und hauchte einen Kuss auf meine nassen Haare. Der Sturm in mir legte sich ein wenig und ich seufzte. »Wir können das doch nicht einfach so hinnehmen.«

»Das tue ich ja gar nicht«, entgegnete Bellamy. »Aber du hast nicht gesehen, ob es wirklich Atlas war, der den Brief in die Sattelkammer gelegt hat, oder?«

Ich zog die Augenbrauen hoch. »Und was wollte er sonst dort?«

»Wollen wir das wirklich wissen?« Bellamys Blick schweifte kurz zur Reithalle. Es war klar, woran er gerade dachte. »Ich weiß, dass du nicht so gut auf ihn zu sprechen bist, Louisa, und …« Er grinste Theo an. »… von dir will ich gar nicht erst anfangen. Aber Atlas und ich verstehen uns gut und hatten nie Probleme miteinander. Ich will ihm nichts unterstellen.«

Theo nickte. »Sehe ich auch so. Wir sollten jetzt nicht überstürzt handeln.«

Unterstellen? Ähm … Hallo? Wir hatten quasi Beweise!

Theo musste mir ansehen, was in mir vorging, denn er streichelte mir über die Schulter. »Das ist doch genau das, was der Master will: dass wir niemandem mehr trauen und uns gegeneinander wenden. Er will Chaos stiften.«

»Ja, genau.« Bellamy nickte. »Deswegen wäre ich mit Anschuldigungen, für die es keine eindeutigen Beweise gibt, auch erst einmal vorsichtig.«

Ich stöhnte. Obwohl ich ihn nicht auf frischer Tat ertappt hatte, wusste ich einfach, dass es Atlas gewesen war. Alles andere ergab keinen Sinn. Aus dem Reitstall würde niemand Bellamy schaden wollen, unsere Teammitglieder schon gar nicht. Holly Sage war eine von seinen engsten Freundinnen. Und Flora und Nat? Nein. Theo und mir mochten sie vielleicht die Pest an den Hals wünschen, aber Nat vergötterte Bellamy so sehr, dass ich mich manchmal schon fremdschämte, wenn sie sich ihm mal wieder theatralisch in die Arme schmiss.

Die anderen Mannschaften kannte ich nicht ganz so gut, aber auch bei ihnen schien Bellamy beliebt zu sein. Besonders, da er immer ein offenes Ohr für alle hatte und sich trotz seines Status als angehender internationaler Profispringreiter nie abgehoben verhielt. Ich konnte mir beim besten Willen nicht vorstellen, dass ihm jemand aus dem Stall mit so einer Aktion in den Rücken fiel.

»Glaubt, was ihr wollt«, murmelte ich und löste mich aus Theos Umarmung. Frustriert stapfte ich zurück zum Stall, wo ich trockene Reitsachen aus meinem Schrank holte und sie gegen meine nassen tauschte. Dabei ratterte es in meinem Kopf unaufhörlich weiter. Ja, Rektor Lowell und das Sicherheitsteam einzuweihen und ihnen das Feld zu überlassen, mochte am vernünftigsten sein. Aber der Master war brandgefährlich … und sehr klug: Er hatte uns alle in den vergangenen Wochen vorgegaukelt, dass er sich zurückgezogen hatte und dass das Spiel beendet war. Und während wir uns dieser Illusion von Sicherheit hingegeben hatten, hatte er einfach weitergemacht und diesen Wahnsinn vorangetrieben, nur eben etwas heimlicher als zuvor. Genau wie er es angekündigt hatte.

Ich schauderte. Wenn wir verhindern wollten, dass sich das Szenario von Chalwood Estate wiederholte, mussten wir den Master stoppen. Jetzt! Und das vernünftigste Vorgehen war dabei nun einmal nicht unbedingt das effizienteste. Denn wie es aussah, hatten wir alle die Raffinesse des Masters unterschätzt.

Während der Reitstunde konnte ich mich nur schlecht konzentrieren und auch wenig später, als ich nach dem Abendessen ausgestreckt auf Theos Bett in Sir Archer Remington lag und mich durch diverse Videos klickte, die Kami mir geschickt hatte, glitten meine Gedanken immer wieder zu Atlas und dem roten Brief. Nur Jeremy schaffte es, mich kurz abzulenken.

J: *Das Gespräch lief ganz okay, Rektor Lowell hat aber schon angekündigt, dass es auf jeden Fall ein zweites geben wird. Da werden dann auch der Vorstand und die Vorsitzenden des Elternrats anwesend sein. Melde mich später noch mal und erzähle dir alles. Treffe mich gleich mit Alaric.*

Also war noch nichts entschieden. Und wenn er noch einmal mit seinen Freund redete, würden sie ihren Streit bestimmt auch beilegen können. *Dein Glück, Corentin!* Denn wäre Jeremys Beziehung tatsächlich seinetwegen in die Brüche gegangen, hätte mich wohl nichts mehr davon abhalten können, nach Haverton House zu stiefeln und Atlas eigenhändig den Hals umzudrehen. Ich konnte wirklich nicht verstehen, wie Theo und Bellamy so ruhig bleiben konnten – und irgendwie nahm ich es ihnen auch ein wenig übel.

Wir sollten jetzt nicht überstürzt handeln – bla, bla … Wollten sie das wirklich einfach so akzeptieren und Atlas gewähren lassen? Und was dann?

Ich tippte eine Antwort an Jeremy und schaute anschließend zu Theo, der gerade einen Hoodie von seiner Kleiderstange fischte und ihn über den Kopf zog.

»Du bist so still heute«, stellte er fest, ehe er zu mir herüberkam und sich auf die Matratze setzte.

»Ich muss immer noch an diesen Brief denken«, gestand ich und drehte mich auf den Rücken. »Das lässt mich einfach nicht los.«

»Verstehe ich.« Einen kurzen Augenblick lang betrachtete Theo mich nachdenklich. Dann legte er sich ebenfalls aufs Bett und beugte sich über mich. »Du bist eine verdammt gute Freundin, Louisa, und ich finde es toll, wie du dich für alle einsetzt. Wirklich. Aber diese Sache sollten wir dem Sicherheitsteam überlassen. Schließlich ist genau das deren Job.«

»Ja, aber warum ist der Master dann nicht längst Geschichte? Ich meine, wenn die es über Wochen hinweg nicht schaffen, diesen Vollidioten zu stellen, dann müssen wir doch etwas unternehmen.«

»Deinen Ehrgeiz in allen Ehren.« Theos Finger glitten durch meine Haare. »Aber wie willst du das machen? Atlas vierundzwanzig Stunden lang beschatten? Um dann festzustellen, dass er es nicht ist?«

»Keine Ahnung.« Ich zuckte mit den Schultern. »Aber irgendetwas müssen wir tun. Ich meine, was würdest du sagen, wenn ich einen dieser Briefe bekommen hätte?«

Mitten in seiner Bewegung hielt Theo inne und fixierte mich mit seinen hellblauen Augen. »Hast du?«

»Nein, aber wenn es so wäre … würdest du dann auch alles diesen Sicherheitsleuten überlassen wollen?«

Abermals schaute er mich an und ich konnte regelrecht zusehen, wie ihm eine Vielzahl von Gedanken gleichzeitig durch den Kopf schoss. Dann sagte er: »Darüber musst du dir keine Gedanken machen. Solltest du jemals in Schwierigkeiten geraten oder von jemandem bedroht werden, egal von wem, kannst du immer zu mir kommen. Und dann kümmert sich *mein* Sicherheitsteam darum.«

Im letzten Satz schwang eine leichte Schärfe mit. Ich zweifelte nicht daran, dass Theo alles in Bewegung setzen würde, sollte es tatsächlich dazu kommen. Doch da war eine Frage, die sich mir unweigerlich aufdrängte.

»Und warum hast du die noch nicht eingeschaltet?«

»Das Sicherheitsteam unserer Firma?« Theo lächelte. »Na ja, weil mein Grandpa mir die Hölle heißmachen würde, wenn ich die wegen dieses Spiels von ihrer Arbeit abhalten würde.«

Wegen dieses Spiels. »Mehr ist das für dich nicht?« Ich klang bissiger als beabsichtigt und Theo strich mir beschwichtigend über die Haare.

»Nein, so habe ich das nicht gemeint. Ich finde es genauso schlimm wie du, was hier passiert, vor allem die ganze Sache mit Jeremy. Aber für meinen Grandpa wäre das noch lange kein ausreichendes Argument, um seine eigenen Leute zu beauftragen. Das würde er nur tun, wenn jemand aus der Familie involviert wäre.«

»Du findest also … ich gehöre zur Familie?«

»Ja, natürlich.«

Jetzt musste ich doch lächeln. Ich umfasste seinen Nacken, um ihn zu mir herunterzuziehen und ihm einen Kuss zu geben. Obwohl ich mich an der Highclare Academy ständig inmitten von reichen Erben und Kindern von Politikern und Stars bewegte, war es so leicht zu vergessen, dass Theo einer von ihnen war. Nein, noch viel mehr … der mit Abstand reichste von allen. Und klar, für seine Familie, die sich täglich mit aktuellen Wirtschaftskrisen, dem Management eines Milliardenunternehmens und den dazugehörigen Rechtsstreitigkeiten auseinandersetzen musste, war der Master vermutlich wirklich nicht von Bedeutung.

»Aber unabhängig davon, dass ich die für dich sofort einschalten würde …« Theo schmunzelte leicht. »Tu mir bitte einen Gefallen und bring diesen Freak nicht gegen dich auf, okay?«

»Aber wir können doch nicht …« Gekonnt erstickte er meinen Protest mit seinen Lippen und ich seufzte, als er sich behutsam auf mich schob und sich mit den Armen neben meinem Kopf abstützte.

»Doch, das können wir«, flüsterte er mir zu. »Wir können darauf vertrauen, dass andere Leute sich darum kümmern und das Ganze aufklären. Deine Freunde sind dir wichtiger als alles andere, das weiß ich. Das macht dich aus und das liebe ich auch an dir. Trotzdem musst du nicht die Verantwortung in dieser Sache übernehmen und dich damit womöglich zur nächsten Zielscheibe machen.« Theos Blick wurde wieder ernster und nun schaute er mir direkt in die Augen. »Ich will dir nichts vorschreiben. Das steht mir auch gar nicht zu. Aber ich bitte dich, dich da rauszuhalten. Ich möchte nicht, dass du mit hineingerätst.«

Wieder küsste er mich, diesmal noch intensiver, so als wollte er damit vom Thema ablenken. Ich ließ ihn, denn eigentlich war mir das gerade ganz recht. Hätte er mich nämlich gebeten, ihm zu versprechen, mich nicht mehr mit dem Master zu beschäftigen, hätte ich ihm sagen müssen, dass ich das nicht konnte. Ihn anzulügen, kam für mich nicht infrage. Aber weiter beunruhigen wollte ich ihn auch nicht. Also schlang ich meine Beine um seine Hüfte und zog ihn näher an mich. So nah, dass ein leichtes Kribbeln durch mich hindurchrauschte, als ich durch den Stoff seiner Hose spürte, wie sein Körper auf mich reagierte. Theo sog scharf die Luft ein. »Du machst mich fertig, weißt du das?«

»Das hoffe ich doch.« Ich grinste und streichelte mit den Fingerspitzen seine Rückenmuskeln entlang. Dann glitt ich mit den Händen unter seinen Pullover, küsste ihn erneut und schob den Saum nach oben, bis zu seinen Schultern. Ein klares Zeichen, dass er ihn wieder ausziehen sollte. Theo tat mir den Gefallen, zog den Hoodie über den Kopf und schmunzelte, als meine Hände zielstrebig den Weg zu seiner Hose fanden.

»Miss Bennet, versuchen Sie etwa gerade, mich zu verführen?«

»Ja, Mr Vanderton.« Ich grinste und wollte seinen Gürtel lösen, aber Theo legte sich auf mich, sodass ich nicht mehr an ihn herankam. Wieder trafen unsere Lippen aufeinander, schneller und hitziger nun. Ich drückte den Rücken durch und drängte mich ihm ein Stück entgegen. Er schloss kurz die Augen und atmete hörbar ein, machte jedoch keine Anstalten weiterzugehen. Also löste ich meine Hände von ihm und versuchte, mich von meinem Shirt zu befreien. Theo schluckte, als er sah, was ich vorhatte, und es kam mir so vor, als würden seine Augen sich verdunkeln.

»Louisa, warte … du …«

Da fiel das lästige Kleidungsstück bereits zu Boden. Ich drehte mich auf die Seite, bis wir nebeneinanderlagen, die Beine ineinander verschlungen. Meine Finger in seinen Haaren vergraben, küsste ich seinen Hals, malte feine Muster auf seine Haut und stöhnte leise, als seine Hände meinen Po fanden und mich an ihn drückten. Eine Welle aus Hitze jagte durch mich hindurch und ich krallte mich an seine Schultern. Er fühlte sich so gut an.

»Oh Gott, Theo«, wisperte ich und biss mir auf die Unterlippe, als unsere Körper aneinander entlangglitten. Himmel, wie würde es erst sein, wenn wir noch einen Schritt weitergingen? Ich hielt es ja jetzt schon kaum noch aus. Das Ziehen in mir wurde mit jeder Sekunde stärker und alles, was ich denken und sagen konnte, war: »Hör nicht auf, ja?«

Theo küsste mein Kinn, zog eine feine Spur herab bis zu meinem Dekolleté. Als er aufblickte, waren seine Haare verwuschelt und seine Augen dunkel wie Obsidian. Noch nie hatte ich ihn schöner oder heißer gefunden als in diesem Moment. Ich fühlte mich wie elektrisiert und als seine Lippen gleich darauf zu meinen Brüsten wanderten, ließ mich die Berührung innerlich vibrieren. Ich wollte ihn, so sehr.

Diesem Impuls folgend, wälzte ich mich herum, bis ich oben lag, setzte mich auf ihn und streichelte von seinen Schultern abwärts, über seine Brustmuskeln, den festen Bauch und weiter, bis meine Finger zum zweiten Mal seine Gürtelschnalle fanden.

»Nicht«, flüsterte er, aber die Art und Weise, wie er dabei die Lippen öffnete und den Kopf nach hinten sinken ließ, zeigte mir, dass er es eigentlich genauso wollte wie ich. Vorsichtig glitt ich mit der Hand noch tiefer und das leise Stöhnen, das ihm über die Lippen kam, schickte mir ein Kribbeln in den Bauch.

Doch plötzlich ging ein Ruck durch Theos Körper. Er versteifte sich, hielt den Atem an. »Louisa, hör auf!« Seine Stimme klang auf einmal so scharf, dass ich meine Hand sofort wegzog und auf Abstand ging. Mit einem Schlag war sämtliche Lust aus Theos Zügen gewichen.

»Alles okay?«, fragte ich unsicher, als er sich von mir wegschob und die Beine aus dem Bett schwang. Dabei wollte ich ihn an der Schulter berühren. Doch Theo wich mir aus, stand auf und griff nach seinem Pullover.

»Es tut mir leid«, stammelte ich, völlig überfordert mit der Situation. »Ich wollte nicht …«

Ja … was? Sein Nein ignorieren? Weitermachen, obwohl er mich gebeten hatte aufzuhören?

»Schon okay.« Theo ging zum Fenster und öffnete es. Er blieb davor stehen und atmete ein paar Mal tief durch. Seine ganze Haltung strafte seine Worte Lügen. Nichts war okay, rein gar nichts.

»Ich … wollte wirklich nicht …« Tränen traten mir in die Augen, so unendlich mies fühlte ich mich auf einmal. »Ich wollte dir nicht zu nahetreten oder eine Grenze überschreiten. Ich dachte, dass du … dass es dir auch gefällt, weil du …«

Er hat Nein gesagt. Klar und deutlich. Und da ist es völlig egal, was du in diese Situation hineininterpretierst.

»Louisa, es ist alles gut. Wirklich.« Endlich drehte Theo sich wieder zu mir um, doch seine Züge glichen noch immer einer kühlen Maske, die alles, was eben noch zwischen uns gewesen war, verdrängte. Er schaute mich an. Lange zehn Sekunden, in denen er sich nicht rührte. Dann räusperte er sich. »Es ist schon spät. Du solltest nach Hause fahren. Ich rufe dir ein Shuttle.«

Moment, was? Er … wollte mich jetzt einfach rausschmeißen? Ohne mit mir darüber zu sprechen, was gerade geschehen war?

»Bitte, rede mit mir«, flehte ich, aber er reagierte nicht, schien auf einmal so weit weg zu sein, als hätten uns die letzten Sekunden kilometerweit auseinanderkatapultiert.

»Ich … bringe dich runter und warte noch mit dir, bis das Shuttle da ist.«

Mein Herz krampfte sich zusammen. Er wollte also wirklich, dass ich ging.

»Ist das dein Ernst?« Meine Stimme zitterte und Theo verschwamm vor meinen Augen, weil der Schleier aus Tränen immer dichter wurde. Ich stand auf, griff ebenfalls nach meinem Shirt und zog es wieder an. Theo schaute bewusst in eine andere Richtung. Er sagte kein Wort. Auch nicht, als ich mich langsam und immer noch vollkommen durcheinander auf die Zimmertür zubewegte.

»Ist das dein Ernst, Theo?«, fragte ich noch einmal, meine Hand bereits auf der Türklinke. »Willst du wirklich, dass ich jetzt gehe?«

Sein Schweigen fühlte sich an wie eine Ohrfeige.

Theo

Theo drehte den Temperaturregler auf kalt, stellte sich in die Dusche und ließ das Wasser über seinen Körper laufen. Er schloss die Augen, versuchte, sich auf seine Atmung zu konzentrieren. Doch es half nicht. Auch als der Drang immer größer wurde, einen Schritt nach vorne zu machen, heraus aus dem eisigen Strahl, hielt er weiter stand, zählte innerlich die Sekunden. Achtunddreißig, neununddreißig, vierzig …

Er biss die Zähne zusammen, akzeptierte dann aber, dass das alles hier keinen Sinn hatte, und stellte das Wasser ab. Sein Handtuch hing über der Glasabtrennung. Theo zog es herunter und rubbelte damit über seinen Kopf – ein letzter kläglicher Versuch, die Erinnerungen und die in ihm immer lauter werdenden Vorwürfe loszuwerden. Keine Chance.

Was hatte er sich nur dabei gedacht? Und wie hatte es so weit kommen können, dass ihm derart die Kontrolle entglitten war? Dass sein Verstand sich vollkommen verabschiedete und nur der Wunsch blieb, dass Louisa und ihn nichts mehr voneinander trennte?

Theo kannte die Antwort.

Weil er es gewollt hatte. Weil er *sie* gewollt hatte. Verdammt, er wollte sie so sehr. Sie ausziehen und endlich alles an ihr erkunden. Ihr mehr von diesen leisen Seufzern entlocken, die ihn schier um den Verstand brachten, und sie anschließend so langsam und intensiv lieben wie nur möglich. Es sollte perfekt werden – etwas Besonderes.

Doch jetzt, mit Abstand, wusste er auch wieder, dass diese

Fantasien nur in seinem Kopf stattfinden konnten. Er konnte sie nicht haben. Nicht so. Nicht, ohne sich später dafür zu hassen. Und wie knapp er davor gewesen war, wie verflucht knapp!

Er dachte an Louisa. Daran, wie sie ihn berührt hatte, an das Funkeln in ihren Augen.

Hör nicht auf, ja?

Shit, allein bei der Erinnerung wurde ihm gleich wieder heiß. Und dann dieses neckische *Ja, Mister Vanderton*. Sie hatte ja keine Ahnung, was das mit ihm gemacht hatte.

Fuck! Fuck! Fuck!

Keine Minute länger und er hätte seinen Kopf endgültig ausgeschaltet und die so sorgsam errichtete Mauer in sich gesprengt. Und was dann? Was, verflucht noch mal, dann?

Er stieg aus der Dusche, trocknete sich ab und zog sich seine Boxershorts über. Dann verließ er das Bad, durchquerte sein Zimmer und ließ sich aufs Bett fallen. Ein Fehler. Hier roch noch alles nach Louisa, der beerige Duft ihres Shampoos in seinen Kissen sorgte nur dafür, dass sie wieder vor seinem inneren Auge auftauchte. Der Blick, mit dem sie ihn angesehen hatte, bevor sie gegangen war. Verständnislos. Verletzt.

Es hatte so viele Dinge gegeben, die er ihr in diesem Moment hatte sagen wollen. Dass sie nichts falsch gemacht hatte. Dass er sie liebte. Dass er sich nichts mehr wünschte, als jetzt nicht aufhören zu müssen, und dass es ihn all seine Kraft gekostet hatte, es dennoch zu tun. Doch nichts davon hatte es über seine Lippen geschafft.

Weil er nicht konnte. Weil er sich dann hätte erklären müssen.

Stattdessen war ihm nichts Besseres eingefallen, als sie in seiner aufkeimenden Panik fortzuschicken. Was war er nur für ein Vollidiot!

Theo ballte die Hände zu Fäusten. Kurz fiel sein Blick auf

seinen Geigenkasten, der neben dem Schreibtisch an der Wand stand. Normalerweise brachte es ihn runter, wenn er etwas spielte. Ein schnelles, aggressives Stück, in das er all seine Emotionen einfließen lassen konnte, bis nichts mehr davon übrig war und er sich besser fühlte.

Doch er ahnte bereits, dass es dieses Mal nicht helfen würde. Also zog er sich seine Sportsachen an, schnappte sich die Laufschuhe und ging noch einmal nach draußen.

Es war bereits dunkel und die kühle Novemberluft schlug ihm unbarmherzig ins Gesicht. Er atmete tief ein. Genau das, was er jetzt brauchte, um die Bilder der letzten Stunde zu verdrängen. Louisa in ihrer Unterwäsche, ihre leicht zerzausten Haare, ihre atemlose Stimme. Wie gut es sich angefühlt hatte, ihre nackte Haut auf seiner zu spüren. So richtig und gleichzeitig so falsch.

Er liebte Louisa. Ihr Lachen, die Art, wie sie ihn ansah, und den Strudel an Glückshormonen, den es jedes Mal in ihm auslöste, wenn er sie im Arm hielt. Nie zuvor hatte er so für ein Mädchen empfunden. Es wäre so leicht gewesen, die unsichtbare Linie zu übertreten, die er in seinem Inneren mühsam aufrechterhielt. Nur ein winziger Schritt. Aber dazu durfte es niemals kommen!

Theo rannte los, geradewegs in den Wald hinein und weiter auf dem Weg, der einmal um den See herumführte. Schneller, immer schneller. Nicht mehr denken, nur laufen! Und vor allem nicht anhalten, egal, wie sehr seine Lungen brannten. Wenn er jetzt aufhörte, würde alles über ihm zusammenbrechen.

Die Erinnerungen an das letzte Jahr. Erinnerungen an durchgefeierte Nächte und an einen Theo, der ihm inzwischen so fremd war. Erinnerungen an Haverton House. An Annie. Und an eine Schuld, die er niemals wieder würde gutmachen können.

8

Der Aufzug hielt und als sich die Türen öffneten, lächelte mir Coraline entgegen, in einem flauschigen weißen Bademantel, die rotblonden Locken zu einem Knoten nach oben gebunden. So, wie sie aussah, hatte sie die letzten Stunden im hauseigenen Wellnessbereich verbracht.

Ich bereute es sofort, nicht wie sonst die Treppe genommen zu haben. Aber ich hatte mich einfach zu kraftlos gefühlt.

»Me-Time am Pool?«, fragte ich, in der Hoffnung, auf diese Weise von mir selbst ablenken zu können. In Sir Archer hatte ich mich von niemandem verabschiedet und war schnurstracks nach draußen gestürmt, eine wilde Flut an Gefühlen im Bauch, die sich weder bändigen noch sortieren ließ.

»Oh nein, viel besser«, zwitscherte Coraline da zum Glück los, ohne Fragen zu meinen zerzausten Haaren oder meinen mit Sicherheit immer noch roten Augen zu stellen. »Holly, Cel und ich haben uns ein Massageteam bestellt. In der letzten Woche hatte ich so unfassbar viel Stress, da war die Massage die reinste Wohltat. Meine Muskeln waren dermaßen verspannt.«

Nun musterte sie mich doch genauer und legte den Kopf schief. »Du siehst aus, als könntest du auch eine gebrauchen. Die Klausuren kurz vor Weihnachten rauben einem immer den letzten Nerv, hm?«

Ich nickte einfach nur, weil ich mich jetzt wirklich nicht erklären wollte.

»Du bist herzlich eingeladen, beim nächsten Mal dazuzukommen. Wir hatten jede Menge Spaß und meine Masseurin war echt heiß.« Ein Schmunzeln huschte über Coralines Lippen. »Wobei, vermutlich wäre dir das gerade ziemlich egal, was? Immerhin hast du dir ja einen der Haverton Five geangelt. Und Theo Vanderton kann sicher besser für Entspannung sorgen als jeder andere.«

Ich runzelte die Stirn, was sie zum Lachen brachte.

»Ach komm, alle im Ruby Circle wissen darüber Bescheid. Und es ist ja auch nichts dabei. Ist doch von Vorteil, einen Typen zu haben, der Ahnung davon hat, was er tut.«

Ich konnte nur dastehen und sie anstarren. Was meinte sie damit? »Habt ihr etwa …? Du und er?«

Sofort hob Coraline die Hände. »Oh nein, das wollte ich damit nicht sagen. Theo ist attraktiv, keine Frage. Aber ich gönne ihn dir von Herzen. Außerdem fühle ich mich aktuell sowieso mehr zu Frauen hingezogen. Mit einem der Five hatte ich noch nie etwas. Aber es kursieren ja so einige Gerüchte über die Jungs.«

Gerüchte? Ich hob die Augenbrauen und wollte nachhaken, doch genau in dem Moment hielt der Aufzug und spuckte uns wieder aus.

Coraline grinste mich an. »Na, wie auch immer. Solltest du mal die ganze Nacht bei Theo verbringen wollen, lass es mich wissen. Bei den Schülern unter achtzehn ist Brenda ja übertrieben streng, was die Hausregeln betrifft. Aber ich würde dir helfen und ein wasserfestes Alibi gegen Infos aus erster Hand tauschen.«

Damit zwinkerte sie mir verschwörerisch zu, lief über den Korridor und verschwand, während ich zurückblieb. Überrumpelt, perplex und jede Menge unangenehme Fragen im Kopf.

Coralines Worte verfolgten mich bis in mein Zimmer und ich konnte an nichts anderes mehr denken als daran, dass Theo angeblich schon mit so vielen Mädchen im Bett gewesen war. Nicht, dass ich damit generell ein Problem hatte. Nur ... passte es so gar nicht zu meinem Bild von ihm. Gerade nach allem, was heute passiert war. Es war genau wie auf Edens Party, auf der ich das Gefühl gehabt hatte, dass alle über einen vollkommen anderen Menschen redeten. Der Theo, den ich kannte, brauchte Zeit, um sich zu öffnen, er schaffte es nur selten, seinen Kopf komplett auszuschalten und – ich knirschte mit den Zähnen – hatte mich heute rausgeschmissen, weil ich seine Signale falsch gedeutet hatte und zu weit gegangen war. Immer noch ärgerte ich mich darüber, dass ich dieses kleine *Nicht* ignoriert hatte. In dem Moment hatte ich einfach mehr auf seinen Körper geachtet – und das Gefühl gehabt, dass der mir etwas ganz anderes sagte. Auf keinen Fall hatte ich Theo bedrängen oder mich ihm irgendwie aufzwingen wollen. Wenn ich nur daran dachte, dass er das eventuell so empfunden hatte, wurde mir ganz anders. Trotzdem konnte ich nicht verstehen, warum er so heftig reagiert und mir nicht einfach ruhig gesagt hatte, dass ihm das mit uns zu schnell ging. Das hätte ich doch respektiert. Und hatte er mir nicht vor wenigen Wochen genau das versprochen: mit mir zu sprechen, statt sich von mir zurückzuziehen?

Ich ließ mich auf mein Bett fallen, drückte Pouchi, das Plüscheinhorn meiner besten Freundin Kami, an mich und starrte an die Decke. Dabei ließ ich den Moment, in dem Theo dichtgemacht hatte, in Dauerschleife durch meinen Kopf laufen.

Sein lustvolles Stöhnen, die Gänsehaut auf seinen Armen. Und dann, ganz plötzlich: *Louisa, hör auf!*

Irgendetwas musste ihn getriggert haben. Nur was? Und wie passte dieses Verhalten zu dem, was ich gerade im Aufzug von Coraline über ihn erfahren hatte? Wenn Theo wirklich schon mit so vielen Mädchen geschlafen und massenhaft Erfahrung gesammelt hatte – wieso hatte er bei mir aus heiterem Himmel mittendrin abgebrochen und einen Rückzieher gemacht?

Ich griff nach meinem Handy, in der Hoffnung, eine Nachricht von ihm darauf zu sehen, einen entgangenen Anruf, irgendein Zeichen, dass er bereit war, mir alles zu erklären. Doch das Display war leer, lediglich mein Mailprogramm leuchtete auf. Lustlos tippte ich darauf und scrollte durch Werbung und Newsletter, bis ich plötzlich an einer E-Mail hängen blieb. Moment mal! Die Gedanken an Theo und Coraline verpufften und ich setzte mich auf.

Das war ein schlechter Scherz, oder? Abermals las ich den Namen des Absenders. Jeden einzelnen Buchstaben. *Karenetta Sterman* – Shiyas richtiger Name. Aber ... nein, das konnte nicht sein! Niemals würde diese Frau mir eine E-Mail schreiben, noch dazu von einer privaten Adresse aus. Doch was war es dann? Spam? Der Versuch, meinem Computer einen Virus aufzuspielen?

Mein Puls beschleunigte, während ich meinen Finger über der Betreffzeile schweben ließ. *Treffen,* stand dort. Das war alles. Kopfschüttelnd klickte ich darauf und ein überraschend langer Text erschien auf dem Bildschirm. Schnell überflog ich die Worte, suchte nach einem Sinn hinter dem Ganzen. Dann las ich alles erneut, langsam und ohne ganze Absätze zu überspringen, und schließlich ein drittes Mal, nur um sicherzugehen, dass ich mir das alles nicht nur eingebildet hatte.

Karenetta Sterman, eine international gefeierte Sängerin, hatte mir eine E-Mail geschrieben. Nicht über ihr Management, sondern ganz privat. Die Frau, die mich zur Welt gebracht und die mir noch vor Kurzem ins Gesicht gesagt hatte, dass sie sich wünschte, sie hätte mich als Baby mit einem Kissen erstickt. Und jetzt, nachdem sie mich monatelang öffentlich als Lügnerin beschimpft hatte, schrieb sie mir allen Ernstes, dass es ihr leidtat, was zwischen uns geschehen war?

Ich habe mich von meinen Ängsten und Unsicherheiten leiten lassen und bereue es, wie ich auf deine Kontaktversuche reagiert habe.

Ich las weiter, übersprang ein paar Zeilen und fand dann die Stelle, die mein Herz sofort wieder zum Rasen brachte.

Penelope Lawrence hat mich in ihre Show eingeladen, um mit mir über unsere Vergangenheit zu sprechen, und ich habe zugesagt. Ich sehe dieses Interview als Chance für einen Neuanfang zwischen uns beiden und ich würde mich freuen, wenn du dazukommen würdest.

Und gleich darunter: *Anfang Dezember werde ich ein paar Tage in London sein und würde dich gerne in meinem Haus in Hampstead treffen, alles Weitere besprechen und die Chance nutzen, mich mit dir auszusprechen und unsere Beziehung zu klären.*

Da stand es, schwarz auf weiß. Sie wollte sich mit mir treffen. Für ein verfluchtes Fernsehinterview! Fast hätte ich aufgelacht. Was dachte diese Frau sich? Dass ich mich jetzt, nach allem, was geschehen war, vor eine Kamera stellte und eine rührselige Mutter-Tochter-Reunion zum Besten gab, um ihr Image zu retten? Garantiert nicht!

Seit unserem furchtbaren Treffen auf der Kunstgala hatte ich es vermieden, Shiyas Namen im Internet einzugeben oder Prominews zu durchstöbern. Aber von Kami wusste ich, dass sie dieses Mal nicht so glimpflich davongekommen war. Viele Fans fühlten sich betrogen, verbreiteten Theorien im Netz und boten ihre Konzerttickets zum Verkauf an. Bei ihrem letzten Auftritt hatte sogar jemand ein Plakat hochgehalten, auf dem *Hör auf, uns zu belügen!* gestanden hatte, und ein anderer Fan hatte es gewagt, Kinderschuhe auf die Bühne zu werfen. Daraufhin war das Konzert abgebrochen worden, was für weiteren Unmut gesorgt hatte.

Wenn Shiya sich nun an mich wandte, musste es heftiger sein als gedacht. Diese Frau hatte mich der Presse zum Fraß vorgeworfen, als ich nichts weiter gewollt hatte als ein verdammtes privates Gespräch. Sie hatte mir Geld geboten, damit ich sie in Ruhe ließ, und mich nach allen Regeln der Kunst beleidigt. Und jetzt … wollte sie mich treffen, weil sie mich brauchte, um ihr Image zu retten? Das konnte sie vergessen! Fassungslos schüttelte ich den Kopf. Wie egozentrisch konnte man eigentlich sein?

Ich sprang auf, weil ich plötzlich nicht mehr ruhig sitzen bleiben konnte. Doch auch im Zimmer auf und ab zu laufen, half nicht und als der Drang, alles, was auf meinem Schreibtisch lag – Ordner, Stifte, Bücher –, mit einer wütenden Handbewegung hinunterzuschleudern, immer größer wurde, stürmte ich ins Bad und spritzte mir kaltes Wasser ins Gesicht.

Schließlich, nach einer gefühlten Ewigkeit, ließ ich mich zurück aufs Bett fallen und holte tief Luft, bevor ich das Handy erneut in die Hand nahm, auf die Mail tippte und sie löschte.

Shiya würde mich nie wieder dazu bringen, ihr hinterherzulaufen oder auch nur ein klitzekleines Gefühl von Hoffnung an sie zu verschwenden. Die Zeiten, in denen ich mir gewünscht hatte, Karenetta Sterman kennenzulernen, waren endgültig vorbei.

9

Am nächsten Tag ging Theo mir eindeutig aus dem Weg. In der Mittagspause erschien er nicht zum Essen. Auch an seinem üblichen Platz in der Bibliothek fand ich ihn nicht und auf eine Nachricht wartete ich weiterhin vergeblich, obwohl ich ihn gefragt hatte, ob wir uns nach dem Unterricht treffen könnten. Es war ungewohnt, meine freie Zeit wieder in Haverton House zu verbringen, und ich vermisste nicht nur Theo, sondern auch die freundliche, lockere Atmosphäre in Sir Archer. Erst jetzt fiel mir wieder auf, wie fremd mir mein eigenes Haus immer noch war, und dass es hier nur wenige Menschen gab, in deren Gesellschaft ich mich wohlfühlte und bei denen ich das Gefühl hatte, mich nicht irgendwie verstellen zu müssen, um angenommen zu werden.

Inzwischen glaubte ich, allen meinen knapp neunzig Mitbewohnern einmal begegnet zu sein, auch wenn ich noch nicht alle Namen kannte. Doch Anschluss hatte ich trotz – oder gerade wegen – der vielen Menschen immer noch nicht gefunden. Coraline schien zwar wirklich nett zu sein und mit Bellamy verstand ich mich richtig gut, aber die zwei waren so beliebt in Haverton House, dass ständig jemand um sie herumschwirrte und es fast unmöglich war, einmal ein ungestörtes Gespräch zu führen. Und alle anderen? Tja, irgendwie wurde ich das Gefühl nicht los, dass ich für einige hier immer noch seltsam war. Das Mädchen, das von ihrer Superstar-Mutter abgewiesen worden war. Die Wahnsinnige, die sich mit Atlas Corentin angelegt hatte. *Hallo, wer war denn bitte so lebensmüde?* Oder eben immer noch die Hochstaplerin, die sich nun den reichen Erben angelte, nachdem sie bei Shiya auf Granit gebissen hatte. Eigentlich stand ich da mittlerweile drüber und nahm mir das leise Getuschel und die teilweise herablassenden Blicke nicht mehr ganz so zu Herzen. Aber jetzt, da ich meine innere Batterie nicht mehr mit der Ruhe und Ausgeglichenheit, die Sir Archer mir bot, aufladen konnte, zerrte das Verhalten der anderen mehr an meinen Nerven, als ich vor mir selbst zugeben wollte.

Als Theo am Nachmittag auch noch beim Reittraining fehlte, fing ich an, mir ernsthaft Sorgen zu machen. Während ich Twister über den Sand führte, aufstieg und warm ritt, nahm ich mir vor, nach dem Training bei ihm vorbeizuschauen und ihn zur Rede zu stellen.

Allerdings war das gar nicht nötig, denn gerade als Liz mich bat, eine Reihe an Hindernissen zu überwinden, wurde das Tor zur Halle aufgeschoben und Theo kam mit Coco herein.

»Tut mir leid, ich wurde aufgehalten«, sagte er, an unsere Trainerin gewandt, und führte seine Stute zur Aufstiegshilfe. Ich fasste die Zügel kürzer und schaute zu ihm hinüber, in der Hoffnung, dass sich unsere Blicke kreuzten. Aber Theo zog bereits seinen Sattelgurt nach und beachtete mich nicht.

»Louisa, hast du mich gehört?«, fragte Liz. Ich nickte und ließ Twister angaloppieren.

»Ja, entschuldige!«, rief ich ihr zu. Dann riss ich mich zusammen, zwang mich, mich zu konzentrieren, und schaffte es irgendwie, den Parcours hinter mich zu bringen. Nach mir waren die anderen dran und bis auf Coco, die heute voller Energie war und ständig herumtänzelte, blieben alle fehlerfrei. Trotzdem wuchs der Knoten in meinem Magen mit jeder Minute, weil mich Theo während der gesamten Reitstunde tatsächlich keines Blickes würdigte. Nicht einmal, als Liz uns am Ende alle zu sich rief, uns lobte und noch ein paar Worte zum bevorstehenden Turnier verlor.

»Nach heute bin ich absolut sicher, dass ihr in Manchester glänzen werdet. Und nicht weniger erwarte ich natürlich auch von euch.« Sie lächelte und Flora und Nat strahlten zurück. Ich hingegen war in Gedanken immer noch bei Theo und fühlte das aufgeregt schlagende Herz in meiner Brust.

»Denkt immer daran, dass es sich um ein internationales Turnier handelt, das auch online und im Fernsehen übertragen wird. Es ist also eine großartige Chance, potenziellen Sponsoren zu zeigen, was für talentierte Reiter ihr seid.«

Obwohl sie das Wort an alle richtete, war mir sofort klar, dass sie mit Letzterem vor allem mich meinte. Theo, Flora, Nat und Holly Sage hatten genug Geld und brauchten kein Sponsoring. Und Bellamy hatte bereits eine Hauptsponsorin und ritt so erfolgreich, dass ihm immer wieder Kooperationen angeboten wurden.

»Also, strengt euch an«, beendete Liz ihre kurze Motivationsrede und gab uns anschließend mit einer Handbewegung Richtung Tor zu verstehen, dass wir für heute entlassen waren.

»Das werde ich«, versprach ich noch und Liz lächelte mir zu, ehe ich Twister zum Ausgang führte.

»Ich könnte mich mal ein bisschen umhören, ob jemand von den Sponsoren einen neuen Reiter sucht«, bot Bellamy auf dem Weg zu den Stallungen an. »Dann könnten wir es auf dem Turnier so einfädeln, dass du mit genau diesen Leuten ins Gespräch kommst.«

»Das wäre großartig.« Ich lächelte ihn an und war wirklich dankbar für seine Unterstützung, auch wenn ich jetzt lieber mit Theo gesprochen hätte. Doch der blieb weiterhin auf Abstand. Während wir die Pferde zurück auf die Weide brachten, sagte er kein Wort und erst als ich meine Reitstiefel gegen bequeme Sneakers tauschte und die anderen den Stall längst verlassen hatten, lehnte er plötzlich im Türrahmen der Sattelkammer.

»Hey. Können wir … reden?«

Ich nickte und er kam rein, schloss die Tür hinter sich und ließ sich auf eine der Holzbänke fallen, die wir nutzten, wenn wir unser Sattelzeug putzten.

»Ich war ein ziemlich großer Idiot und das tut mir leid«, setzte er an und ich verriegelte die Schranktür und zog meine Winterjacke über, ehe ich mich wieder zu ihm umdrehte. Ja, er war ein Idiot gewesen. Dass er mich einfach so rausgeworfen hatte, nahm ich ihm immer noch etwas übel. Ich verstand nicht, warum er nicht einfach mit mir darüber hatte reden können. Aber … ich wollte mich jetzt nicht mit ihm streiten. Außerdem hatte ich mich ja ebenfalls nicht richtig verhalten.

»Mir tut es auch leid«, sagte ich deshalb. »Ich habe … nicht richtig zugehört. Und es war absolut anmaßend von mir, zu glauben, ich wüsste, was … sich gut für dich anfühlt.«

Theo runzelte die Stirn. »Wie meinst du das?«

»Na …« Ich wand mich innerlich, sagte dann aber doch einfach, was ich dachte. »Du hast mich gebeten aufzuhören und ich habe es ignoriert, weil ich dachte … dass es dir gefällt.«

Theo seufzte und stand auf. »Es hat mir auch gefallen«, sagte er. »Es war nur alles … etwas zu viel für mich.«

»Gerade deshalb hätte ich aufhören sollen.« Ich knirschte mit den Zähnen, so unbeholfen kam ich mir vor.

»Du *hast* aufgehört«, erinnerte er mich, streckte die Hände aus und griff nach meinen. Obwohl die Temperaturen draußen immer frostiger wurden, war seine Haut warm.

»Ich bin dir nicht böse«, sagte er. »Im Gegenteil. Ich schäme mich eher dafür, wie ich dich behandelt habe. Dass ich dich einfach rausgeschmissen habe, ohne dir zu erklären, was los war. Das war nicht fair. Ich war in diesem Moment eben nur … sehr überfordert. Aber auch das ist keine Entschuldigung.«

Unweigerlich musste ich wieder an das denken, was Coraline über Theo gesagt hatte – über seine Erfahrung.

»Womit … warst du denn genau überfordert?«

Theo atmete tief ein und wieder aus. In seinem Gesicht konnte ich erkennen, dass er nach den richtigen Worten suchte, sie aber anscheinend nicht fand.

»Damit, wie sehr … ich dich wollte. Das hat mir in dem Moment Angst gemacht.«

Nun verstand ich gar nichts mehr. »Du … wolltest mich?«

»Ja, natürlich.« Theo verzog den Mund, lächelte dann aber. »Und ich will dich immer noch, wirklich. Aber ich … brauche noch etwas Zeit, okay?« Fragend öffnete er die Arme und ich zögerte nicht und schmiegte mich an ihn, in dem Glauben, dass damit all die Last von mir abfallen würde, die sich seit gestern auf meinen Schultern gesammelt hatte. Doch das geschah nicht. Die Unsicherheit blieb und eine leise, aber sehr hartnäckige Stimme zischelte: *Was denkst du? Ob er bei den anderen auch so lange warten wollte?*

Ich biss mir auf die Unterlippe. »Theo, kann ich dich etwas fragen? Auch wenn es möglicherweise komisch klingt und ich mir später wünschen werde, ich hätte es nie angesprochen?«

Sein Lächeln wurde noch ein kleines bisschen breiter. »Jetzt machst du mich neugierig.«

Ich trat einen Schritt zurück, ließ meine Finger wieder zu seinen Händen gleiten und drückte sie sanft, um mir selbst Mut zu machen. Es war mir unfassbar unangenehm. »Coraline hat mich angesprochen und gefragt, ob wir schon … na, du weißt schon, und … dann hat sie mir erzählt, dass du und die Jungs aus Haverton House …« Himmel, hätte ich doch bloß nie damit angefangen! »Sie hat gesagt, dass ihr alle schon mit ziemlich vielen Mädchen geschlafen habt.«

»Mit ziemlich vielen?« Theo hob eine Augenbraue und ich konnte spüren, wie mir das Blut in die Wangen schoss.

»Na ja, also eine konkrete Zahl hat sie nicht genannt, aber es klang so, als …« Ich bereute es jetzt schon.

»Als ob ich mich quer durch den Ruby Circle geschlafen hätte?«

Ich nickte zerknirscht und Theo überwand den Abstand zwischen uns, nahm mich wieder in die Arme und drückte mir einen warmen Kuss auf die Stirn.

»Glaub nicht alles, was Coraline sagt, okay? Oder von dem, was im Ruby Circle erzählt wird. Einiges ist natürlich wahr, aber längst nicht alles.«

Ich hob den Kopf. »Also stimmt es nicht?«

Er lachte leise. »Ich weiß ja nicht, was sie dir genau gesagt hat. Aber die meisten Geschichten, die man sich über die Five erzählt, treffen hauptsächlich auf Eden zu.«

»Und wieso wird das dann rumerzählt?«

Theo zuckte mit den Schultern. »Ich glaube, die Leute mögen es einfach, Gerüchte zu verbreiten und dabei das Gefühl zu haben, einen zu kennen, weil sie sich ein eigenes Bild kreiert haben. Eines, das ihnen gefällt. Verstehst du, was ich meine?«

»Ja.« Das verstand ich nur zu gut. Bevor ich an die Highclare Academy gekommen war, hatte es unzählige Geschichten über mich gegeben. Menschen, die mich nicht kannten, hatten im Netz einen regelrechten Wettbewerb darum veranstaltet, wer von ihnen mich am meisten hasste, weil ich ihrem Lieblingsstar nachstellte und es wagte, mich als Shiyas Tochter auszugeben.

»Also ist das alles nur erfunden?«

»Nicht alles, aber das meiste.«

»Aber … du … hast schon mal … oder?«

Nun grinste er. »Fragst du mich gerade, ob ich schon Sex hatte?«

Mein Gesicht begann zu glühen. Konnte das hier noch peinlicher werden?

Doch Theo lachte nur wieder und küsste mich vorsichtig.

»Ja, ich hatte schon Sex«, sagte er dann. »Aber ich habe bei Weitem nicht mit so vielen Mädchen geschlafen, wie Coraline vermutlich behauptet hat.«

Ich konnte nicht genau sagen, warum mich das erleichterte. Im Grunde genommen war es ja egal und hätte nichts über ihn ausgesagt. Nichtsdestotrotz – ich konnte richtig spüren, wie ein kleiner Teil des Drucks von mir abfiel. Doch da war immer noch eine Sache, nach der ich ihn fragen musste.

»Was … war denn gestern eigentlich mit dir los, als du …« Keine Ahnung, wie ich es ausdrücken sollte, ohne dass es anschuldigend klang. Aber Theo wusste bereits, worauf ich hinauswollte. Er stieß die Luft aus und ich befürchtete schon, dass er mich wieder abblockte. Doch dann sagte er: »Das hatte in dem Moment gar nichts mit dir zu tun, sondern mit … einer Erinnerung, die hochkam und die … mich ziemlich aus der Bahn geworfen hat.«

»Was denn für eine Erinnerung?«

»Darüber will ich nicht sprechen.« Seine Antwort kam so schnell und scharf, dass ich automatisch wieder etwas mehr Abstand zwischen uns brachte. Aber Theo hielt mich fest und lächelte entschuldigend. »Das sollte nicht so abweisend klingen. Aber das … ist etwas, womit ich allein klarkommen muss. Kannst du das verstehen?«

Ich nickte, auch wenn ich gerne gewusst hätte, was es damit auf sich hatte.

»Ist es in Ordnung, wenn wir es einfach etwas langsamer angehen lassen?« fragte Theo leise. »Ich will mit dir alles richtig machen.«

»Ja, das ist in Ordnung«, flüsterte ich und legte meine Lippen wieder auf seine. Wir würden so lange warten, bis es sich für uns beide gut und sicher anfühlte, den nächsten Schritt in unserer Beziehung zu wagen. Und wenn er über manche Dinge noch nicht sprechen konnte, war das ebenfalls okay, weil ich spürte, dass er ehrlich bereit war, mir Stück für Stück mehr von sich zu zeigen. Und das reichte mir im Moment.

10

Wenig später liefen wir Hand in Hand am Ufer des Sees entlang, der sich hinter der Reitanlage erstreckte. An einer Seite befand sich ein langer Sandstreifen, der zum Wasser führte und von dem von aus man im Sommer bestimmt großartig schwimmen gehen konnte. Ich zählte jedenfalls jetzt schon die Tage, bis es wieder wärmer wurde. Mit Twister im Wasser zu planschen, würde riesigen Spaß machen, ich vermutete, dass er eine ebenso große Wasserratte war wie ich. Jetzt, da man es ohne Handschuhe und Mütze kaum draußen aushielt, klapperten mir jedoch allein bei dem Gedanken, ins Wasser zu springen, die Zähne.

Eine Zeit lang stapften wir schweigend durch den nassen Sand und erst als wir den Strand verließen und einem Pfad folgten, der einmal um den See herumführte, erzählte ich Theo von Shiyas E-Mail. Er sagte nichts, sondern hörte mir einfach nur zu. Aber ich bemerkte, wie sich seine Augenbrauen immer weiter Richtung Haaransatz schoben.

»Bist du sicher, dass die Mail echt ist?«, fragte er irgendwann, als wir auf einen von Säulen getragenen Pavillon zusteuerten, der auf der Wiese stand. Direkt daneben führte ein schmaler Holzsteg ins Wasser, an dem ein Boot festgemacht worden war. Von irgendwoher hörte ich eine Ente schnattern, der Wind ließ die Büsche leise rascheln. Wir gingen weiter und als ich merkte, dass ich Theo noch eine Antwort schuldete, zuckte ich mit den Schultern. »Keine Ahnung. Ich hab auch schon darüber nachgedacht, ob es eine Fake-Nachricht ist. Aber die Formulierungen …« *Und ihre kühle, emotionslose Art.* »… passen schon sehr zu ihr. Ich meine, welcher Mensch auf diesem Planeten würde sonst noch auf die Idee kommen, seine Tochter zu einem Fernsehinterview einzuladen, um *die Beziehung zu klären?*« Mit den Fingern malte ich Gänsefüßchen in die Luft und schüttelte den Kopf. »Und dann ausgerechnet in die Penelope-Lawrence-Show.«

Ich hatte mich nie sehr für Promis oder Talkshows interessiert. Aber sogar ich wusste, dass es in ihren Sendungen hauptsächlich darum ging, sich selbst darzustellen und durch Aufbauschen von Ereignissen möglichst viel Reichweite zu generieren. Vermutlich war mit Tränen und überzogenem Drama nie mehr Geld verdient worden.

»Penelope Lawrence?«, wiederholte Theo und ich nickte.

»Du weißt schon, diese Sendung, in die Prominente eingeladen werden, die dann irgendetwas total Brisantes auspacken und wochenlang auf den Titelseiten der Klatschpresse zu sehen sind.«

»Ja, ich kenne sie«, sagte er. »Penelope hat schon mehrfach versucht, meine Mum und mich in ihre Show zu bekommen.«

»Echt? Was wollte sie denn von euch?«

»Über … meinen Vater sprechen. Meinen leiblichen Vater.«

Theo winkte ab, als wäre das keine große Sache. Aber ich wusste, dass das nicht stimmte. Es war eines dieser Themen, über die Theo kaum redete. *Mein Vater ist … ein richtig widerlicher Mensch,* erinnerte ich mich an seine Worte an dem Abend nach der Kunstgala, als wir gemeinsam im Halbdunkeln auf dem Sofa in Sir Archer gesessen hatten. Genau wie damals huschte auch jetzt ein eigentümlicher Ausdruck über Theos Gesicht, eine Mischung aus Verachtung, Wehmut und Wut – ganz anders als jener, der sich auf seinen Zügen ausbreitete, wenn er über seinen *Dad* sprach. Theo war bei Anthony

Vanderton aufgewachsen, dem Erben der Vanderton Group, einem der größten Unternehmen Amerikas. Der Milliardär hatte Theos Mutter, eine erfolgreiche Schauspielerin, geheiratet, ihn adoptiert und wie seinen eigenen Sohn behandelt. Wenn Theo von ihm erzählte, dann meist mit einem warmen Lächeln, in dem sich viele schöne Erinnerungen erahnen ließen. Über seinen biologischen Vater hingegen hatte er seit der Nacht nach der Gala nie wieder auch nur ein Wort verloren. Ich wusste nicht, was genau zwischen den beiden vorgefallen war, und da sich Theo so beharrlich über dieses Thema ausschwieg, war ich tatsächlich schon einmal versucht gewesen, ihn zu googeln oder Kami auf ihn anzusprechen. Immerhin war sie einer von Deliah Vandertons größten Fans und hätte mir vermutlich sofort eine perfekte Zusammenfassung seines bisherigen Lebens liefern können. Doch als ich Theos Name in die Suchmaschine eingegeben hatte und die ersten Artikel über Spendengalas, feierliche Eröffnungen und seinen glänzenden Schulabschluss gelesen hatte, hatte mich das schlechte Gewissen gepackt. Das war irgendwie falsch – also hatte ich beschlossen zu warten, bis Theo es von sich aus ansprach. Ich wollte lieber seine Version der Geschichte hören und nicht das, was die Presse über ihn oder seine Eltern geschrieben hatte.

Wie es aussah, war dieser Moment allerdings nicht jetzt, denn Theo fuhr fort: »Penelope dachte, sie hätte eine Chance, weil ich mich gut mit ihrer Nichte verstanden habe. Aber ich werde darüber nicht öffentlich sprechen.«

»Ihre Nichte?«, hakte ich nach.

»Ja, Annie. Bethany *Lawrence.*« Er betonte den Nachnamen. »Penelope ist ihre Tante, die Schwester ihrer Mutter. Allerdings ist sie quasi das schwarze Schaf der Familie, weil sie es gewagt hat, einen Job beim Fernsehen anzunehmen und damit Karriere zu machen. Soweit ich weiß, haben Annies Eltern keinen Kontakt mehr zu ihr.«

»Das wusste ich gar nicht.«

»Wie auch?« Er lächelte. »Annies Familie hält alles, was sie betrifft, geheim. Als ihr Bruder damals gestorben ist, ging das zum Beispiel gar nicht durch die Presse. Mr Lawrence hat alle Artikel sofort unterbunden. Und als Annie … plötzlich verschwunden ist, war es genauso. Ich glaube, viele Leute wissen nicht einmal, dass sie nicht mehr hier studiert.«

»Haben ihre Eltern sie denn nicht gesucht? Und Penelope?« Immerhin hatte diese Frau so ein großes Publikum, dass es doch sicher leicht gewesen wäre, einen öffentlichen Aufruf zu starten.

»Doch, das haben sie.« Wir erreichten den Pavillon und Theo ließ sich auf die Stufen sinken. »Nur sollte davon niemand etwas mitbekommen. Die offiziellen Ermittlungen wurden bereits nach zwei Tagen eingestellt. Es gibt Gerüchte, dass Penelope Annie über ihre Show suchen lassen wollte, aber dazu ist es nicht gekommen, weil der Sender sich quergestellt hat. Nichtsdestotrotz ist da bestimmt einiges im Hintergrund gelaufen – Mr Lawrence hat genug Geld und Einfluss, um das auf seine Weise zu regeln.«

»Wie meinst du das?«

»Ich meine, dass Lawrence die Suche im Geheimen hat weiterlaufen lassen, damit das Ansehen seiner Familie keinen Schaden nimmt. Dafür würde er alles tun, was nötig ist, schätze ich.« Theo stieß einen bitteren Laut aus. »Ich weiß nicht, ob sie gefunden wurde. Vielleicht. Vielleicht ist das ja sogar der Grund, warum Atlas trotz hervorragender Privatdetektive seit Monaten im Dunkeln tappt und auch meine Suche nach Annie im Sand verlaufen ist.« Theo zuckte mit den Schultern und wirkte auf einmal müde, so als hätten ihn seine letzten

Sätze unendlich angestrengt. Dass auch er nach Annie hatte suchen lassen, hatte er mir schon früher anvertraut, als wir nach der Party in Chalwood Estate über sie gesprochen hatten. Trotzdem breitete sich nun ein seltsames Gefühl in meiner Magengegend aus. Theo holte tief Luft, dann klopfte er neben sich und ich wartete darauf, dass er weitersprach und mir noch mehr erzählte. Aber stattdessen sagte er: »Lass uns nicht weiter über die Vergangenheit reden, es gibt gerade wichtigere Themen. Wie geht es dir jetzt? Mit der E-Mail, meine ich.«

Der Themenwechsel kam so abrupt, dass ich einen Moment brauchte, um ihm zu antworten. »Ich weiß es nicht genau«, gab ich zu und ließ meinen Blick über den See und die kleine Insel darin schweifen, auf der ein einzelner Baum wuchs. »Ich habe sie sofort gelöscht und gedacht, ich könnte die Sache damit abhaken. Aber irgendwie … lässt sie mich nicht ganz los. Nicht weil ich überlege, Shiya doch zu treffen. Das will ich ganz sicher nicht. Sondern weil es mich unglaublich wütend macht. Ich meine … was geht in dieser Frau vor? Sie hat mir verdammt noch mal gesagt, dass sie sich wünscht, ich wäre tot! Sie hat mich monatelang verleugnet, beleidigt und öffentlich gedemütigt. Und jetzt, nach wochenlanger Funkstille will sie, dass ich mit ihr im Fernsehen auftrete, um ihr Image wiederherzustellen? Die Frau hat sie doch nicht mehr alle! Was glaubt sie bitte, wie abhängig ich von ihrer Aufmerksamkeit bin?«

Vor einem halben Jahr hätte ich mich von ihr eventuell noch einwickeln lassen. Damals hatte ich wirklich gehofft, Shiya nur ein einziges Mal treffen und ihr all meine Fragen stellen zu können. Aber diese Zeit war vorbei. Die letzten Monate hatten mich verändert. Und ich hatte nun Freunde – echte Freunde –, die mir den Rücken stärkten.

»Eigentlich will ich, wenn es um Shiya geht, überhaupt nichts mehr fühlen und ich wünschte, diese bescheuerte Aktion von ihr könnte mir einfach … egal sein.« Ich atmete tief durch. Noch einmal. Und noch einmal. Doch es half nichts. Der angestaute Frust war stärker und kämpfte sich vor, bis ich nachgab. »Aber ihr Verhalten ist einfach … Dafür fehlen mir die Worte! Ich musste die Schule wechseln und umziehen, weil ich zu Hause nicht mehr sicher war. Leute aus meiner Klasse sind mir mit ihren Handys nachgelaufen, um Videos von mir auf Social Media zu teilen, und meine Dads mussten sich von unseren Nachbarn anhören, dass man mich nicht für so eine Wichtigtuerin gehalten hätte. Und alles, was Shiya jetzt dazu einfällt, ist, dass sie es bereut, wie sie reagiert hat?« Sie hatte sich ja nicht einmal richtig entschuldigt. Die Mail hatte geklungen, als wollte sie einen verärgerten Geschäftspartner zum Essen einladen. Und vermutlich war ich genau das für sie. Eine Geschäftspartnerin. Zwangsweise, weil sie in die Bredouille geraten war. Denn freiwillig machte sie das garantiert nicht.

Ich sah zur Seite, weil ich plötzlich Theos Blick so intensiv auf meinem Gesicht spürte, als hätte er sanft darübergestreichelt.

»Was brauchst du gerade von mir?«, fragte er und ich hob verwundert den Kopf.

»Wie meinst du das?«

»Na ja, ich könnte dir jetzt meine Meinung zu dem Ganzen sagen oder dir einen Rat geben. Aber vielleicht ist dir das gerade zu viel und du bräuchtest eher jemanden, der Shiya einfach nur mit dir gemeinsam verflucht und dir hilft, Gefühle rauszulassen, oder … dich in den Arm nimmt.«

Er schaute mich abwartend an und ich konnte nicht anders und musste lächeln, weil das so typisch Theo war.

»Von allem etwas. Eine Umarmung, deine Meinung und einen Rat. Bitte genau in dieser Reihenfolge.«

»Okay.« Sofort öffnete Theo die Arme, damit ich mich an ihn lehnen konnte, und in der nächsten Sekunde vergrub ich mein Gesicht in seiner Jacke.

»Schon viel besser«, murmelte ich und er drückte mich an sich und gab mir einen Kuss auf die Haare. Einen Moment lang saßen wir einfach so da und lauschten dem Wind, der die Blätter rascheln ließ. Dann spürte ich, dass Theo tiefer Luft holte als zuvor. Gleich darauf fragte er: »Also als Nächstes meine Meinung und dann der Rat, hm?« Er wartete, bis ich nickte, dann fuhr er fort. »Erst mal ist es völlig okay, dass du all das fühlst, was du fühlst. Lass es einfach zu. Niemand erwartet von dir, dass dich das völlig kaltlässt und dass du damit umgehst, als wäre nie etwas passiert. Und was Shiya und dieses Interview betrifft …« Er streichelte mir über den Rücken. »Das sehe ich genau wie du: Diese Frau ist eiskalt und will dich jetzt für ihre Zwecke ausnutzen. Was ich mich allerdings in diesem Zusammenhang frage, ist, was passiert, wenn sie dieses Fernsehinterview allein gibt und die Geschichte genau so hindreht, wie sie sie braucht.«

Darüber hatte ich noch gar nicht nachgedacht. Mir wurde sofort flau im Magen. Denn es stimmte natürlich: Wenn ich nicht hinging, würde ich – wieder einmal – keinen Einfluss auf das nehmen können, wie Shiya mich darstellte.

»Versteh das nicht falsch«, sagte Theo da. »Ich persönlich möchte auf keinen Fall, dass du da hingehst. Ich halte Shiya für eine hochmanipulative Person, die deutlich mehr Kameraerfahrung als du hat und zu einhundert Prozent daran interessiert ist, dem Publikum ihre eigene Perspektive zu verkaufen – also vermutlich die traurige, pressetaugliche Geschichte, die sie und ihr Team sich zusammengeschustert haben. Was ich eigentlich sagen wollte, ist, dass du auf dieses Szenario vorbereitet sein und dir unbedingt einen Plan zurechtlegen solltest, wie du darauf reagieren möchtest.«

»Ist das dein Rat?« Ich setzte mich wieder auf und Theo nickte.

»Hast du eigentlich schon mit deinen Dads darüber geredet?«

»Nein, du bist der Erste, dem ich davon erzähle.« Nicht einmal Kami wusste bisher davon, ich würde es ihr heute Abend berichten, wenn wir telefonierten.

»Dann ist das mein Rat für dich«, sagte er. »Rede mit deiner Familie. Ich kenne deine Dads nicht, aber nach allem, was ich bisher von dir über sie gehört habe, denke ich, dass sie dir gerade am meisten Rückhalt geben können. Außerdem betrifft das Ganze sie auch, falls Shiyas Fans wieder so heftig reagieren wie beim letzten Mal.«

»Stimmt.« Ich dachte an die Paparazzi, die stundenlang vor unserem Garten gestanden und gewartet hatten, dass ich das Haus verließ. Daran, dass meine Dads eine Zeit lang zu Granny gezogen und nur nach Hause gekommen waren, um unsere Pferde zu versorgen. Theo hatte recht. Es konnte gut sein, dass Shiya mit diesem Interview eine neue Lawine ins Rollen brachte, und nicht nur ich würde mich darauf vorbereiten müssen.

»Am besten mache ich das sofort«, entschied ich, zog mein Handy hervor, öffnete das Mailprogramm und anschließend den Papierkorb. Alles in mir verkrampfte sich, als ich auf Shiyas Nachricht tippte und die Zeilen erneut überflog. Doch ich zwang mich, sie nicht noch einmal komplett zu lesen, und stattdessen auf *Weiterleiten* zu klicken. Dazu schrieb ich: *Dad, können wir reden?*

11

Ich hatte damit gerechnet, dass mein Dad mich zurückrief, aber nicht damit, dass er am Samstagmorgen noch vor dem Frühstück zusammen mit Pa und Kami im Foyer von Haverton House auf mich wartete. Als Brenda an meine Tür klopfte, um mir leicht schnippisch mitzuteilen, dass ich meinen Besuch doch bitte beim nächsten Mal ankündigen sollte, lag ich noch im Bett. Ich brauchte keine Minute, um aufzuspringen und über den Flur zu rennen. Barfuß und im Schlafanzug stürmte ich die Treppe nach unten und warf mich meinem Dad in die Arme. Er drückte mich fest an sich und als er lachte, spürte ich das direkt in meinem Herzen. Tränen schossen mir in die Augen, so überwältigt war ich, ihn hier zu sehen, und in diesem Moment wurde mir erst klar, wie sehr ich ihn seit meinem Start an der Highclare Academy vermisst hatte. Seine beruhigende Stimme, seine warmen, von Lachfalten umrahmten Augen und seinen unverwechselbaren Geruch – nach Kaffee, einem Sommertag im Garten und einfach nach Zuhause.

Als Nächstes begrüßte ich Pa, der so groß war, dass ich ihm gerade einmal bis zur Brust reichte, und der mit seinen langen Haaren, dem Bart und den breiten Schultern immer ein wenig an Jason Momoa erinnerte. Heute trug er ein Shirt seiner Lieblingsrockband unter einer schwarzen Winterjacke. Auf jemanden, der ihn nicht kannte, hätte er einschüchternd wirken können, wäre da nicht die Disneyprinzessinnen-Tüte gewesen, die er in der Hand schwenkte und aus der ein Einhorn-Luftballon emporstieg.

»Hey, Little One, schön, dich zu sehen«, sagte Pa und ich musste lachen, als er mir die Tüte entgegenstreckte.

»Euer Ernst? Ich werde bald achtzehn.«

Pa zuckte mit den Schultern. »Eine gewisse Nervensäge von bester Freundin hat behauptet, du bräuchtest das jetzt und wir wären schlechte Eltern, wenn wir es dir nicht mitbringen würden.« Er streckte die Hand aus, um Kami über die kurzen schwarzen Haare zu wuscheln, aber die sprang noch rechtzeitig zur Seite, geradewegs auf mich zu.

»Ein selbst gebasteltes Familienfotoalbum und Fudge in all deinen Lieblingssorten.« Sie grinste mich an und im nächsten Moment lagen wir uns in den Armen.

Celestine, die in diesem Moment zusammen mit Holly Sage aus dem Aufzug stieg und sich auf den Weg zum Speisesaal machte, warf uns einen abschätzigen Blick zu, aber das kümmerte mich nicht. Ebenso wenig wie die Tatsache, dass wir im Fokus der Aufmerksamkeit standen, als ich meine Familie wenig später mit zum Frühstück nahm. Normalerweise war das nicht erlaubt, wie Brenda noch mal extra betonte.

»Haverton House ist kein Hotel, Miss Bennett. Sie wissen selbst, wie viel Wert wir auf Diskretion legen. Da können Sie nicht einfach irgendwelche Leute mit zum Essen bringen. Schon gar nicht unangemeldet.«

Doch schließlich hatte Pa es irgendwie geschafft, sie um den kleinen Finger zu wickeln, und sie hatte es – ausnahmsweise! – erlaubt.

»Aber es werden keine Fotos auf dem Gelände gemacht, dass das klar ist.«

»Verstanden!« Kami salutierte, was Brenda sichtlich verunsicherte. Rasch zog ich sie mit auf mein Zimmer, wo ich mir die Haare kämmte, Zähne putzte und mir eine Leggins und den Hoodie überzog, den ich Theo stibitzt hatte. Die ganze

Zeit über redete Kami wie ein Wasserfall und ich wunderte mich, dass ihr nicht schwindelig wurde, weil sie zwischen den Sätzen nie Luft holte. Gleichzeitig genoss ich ihre Energie und die Begeisterung für Haverton House und jeden, der uns über den Weg lief.

Als Kami das Frühstücksbüfett entdeckte, das neben Brötchen, verschiedenen Säften, frischen Eierspeisen und Obst alles bereithielt, was das Herz begehrte, schüttelte sie ungläubig den Kopf.

»Ich glaube, ich bin in dem krassesten Traum, den ich jemals hatte. Kann ich bitte nie wieder aufwachen?«

Sie lud sich ihren Teller so voll, dass sie schon wieder schiefe Blicke kassierte, aber Kami grinste bloß alle an und balancierte einen Turm aus Pancakes, Scones und Melonenscheiben zu ihrem Platz am Ende des Tisches, wo meine Dads bereits auf uns warteten. Ich hatte mich gerade hingesetzt, als Bellamy mit einem Becher Kaffee und einer Schale Cornflakes auf uns zukam. Er stoppte und wünschte mir einen guten Morgen. Dann bemerkte er Kami und ein Schmunzeln zog sich über seine Lippen.

»Das Büfett wird noch die nächsten Stunden aufgebaut sein und immer wieder aufgefüllt. Nur so als Tipp«, sagte er und als meine Freundin zu ihm hochschaute, wich ihr schlagartig jegliche Farbe aus dem Gesicht.

Neben mir räusperte sich Pa.

»Bist du Theo?«, fragte er in einem so strengen Ton, dass ich die Augen verdrehte. Oh bitte! Das war jetzt echt mehr als peinlich. Doch Bellamy lachte nur und streckte Pa die Hand entgegen. »Nein, bin ich nicht.« Er wollte noch mehr sagen, doch Kami schnaubte und kam ihm zuvor. »Kayne, mal ehrlich, von welchem Planeten kommst du? Das ist Bellamy Trengove.« Sie sagte es so, als stünde die Queen höchstpersönlich vor uns. Anschließend wandte sie sich wieder an Bellamy. »Sorry, Jack und Kayne weigern sich strikt, in diesem Jahrhundert anzukommen, obwohl ich da regelmäßig mein Bestes gebe. Immerhin finden sie sich inzwischen im Internet zurecht, ohne ständig Fragen zu stellen, wie *Was genau sind Hashtags?* oder *Wer ist eigentlich dieser Harry Styles, von dem du ständig redest?«* Sie verdrehte die Augen und stieß Dad neckend gegen den Arm. »Manchmal frage ich mich echt, wie ihr beide in eurem Leben klarkommt.«

»Ja, das frage ich mich auch ständig«, antwortete Dad trocken. »Ein Leben ohne die quälende Frage, ob es wohl eine 1D-Reunion geben wird, wäre ja unvorstellbar. Ich habe wirklich keine Ahnung, worüber ich mir dann Gedanken machen sollte.«

Pa nickte. »Was für ein Glück, dass wir dich haben, kleine Kröte.«

Bellamys Blick wanderte irritiert zwischen den dreien hin und her und ich grinste: »So sind die immer.«

»Allerdings.« Kami lachte und machte sich über den ersten Pancake her. »Ich habe die beiden quasi adoptiert und gehöre damit zur Familie.«

»Verstehe«, sagte Bellamy, reichte auch Dad die Hand und erklärte, dass wir für dieselbe Mannschaft ritten.

Schließlich wandte er sich an Kami und zog den Stuhl neben ihr hervor. »Und du bist Louisas beste Freundin?«

»Nichtbiologische Schwester«, verbesserte sie ihn. »Kamika Gupta. Aber du kannst Kami sagen.«

»Alles klar.« Bellamy setzte sich und prostete ihr mit seinem Kaffeebecher zu. »Cooles Shirt übrigens.«

»Ja, oder?« Sie zupfte den Stoff glatt, damit man den Schriftzug auf ihrer Brust noch besser lesen konnte. Erst jetzt sah auch ich mir den Slogan genauer an und verschluckte mich beinahe an meinem Scone.

I won't settle for anything less than a millionaire, stand in dunklen Buchstaben auf dem weißen Stoff.

»Für dich habe ich auch eins bedrucken lassen, Lou«, verkündete sie grinsend. »Das ist in deiner Tüte und du musst es nach dem Essen unbedingt anziehen.«

»Oh ja, ich will sehen, wie du damit über den Campus läufst.« Bellamys Lächeln nahm einen frechen Zug an. »Wobei, was reiche Erben betrifft, hast du ja direkt auf das Spitzenrennpferd gesetzt. Und du …« Er beugte sich zu Kami und deutete zur Tür, durch die gerade Eden und Grayson hereinkamen und wie Zombies auf den Kaffeevollautomaten zusteuerten. »… solltest vielleicht mal in diese Richtung schielen.« Er zwinkerte ihr zu, dann setzte er sich wieder gerade hin und tunkte einen Löffel in seine Cornflakes. Tatsächlich drehte Kami sich auf ihrem Stuhl, um Eden und Grayson auffällig genau zu mustern. Doch plötzlich verdunkelte sich ihr Gesicht. Als ich ihrem Blick folgte, sah ich, dass Atlas sich zu den beiden gesellt hatte. Obwohl Wochenende war, war er bereits perfekt gestylt und trug eine dunkle Hose, ein schwarzes Hemd und eine glänzende Uhr am Handgelenk. Kami legte ihre Gabel zur Seite und funkelte ihn wütend an.

»Hey.« Unter dem Tisch tippte ich gegen ihren Fuß, was ihre Aufmerksamkeit glücklicherweise wieder auf mich richtete. »Ist schon okay.«

»Pfff«, machte Kami und schüttelte verächtlich den Kopf. »Mit dem Kerl ist rein gar nichts okay.«

Ihr Kommentar ließ Pa eine Augenbraue heben und sich ebenfalls umdrehen. Als er Atlas entdeckte, verengten sich seine Augen und sein Gesichtsausdruck ließ keinen Zweifel daran, dass Kami meine Dads während der Fahrt mit ausreichend Informationen über ihn versorgt hatte.

Es dauerte nur wenige Sekunden, bis Atlas meinen Pa bemerkte. Einen kurzen Moment lang schien er sich zu fragen, wer der Mann war, der ihn so anschaute, als wollte er ihm am liebsten hier und jetzt eine reinhauen. Dann glitt sein Blick zu mir und ich glaubte, die Erkenntnis in seinen Augen aufleuchten zu sehen. Pa nippte an seinem Tee und unser Gespräch ging weiter, als wäre nichts gewesen. Aber aus dem Augenwinkel nahm ich wahr, dass er immer noch zu Atlas hinüberschaute. Seine Energie hatte sich verändert. Er war nun nicht länger der warmherzige Hüne, der mit Kami und mir Disneyfilme anschaute und sich dabei von uns Gesichtsmasken auftragen ließ, sondern Kayne Bennet, der Polizist, der sein kleines Mädchen beschützte.

Gerade überlegte ich noch, ob ich etwas sagen sollte – dass er sich keine Sorgen machen brauchte und dass ich das schon allein regeln konnte –, da wandte Atlas sich bereits ab. Für den Bruchteil einer Sekunde huschte sein Blick noch einmal zu Pa. Dann verließ er mit seinem Kaffeebecher den Raum.

»Sehr gut gemacht.« Kami grinste und hielt Pa über den Tisch hinweg die Faust hin. Der verdrehte leicht die Augen, stieß dann aber dagegen. Bellamy hob fragend die Brauen, doch bevor er nachhaken konnte, verwickelte Kami ihn in ein Gespräch, fragte ihn über seine Turniererfolge und Pferde aus und bestand darauf, dass er ein Foto mit ihr machte. Bellamy tat ihr den Gefallen und als er anschließend anbot, ihr Holly Sage vorzustellen, sprang sie sofort auf und folgte ihm zum anderen Ende des Speisesaals, wo ihr Lieblingsserienstar zusammen mit Celestine, Coraline und Haru saß.

Ich beobachtete sie ein wenig misstrauisch, weil ich Holly Sage immer noch nicht ganz einschätzen konnte. Wenn wir beim Training oder in Haverton House mal ein paar Worte wechselten, war sie immer höflich. Aber ich hatte nicht vergessen, dass Nat und Flora einmal behauptet hatten, dass sie eine Freundin von Shiya war. Und wer konnte schon sagen, ob sie mir nicht insgeheim das Schlimmste wünschte? Zu Kami schien sie jedoch mehr als herzlich zu sein, winkte sie sofort an ihre Seite und posierte mit ihr für mehrere Fotos.

»Diesen Tag werde ich niemals vergessen«, verkündete meine beste Freundin, als sie nach einer Viertelstunde mit glänzenden Augen zu uns zurückkehrte und uns Holly Sages Unterschrift auf ihrem Arm präsentierte.

»Ich hoffe, sie wird sich jemals wieder waschen«, brummte Pa, konnte sich das Lächeln dabei aber nicht verkneifen. Dad deutete auf die Stelle, kurz über Kamis Handgelenk, auf der Hollys Autogramm prangte. »Nur dass das klar ist: Solltest du vorhaben, dir daraus ein Tattoo stechen zu lassen, erkläre ich das garantiert nicht deiner Mutter.«

Kami betrachtete die Unterschrift, dann blickte sie wieder hoch und grinste frech. »Du bringst mich auf Ideen, Kayne.«

»Na toll, jetzt müssen wir es doch ihrer Mum erklären«, seufzte Pa und ich lachte. Es tat so gut, meine Familie wieder bei mir zu haben. Ich fühlte mich so wohl wie schon lange nicht mehr und spürte, dass mir auch Haverton House mit seinen Bewohnern plötzlich viel weniger einschüchternd und kühl vorkam als sonst. Warum konnte es hier nicht immer so sein?

Nachdem wir unsere Teller weggeräumt hatten, bestanden meine Dads darauf, dass ich ihnen als Nächstes Twister vorstellte und wir eine Tour über den Campus machten. Auch Kami war dafür, ließ mir jedoch keine Ruhe, bevor ich das Shirt anzog, das sie mir mitgebracht hatte. Und so gab ich mich schließlich geschlagen, auch wenn ich mir dadurch einige verwirrte Blicke und Lacher von Mitschülern einfing, die uns begegneten.

Zuerst zeigte ich meiner Familie die Academy samt Bibliothek und der Southerin Hall, in der die wichtigsten Versammlungen, aber auch Veranstaltungen stattfanden, und anschließend ließen wir uns von einem Shuttle zur Reitanlage fahren. Twister zeigte sich von seiner besten Seite und kam sogar ans Tor, als ich ihn rief, was ihm lobende Worte von meinen Dads, Streicheleinheiten von Kami und eine Karotte von mir einbrachte.

»So ein Lieber, er passt perfekt zu dir«, stellte meine beste Freundin fest und wuschelte meinem Pferd durch die lange, leicht zerzauste Mähne. »Und er sieht richtig knuffig aus, wie ein zu groß geratenes Pony, und … Oh mein Gott, er ist einfach der Süßeste.« Sie kicherte, als Twister sich streckte und anfing, mit seinen Nüstern ihre Schulter zu kraulen. Dann schloss sie die Augen und stieß ein Seufzen aus, als wäre sie nun endgültig im siebten Himmel angekommen. »Okay. Diese Begegnung kann heute nichts mehr toppen.«

»Bist du sicher?« Ich grinste sie an. »Und was wäre, wenn ich dir noch deinen unangefochtenen YouTube-Crush vorstellen würde?«

Kami riss die Augen auf und wirbelte zu mir herum.

»Du meinst …?«, stammelte sie und stieß ein leises Kreischen aus, als ich nickte. »Wirklich? Ich glaube, dann würde ich in Ohnmacht fallen.«

12

Kami fiel nicht in Ohnmacht. Zum Glück. Dafür verlagerte sie ihr Gewicht nervös von einem Bein auf das andere, während wir darauf warteten, dass jemand kam und uns die Tür von Sir Archer Remington öffnete. Ich hatte Theo geschrieben und ihn vorgewarnt, dass meine Dads zu Besuch waren und ihn kennenlernen wollten. Aber er hatte die Nachricht noch nicht gelesen und ich hoffte inständig, dass er sich gleich nicht völlig überrannt fühlen würde. Da hörte ich von drinnen Schritte näher kommen, gleich darauf wurde die Tür geöffnet und ein blonder Schopf lugte dahinter hervor.

»Nein, Dad, das ist auch nicht Theo«, beeilte ich mich zu sagen. »Das ist …«

»Jasper Grady!«, quiekte Kami und schlug sich eine Hand vor den Mund. Fangirlmodus aktiviert!

Jasper grinste verlegen und strich sich über sein Shirt. »Ähm … ja?«

»Jasper, das ist Kami, meine beste Freundin und dein mit Abstand größter Fan in diesem Land.«

»In dieser Galaxie«, verbesserte sie leise, jedoch in einer so piepsigen Stimmlage, als hätte sie einen tiefen Atemzug aus meinem Heliumeinhorn genommen. Ich stieß sie sanft in die Seite, doch Jasper schien das gar nicht zu stören.

»Cool«, sagte er bloß, dann hielt er ihr die flache Hand zum Einschlagen hin. »Schön, dich endlich mal kennenzulernen.«

»Jas, wo bleibst du denn?«, erklang Colins Stimme aus dem Gemeinschaftsraum.

»Ich komme gleich!«, rief der zurück. »Hab ein bisschen Geduld, ich erlebe hier gerade einen einschneidenden Moment. Mein größter Fan aus dieser Galaxie steht vor der Tür.«

»Kann nicht sein, das bin ich.« Es dauerte keine Sekunde, bis Colin ebenfalls im Flur erschien. Als er mich und meine Familie erkannte, breitete sich ein Lächeln auf seinem Gesicht aus. »Hey, Louisa, kommt rein!« Er begrüßte mich ebenfalls mit einem Highfive und ich schob mich an ihm vorbei. »Ist Theo auch da?«

»Ja, im Wohnzimmer. Gary testet gerade seine Qualitäten als Fitnesstrainer.«

Er machte … was? Rasch bahnte ich mir einen Weg durch den Flur und als ich den Wohnbereich betrat, musste ich mir das Lachen verkneifen. Gary, der bereits über siebzigjährige Hausvorsteher von Sir Archer Remington, stand mitten im Raum, in der einen Hand eine altmodische Trillerpfeife, in der anderen sein Smartphone. Zu seinen Füßen entdeckte ich Sabia, Avery und meinen Freund, allesamt im Unterarmliegestütz.

»Gerade halten, Po runter und Ellenbogen unter die Schultern«, befahl Gary und winkte mir zu. Dann fügte er mit übertrieben strengem Tonfall hinzu: »Hat da etwa gerade einer von euch geschnauft? Als ich in eurem Alter war, habe ich locker das Doppelte geschafft. Also strengt euch gefälligst mal ein bisschen an.«

»Hey«, protestierte Sabia. »Ich schnaufe überhaupt nicht.«

Sofort setzte Gary ein Lächeln auf. »Dich meinte ich auch nicht, nur diese vorlauten Jungs mit ihren großen Klappen.«

»Theo war es, der behauptet hat, er würde am Ende des Trainings locker noch zehn Minuten Plank schaffen«, brummte Avery.

»Ja, und wer wollte es nicht glauben und hat darauf bestanden, diesen …« Gary suchte nach dem richtigen Wort.

»Schwanzvergleich?«, half Sabia ihm auf die Sprünge, doch Gary schüttelte entschieden den Kopf, als würde es ihm nicht im Traum einfallen, dieses Wort über die Lippen zu bringen. »… Wettkampf auszufechten?«

»Das ist dasselbe.«

»Nein«, entgegnete er. »Das ist eindeutig kultivierter.«

Jetzt konnte ich nicht länger an mich halten und kicherte. Theo, der genau wie Avery nur eine Sporthose und kein Shirt trug, blickte hoch. Als sich ein Lächeln auf seine Lippen legte, machte mein Herz einen Hüpfer und in der nächsten Sekunde stand Theo auf und kam zu mir.

»Alter, du hast so was von verloren«, rief Avery ihm nach, aber Theo ignorierte ihn, als hätte er sich in der Sekunde in Luft aufgelöst, in der ich auf der Bildfläche erschienen war. Er blieb vor mir stehen und ließ seinen Blick einmal über mein Shirt wandern. Seine Lippen zuckten amüsiert und er schüttelte leicht den Kopf, als wäre er nicht sicher, ob er den Spruch darauf lustig oder komplett bescheuert finden sollte.

»Na, da habe ich ja gerade noch einmal Glück gehabt.« Er beugte sich vor, um mir einen Kuss auf die Lippen zu geben, doch mit einem Mal zuckte er zurück und machte einen Schritt nach hinten. Ich ahnte schon, weshalb, drehte mich um und tatsächlich: Da standen meine Dads, die Arme vor der Brust verschränkt, und musterten ihn. Am liebsten wäre ich im Erdboden versunken.

»Ja, Jack, *das* ist Theo«, sagte Kami unnötigerweise und ich spürte, wie meine Wangen heiß wurden. Konnten sie sich nicht einfach … normal benehmen? Für mich?

Sorry, formten meine Lippen, weil ich meine Nachricht ganz offensichtlich zu spät geschickt hatte. Theo fuhr sich durch die Haare und ging dann zu meinen Dads und Kami, um ihnen die Hand zur reichen. »Tut mir leid, ich wusste nicht, dass

Sie kommen, sonst hätte ich …« Er sah an sich herunter und Kamis breites Grinsen verriet, wie sehr es sie amüsierte, ihn verunsichert zu sehen. Theo räusperte sich. »Ich gehe mal schnell duschen und mir etwas anziehen.«

Dad sagte nichts, aber sein Blick sprach Bände. *Ja, das wäre eine ausgezeichnete Idee.*

»Dad«, zischte ich ihm zu, doch er beachtete mich nicht, weil Colin in diesem Moment in seinem Rollstuhl durch den Raum sauste, neben ihm stoppte und fragte, ob er ihm etwas zu trinken anbieten konnte. Theo nutzte die Gelegenheit, sprang leichtfüßig die Treppe nach oben und verschwand aus meinem Sichtfeld. Kami hakte sich bei mir unter und grinste mich an. »Okay, ich verstehe jetzt einiges«, sagte sie im Flüsterton, jedoch so laut, dass alle es hören konnten. »Er ist wirklich verboten heiß.«

Jasper lachte auf und ich fragte mich, was um alles in der Welt mich geritten hatte, meine Familie einfach so unangekündigt mit nach Sir Archer zu nehmen.

»Wen meint sie?«, wollte Avery wissen. Seine Stimme klang bereits mehr als angestrengt, ich konnte sehen, wie sein Körper leicht zitterte.

»Na, mich natürlich!«, antwortete Colin und stellte Gläser und eine Flasche Wasser auf den Küchentisch. »Ich bin schließlich der Einzige hier, der verboten heiß ist.«

»Vergiss es, sie ist mein größter Fan«, warf Jasper ein und zwinkerte Kami zu. Alle lachten und wir setzten uns an den Küchentisch und beobachteten, wie Sabia und Avery die letzten Sekunden ausfochten.

»Noch zehn.« Gary schaute auf sein Handy und genau in dem Moment verlagerte Sabia ihr Gewicht auf einen Arm, piekte Avery in die Seite und brachte ihn aus dem Gleichgewicht.

»Hey!«, rief der noch empört, dann gaben seine Muskeln nach und er brach zusammen.

»Drei, zwei …«, zählte Gary herunter. »Eins, geschafft. Sabia ist die Siegerin!«

»Das war unfair!«, rief Avery und rappelte sich hoch. »Sie hat mich umgeworfen.«

Gary lächelte scheinheilig. »Also, ich habe nichts gesehen. Und da ich der Schiedsrichter bin, ist es entschieden.«

»Du bist ein verdammt mieser Schiedsrichter«, brummte Avery, dann fiel sein Blick auf Sabia, die auf dem Boden saß und ihn triumphierend anfunkelte.

»Na warte« knurrte er, dann stürzte er sich auf sie. Sabia sprang blitzschnell hoch und rettete sich, indem sie auf das Sofa und über die Rückenlehne hechtete. Kreischend rannte sie die Treppe hoch, Avery dicht auf den Fersen.

»Du entkommst mir nicht!«, hörten wir ihn noch rufen, dann wurde eine Tür zugeschlagen und Avery fluchte.

Entschuldigend blickte Gary in die Runde. »Manchmal geht es etwas mit ihnen durch. Aber Sie können mir glauben: Diese Kids sind die mit Abstand besten und bodenständigsten auf dem gesamten Campus. Nur wegen denen mache ich den Job überhaupt noch.« Er lächelte, dann lud er meine Familie ein, sich an den Tisch zu setzen, und zauberte ein paar selbst gebackene Kekse hervor.

Es dauerte fast zwanzig Minuten, bis Theo zurückkam. Frisch geduscht, in einem Hemd und einer Stoffhose. Sogar seine Haare hatte er gestylt, was ihm direkt einen Kommentar von Colin einbrachte. »Alter, du hast dich ja richtig schick gemacht. Willst wohl einen guten Eindruck hinterlassen, hm?«

Auch Jasper grinste, sagte aber nichts und klopfte Theo bloß auf die Schulter, als er sich neben mich stellte und einen Arm um mich legte. Gary räusperte sich. »Mir fällt ein, dass ich jetzt dringend eure Hilfe im Gewächshaus brauche, Jungs.« Er winkte Jasper und Colin zu sich und fügte, an Theo gewandt, hinzu: »Sabia und Avery kannst du gleich hinterherschicken. Der Rasen muss auch dringend mal wieder gemäht werden.«

Es war offensichtlich, dass er uns etwas ungestörte Zeit verschaffen wollte, und ich lächelte ihm dankbar zu.

»Sag mal, stimmt es eigentlich, dass du früher so extrem sportlich warst?«, fragte Colin noch auf dem Weg zur Tür. »Ich meine, wenn du echt das Doppelte geschafft hast, dann waren das zwanzig Minuten. Was für ein Bodybuilder warst du bitte?«

Gary lachte. »Möglicherweise habe ich meine Rolle ein wenig zu ernst genommen und ein kleines bisschen geflunkert. Aber verratet es den anderen nicht, okay?«

Und damit verschwanden die drei nach draußen und wir blieben allein. Peinliche fünf Sekunden lang herrschte Schweigen und gerade als ich mich fragte, was ich sagen konnte, bevor es richtig unangenehm wurde, ergriff Theo das Wort.

»Ich freue mich wirklich sehr, Sie kennenzulernen. Hätte ich von Ihrem Besuch gewusst, hätte ich mich auch besser vorbereitet.« Er schmunzelte mit einem Seitenblick zu mir und ich wollte mich gerade noch einmal entschuldigen, dass wir so hereingeplatzt waren. Aber da winkte Pa ab. »Ach was, so ist es doch viel besser, weil man dann gleich einen ungefilterten Eindruck erhält.«

Ich verschluckte mich fast an meinem Keks. Das hatte er jetzt nicht wirklich gesagt, oder?

»Also ich fand den ersten Eindruck ziemlich gut.« Kami grinste breit und ich fragte mich ernsthaft, ob es eine Option war, mich unter dem Sofa zu verkriechen.

»Die Frage ist ja aber, ob er auch gut genug für unser kleines

Mädchen ist«, legte Dad noch einen drauf. Ich funkelte ihn über den Tisch hinweg an. Doch er lachte nur und Pa meinte: »Ich habe natürlich erst mal die Kollegen auf der Arbeit gefragt, ob's eine Polizeiakte von ihm gibt.«

Nun verrutschte Theos Lächeln doch. Er versteifte sich merklich und auch ich konnte nicht fassen, dass das gerade wirklich passierte.

»Ähm ...« Ich räusperte mich deutlich. »Nur dass wir uns richtig verstehen. Es wäre wirklich gut, wenn Theo sich nach diesem Treffen nicht von mir trennen will. Denn falls ihr es nicht mitbekommen habt: Ich mag ihn. Sehr sogar.«

Pa grinste. »Wir machen doch nur Spaß.«

Ja, sehr lustig. Ha, ha.

Kami lächelte Theo entschuldigend an. »Wenn du dich das gerade fragst: Ja, das ist tatsächlich Kaynes Form von Humor. Aber man gewöhnt sich daran, keine Sorge. Für den Anfang ist es wohl am besten, wenn du erst einmal rein gar nichts von dem ernst nimmst, was aus seinem Mund kommt.«

»Pass auf, was du sagst, Krümel«, brummte Pa und hob mahnend den Finger. Aber meine beste Freundin lachte nur. »Passt ihr lieber auf, dass Theos erster Eindruck von euch nicht schlechter ausfällt, als ihr das wollt.«

»Punkt für dich«, gab Pa nach und grinste. Dann wandte er sich an meinen Freund und schenkte ihm ein ehrliches, warmes Lächeln. »Na gut, also noch mal von vorne. Schön, dich endlich kennenzulernen, Theo!«

13

Ich wollte dich nicht so überfallen, sorry«, flüsterte ich und zog Theo hinter mir her in den Flur im Erdgeschoss. »Das war alles überhaupt nicht geplant. Ich wusste auch nicht, dass sie mich besuchen kommen, und wir …«

Mitten im Satz brach ich ab, weil Theo mich festhielt und von hinten die Arme um mich legte. Damit hatte ich nicht gerechnet, aber ich genoss es, ihm kurz so nah sein zu können, schloss die Augen und gab mich seiner Berührung voll und ganz hin. »Ich wollte dich wirklich nicht in eine unangenehme Situation bringen.«

»Hast du nicht, also mach dir keine Gedanken«, sagte er leise. »Deine Familie ist großartig.«

»Findest du das wirklich? Obwohl meine Dads sich vorhin so peinlich verhalten haben?«

Theo lachte leise. »Du bist ihnen eben wichtig. Und es ist gut, dass sie so auf dich aufpassen und sich Sorgen um dich machen.«

Seine Lippen strichen über mein Ohr und ich seufzte leise und schmiegte mich noch enger an ihn. Einen Atemzug lang gab es nur uns zwei. Seine Haut auf meiner, das leichte Kribbeln in meinem Bauch und das Gefühl, von ihm gehalten zu werden.

Doch dann war das Geräusch der zuschlagenden Haustür zu hören und Stimmen wurden lauter. Gary und die Jungs waren zurück. Schritte polterten über den Holzboden und irgendjemand rief etwas von *Kuchen backen* und *Zutaten aus dem Keller holen.* Theo löste die Arme von mir, blieb jedoch hinter mir stehen und hauchte mir noch einen Kuss auf den Hals, den ich bis in die Zehenspitzen spürte.

»Ich mag deine Dads wirklich sehr, ganz ehrlich«, sagte er zu mir, kurz bevor die Tür zum Flur aufgerissen wurde und Kami zusammen mit Jasper hereinplatzte.

»Und mich?«, fragte sie und grinste ihn breit an.

Theos Lachen kitzelte sanft auf meiner Haut. »Bei dir bin ich mir noch nicht ganz sicher.«

Der Kuchen, Cherry-Cheesecake nach Garys Familienrezept, schmeckte himmlisch. Nachdem wir ihn bis auf den letzten Krümel aufgegessen hatten, legte Dad mir eine Hand auf den Rücken, warf mir einen fragenden Blick zu und nickte zur Tür. Auch Pa stand auf und ich verstand die beiden ohne Worte und erhob mich ebenfalls. »Kami, ist es okay, wenn wir dich mit den Chaoten hier allein lassen?«

»Allein mit Jasper Grady und seinen megacoolen Mitbewohnern?« Meine beste Freundin tat, als müsste sie angestrengt überlegen, dann machte sie eine abwinkende Handbewegung. »Gar kein Problem, lasst euch Zeit.«

Ich schenkte ihr ein dankbares Lächeln, dann verschwand ich im Flur, wo ich in meine Sneakers und meine Jacke schlüpfte. Obwohl es heute noch nicht geregnet hatte, war der Wind kühl und wirbelte mir meine langen Haare ständig ins Gesicht, bis es mir reichte und ich mir einen Zopf band.

»So, meine Kleine, jetzt erzähl mal. Wie können wir dir helfen?«, brach Dad irgendwann das Schweigen, als wir durch das kleine Waldstück spazierten, das das Anwesen von Sir Archer Remington vom Rest der Anlage abschirmte. Hier war der Boden überall von feuchtem Laub bedeckt. Es hatte den Goldton des Herbstes bereits verloren und stattdessen die

Farbe der Erde angenommen. Die Luft roch frisch, schon ein wenig nach Winter, und ich zog den Reißverschluss meiner Jacke höher, weil ich keinen Schal umgebunden hatte.

»Ihr habt die Mail ja vermutlich gelesen«, setzte ich an, als sich die Bäume um uns herum lichteten und wir den Weg einschlugen, der am See entlang nach Belmont House führte. Meine Dads nickten und Pa stieß einen Laut aus, der all meine eigenen Gefühle dazu widerspiegelte. Kurz fasste ich noch einmal für sie zusammen, wie ich die Nachricht bekommen hatte und was meine ersten Gedanken dazu gewesen waren.

»Ich habe gedacht, ich kann das einfach ignorieren und verdrängen. Aber Theo hat recht. Was passiert, wenn ich nicht hingehe? Die ganze Lage ist total unberechenbar. Und ich ...« Ich schluckte schwer. »Ich will auf keinen Fall, dass das alles wieder von vorne losgeht.«

Meine Freunde hier an der Highclare wussten von Shiya. Sie glaubten mir und ich war mir sicher, dass sie sich nicht gegen mich stellen oder anfangen würden, mich zu verleugnen. Nicht so wie Lexi, eine meiner ältesten Freundinnen, die mich vor der gesamten Klasse eine Lügnerin genannt hatte. Und natürlich bot die Academy mir Schutz: vor Paparazzi und auch vor Shiyas verrückten Fans. Aber ich wollte mich auch nicht ewig hier verstecken müssen, nur um ein halbwegs normales Leben führen zu können.

Dad nickte nachdenklich. »Kleines, wenn du mal ganz tief in dich reinhörst und dich fragst, ob du dieses Interview führen möchtest, wie lautet dann die Antwort?«

Da musste ich nicht lange überlegen. »Nein.«

»Dann solltest du es auch nicht tun.« Er legte mir einen Arm um die Schultern. »Du weißt doch, mit seinem Bauchgefühl liegt man meistens richtig.«

»Ja, aber dann habe ich überhaupt keinen Einfluss darauf, was sie tut und wie es danach weitergeht.«

Pa kratzte sich am Bart und brummte: »Das hast du auch nicht, wenn du hingehst und dich dem Ganzen auslieferst.«

»Aber …« Inzwischen zitterte meine Stimme und es fiel mir schwer, die Tränen zu unterdrücken. »… das betrifft euch doch auch. Ich will nicht daran schuld sein, wenn wieder Presseleute vor unserem Haus lauern.«

»Das lass mal unsere Sorge sein, Little One.« Pa lächelte und tätschelte mir mit einer seiner riesigen Pranken die Schulter. »Hauptsache, du bist in Sicherheit. Alles andere können wir regeln.«

Dad nickte. »Wenn du möchtest, antworte ich Shiya auf ihre Mail und sage ihr, dass sie aufhören soll, dich zu kontaktieren und dich in ihre Angelegenheiten reinzuziehen.«

»Das würdest du tun?«

»Natürlich. Ich habe das Schreiben schon fertig formuliert. Ich wollte es nur nicht abschicken, ohne dich vorher zu fragen.«

Ich blieb stehen und umarmte meinen Dad so heftig, dass er ein wenig ins Wanken geriet. »Danke.«

»Das wird schon alles wieder, Kleines. Vielleicht kocht es jetzt noch einmal hoch, ja. Aber das hängt nicht davon ab, ob du zu diesem Interview gehst oder nicht. Wir können uns nur alle zusammen darauf vorbereiten und dann gemeinsam einen Weg finden, damit umzugehen.« Er strich mir über die Haare. »Wir können andere Menschen oder das, was sie sagen oder tun, nicht kontrollieren, egal, wie sehr wir es uns manchmal wünschen. Was wir aber können, ist, uns selbst immer treu bleiben.« Dad tippte sich auf seine Brust und ich spürte, wie mir bei seinen Worten ganz warm wurde.

»Du findest also, dass es okay ist, wenn ich gar nicht reagiere? Auch wenn wir dann nicht wissen, was das für uns alle bedeutet?«

»Absolut.« Wieder nickte er, dann schwieg er einen Moment und ich konnte durch seine Brillengläser hindurch förmlich sehen, wie intensiv er nachdachte, bevor er weitersprach. »Lass nicht zu, dass sie dir Angst macht, damit gibst du ihr nur Macht über dich. Mach weiter dein Ding, konzentrier dich auf die Schule und deine Mannschaft, genieß die Zeit hier mit deinen Freunden. Alles andere bekommen wir in den Griff, versprochen.«

»Danke, dass ihr so hinter mir steht.«

»Das ist doch klar, Little One«, sagte Pa sofort. »Wir sind schließlich eine Familie. Und wir werden immer für dich da sein und dich unterstützen. Außer natürlich …« Er verzog das Gesicht. »… wenn du beschließen solltest, Drogen zu nehmen, eine verrückte Catlady zu werden oder heimlich mit Theo durchzubrennen und irgendwo auf den Bahamas zu heiraten.«

»Ohne uns?« Dad wirkte schockiert und ich lachte und umarmte die beiden kurzerhand. Auch wenn ich immer noch nicht wusste, wie es weitergehen sollte, spürte ich doch, dass ihr Zuspruch genau das war, was ich gebraucht hatte.

Als wir nach Sir Archer zurückkehrten und ich mit Theos Schlüssel die Haustür öffnete, empfing uns der Geruch von frischer Pizza. Helles Gelächter drang aus dem Wohnbereich. Verwundert spähte ich um die Ecke und sah Kami zusammen mit allen Remingtons am Tisch sitzen, einen langen Käsefaden zwischen den Zähnen. Zu meiner Überraschung entdeckte ich auch Jeremy – zwischen Avery und Colin, die gerade eine angeregte Diskussion darüber führten, warum sie noch Single waren.

»Na, das ist doch ganz einfach«, hörte ich Colin sagen, während ich mir die Schuhe von den Füßen kickte. »Wir gehören eben zu den guten Jungs, wir sind einfach zu nett. Und damit nicht so gefragt.«

»So ein Blödsinn«, meinte Sabia. »Du und nett?«

»Außerdem stimmt es nicht«, protestierte nun auch Kami. »Das ist bloß ein Gerücht, das sich hartnäckig hält. Mädchen wollen überhaupt keine Bad Guys.«

»Ach ja?« Das war Averys Stimme. »Und wie erklärst du dir, dass unser Rapunzel aus dem Dachzimmer der Einzige hier ist, der vergeben ist? Er ist immerhin der Inbegriff von …« Er brach ab, weil Pa sich an mir vorbei durch die Tür drängte, und räusperte sich.

»… Nettigkeit.«

»Ja, eindeutig«, bekräftigte Jasper sofort und durch den Türspalt konnte ich sehen, wie er meinem Freund auf die Schulter klopfte. »Theo ist mit Abstand der Beste von uns allen.«

Ich musste mir ein Grinsen verkneifen, weil es irgendwie schon süß war, wie sie sich alle bemühten, ihn vor meiner Familie in ein gutes Licht zu rücken.

»Auf jeden Fall ist er der Beste!«, rief nun auch Colin. »Immerhin hat er uns allen Pizza spendiert.«

»Und mich auch eingeladen«, ergänzte Jeremy und ich lächelte ihn an und begrüßte ihn mit einer Umarmung.

Alle rutschten zusammen, damit wir uns zu ihnen setzen konnten, und Gary reichte uns Teller und Besteck über den Tisch.

»Na, da sagen wir doch nicht Nein.« Pa setzte sich neben Kami und ließ sich von Theo ein extragroßes Stück von der Margherita reichen. Dad wollte lieber Spinat und Pilze, mir war es vollkommen egal. Den Bauch voller Glücksgefühle, ließ ich mich auf dem freien Platz neben meinem Freund nieder, schaute in die Runde und genoss den Augenblick. Es war so schön, all die Menschen, die ich am meisten liebte, an einem Tisch zu sehen und dabei zuzuhören, wie sie aufgeregt durcheinanderredeten und lachten. Theo legte einen Arm um mich. Ich ließ meinen Kopf an seine Schulter sinken und schloss für einen Moment zufrieden die Augen, in mir das Gefühl, dass alles, wirklich alles, gerade einfach perfekt war.

Wir brachen erst kurz vor Mitternacht auf. Als Jeremy und ich uns draußen vor der Haustür verabschiedeten, flüsterte er mir zu: »Deine Familie ist wirklich toll. Jack und Kayne sind für mich ein großes Vorbild. Ich hoffe, dass Alaric und ich auch mal so sein können wie sie. Zumindest, wenn er mich noch will und …« Er rieb die Lippen aufeinander. »Ach, es wird schon alles gut. Als wir vorhin im Wohnzimmer waren, habe ich mit Jack über ihn gesprochen und … das hat richtig gutgetan und mir wieder Mut gemacht.«

Er umarmte mich, bevor er neben Gary in dem Campus-Shuttle Platz nahm, das sie gerufen hatten. Theo hatte darauf bestanden, Kami, meine Dads und mich zu fahren. Deshalb stiegen wir in sein Auto und winkten den anderen zum Abschied.

»Der Abend war super!«, rief Jasper uns nach. »Kommt bald mal wieder vorbei.«

Dann schloss er die Haustür und wir fuhren in die Dunkelheit.

Eine Stunde später, als ich neben Kami in meinem Bett lag, war ich erschöpft und müde. Aber auch glücklich.

Mein Handy leuchtete auf und im Schein meines Displays konnte ich Kami lächeln sehen. Überrascht stellte ich fest, dass sie mir eine Nachricht geschickt hatte. Ein Foto, um genauer zu sein. Es zeigte Theo und mich am Küchentisch von Sir Archer Remington und war in einem Moment aufgenommen worden, in dem wir beide lachten – ehrlich, absolut ungezwungen. Er hatte mich liebevoll an sich gezogen und schaute mich mit einem Blick an, der so warm war, dass mir gleich wieder die Knie weich wurden.

»Oh, ich habe gar nicht bemerkt, dass du ein Foto gemacht hast.«

»Das war ja auch Absicht.« Kami rückte ihr Kissen zurecht und kuschelte sich hinein. »Ich konnte einfach nicht anders. Ihr wart so süß.«

»Danke«, sagte ich und betrachtete das Bild noch einen Augenblick lang. Es war etwas unscharf, weil die Beleuchtung gedimmt war und Kami leicht gewackelt hatte. Aber trotzdem war es das schönste Bild, das ich von uns zusammen hatte, eingefangen in einem Moment, in dem Theo ganz er selbst gewesen war. Ein ganz besonderer und so seltener Schatz.

»Er mag dich wirklich sehr«, flüsterte Kami mir zu, bevor ich das Handy wieder beiseitelegte und ihr eine gute Nacht wünschte. »Das habe ich sofort gespürt.«

Es fiel mir schwer, mich am nächsten Morgen nach dem Frühstück von Kami und meinen Dads zu verabschieden, und als wir uns umarmten, musste ich ein paar Tränen wegblinzeln. Kami drückte mich fest an sich und winkte noch einmal, bevor sie ins Auto stieg. Dann fuhren sie davon, die lange Auffahrt von Haverton House entlang, an zu Kugeln geschnittenen Buchsbäumen vorbei und immer weiter fort von der verrückten Traumwelt, die nun bereits seit mehreren Wochen meine Realität war.

Sobald ich ihr Auto nicht mehr sehen konnte, bildete sich ein Kloß in meinem Hals und ich beeilte mich, in mein Zimmer zu kommen, um mich umzuziehen. Zum Glück war Sonntag und so konnte ich direkt in meine Reitsachen schlüpfen und zu Twister fahren. Ich brauchte ihn jetzt – seine Nähe, sein freundliches Brummeln und seine weichen Nüstern in meinem Gesicht –, weil ich wusste, dass mich sonst bald eine gigantische Welle von Heimweh überrollen würde. Also holte ich mein Fahrrad aus dem Keller und machte mich auf den Weg. Zum ersten Mal seit über einer Woche war der Himmel wieder blau, ohne dunkle Regenwolken am Horizont, die den nächsten Schauer ankündigten. Schüchterne Sonnenstrahlen kitzelten auf meinem Gesicht und gaben ihr Bestes, den Druck, der sich hinter meinen Augen gebildet hatte, zu mildern. Doch so ganz wollte es ihnen nicht gelingen.

Erst als die Reitanlage vor mir auftauchte und ich die ersten Pferde auf den Weiden entdeckte, fühlte ich mich etwas besser. Obwohl heute kein Training mit Liz anstand, herrschte auf dem Hof bereits reges Treiben. Ich winkte Bellamy, der mit verschränkten Armen und ernstem Gesicht neben Nat und Flora stand. Auch zwei Mädchen aus dem Dressurteam waren bei ihnen und eine Handvoll Mitarbeiter wuselte aufgeregt zwischen den Stallungen hin und her. Jemand bellte Anweisungen und Flora zückte ihr Handy und machte Fotos von einer der Außenwände. Einen Moment lang irritierte mich das, doch dann sah ich, was alle so sehr in Aufruhr versetzte, und bremste so scharf, dass ich beinahe das Gleichgewicht verlor. Jemand hatte eine Botschaft an die Fassade gesprüht. In roten Buchstaben stand dort: *Letzte Chance, Bellamy!*

Ich schnappte nach Luft und sofort sammelte sich Wut in meinem Bauch. Nicht schon wieder! Ich brauchte niemanden zu fragen, was es damit auf sich hatte oder wer dafür verantwortlich war.

Mein Blick traf den von Bellamy und er musste mir meine

Gedanken vom Gesicht ablesen, denn er machte einen Schritt nach vorne. »Louisa, warte!«

Doch da hatte ich bereits den Lenker herumgerissen. Es war mir egal, ob Beweise vorlagen; ich wusste einfach instinktiv, dass Atlas seine Finger im Spiel hatte. Und es reichte mir! Entschlossen fuhr ich los und ignorierte die Rufe hinter mir. Atlas glaubte vielleicht, dass er sich alles erlauben konnte, nur weil seine Familie zu den einflussreichsten an der Highclare Academy gehörte. Aber ich würde trotzdem nicht weiter einfach so hinnehmen, dass er meine Freunde bedrohte. Mit dieser Aktion war er zu weit gegangen. Jemand musste ihm eine Grenze setzen.

14

Meine Beine brannten, als ich die Treppe von Haverton House nach oben stürmte und an Atlas' Tür hämmerte. Ich versuchte es ganze drei Mal. Als nichts geschah, suchte ich in den Gemeinschaftsräumen und schließlich sogar im hauseigenen Fitnessstudio nach ihm.

»Atlas ist in der Academy«, informierte mich Coraline, die gerade Eden assistierte, der sichtlich mit dem Gewicht auf seiner Hantel zu kämpfen hatte. Doch schließlich schaffte er es, sie nach oben zu drücken und selbst wieder auf die Halterung zu legen.

»Schau mal im Studierzimmer, ganz oben, neben dem Archiv«, riet er mir, das Gesicht feucht von Schweißperlen. »Da verschanzt er sich meistens, wenn er an einer Hausarbeit schreibt.«

»Danke!«, rief ich noch, dann rannte ich schon wieder nach draußen. Ein Blick auf mein Handy verriet mir, dass Bellamy angerufen hatte. Doch ich antwortete nicht, ich konnte mir denken, was er mir sagen wollte. Dass ich vernünftig sein und nicht überstürzt handeln sollte. Nur leider hatte ich gerade absolut keine Lust mehr, vernünftig zu sein und Atlas mit seinem Verhalten durchkommen zu lassen. Dass er Bellamy, den er als seinen *Freund* bezeichnete, so etwas antat, war wirklich das Letzte!

Also sprang ich erneut auf mein Rad und legte die Strecke bis zur Academy in Rekordzeit zurück. Am Wochenende, so kurz vor dem Mittagessen, waren die alten Korridore wie ausgestorben und meine Schritte hallten über den Steinboden, während ich die scheinbar endlosen Säulengänge durchquerte und zu dem Gebäudetrakt eilte, in dem die Studienräume untergebracht waren.

Ich kannte mich hier aus, allerdings nur im Erdgeschoss und im ersten Stock, von wo ich Theo schon ein paar Mal abgeholt hatte. Edens Beschreibung folgend, lief ich weiter nach oben, bis die Treppe endete und den Blick auf einen schmalen Flur mit kunstvoll verzierter Gewölbedecke und halbrunden Buntglasfenstern freigab. Alle Türen waren verschlossen, im Gehen las ich die Beschriftungen auf den kleinen goldenen Schildern. *Lager, Archiv 1, Archiv 2 … Studienzimmer E4.* Das musste es sein. Entschlossen trat ich darauf zu und drückte die Klinke der Tür hinunter.

Der Raum dahinter war ziemlich klein und komplett mit Holz vertäfelt. An der einen Seite befand sich ein hohes Bücherregal, an der gegenüberliegenden ein alter Kamin mit einer Büste darauf. Gemälde in schweren Rahmen hingen an den Wänden und in der Mitte stand eine Sitzgruppe, bestehend aus einem Chesterfield-Sofa, einem kleinen Tisch und zwei dunklen Ledersesseln, die dem Raum das Flair eines traditionellen Herrenclubs verliehen. Erst auf den zweiten Blick entdeckte ich vier Schreibtische, zwei auf jeder Seite. Und an einem davon saß Atlas vor seinem Laptop, ein dickes Buch neben sich aufgeschlagen. Genervt blickte er auf, einen Ausdruck in den Augen, der mir eindeutig klarmachte, dass er nicht gestört werden wollte. Als er mich erkannte, glaubte ich kurz, etwas in seinem Blick aufflackern zu sehen. Doch gleich darauf war es wieder verschwunden. Atlas lehnte sich zurück und sah mich einfach nur an. Abwartend, was als Nächstes geschehen würde.

Ich fackelte nicht lange. »Warst du es, der die Botschaft für Bellamy an die Stallwand geschmiert hat?«, platzte ich heraus und baute mich vor ihm auf, beide Hände auf die Tischplatte gestützt. Keine Spielchen jetzt. Ich war hier, um die Wahrheit zu erfahren. Doch Atlas hob lediglich die Augenbrauen und stieß angestrengt die Luft aus, als würde es ihn all seine Kraft kosten, nicht die Beherrschung zu verlieren, weil ich es gewagt hatte, ihn beim Lernen zu unterbrechen. »Ich habe keine Ahnung, wovon du sprichst.«

Natürlich hatte er das!

»Verarsch mich nicht!«, fuhr ich ihn an. »Du warst es, der Bellamy den Brief an seinen Sattel gesteckt hat, und weil er sich auf dieses kranke Spiel nicht einlassen wollte, bist du jetzt einen Schritt weitergegangen.«

Atlas schnaubte und schüttelte den Kopf, als wäre das das mit Abstand Dümmste, was er in den vergangenen Tagen gehört hatte. Er wollte sich wieder seinem Buch widmen und mich einfach ignorieren, aber ich zog es weg und klappte es zu. Er würde mit mir reden, ob es ihm passte oder nicht.

»Die Drohung im Stall«, wiederholte ich. »War das deine Challenge? Oder steckst du mit dem Master unter einer Decke, bist du mehr als ein gewöhnlicher Spieler?«

Ganz langsam hob Atlas den Blick, von meiner Hand, die immer noch auf dem Buch lag, bis zu meinem Gesicht, und nun loderte Zorn darin auf.

»Ich habe dir nichts zu sagen.« Seine Stimme klang immer noch unterkühlt, die Gleichgültigkeit, mit der er mir begegnete, machte mich rasend.

»Was für ein Scheißfreund bist du eigentlich?«, schrie ich ihn an. »Nach außen hin immer so tun, als wärt ihr alle unzertrennlich, hm? Die berüchtigten *Haverton Five.* Und hintenrum fällst du Bellamy in den Rücken. Weiß Eden davon?« Ich überlegte, dann beantwortete ich mir die Frage selbst. »Nein, eher nicht. Sonst würde er wohl kaum überall raushängen lassen, was für ein eingeschworenes Team ihr seid. *Einer für alle, alle für einen.* Dass ich nicht lache. Aber ja, du bist ziemlich gut darin, Menschen zu täuschen. Zuerst bin ich ja auch auf dich hereingefallen.« Anfangs hatte ich Atlas wirklich gemocht und geglaubt, dass wir Freunde werden konnten. Zumindest bis sich herausgestellt hatte, dass unser Kennenlernen komplett inszeniert worden war, jeder Schritt von ihm bis ins kleinste Detail geplant. Total krank. »Ich kann nur nicht glauben, dass du dieses ekelhafte Spiel mit deinen eigenen Freunden abziehst und ihnen dabei noch ins Gesicht sehen kannst. Hast du überhaupt ein Gewissen?«

Atlas starrte mich an, aber seine Miene blieb kalt, völlig emotionslos. »Bist du fertig?«

»Nein, noch lange nicht! Denn wenn du denkst, dich Bellamy gegenüber wie ein Arschloch verhalten zu müssen, kann ich das auch.« Die Worte sprudelten schneller aus meinem Mund, als ich nachdenken konnte; es war unmöglich, mich jetzt noch zu bremsen. »Bisher habe ich niemandem davon erzählt, was du mit mir abgezogen hast. Von deiner … Obsession für Annie. Aber das kann sich ändern. Ich weiß Dinge über dich, die …«

»Du weißt gar nichts über mich!« Ruckartig stand Atlas auf und kam so schnell auf mich zu, dass ich instinktiv zurückwich. Seine Kiefermuskeln traten hervor, er verengte die Augen zu schmalen Schlitzen. Nur eine Handbreit vor mir blieb er stehen und nun musste ich den Kopf leicht in den Nacken legen, um ihn anzusehen. Ganz klar, er wollte bedrohlich wirken und mich einschüchtern. Und das gelang ihm auch ziemlich gut, allerdings würde ich einen Teufel tun, ihn das merken zu lassen.

»Ist das dein Ernst?« Ich verschränkte die Arme vor der Brust. »Jetzt versuchst du, mir Angst zu machen?«

Er rührte sich nicht, starrte mich nur weiter in den Boden. Schließlich öffnete er die Lippen und jedes seiner Worte triefte vor Arroganz. »Nein, das würde ich anders anstellen.«

Ein bitteres Lachen entwich mir. »Ah ja? Wie denn? Vielleicht indem du Drohungen an Stallwände schmierst? Oder indem du dich einmal mehr verhältst wie ein irrer Psycho?«

Atlas zuckte zurück. Doch nur eine Sekunde später hatte er sich wieder im Griff und stand noch dichter vor mir, seine Gesichtszüge so hart, als wären sie aus Stein gemeißelt. Seine Schultern waren angespannt, seine Hände zitterten und ich spürte, dass ich mit meinen letzten Worten einen Schritt zu weit gegangen war.

Ich wollte Abstand zwischen uns bringen und nach hinten ausweichen, stieß dabei jedoch gegen die Lehne eines der Sofas. Einen quälenden Moment lang betrachtete Atlas mich einfach nur. Dabei lag etwas Lauerndes in seinem Blick, das dafür sorgte, dass ich eine Gänsehaut bekam. Wie in Zeitlupe beugte er sich zu mir herunter.

»Vielleicht erinnerst du dich daran«, sagte er ganz leise und so scharf, dass jede Silbe mein Herz zum Rasen brachte, »wer dafür gesorgt hat, dass du dein Stipendium an der Highclare erhältst und nach Haverton House kommst.«

»Oh, keine Sorge«, entgegnete ich und versuchte dabei, ebenso kühl zu klingen. »Ich werde garantiert nie vergessen, dass du mich gestalkt und hierhergeholt hast, weil du dachtest, ich könnte deine Freundin ersetzen und mich in dich verlieben.«

»Ich wollte dir helfen.«

»Nein, Atlas, du wolltest eine perfekte Kopie des Mädchens, in das du seit Jahren verliebt warst, das aber deine Gefühle nicht erwidert hat. Und *du* wolltest diesmal den Ton angeben. Das ist so was von krank. Es wundert mich im Übrigen überhaupt nicht, dass Annie nichts mehr mit dir zu tun haben wollte.« Ich wurde immer lauter. »Wahrscheinlich hat sie gemerkt, dass deine vermeintliche Freundschaft ein bisschen zu weit ging. Vielleicht ist sie ja sogar genau deshalb verschwunden.« Demonstrativ deutete ich auf die nicht einmal fünfzig Zentimeter, die unsere Körper jetzt noch trennten, und funkelte ihn herausfordernd an. »Hast du sie auch bedroht oder versucht, ihr Angst einzujagen, als du gemerkt hast, dass du sie nicht kontrollieren konntest? Als sie sich statt in dich in Theo verliebt hat und dabei …«

»Wag es nicht, weiter über Annie zu sprechen!«, fuhr Atlas mich an. Jetzt konnte ich nicht mehr verhindern, dass ich sichtbar zusammenzuckte, so eisig und brutal klang seine Stimme. »Du kennst sie nicht und du hast keine Ahnung, wovon du sprichst. Ich hätte Annie nie etwas getan oder ihr irgendwie Schaden zugefügt. Aber du hast recht, du bist nicht sie. Also hör mir gut zu, Louisa.« Er kam noch ein bisschen dichter heran. So nah, dass er meinen flatternden Herzschlag sicher hören konnte. »Ich habe mit dem Finger geschnippt, damit dein Stipendium bewilligt wird, und ich könnte es jederzeit noch mal tun, damit du es wieder verlierst. Und das wird dann auch dein ach so toller Theo nicht verhindern können.«

Ich presste die Lippen zusammen und versuchte, mich mit aller Kraft davon abzuhalten, ihm eine bissige Antwort entgegenzuschleudern, weil ich spürte, dass ich am Abgrund entlangbalancierte. Atlas verwandelte sich gerade in einen brodelnden Vulkan und ich wollte ihn nicht dazu bringen zu explodieren. Nicht weil ich Angst hatte, er könnte seine Drohung wahrmachen, sondern weil ich nicht wusste, wozu er jetzt in diesem Moment noch fähig war. Ich hatte die Situation unterschätzt und nun schrie mein Instinkt mich regelrecht an, schnellstmöglich Abstand zwischen mich und ihn zu bringen. Gleichzeitig war da diese Stimme in meinem Kopf, die mir zuflüsterte, dass ich das so nicht stehen lassen konnte. In Atlas' Welt war es vielleicht üblich, seinen Willen durchzusetzen, indem man andere einschüchterte und versuchte, sie zu manipulieren. Aber wenn ich eines hasste, dann waren es Typen, die glaubten, sie könnten Mädchen einschüchtern, indem sie ihre Körpergröße einsetzten und sie bedrängten. Entschlossen drückte ich meine Handflächen gegen seine Brust und schob ihn zurück.

»Ich weiß genau, was du hier versuchst«, fauchte ich ihn an. »Und das ist echt das Allerletzte. Aber bei mir funktioniert das nicht, klar? Du machst mir keine Angst.« Das war glatt gelogen, aber egal. Atlas musste verstehen, dass er mit diesem Verhalten nicht durchkam. »Es ist mir vollkommen gleich, ob du versuchst, mein Leben zu kontrollieren. Von mir aus kannst du jeden Tag eine andere Rolle spielen oder noch hundert Mal versuchen, mich zu erpressen. Aber ich werde mich weder in dich verlieben noch anderweitig nach deiner Pfeife tanzen.«

An Atlas' Gesicht konnte ich erkennen, wie meine Worte ihre Wirkung entfalteten. Etwas kochte in ihm über. Doch nicht blitzartig, wie ich es erwartet hatte, sondern ganz langsam. Zuerst bildete sich eine Zornesfalte zwischen seinen Augen, ein Muskel in seiner Wange zuckte. Dann ballte er die Hände zu Fäusten und die Luft zwischen uns begann zu knistern, fühlte sich beinahe an wie elektrisiert. Mein rasender Puls trieb mir das Blut in den Kopf und ich rechnete damit, dass er mich anschrie, eine schnelle Bewegung machte oder mir wehtat.

Ich rechnete mit allem.

Doch da wandte Atlas sich auf einmal ab und ging zurück zum Schreibtisch. Ich wagte es nicht, mich zu rühren, während er seinen Laptop zuklappte und ihn zusammen mit dem Buch in seine Tasche stopfte. Anschließend warf er sie sich über die Schulter und kam zurück zu mir. Dieses Mal stoppte er einen Meter von mir entfernt. Trotzdem hatte ich das Gefühl, allein durch seine Präsenz nach hinten gedrückt zu werden.

»Ich habe mit der Botschaft bei euch im Stall nichts zu tun«, sagte er ganz leise. Gefährlich leise. »Und ich rate dir, mich nie wieder zu beschuldigen oder mir zu drohen.«

Noch ein letztes Mal ließ Atlas seinen Blick über mein Gesicht streichen, hart und unnachgiebig, als wüsste er genau, dass er damit meine Nervenenden zum Glühen brachte und mein Herzschlag schon wieder zu stolpern begann. Dann drehte er sich auf dem Absatz um und verschwand. Knallend fiel die Tür hinter ihm ins Schloss.

Theo

Mit seinem Laptop und zwei Büchern in der Tasche bahnte Theo sich einen Weg an den hohen Regalen vorbei und steuerte auf die Sitznische am Fenster zu. In den letzten Wochen hatte er sich meistens hierher zurückgezogen. Er mochte die ruhige Abgeschiedenheit lieber als die Tische, die ordentlich aneinandergereiht im Zentrum der Bibliothek standen. Zwar hatte es auch etwas, direkt unter der kunstvoll bemalten Gewölbedecke zu sitzen, aber er bevorzugte es, abseits von den anderen zu lernen, und irgendwie hatte es sich herumgesprochen, dass dies sein Platz war. Zumindest glaubte er das, denn er hatte seit Längerem niemand anderen dort sitzen sehen und die zwei gegenüberliegenden, weich bezogenen Bänke mit dem dunklen Holztisch in der Mitte waren immer frei – so auch heute.

Überhaupt war die Bibliothek an diesem Wochenende wie ausgestorben. Nur wenn er kurz innehielt und ganz leise war, hörte er von irgendwoher Schritte aus einer der anderen Regalreihen. Perfekt!

Er steuerte auf den Tisch zu, doch bevor er seine Tasche abstellte, hielt er abrupt inne und etwas in ihm krampfte sich zusammen. Auf dem alten, von zahlreichen kleinen Rissen überzogenen Holz lag ein roter Umschlag.

Zufall, sagte er sich. Der war nicht für ihn.

Doch instinktiv wusste Theo, dass es anders war. Genervt und zugleich von einem unangenehmen Kribbeln erfüllt, drehte er sich um und lauschte in die Stille. Die Schritte, die er eben noch gehört hatte, waren nun weit entfernt. Aber wenn er sich konzentrierte, konnte er sie noch immer hören.

Kurz entschlossen griff er nach dem Brief, machte auf dem Absatz kehrt und lief los, geradewegs durch die Reihen dunkler Regale. Als hätte der andere es gespürt, wurden auch die fremden Schritte lauter und klangen gehetzter. Er hatte es gewusst! Wer auch immer mit ihm zusammen in der Bibliothek war, hatte den Brief für ihn hinterlegt.

Theo begann zu rennen, doch noch bevor er die letzten Regalreihen erreichte, fiel die schwere Eingangstür krachend ins Schloss. Er fluchte und beschleunigte noch weiter. Aber er war zu langsam.

Als er den Lesebereich durchquerte und nach draußen trat, war längst niemand mehr zu sehen.

15

Die darauffolgenden Tage verstrichen wie im Flug. Atlas begegnete ich nur selten, er schien sich von mir fernzuhalten. Aber auch sonst blieb mir kaum Zeit, über ihn oder den Master nachzudenken. Das lag vor allem daran, dass der Unterricht merklich anzog – ein Zeichen dafür, dass wir auf die Prüfungsphase vor Weihnachten zusteuerten.

Außerdem war ein weiterer Termin festgelegt worden, an dem man Jeremy und Alaric noch einmal zu ihrer Beziehung befragen und anschließend entscheiden würde, ob Alaric weiter an der Highclare unterrichten durfte. Diese Neuigkeit versetzte uns alle in Aufruhr und da meine Freunde und ich eine Kündigung immer noch als vollkommen unfair und nicht gerechtfertigt betrachteten, lud Jasper jeden, der wie wir Stellung beziehen wollte, nach Sir Archer Remington ein. Ich erzählte in meinen Kursen davon, in der Hoffnung, dass so viele wie möglich kommen würden. Und tatsächlich: Das Treffen entpuppte sich als voller Erfolg – noch nie hatten sich so viele Leute in dem kleinen gemütlichen Wohnzimmer von Sir Archer getummelt.

Als ich mich später am Abend gemeinsam mit einer Gruppe Havertons – darunter auch Bellamy, Holly Sage und Coraline – auf den Heimweg machte, war ich voller Zuversicht, dass wir vielleicht wirklich etwas bewegen konnten.

Mein Hochgefühl hielt jedoch nur bis zum nächsten Tag, genauer gesagt, bis zu dem Moment, als kurz nach meiner Englischstunde eine weitere E-Mail von Shiya auftauchte, in der sie mir eine Telefonnummer schickte und mich bat, sie anzurufen. Sie! Nicht ihr Management! Fassungslos klickte ich auf »Weiterleiten«, hämmerte Dads Mailadresse in die Empfängerzeile und tippte auf *Senden.* Dann löschte ich ihre Nachricht, genau wie die andere. Ich hatte mich schon einmal von Shiya ablenken lassen, erneut würde ihr das nicht gelingen. Vor allem nicht jetzt, da ich meine ganze Energie für Jeremy und die anstehenden Klausuren brauchte und bei dem geplanten Turnier endlich die Chance hatte, Sponsoren auf mich aufmerksam zu machen.

Aus diesem Grund verbrachte ich jede freie Minute entweder in der Bibliothek oder im Sattel und ehe ich mich's versah, stand das Turnierwochenende vor der Tür, auf das ich so lange hingefiebert hatte.

Um vier Uhr in der Früh warteten ein riesiger Horsetruck sowie zwei SUVs in der Dunkelheit auf uns und Liz begrüßte uns mit einem verschlafenen Lächeln. »Ich musste schon einmal niemanden von euch aus dem Bett klingeln, das ist gut«, scherzte sie, während wir unsere Pferde verluden. Nachdem ich Twister die Rampe nach oben geführt und mich vergewissert hatte, dass es ihm an nichts fehlte, kam unsere Trainerin noch einmal zu mir.

»Na, wie fühlst du dich?«, fragte sie und legte mir eine Hand auf die Schulter. »Bereit?«

Ich nickte. »Mehr als das.«

Die Fahrt nach Manchester zum Winter Horse Festival dauerte etwas über vier Stunden. Theo und ich fuhren mit Bellamy und Holly Sage in einem Wagen, doch weil wir alle so früh noch nicht sehr gesprächig waren, schwiegen wir die meiste Zeit über. Ich dachte über die vergangenen Tage nach und blieb mit meinen Gedanken an Jeremy hängen. Hoffentlich machte er sich nicht total verrückt wegen der nächsten Anhörung. Schnell schickte ich ihm eine Nachricht, fragte ihn, wie es ihm ging und ob ich ihn irgendwie unterstützen konnte. *Hab dich lieb,* tippte ich noch, dann legte ich das Handy weg, lehnte mich an Theos Schulter und versuchte wie die anderen, noch ein wenig Schlaf zu bekommen.

Erst als wir fast da waren, setzte ich mich wieder auf und ging auf dem Handy noch einmal den Plan für die kommenden zwei Tage durch: Unsere Pferde würden direkt zum Turniergelände gebracht werden, wo das Event, auf mehrere Hallen verteilt, stattfand. Wir würden unterdessen zum Hotel fahren. Dort blieb uns jedoch nicht viel Zeit. Einchecken, Gepäck abladen, umziehen. Dann wieder los – auf zur Meldestelle, wo wir unsere Startzeiten der einzelnen Wettkämpfe erfahren würden. Heute standen zwei Ritte an: vormittags das Mannschaftsspringen, bei dem Teams verschiedener Akademien und Universitäten aus dem ganzen Land antraten, nachmittags die erste Einzelwertung. Morgen, am Sonntag, gab es weitere Prüfungen. Aber weil ich nur ein Pferd hatte und Liz und ich Twister nicht überlasten wollten, hatten wir gemeinsam entschieden, mich nur für das Wichtigste davon anzumelden – ein Springen der schweren Klasse, bei dem auch internationale Teilnehmer an den Start gingen. Für heute Abend war, soweit ich wusste, noch eine Reiterparty geplant. Ich hatte allerdings schon beschlossen, nicht hinzugehen. Einerseits weil ich morgen ausgeschlafen sein wollte. Aber auch weil ich plante, mich später am Abend noch heimlich zu Theo aufs Zimmer zu schleichen. Jetzt, da Brenda abends nicht an meine Tür klopfen oder mich von Sir Archer zurückpfeifen konnte, wollte ich einfach jede gemeinsame Minute mit ihm voll auskosten.

Das Hotel entpuppte sich als das luxuriöseste, in dem ich

jemals übernachtet hatte. Eigentlich hätte ich so etwas inzwischen wohl erwarten sollen, doch beim Anblick der gigantischen Glasfront, von der aus man die gesamte Stadt überblicken konnte, vergaß ich beinahe, mich umzuziehen. Erst als es an meine Tür klopfte, kam ich wieder zu mir.

»Bist du fertig?« Theo steckte seinen Kopf durch die Tür.

»Entschuldige! Ich brauche noch eine Minute.« Ich löste mich vom Ausblick und lächelte Theo zu. In Windeseile warf ich meine Tasche aufs Bett, tauschte im Bad meine Sachen gegen eine weiße Reithose, eine passende Bluse und mein Jackett. Als ich nach meinem Handy griff, entdeckte ich eine neue Nachricht von Jeremy.

J: *Hey! Ich hoffe, ihr seid gut angekommen. Bei mir ist alles gut, mach dir keine Sorgen. Ich komm schon klar. Konzentrier du dich jetzt ganz auf das Turnier. Du wirst das großartig machen! Zeig's ihnen!*

Ich lächelte, steckte das Handy ein und machte mich zusammen mit Theo auf den Weg ins Foyer, wo wir uns mit den anderen trafen.

Bis zum Turnierplatz brauchten wir nur fünf Minuten mit dem Auto. Mir blieb kaum Zeit zu bewundern, wie gut Theo in seinem Jackett aussah, weil Liz uns permanent antrieb und zur Eile drängte. Rasch kontrollierte ich noch einmal Twisters Turnierzöpfe und steckte ihm ein Stück Möhre zu, dann mussten wir auch schon wieder los, um den Parcours abzulaufen.

Das Turnier fand in einer Eventhalle statt, die für gewöhnlich für Konzerte und Shows genutzt wurde. Die Pferde waren in einem angrenzenden kleineren Gebäude untergebracht, in der temporäre Stallungen errichtet worden waren.

Mit meinem eigenen Pferd Orion war ich zuvor bereits vereinzelte Male bei größeren Turnieren gestartet, aber beim

Anblick der riesigen Tribünen und der Menschenmassen, die sich darauf versammelt hatten, verschlug es mir doch die Sprache. Von überall drangen Stimmen zu mir herüber, vermischten sich mit Musik und dem Schnauben und Wiehern von Pferden. Eine Gänsehaut breitete sich auf meinen Armen aus, die Aufregung wuchs mit jeder Minute.

Als Bellamy auf dem Abreiteplatz von einer Frau im rosa Kostüm mit Küsschen auf die Wange begrüßt wurde, beugte Theo sich zu mir. »Das ist seine Hauptsponsorin, Mrs van der Heyden. Sie fördert mehrere Reiter, von denen einige heute hier sind. Wenn du möchtest, könnten wir nachher einmal schauen, ob wir mit ihr ins Gespräch kommen.«

»Ja, das wäre toll.« Ich nickte, fühlte mich auf einmal richtig kribbelig und musste sofort an das denken, was Liz in den vergangenen Tagen immer wieder gesagt hatte: Was für eine tolle Chance dieses Event für mich war. Heute hatte ich die Möglichkeit, allen zu beweisen, dass ich an die Highclare gehörte. Dass ich mein Stipendium verdiente und meinen Platz in Haverton House. Auch ohne Atlas! Einen Herzschlag lang schloss ich die Augen und sammelte mich, dann ließ ich die Steigbügel herunter und schwang mich entschlossen in den Sattel. Ich durfte jetzt keinen Fehler machen!

»Du siehst aus, als stünde dir ein Date mit Atlas bevor«, witzelte Bellamy, als er eine Dreiviertelstunde später mit seinem braunen Hengst Cypriano aus dem Parcours kam – natürlich fehlerfrei und mit einer Zeit, die zwei Sekunden vor allen anderen lag.

»Da wäre ich jetzt entspannter, glaub mir«, gab ich nervös zurück. Ich war als Nächste dran und bevor ich einritt, drehte ich mich noch einmal zu Theo um, der mir aufmunternd zulächelte und sich eine Hand auf den Bauch legte. *Atmen nicht vergessen,* hieß das. Ich grinste, dann drückte ich meine Beine sanft an Twisters Seiten, um ihn antraben zu lassen.

Der Parcours war anspruchsvoll, aber schaffbar, er bestand aus mehreren Steilsprüngen und Oxern, einer Trippelbarre und einer dreifachen Kombination. Auf der Strecke gab es zwei Stellen, an denen man abkürzen konnte. Das war jedoch riskant und konnte mich im Zweifel meine Nullrunde kosten, wenn Twister anschließend nicht den richtigen Absprung fand.

Wir ritten abwechselnd mit den anderen Teams und ich war die vorletzte Starterin für unsere Mannschaft. Da die University of Cambridge bisher mit vier Nullfehlerrunden und guten Zeiten vorgelegt hatte, würde mir fast nichts anderes übrig bleiben, als auf Tempo zu setzen – sonst würden wir nicht mehr gewinnen können. Flora und Nat waren deutlich langsamer gewesen als die Cambridge-Reiter und Nat hatte außerdem vier Fehlerpunkte kassiert.

Ich biss mir auf die Unterlippe und ließ meinen Blick über die Tribünen schweifen, von denen aus nun alle erwartungsvoll auf mich herunterblickten. Dann blieb ich an den Reportern hängen, die sich seitlich von der Reitbahn positioniert hatten und ihre Kameras auf mich richteten. Für eine Sekunde schoss mir wieder ein mulmiges Gefühl in den Bauch und ich dachte an Shiya. Aber schließlich riss ich mich zusammen, atmete mehrmals tief durch und ließ die Welt um mich herum verschwimmen – wie ich es im Herbst so oft mit Theo geübt hatte. Inzwischen fiel es mir deutlich leichter als vor der Prüfung des Highclare-Förderkomitees, in jenen Zustand zu kommen, in dem man das Außen kaum noch wahrnahm und sich nur noch auf sich selbst und sein Pferd fokussierte. In dem alle Geräusche leiser wurden und ich meinen Körper und jede von Twisters Bewegungen überdeutlich wahrnahm.

»Bereit, allen zu zeigen, was wir draufhaben?«, flüsterte ich meinem Schecken zu und streichelte ihm über den Hals. Als die Glocke erklang, galoppierte ich an, nahm die Zügel kürzer und steuerte auf das erste Hindernis zu. Innerhalb von wenigen Sekunden hatten wir es erreicht. Mein Körper wusste genau, was zu tun war, und so segelten wir ohne Probleme darüber hinweg. Jetzt zwei Oxer an der langen Seite und dann eine Wendung nach links – die erste Abkürzung im Parcours. Eine Sekunde lang zögerte ich, ob ich es wirklich wagen sollte. Aber dann entschied ich mich und lenkte Twister in eine scharfe Kurve. Wir erreichten das nächste Hindernis viel zu schräg. Twister zog an, beide Ohren gespitzt, und sprang ab. Einen Herzschlag lang befürchtete ich schon, eine Stange fallen zu hören. Doch das Geräusch blieb aus. Wir hatten es geschafft! Innerlich jubelte ich, aber mir blieb keine Zeit, mich dem Hochgefühl hinzugeben. Denn schon erreichten wir den nächsten Steilsprung. Fehlerfrei. Dreifache Kombination – check! Hoch konzentriert überwanden wir ein Hindernis nach dem anderen und als nur noch zwei Sprünge übrig waren, riskierte ich es: Anstatt um einen der Oxer herumzureiten, kürzte ich abermals ab. Haarscharf jagten wir an einem Sprungständer vorbei, alles ging viel zu schnell. Drei Galoppsprünge bis zum Oxer. Wieder stimmte der Winkel nicht. Zwei, eins … Twister sprang! Ich hielt den Atem an, glaubte zu hören, wie einer seiner Hufe die oberste Stange berührte. Stille. Schon kamen wir wieder auf dem Boden auf, rauschten auf das letzte Hindernis zu und überwanden es. Wie aus weiter Ferne drang der Applaus des Publikums zu mir durch. Erst als ich den Blick hob und die Anzeige auf der Leinwand sah, realisierte ich es. Null Fehler! Bestzeit! Ich hatte es geschafft!

Noch beim Ausreiten ließ ich mich von Twisters Rücken gleiten, drückte ihm einen Kuss auf die Nüstern und fiel anschließend Theo in die Arme, der zusammen mit Alaska am Ausgang auf mich wartete.

»Scheint, als könnte ich gleich ganz entspannt reiten«, sagte er. »So, wie du vorgelegt hast, ist uns der Sieg wohl sicher, solange ich mir keinen Abwurf leiste.«

Auch Bellamy kam zu uns und wuschelte mir über den Kopf. »Kleine Louisa, ich glaube, wir müssen dringend noch einmal darüber sprechen, wer hier der Star dieses Teams ist.« Er grinste. »Geniale Runde! Aber mach das bitte nicht zu oft, mein Ego verträgt das nicht.«

Wir lachten und ich führte Twister nach draußen, wo auch Liz mich beglückwünschte. Bevor ich an den Rand des Geschehens verschwinden konnte, schob sich jedoch ein Reporter vor mich. Sofort war auch sein Kameramann bei ihm und als er seine Linse auf mich richtete, glaubte ich, gleich weniger Luft zu bekommen. Erst der warme Druck von Theos Arm, der sich um meine Taille legte, brachte mich dazu, mich aus meiner Starre zu lösen. Er sah mich an. Prüfend, eine Augenbraue leicht angehoben.

Ein Wort von dir und ich übernehme, hieß das und einen Moment lang war ich versucht, das stumme Angebot anzunehmen. Doch dann überwand ich mich und lächelte den Reporter vorsichtig an.

»Das war ja wirklich eine beeindruckende Runde«, sagte er und nickte mir anerkennend zu. »Ich muss gestehen, ich habe nicht allzu viel Ahnung von Pferden, aber gerade eben habe auch ich richtig mitgefiebert. Gratuliere zur bisherigen Bestzeit.«

»Danke.«

»Willst du vielleicht ein paar Worte dazu sagen, wie du deinen Ritt wahrgenommen hast?«

Nein, auf keinen Fall.

»Ja, gerne«, hörte ich mich stattdessen antworten und atmete tief durch. Irgendwie fühlte es sich an, als ob dieser Moment, die Entscheidung, die ich jetzt gerade traf, von Bedeutung war. Ich konnte mich jetzt dazu entschließen, weiter den Kopf einzuziehen und mich von meinen Ängsten und meiner Vergangenheit einschränken zu lassen. Oder ich konnte mich ihnen stellen und einen Schritt nach vorne wagen – weg von Shiya und den Lügen, die sie über mich verbreitet hatte. Und so lächelte ich wieder, dieses Mal in die Kamera, erzählte, wie viel es mir bedeutete, heute mit Twister an dem Turnier teilnehmen zu können, und wie berauschend die Atmosphäre im Parcours gewesen war.

»Vielen Dank«, sagte der Reporter am Ende und gab seinem Kameramann ein Zeichen, die Aufnahme zu stoppen. Erleichterung flutete durch mich hindurch. Weil es vorbei war, aber auch weil er tatsächlich nur nach meinen Ritt und nicht nach Shiya gefragt hatte.

»Alles okay?«, wollte Theo wissen, als wir wieder zum Abreiteplatz liefen – dieses Mal, damit er Alaska aufwärmen konnte. Ich nickte und er hauchte mir einen sanften Kuss auf die Schläfe. »Das war sehr mutig von dir. Du hast das großartig gemacht. Ich bin so stolz auf dich.«

Kurz hielt er mich fest. Nur eine Sekunde lang, in der ich mein Gesicht an ihn lehnte und alles um uns herum vergaß. Dann lösten wir uns wieder voneinander und Theo setzte seinen Helm auf und schwang sich in den Sattel.

Gemeinsam mit meiner Mannschaft versammelte ich mich an der Bande, um ihm zusehen zu können. Die ganze Zeit über kaute ich auf meiner Unterlippe herum und Bellamy, der Cypriano am Zügel hielt, knetete seine Hände. Als Alaska das letzte Hindernis schließlich fehlerfrei überwand, ballte er die Finger zur Faust und reckte sie triumphierend nach oben.

Neben uns stöhnte ein Mädchen aus dem Team von Cambridge auf. Doch gleich darauf reichte sie uns die Hand, um uns zu gratulieren.

»Ich geb es nur ungern zu, aber das war echt verdient«, sagte sie zu mir. »Deine Runde war wirklich klasse. Hätte nicht gedacht, dass so viel Kampfgeist in so einem kleinen Pferd steckt.« Sie kraulte Twister an den Nüstern, dann ging sie zu ihrem Team zurück und ich streichelte meinem Schecken über die eingeflochtene Mähne.

Als ich ihn kennengelernt hatte, hatte ich ebenfalls Zweifel gehabt, wie Twister sich im Parcours machen würde. Immerhin war er deutlich kleiner und wirkte neben den hochgewachsenen Voll- und Warmblütern der anderen eher wie ein Pony. Doch in der kurzen Zeit, die wir uns inzwischen kannten, hatte sich der kleine Wallach nicht nur in mein Herz geschlichen, sondern mir auch immer wieder bewiesen, dass er ohne Probleme mit den größeren Pferden mithalten konnte – genau wie Bellamy es mir prophezeit hatte.

»Los, kommt alle her!«, rief Liz da und winkte uns zu sich. »Ihr müsst euch für die Siegerehrung bereit machen.«

Schon erklang Musik und wir beeilten uns, wieder in den Sattel zu steigen. Bellamy ritt als Erster in die Bahn, gefolgt von mir, Theo und am Schluss Flora und Nat. Unter lautem Applaus stellten wir uns in einer Reihe auf und Bellamys Sponsorin, die auch die Preise für das Mannschaftsspringen gestiftet hatte, überreichte uns allen Blumen, Gutscheine für neue Reitstiefel und eine Schleife für die Trense. Bellamy bekam außerdem wieder ein Küsschen auf die Wange und gerade als Mrs van der Heyden mir gratulieren und die Hand reichen wollte, ging plötzlich die Musik aus. Verwundert drehten wir uns um und ich sah, dass auch die Anzeige auf der Leinwand, auf der eben noch unsere Wertung gestanden hatte, verschwunden war. Stattdessen flackerte auf einmal ein anderes Bild auf. Bellamy, schräg von hinten gefilmt. Er saß auf einem Sofa, im Hintergrund konnte man einen überdimensionalen Vogelkäfig erkennen. Augenblick mal, war das etwa in Haverton House? An Edens Geburtstag? Ja, jetzt war ich mir sicher. Es sah aus wie einer der Salons, die an den Gemeinschaftsraum grenzten. Im Hintergrund war Musik zu hören, dennoch konnte man Bellamys Stimme deutlich verstehen.

»Oh Gott, die Frau ist so furchtbar. Wenn ich das Geld nicht bräuchte und meine Pferde da mit drinhängen würden, hätte ich ihr schon längst die Meinung gesagt oder das Sponsoring gekündigt. Ich meine, kannst du dir vorstellen, wie es ist, ständig für sie den Vorzeigepudel spielen zu müssen?« Der Bellamy auf dem Bildschirm stieß ein Schnauben aus, während die Version neben mir erstarrte, die Augen weit aufgerissen, den Mund leicht geöffnet.

»Du meinst, dass du ständig mit ihr auf Events gehen musst und dabei fast in ihrer Parfümwolke erstickst?« Ein helles Lachen erklang, definitiv von einem Mädchen. Man konnte allerdings nicht erkennen, wer sie war. Ein grüner Schatten verdeckte die Silhouette der Person, mit der Bellamy sprach, und ich fragte mich, ob jemand sein Handy zwischen den Blättern einer Zimmerpflanze versteckt hatte, um die Aufnahme zu machen.

»Wenn es nur das wäre.« Bellamy stöhnte. »Die Events sind eine Sache. Da muss ich ihr nur nach dem Mund reden und einen Abend lang so tun, als würde mich nicht alles an ihren Ansichten und ihrer herablassenden Art, mit Menschen umzugehen, komplett ankotzen. Viel schlimmer ist ihre Tochter.«

»Sophie?«

Bellamy strich sich über die blonden Haare und nickte. »Ja.

Seit Mrs van der Heyden mitbekommen hat, dass sie auf mich steht, drängt sie mich dazu, regelmäßig mit ihr auszugehen. Jetzt soll ich sogar mit ihnen in den Urlaub fahren.«

»Kannst du nicht einfach Nein sagen?«

»Um Gottes willen.« Er lachte auf. »Du glaubst ja nicht, wie gerne ich das würde. Und ehrlich gesagt war ich auch schon oft genug kurz davor. Aber Mrs van der Heyden mag es gar nicht, wenn etwas nicht nach ihrem Plan läuft. Ich bin sicher, dass sie sofort entsprechende Maßnahmen ergreifen würde, um mich *wieder in die Spur zu bringen.*« Bellamy malte Gänsefüßchen in die Luft. »Ich habe das häufig genug bei anderen mitbekommen. Nach außen hin stellt sie sich immer als supertolerante Gönnerin dar. Aber in Wirklichkeit ist sie ein knallharter Kontrollfreak.«

»Das heißt?« Wieder das Mädchen.

»Das heißt, dass sie mir sofort drohen würde, mir die Pferde wegzunehmen, wenn ich in ihrer perfekten Scheinwelt nicht die Rolle spiele, die sie für mich vorgesehen hat.« Er atmete so deutlich aus, dass sich seine Schultern bewegten. »Ich warte ehrlich gesagt nur auf den Tag, an dem sie mir unauffällig einen Ring in die Tasche schiebt und mir sagt, dass mir noch dreißig Minuten bleiben, um meinen Antrag auswendig zu lernen.«

»Oh, Bellamy, warum hast du das nie erzählt?«

Ich zuckte zusammen, als ich die Stimme erkannte. Das war ... Nat. Ohne jeden Zweifel! Ich fuhr zu ihr herum, auch sie war kreidebleich.

»Weil das keiner wissen darf. Sonst bin ich geliefert. Du darfst auch mit niemandem darüber reden, versprochen?«

»Natürlich. Aber ...«

»Nichts aber, das muss unser Geheimnis bleiben. Mrs van der Heyden hat ausgezeichnete Kontakte zum Förderkomitee der Highclare. Ich kann es mir nicht leisten, bei ihr in Ungnade zu fallen.« Er nahm einen Schluck aus seinem Glas und sowohl er als auch Nat schwiegen bedrückt.

Auf den Tribünen wurde Gemurmel laut. Doch keiner rührte sich. Alle blickten nach wie vor fassungslos auf die Leinwand und zu Mrs van der Heyden, die direkt vor mir zur Salzsäule erstarrt war. Schließlich war es Liz, die als Erstes die Kontrolle zurückgewann. »Schaltet das aus!«, verlangte sie vom Rand der Reitbahn aus und sofort setzte sich eine Frau mit blondem Pferdeschwanz in Bewegung und eilte eine Treppe hoch, zu einem Raum, von dem aus wohl die Technik bedient wurde. Doch sie schaffte es nicht rechtzeitig, das Video zu stoppen. Bevor der Bildschirm schwarz wurde, hallte Bellamys Stimme erneut klar und deutlich durch die riesige Halle: »Ich *hasse* diese Frau, aber das ändert nichts. Solange ich meine Pferde und mein Stipendium behalten möchte, hat sie mich in der Hand. Egal, was sie von mir will, sie muss einfach nur ihre Machtposition ausspielen, damit ich nach ihrer Pfeife tanze – wie eine unterhaltsame kleine Marionette. Aber Nat, noch mal: Das muss unser Geheimnis bleiben. Ich bin auf dieses Sponsoring angewiesen und wenn die falschen Leute erfahren, dass ich so denke, könnte das das Ende meiner Karriere bedeuten.«

16

Sekundenlang rührte sich niemand. Dann stieg Bellamy einfach ab und führte Cypriano am Zügel nach draußen, ohne sich noch einmal umzudrehen. Ich überlegte nicht lange.

»Vielen Dank, Mrs van der Heyden«, murmelte ich, ehe ich ebenfalls aus dem Sattel sprang und meinem Freund folgte. Dabei bekam ich kaum mit, wie die Stimmen auf der Tribüne immer lauter wurden. Irgendwo schluchzte jemand auf. War das … Nat? Keine Ahnung. Ich beschleunigte meine Schritte und Twister trabte an. Er schien meine Anspannung zu spüren, denn er hielt den Kopf hoch erhoben und blähte die Nüstern. Als ich aus der Reitbahn herauskam, wurde ich von den neugierigen, teils sensationslüsternen Gesichtern der Teilnehmer aus den anderen Mannschaften begrüßt. Jemand hielt ein Handy hoch, um unsere Reaktionen zu filmen. Doch nicht einmal das kümmerte mich gerade. Neben mir tauchte Theo auf und nickte nach links. Ja, da waren sie. Bellamy und Liz, die gerade mit schnellen Schritten den Weg entlangliefen, der zu den temporären Stallungen in der angrenzenden Halle führte. Rasch folgten wir ihnen und auch Nat und Flora setzten sich in Bewegung.

Es dauerte nicht lange, bis wir den Gang erreichten, auf dem unsere Boxen lagen. Als wir um die Ecke bogen, sahen wir gerade noch, wie Liz Bellamy Cypriano abnahm. Sogleich ließ dieser sich auf einen Heuballen sinken, stützte die Ellenbogen auf den Knien ab und verbarg sein Gesicht in den Händen.

»Bellamy!« Nat schob sich an uns vorbei, rannte auf ihn zu und warf sich vor ihm auf die Knie.

»Was …?«, fuhr er sie an und hob langsam den Kopf. Verzweiflung und Fassungslosigkeit mischten sich in seinem Gesicht mit Wut, ich konnte mich nicht erinnern, ihn jemals so gesehen zu haben – den immer gefassten, hilfsbereiten Bellamy. »Was hast du mir zu sagen, Natalia?«

»Dass ich damit nichts zu tun habe«, wimmerte sie. »Ich schwöre es dir.«

»Ach ja?« Nun schaute er sie direkt an und sie schlug sich eine Hand vor den Mund und schluchzte erneut auf. Ich konnte es ihr nicht verübeln. Hätte er mich so angesehen, so kalt, so verletzt, so voller Verachtung, wären mir wohl ebenfalls die Tränen gekommen. »Was für ein komischer Zufall ist es dann bitte, dass du mich an dem Abend auf Mrs van der Heyden angesprochen hast? Kurz nachdem du meintest, dass wir eindeutig noch nicht genug getrunken hätten und uns ein bisschen amüsieren sollten.«

»Bellamy, ich …«

»Nein! Ich will es nicht hören. Ich weiß, dass du Angst hast, Nat. Aber ich habe dir mehrfach gesagt, dass du immer zu mir kommen kannst, wenn du meine Hilfe brauchst. Und du? Bekommst Panik und lieferst mich ans Messer? Meine gesamte Existenz?«

Ich hatte keine Ahnung, wovon er sprach, aber Nat anscheinend schon. Sie wurde noch blasser und ihr Gesicht verzog sich zu einer verzweifelten Grimasse. »Aber das würde ich niemals tun. Ich … ich liebe dich.«

Einen Herzschlag lang schien die Zeit einzufrieren, dann konnte man in Nats Augen sehen, dass sie sich der Tragweite ihrer Worte bewusst wurde. Ihr Atem ging schneller, sie begann zu zittern.

Bellamy betrachtete sie und kurz glaubte ich zu bemerken, wie seine Miene weicher wurde. Aber dann schüttelte er nur den Kopf und knurrte: »Lass mich einfach in Ruhe.«

Tränen schimmerten in seinen Augen. Er wischte sie nicht weg. Erst als erneut Schritte erklangen und Mrs van der Heyden sich neben mir aufbaute, die Lippen zu einer schmalen Linie zusammengepresst, atmete er tief durch und fuhr sich mit den Händen über das Gesicht.

»Mr Trengove, ich muss mit Ihnen sprechen.«

»Selbstverständlich.« Bellamy erhob sich und sie drehte sich auf dem Absatz um und stöckelte davon, ohne auf ihn zu warten.

Bestimmt zwanzig Sekunden lang schauten wir uns alle betroffen an. Niemand sagte etwas, nur Nat weinte immer noch und ließ sich von Flora hochhelfen und in den Arm nehmen.

»Ich erwarte eine Erklärung.« Liz machte einen Schritt nach vorne. »Was ist das für ein Video und was habt ihr damit zu tun?« Ihr Blick blieb an Nat hängen, die so wirkte, als würden ihre Knie gleich wieder nachgeben.

»Ich war es nicht«, beteuerte sie und erzählte schniefend, dass sie heute die ganze Zeit über bei Bellamy gewesen und nicht einmal ansatzweise in die Nähe der Reithallentechnik gekommen war. Liz ließ Nat Zeit und hörte ihr zu, die Arme vor der Brust verschränkt.

»Aber du warst auf dem Video zu hören, Natalia«, sagte sie, als man Nats Worte vor lauter Weinen schon nicht mehr richtig verstehen konnte. »Ich möchte wissen, wer es gemacht hat, wenn du es nicht warst, und vor allem, warum du …« Unsere Trainerin beendete den Satz nicht, denn in diesem Moment kam Bellamy zurück und der eisige Ausdruck in seinem Gesicht brachte sie augenblicklich zum Schweigen. Den Blick stur nach vorne gerichtet, marschierte er an uns vorbei und verschwand in Cyprianos Box. Keiner von uns wagte es, etwas zu sagen. Regungslos verharrten wir an Ort und Stelle. Auch ich machte keine Anstalten, ihm zu folgen, weil ich spürte, dass Bellamy diesen kurzen Moment mit seinem Pferd brauchte. Erst als er wieder zurück auf die Stallgasse trat und ich sah, dass seine Augen verdächtig schimmerten, wollte ich zu ihm gehen. Doch Liz kam mir zuvor. »Bellamy, warte bitte. Wir sollten wirklich …«, setzte sie an, aber er hob nur die Hände. Ein unmissverständliches Zeichen, dass er nicht bereit für ein Gespräch war.

»Bitte«, flehte nun auch Nat ihn an, lief ihm entgegen und wollte nach seinem Arm greifen. Doch Bellamy schüttelte sie ab. »Lasst mich in Ruhe!«, fauchte er, dann rauschte er davon.

»Sie hat ihm gekündigt, oder?«, wimmerte Nat ganz leise und Theo atmete tief durch. Auch mir kam es so vor, als hätte ich die ganze Zeit über die Luft angehalten.

»Was denkst du denn?«, fragte er scharf und brachte sie damit nur noch mehr zum Weinen.

»Oh Gott, wenn er sein Sponsoring verliert … betrifft das auch seine Pferde und … wenn er denkt, dass das meine Schuld ist … wird er mir das nie verzeihen.«

»Das würde ich dir auch nicht verzeihen«, murmelte Theo. Er sagte es ganz leise, aber daran, wie Nat sofort die Schultern hochzog und sich verkrampfte, konnte ich erkennen, dass sie es gehört hatte.

»Ich … wollte doch nicht …«, schluchzte sie und unter anderen Umständen hätte sie mir leidgetan. Aber jetzt gerade konnte ich meine Wut nicht zügeln.

»Du wolltest was nicht?«, fuhr ich sie an. »Ihm schaden? Seine Zukunft ruinieren? Seinen Ruf komplett zerstören?« In meinen Kopf ratterte es und plötzlich tauchte wie von selbst das Bild eines roten Briefes vor meinem inneren Auge auf. Ein Brief, der an Bellamys Sattel gepinnt war. Dann der Schriftzug an der Stallwand. *Letzte Chance, Bellamy!* Und zu guter Letzt Atlas, der mir entgegenspuckte, dass er mit all dem nichts zu tun hatte. Was, wenn es stimmte? Was, wenn …?

»Nat, war das eine Aufgabe, die der Master dir gestellt hat?«

»Das ist doch völliger Blödsinn! Sei still, Louisa«, keifte Flora mich an, aber ich ignorierte sie, weil ich mir plötzlich ganz sicher war.

»Solltest du das Druckmittel gegen Bellamy liefern?«

Nats lautes, reumütiges Schluchzen war Antwort genug und nur Theos Hand, die sich um meinen Unterarm schloss, hielt mich davon ab, mich augenblicklich auf sie zu stürzen. Dabei sah er selbst aus, als wollte er ihr am liebsten den Hals umdrehen.

»Du egoistisches Miststück!«, schleuderte ich ihr trotzdem ins Gesicht. »Ich dachte, Bellamy ist dein Freund. Und angeblich ist er sogar noch mehr für dich? Wie kannst du ihm das dann antun?«

Nat heulte auf. Nein, sie schrie schon fast. Aber ich war noch nicht fertig.

»Ist bei dir eine Sicherung durchgebrannt, weil er deine Gefühle nicht erwidert? Hast du dich vielleicht mal gefragt, warum? Bellamy ist einer der besten Menschen, die ich kenne, und du …« Der Rest des Satzes kam mir nicht mehr über die Lippen, weil Nat sich beide Hände auf die Ohren presste, sich auf den Boden sinken ließ und zu einer Kugel zusammenkrümmte. Ihr Atem ging viel zu schnell. Hektisch, als würde sie zu wenig Luft bekommen.

»Schluss jetzt!«, sprach Liz ein Machtwort. Sie wies das Stallpersonal mit knappen Sätzen an, die Pferde zu versorgen, und gab uns mit einem Nicken zu verstehen, dass wir ihr folgen sollten.

»Ich will die Wahrheit hören«, sagte sie und ich konnte mich nicht erinnern, dass sie jemals so kühl geklungen hatte. »Und zwar die ganze Wahrheit. Und dann werde ich entscheiden, welche Konsequenzen sich daraus ergeben.«

Liz nahm uns mit nach draußen auf den Parkplatz, auf dem sich zahlreiche Pferdetransporter aneinanderreihten. Dabei sah sie sich immer wieder um und als sie schließlich das Gefühl hatte, dass wir ungestört waren, blieb sie stehen und schaute uns nacheinander prüfend an. »Was habt ihr mir zu sagen?«

Sofort wirbelte ich zu Nat herum. Sie hielt meinem Blick keine fünf Sekunden stand.

»Ja, es stimmt«, brachte sie unter Tränen hervor. »Ich habe einen Brief vom Master bekommen und es war meine Aufgabe, Bellamy zu schaden. Aber ich wollte nicht …«

»Du mieses …« Ich machte einen Schritt nach vorne, doch Liz funkelte mich an und ließ mich so wissen, dass sie einen weiteren Gefühlsausbruch nicht tolerieren würde. Also riss ich mich zusammen und begnügte mich damit, mir die Fingernägel in die Handflächen zu graben und Nat in den Boden zu starren. Die konnte nun nicht mehr aufhören zu weinen.

»Ich schwöre, ich habe das Video nicht aufgenommen«, flüsterte sie zwischen zwei Schluchzern, als Flora ihr ein Taschentuch reichte.

»Ach, und wer soll es dann gewesen sein?« Theos Stimme klang trocken.

»Keine Ahnung. Bitte, ihr müsst mir glauben.«

»Und warum sollten wir das tun?«, fragte ich. »Du hast immerhin auch die ersten Challenges des Masters erfüllt. Oder willst du jetzt behaupten, dass du mit den anderen Vorkommnissen nichts zu tun hattest?«

»Was für Vorkommnisse?«, wollte Liz wissen. »Meinst du die beschmierte Stallwand?«

Ich brauchte nicht zu antworten, denn als sie Nat ansah, schluckte diese sichtlich und senkte den Kopf.

»Ich … werde seit einigen Wochen erpresst«, gestand sie stockend. »Und ja, ich habe den Brief in der Sattelkammer versteckt und auch die Nachricht an den Stall gesprüht, aber … doch nur, weil es nicht anders ging.« Ihre Brust hob und senkte sich hektisch. »Mit dem Video heute habe ich nichts …«

»Weil es nicht anders ging?«, fuhr ich sie an. Nun konnte ich mich doch nicht mehr beherrschen. »Hast du sie noch alle? Natürlich wäre es anders gegangen. Bellamy hat auch Briefe bekommen, aber im Gegensatz zu dir arbeitet er mit Rektor Lowell zusammen, um den Master zu stellen. Das, was du gemacht hast, ist dagegen einfach nur das Letzte!« Ich konnte nicht fassen, dass sie ihm das angetan hatte. Ausgerechnet Bellamy, der so sehr auf das Geld des Komitees und auf seine Sponsoren angewiesen war. Für den seine gesamte Existenz und sein Platz an der Academy von seinen Förderern abhing. Für ihn ging es nicht um seinen Ruf oder darum, dass in den nächsten Wochen einfach mehr über ihn geredet und gelästert werden würde. Für ihn ging es um seine ganze verdammte Zukunft!

»Ich hoffe, er redet nie wieder ein Wort mit dir.«

Nat entwich ein lautes Schluchzen und sogleich schob Flora sich vor sie. Ich rechnete damit, dass sie ihre Freundin wieder verteidigen und mir eine saftige Antwort entgegenschleudern würde. Doch stattdessen sagte sie ruhig: »Ich war es. Ich habe das Video aufgenommen und es heute abgespielt.«

Moment … was? Einen Augenblick lang waren wir alle wie

eingefroren und mein Kopf schaffte es nicht, die neuen Informationen zu verarbeiten. Warum sollte sie das tun?

Schuldbewusst drehte Flora sich zu ihrer besten Freundin um und zog die Unterlippe zwischen die Zähne.

»Aber …« Plötzlich war es so still, dass mir Nats ersticktes Keuchen unnatürlich laut vorkam. Der Schock in ihren Augen verriet uns, dass sie keine Ahnung gehabt hatte.

»Jetzt sag bloß, du bist auch eine Spielerin«, murmelte Liz und atmete schwer aus. Flora schüttelte den Kopf.

»Nein, bin ich nicht, nur …« Sie suchte nach den richtigen Worten. »Ich konnte nicht zulassen, dass Nat bloßgestellt wird. Bellamy ist auch mein Freund, aber Nat …« Vorsichtig legte sie ihr eine Hand auf die Schulter und nun blitzten auch in ihren Augen Tränen auf. »Ich weiß doch, was das für dich bedeutet hätte, und das konnte ich einfach nicht zulassen. Also …«

Also hatte sie Nats Aufgabe an ihrer Stelle erfüllt. Sie brauchte es nicht auszusprechen, wir verstanden es auch so. Fassungslos starrte ich Flora an, bereit, meinen Zorn auf sie umzulenken. Doch Liz bremste mich mit einer einzigen Handbewegung.

»Anschuldigungen helfen uns jetzt nicht weiter«, stellte sie klar, bevor sie sich an Nat und Flora wandte. »Ich möchte mit euch beiden allein sprechen. Anschließend werde ich versuchen, den Veranstaltern diese Angelegenheit zu erklären.« Mit einem Wink bedeutete sie den beiden, ihr zu folgen. Theo und ich blieben zurück. Ein wenig unschlüssig, was ich nun tun sollte, blickte ich ihnen hinterher, bis Theo mir die Hand hinhielt und fragend zurück zu den Eventhallen schaute.

»Komm, lass uns nach Bellamy sehen.«

Die kommende Stunde verbrachten wir damit, die Stallungen abzusuchen, auf dem Gelände herumzulaufen und sämtliche Räume zu durchkämmen, die den Teilnehmern als Rückzugsorte dienten. Bellamy blieb jedoch wie vom Erdboden verschluckt und schließlich beschlossen wir, uns aufzuteilen. Theo wollte zum Hotel laufen, ich würde bei den Pferden warten, falls Bellamy doch von allein wieder auftauchte.

Aber das tat er nicht und nach einiger Zeit kehrte Theo zurück, sein Handy am Ohr und eine angestrengte Falte auf der Stirn. Bevor er mich erreichte, legte er auf.

»Bellamy ist im Hotel. Aber er will gerade niemanden sehen. Ich habe das akzeptiert und ihm gesagt, dass wir für ihn da sind, wenn er seine Meinung ändert.«

»Okay.« Mit einem Seufzen ließ ich mich auf den Heuballen vor Twisters Box sinken und Theo stellte sich neben mich und kraulte meinem Schecken die Nüstern.

»Willst du ihn nicht langsam mal satteln?«, fragte er, aber ich schüttelte den Kopf. Theo hatte seine Starts in den Einzelwertungen längst zurückgezogen und auch ich fühlte mich absolut nicht in der Stimmung, heute noch einmal zu reiten – und morgen schon gar nicht.

»Bist du sicher?«

Gerade wollte ich nicken, denn ich war mir mehr als sicher, doch da kam Liz auf uns zu, einen Becher Kaffee in einer Hand, den Turnierplan in der anderen.

»Überleg dir das noch einmal«, bat sie und setzte sich neben mich. »Ich würde es natürlich verstehen, wenn du wirklich nicht reiten willst. Aber das würde niemandem etwas nützen. Wir sind ja sowieso hier und vor morgen Mittag brechen wir auch nicht auf. Ich möchte die Pferde nicht zweimal am Tag so lange transportieren und auch wir sollten uns erst mal ein bisschen beruhigen, bevor wir zurückfahren.« Liz berührte meinen Arm. »Also denk bitte noch einmal darüber nach, ob du diese Chance einfach so verstreichen lassen willst. Das ist ein wichtiger Tag für dich, Louisa. Ich weiß, dass dir das gerade alles sehr nahegeht – wie uns allen. Aber vergiss nicht, wie wichtig diese Auftritte für dich sind. Glaubst du Bellamy würde wollen, dass du auf ein mögliches Sponsoring verzichtest, weil du ihm gegenüber solidarisch sein willst?«

Nein, das glaubte ich tatsächlich nicht. Eher hätte er mich wohl geschüttelt und mich gefragt, ob ich sie noch alle hatte, seinetwegen nicht zu reiten.

Und so kam es, dass ich an diesem Tag noch ein zweites Mal in den Sattel stieg. Allerdings gelang es mir nicht, die Geschehnisse des Vormittags auszublenden, und so leistete ich mir einen völlig unnötigen Stangenabwurf und landete am Ende im Mittelfeld. Beim Ausreiten lobte ich Twister dennoch ausgiebig – er hatte sein Bestes gegeben – und hielt Ausschau nach Theo. Doch er war nirgends zu sehen. Erst als ich von Twisters Rücken rutschte und ihn am Abreiteplatz entlang zu den Stallungen führte, entdeckte ich meinen Freund vor einem der Ausgänge. Theo telefonierte schon wieder und lief dabei auf und ab. Die wenigen Fetzen, die ich aufschnappte, klangen ungewohnt bestimmt und geschäftsmäßig.

»Verstehe. Ich werde alles Weitere veranlassen«, beendete er das Gespräch, als er mich bemerkte. Kaum, dass das Handy in seiner Jackentasche verschwunden war, wurde sein Ausdruck weicher.

»Alles okay?«, fragte ich, doch anstelle einer Antwort trat er auf mich zu und umarmte mich. Seine Lippen streiften meine Stirn und ich schloss die Augen, gab mich kurz dem Gefühl der Sicherheit und Wärme hin, das seine Nähe stets in mir auslöste.

»Ja, es kommt alles wieder in Ordnung«, hörte ich ihn leise sagen und ich nickte, weil ich ihm das so gerne glauben wollte.

17

Da weder Theo noch ich Lust hatten, Nat und Flora heute noch einmal zu begegnen, verabschiedeten wir uns, nachdem wir die Pferde versorgt hatten, und ließen uns das Abendessen auf Theos Zimmer bringen. Ich schlüpfte in Leggins und einen seiner Pullover und gemeinsam kuschelten wir uns aufs Bett. Doch es kam mir so vor, als ob Theo nicht wirklich anwesend war. Alle paar Minuten schaute er auf sein Handy, hielt dann für einige Sekunden die Luft an oder rieb die Lippen aufeinander.

»Irgendetwas stimmt nicht mit dir«, stellte ich fest und hob den Kopf von seiner Brust. »Erwartest du eine Nachricht?«

Theo nickte. »Ja, von meinem Anwalt.«

Ich runzelte die Stirn. Sofort breitete sich ein Gefühl von Sorge in mir aus. »Und … warum?«

»Ich warte auf Dokumente.« Er wischte einige Male über das Display und hielt mir sein Handy entgegen. Zuerst verstand ich nicht, was es mit dem Schriftstück darauf auf sich hatte, doch dann traf es mich wie ein Blitz. Das war eine Art … Vorabvertrag über … den Kauf von zwei Pferden!

»Du hast …« Als mir die gigantische Summe ins Auge stach, wurde mir schwindelig. »Du hast Cypriano und Amethyst gekauft?«

Theo nickte langsam. »Noch nicht ganz. Mein Anwalt hat den Vertrag aufgesetzt, ich habe ihn digital unterschrieben und die Zahlung direkt veranlasst. Aber wir warten noch darauf, dass Mrs van der Heyden ihn zurückschickt.«

»Du hast sie … gekauft?«, wiederholte ich noch einmal, nur um sicherzugehen, dass ich mich nicht verhört hatte. Ich setzte mich auf, mein Herz schlug immer schneller und Hoffnung keimte in mir auf. Hoffnung, dass noch nicht alles verloren war. Doch Theo wirkte eher etwas geknickt als ermutigt.

»Ich habe keine andere Möglichkeit gesehen und ich wollte nicht, dass Bellamy die zwei auch noch verliert«, sagte er. »Das war eine Bauchentscheidung. Vielleicht nicht meine klügste, aber … ich konnte einfach nicht anders.«

Einige Sekunden lang konnte ich ihn nur ansehen. Theo, meinen Freund – den Erben eines Megaimperiums, für den Geld keinerlei Rolle spielte. Kurz spürte ich ein seltsames Ziehen im Bauch, weil es mir so absurd erschien, mit einem Fingerschnippen solche Beträge zu jonglieren. Doch dann wurde das ungute Gefühl von einer Welle der Erleichterung verdrängt. Darüber, dass Bellamy seine Pferde nun doch nicht verlieren und in Zukunft nur noch auf Turnieren sehen würde – wenn sie von jemand anderem geritten wurden.

»Das ist … ja der Wahnsinn«, stammelte ich, während ich mich gleichzeitig fragte, ob das ein Traum war. Aber nein, das hier war echt – Theos Umarmung, als ich ihm kurzerhand um den Hals fiel, seine warmen Lippen auf meinen und auch das kleine Schmunzeln, als ich mich wieder von ihm löste. »Hey! Freu dich nicht zu früh. Noch gehören sie mir nicht.«

»Aber so gut wie, oder?«

»Schon … ja.«

»Dann müssen wir Bellamy davon erzählen.«

Theo schüttelte den Kopf. »Nein, das hat noch Zeit. Ich will erst sicher sein und außerdem weiß ich noch nicht genau, wie ich ihm das erklären soll.« Sein Handy klingelte und Theo nahm ab, ohne richtig hinzusehen. »Mr …« Er hielt inne und sein Gesicht versteinerte, während am anderen Ende nicht die Stimme seines Anwalts erklang, sondern die eines Mädchens.

»Was willst du, Natalia?«, fragte Theo so kalt, dass ich mich wunderte, dass sich keine Eisschicht auf dem Display ausbreitete. »Wie wäre es, wenn du ihn einfach in Ruhe lässt? Heute Abend und in Zukunft auch?«

Wieder hörte er zu, was sie sagte, und ich rutschte näher heran, um etwas verstehen zu können. Aber da stieß Theo bereits ein leises Stöhnen aus, richtete sich auf und schwang die Beine aus dem Bett. »Schön, ich kümmere mich darum. Wir kommen runter.«

Die Hotelbar war in dunklem Grau gehalten, mit Akzenten in Gold und mit dunkelgrünem Samt bezogenen Sitzmöbeln. Der dunkle Monolith von einem Tresen nahm fast eine komplette Wandseite ein und am hinteren Ende, die Ellenbogen auf dem glänzenden Stein abgestützt, saß Bellamy – vor sich ein Glas mit bernsteinfarbener Flüssigkeit darin. Kaum, dass wir den Raum betreten hatten, kam Nat auf uns zugeeilt.

»Bitte, ihr müsst mir helfen und Bellamy auf sein Zimmer bringen«, bettelte sie, aber Theo ging schnurstracks an ihr vorbei und setzte sich neben Bellamy auf einen der Barhocker, so als wären sie verabredet. Mit einer fließenden Handbewegung griff er nach seinem Glas und beförderte es außer Reichweite. »Ist nicht gerade eine deiner besten Ideen.«

»Ich kann mich nicht erinnern, dich nach deiner Meinung gefragt zu haben«, knurrte Bellamy. Sein Tonfall verriet, dass es sich nicht um sein erstes Glas handelte. Dann blickte er hoch und ich schluckte schwer. Im fahlen Schein der Hängeleuchten wirkten seine Augen so müde und furchtbar leer. Als hätten ihn die vergangenen Stunden völlig ausgezehrt.

Ihn so zu sehen – ausgerechnet Bellamy, der mich seit Beginn des Schuljahrs immer unterstützt und freundlich behandelt hatte –, machte mich unendlich traurig.

»Er bestellt einen Drink nach dem anderen«, raunte Nat mir verzweifelt zu. »Ich mache mir echt Sorgen, er ist jetzt schon angetrunken.«

»Nur dass du es weißt, ich kann dich hören.« Bellamy drehte den Kopf in unsere Richtung. »Und ich bin noch nicht ansatzweise betrunken genug für diesen Tag.«

Theo stieß ein Seufzen aus. »Ja, das war ein richtig beschissener Tag. Aber das …« Er nickte zu dem halb ausgetrunkenen Glas. »Ist keine Lösung.«

»Das entscheide ich.« Bellamy hob die Hand, um den Barkeeper herbeizurufen, doch als der Mann zu ihnen herüberkam, war es Theo, der als Erstes sprach.

»Er möchte gerne zahlen.«

»Möchte ich nicht«, brummte Bellamy, doch wie zuvor bei Nat ging Theo nicht darauf ein, sondern zog nur sein Portemonnaie aus der Tasche und schob dem Barkeeper eine Kreditkarte zu. Sofort verfinsterte sich Bellamys Gesicht noch weiter.

»Was soll der Scheiß? Ich lasse mir von dir nichts vorschreiben. Und meine Drinks bezahlen lasse ich mir von dir auch nicht.« Er zog ein paar Scheine aus der Hosentasche und warf sie auf den Tresen, ohne abzuzählen. Dann erhob er sich und stand auf.

Theo steckte seine Karte wieder ein. »Ich verstehe, dass mein Verhalten dich wütend macht«, sagte er. »Aber ich weiß, dass du Louisa oder mich auch davon abhalten würdest, uns in dieser Situation volllaufen zu lassen.«

Bellamy dachte kurz nach und gab dann ein Schnauben von sich.

»*Du* würdest niemals in so eine Situation kommen«, murmelte er und prüfte kurz seine Balance. Theo ließ diesen Kommentar so stehen, obwohl ich ihm ansah, dass es ihn verletzte, auf das Geld seiner Familie reduziert zu werden.

»Darum geht es doch gar nicht«, sagte ich und trat neben Bellamy, um ihn notfalls zu stützen. »Aber du musst auch nicht alles mit dir allein ausmachen. Wenn du willst, dass die quälenden Gedanken in deinem Kopf weniger werden, dann block uns nicht ab, sondern rede mit uns. Wir sind deine Freunde. Dein Team.«

»Dieses Team ist einen Scheiß wert!« Bellamys Nasenflügel bebten. Sein Blick huschte zu Nat, der schon wieder Tränen in den Augen standen. »Für mich gibt es kein Team mehr.«

Theo räusperte sich, dann legte er Bellamy eine Hand auf die Schulter. »Wie wäre es, wenn wir dich jetzt erst mal nach oben in dein Zimmer bringen? Und morgen unterhalten wir uns in Ruhe und sprechen darüber, wie es weitergeht.«

»Wie es weitergeht?« Bellamy lachte kalt, doch seine Stimme verriet, wie es in ihm aussah. »Es geht überhaupt nicht weiter. Mrs van der Heyden schickt eine Spedition, die Cypriano und Amethyst morgen abholt. Das Sponsoring ist gelaufen. Und meine Zeit an der Academy vermutlich auch. Also, über was willst du noch reden?«

Aus seinen Augen sprach die pure Hoffnungslosigkeit und wie von selbst glitt mein Blick zu Theo.

Wir können es ihm nicht länger vorenthalten. Du musst es ihm sagen.

Der Gedanke, sich morgen für immer von seinen Pferden verabschieden zu müssen, fraß Bellamy innerlich auf, das konnte jeder sehen. Er kam mir nur noch wie ein Schatten des Jungen vor, den ich kannte. Ein Schatten, mit unsichtbaren Gewichten an den Beinen und hängenden Schultern.

»Lasst mich einfach in Ruhe«, murmelte er und machte Anstalten zu gehen. Ich ließ meinem Freund einige Sekunden, wartete, ob er den Kopf schüttelte oder mir irgendein Zeichen gab, es nicht zu tun. Dann sprach ich es einfach aus. »Theo hat Cypriano und Amethyst gekauft.«

Bellamy blieb stehen und fuhr zu mir herum. »Du lügst.«

Ich schüttelte den Kopf und schaute zu Theo, der auf einmal doch etwas unglücklich wirkte und mich daran zweifeln ließ, dass er meinen Blick eben richtig gedeutet hatte. Aber jetzt war es zu spät und ich sah nach wie vor keinen Grund, warum wir es ihm nicht sagen sollten.

Theo atmete tief ein und ließ dann die Schultern fallen, als wollte er sagen: *Ach, was soll's?* Dann kramte er sein Handy hervor, entsperrte es und reichte es an Bellamy weiter.

»Ich muss dir aber gleich sagen, dass es noch nicht sicher ist. Ich warte noch auf den Vertrag und eigentlich hätte ich lieber unter anderen Umständen mit dir darüber gesprochen, weil ich mir vorstellen kann, dass das für dich erst mal …«

»Bist du völlig bescheuert?«, wurde er von Bellamy unterbrochen, der ihm sein Handy zurückreichte. Die Wut in seinen Worten rollte wie eine Welle über uns hinweg und Nat, die sich neben mich gestellt hatte, machte automatisch einen Schritt nach hinten. Fast zaghaft berührte sie mich am Arm und ich drehte den Kopf.

»Stimmt das?«, fragte sie mich leise. »Bellamy kann die Pferde behalten?«

Ich nickte, genau in dem Moment, in dem Bellamy erneut die Stimme erhob. »Das … hast … du nicht getan.«

»Es war die einzige Möglichkeit. Mrs van der Heyden ist vorhin ziemlich schnell abgereist, aber ich habe mir ihre Nummer geben lassen und sie angerufen.«

»Oh mein Gott!« Nat klang ungewohnt schrill. Sie schlug

sich die Hände vors Gesicht und im nächsten Augenblick trat sie vor und umarmte Theo. Der versteifte sich, seine Augenbrauen schossen nach oben und kurz sah er regelrecht hilflos aus – so als würden sich nicht Nats Arme, sondern eine Würgeschlange um seinen Hals legen.

»Schon gut.« Er tätschelte ihr vorsichtig die Schulter und warf mir einen vielsagenden Blick zu.

Scheint so, als wäre Bellamy nicht der Einzige, der sein Verhalten morgen bereuen wird.

»Danke«, piepste Nat, dann ließ sie ihn los.

»Das kannst du nicht einfach so machen«, lenkte Bellamy die Aufmerksamkeit wieder auf sich. Er griff sich mit beiden Händen in die Haare und schüttelte den Kopf. Immer wieder, immer schneller. »Das hättest du mit mir absprechen müssen.«

»Ich weiß«, erwiderte Theo. »Aber dafür war keine Zeit. Du warst nicht da. Und ich musste eine Entscheidung treffen. Und das habe ich getan.«

»Dann mach sie rückgängig.«

»Das willst du doch gar nicht.«

»Ich will aber auch verdammt noch mal nicht von *dir* abhängig sein. Und außerdem ist das viel zu viel Geld für die beiden. Ein komplettes Minusgeschäft. Das kann ich dir niemals zurückzahlen.«

»Sollst du ja auch nicht«, sagte Theo und fuhr sich nun seinerseits durch die Haare. »Ich kann dich genauso sponsern wie Mrs van der Heyden. Dein Stipendium, die Pferde, alles, was du brauchst. Ohne jegliche Bedingungen. Einfach weil du ein extrem guter Sportler bist, der …«

»Vergiss es, das will ich nicht.« Bellamy spuckte die Worte aus, als hätte Theo ihn beleidigt, statt ihm anzubieten, alles wieder in Ordnung zu bringen.

»Lass uns morgen noch mal darüber sprechen, okay? Ganz in Ruhe und …«

»Nein, Theo. Du triffst deine Entscheidung, ich meine. Und dafür brauche ich keine Bedenkzeit. Ende des Gesprächs.«

Damit marschierte Bellamy los, ein bisschen schwankend, aber dennoch zielstrebig, auf den Ausgang zu. Er ließ uns stehen. Theo atmete hörbar aus, startete aber auch keinen Versuch, ihm zu folgen. Und so blieben wir zurück. Nat, Theo, ich – und die Erkenntnis, dass ich womöglich einen Fehler gemacht hatte.

18

Tut mir leid, dass ich damit gerade einfach so rausgeplatzt bin«, sagte ich eine Viertelstunde später, als ich mit meiner Winterjacke und einer Mütze auf dem Kopf nach draußen in die eisige Novemberluft trat. Theo und ich hatten beschlossen, noch einmal eine Runde spazieren zu gehen, um den Tag und das Gespräch mit Bellamy irgendwie zu verarbeiten. »Ich habe nicht damit gerechnet, dass er so reagiert.«

Oder besser gesagt: Ich war selbst so erleichtert gewesen, dass Amethyst und Cypriano Teil unseres Teams bleiben konnten, dass ich in dem Moment überhaupt nicht darüber nachgedacht hatte, wie ich mich selbst in Bellamys Situation gefühlt hätte. Doch jetzt, mit dem kühlen Wind auf meinem Gesicht und einem klareren Kopf, wurde mir die Tragweite dessen, was Theos Entscheidung für Bellamy bedeutete, erst richtig bewusst. Es musste ihm so vorkommen, als wäre er von einer Abhängigkeit in die nächste gerutscht, nur eben dieses Mal von einem Freund. Einem Freund, der, ohne mit der Wimper zu zucken, mehr Geld überweisen konnte, als ihm oder mir jemals zur Verfügung gestanden hatte. Und auch wenn ich Theo immer noch unendlich dankbar war, verstand ich nun die Demütigung, die seine Geste für Bellamy beinhalten musste.

»Ich habe diese Reaktion kommen sehen«, sagte Theo und griff nach meiner Hand. »Aber wahrscheinlich wäre sie nicht anders ausgefallen, wenn ich es ihm morgen oder nächste Woche gesagt hätte. Ich hätte … dann bloß noch etwas Zeit gehabt, um mir zu überlegen, wie ich es ihm schonend beibringen kann.« Er verzog die Lippen und ich tat es ihm gleich.

»Sorry. Es hat für mich so geklungen, als wolltest du es ihm bloß nicht sagen, weil der Vertrag noch nicht zurück ist, und gerade eben hatte ich das Gefühl, dass Bellamy diesen Lichtblick dringend braucht.«

»Ist schon okay.« Theo streichelte mit dem Daumen über meine Finger, dann ließ er unsere Hände in der Tasche seines Mantels verschwinden. »Ich bin dir nicht böse.«

Er schenkte mir ein kleines Lächeln und bog auf die Straße ab, die zu den Hallen und dem Gelände führte, auf dem das Turnier stattfand. Ein Stück weit liefen wir schweigend nebeneinanderher, vorbei an Hochhäusern und einer Reihe von Geschäften. Es war bereits stockdunkel, nur die Straßenlaternen beleuchteten unseren Weg. Wäre ich allein gewesen, hätte ich längst umgedreht. Aber zusammen mit Theo machte es mir nichts aus.

»Bellamy konnte es eben nicht zeigen«, sagte ich irgendwann leise, als wir an einer Ampel zum Stehen kamen. »Aber ich bin sicher, dass es ihm im Herzen viel bedeutet, dass du das für ihn getan hast.«

Zumindest würde es mir wohl im tiefsten Inneren so gehen – Abhängigkeit hin oder her.

»Bellamy ist stolz«, antwortete Theo. »Das war er schon immer.«

»Also denkst du, er wird dein Angebot wirklich ablehnen?«

»Ja, mindestens noch zweimal.« Er schmunzelte kurz. Dann wurde seine Miene wieder ernst. Die Ampel schaltete um und wir setzten uns in Bewegung und bogen in eine Straße ab, die an einer hohen Mauer entlangführte. Eine dunkle Katze balancierte darüber und maunzte leise, als wir an ihr vorbeikamen. Theo kraulte ihr vorsichtig den Kopf, dann liefen wir weiter und ich dachte zerknirscht darüber nach, wie sehr ich Bellamy mit der Ankündigung über den Kauf seiner Pferde überrumpelt hatte und wie es sich für ihn angefühlt haben musste. Im Gegensatz zu den meisten an der Highclare hatte er genau wie ich ganz unten angefangen – ohne Geld und andere Privilegien, die uns die Türen öffneten – und sich immer weiter hochgearbeitet, wodurch er für mich ein großes Vorbild war. Natürlich war er schon länger an der Highclare als ich und hatte Theo sogar noch in seiner Haverton-Zeit kennengelernt. Doch ich vermutete stark, dass er sich schon damals nichts oder zumindest so wenig wie möglich von seinen Freunden hatte bezahlen lassen.

Als hätte Theo meine Gedanken gelesen, blieb er plötzlich stehen und sah mich an. »Ich wünschte, ich hätte ihn nicht in so eine Lage bringen müssen.« Er stieß einen Seufzer aus, aus dem all seine Frustration sprach. »Ich kannte Mrs van der Heyden bisher nur vom Sehen, aber mein Eindruck von ihr vorhin am Telefon passt sehr gut zu dem, was Bellamy über sie gesagt hat. Diese Frau ist … impulsiv. Und sie hasst es, wenn sie nicht bekommt, was sie will. Wenn ich die Pferde heute nicht gekauft hätte, hätten sie sich wahrscheinlich wirklich morgen schon in einem Flieger nach Dubai befunden. Einfach nur um Bellamy zu bestrafen. Ich wollte mich damit nicht … über ihn stellen oder so.«

»Das weiß ich doch.«

Ich erhob mich auf die Zehenspitzen, um ihm einen Kuss zu geben, denn ich spürte, dass ihm diese Situation mehr zu schaffen machte, als er gerade in Worte fassen konnte. Theo erwiderte den Kuss sanft, wirkte aber immer noch resigniert.

»Gib Bellamy einfach ein paar Tage Zeit, dann wird er bestimmt bereit sein, in Ruhe mit dir zu reden. Das war heute alles ziemlich viel für ihn – für uns alle. Und … vielleicht irre ich mich auch, aber ich glaube, es ist das erste Mal, dass er dich so richtig im Upper-Eastside-Modus erlebt hat. Für mich ist das auch noch neu und … etwas komisch.«

»Wie meinst du das?«

»Na ja.« Ich zuckte mit den Schultern und überlegte, wie ich ihm das am besten erklären sollte. »Manchmal … habe ich das Gefühl, dass ich noch längst nicht alle Seiten von dir kenne. Zum Beispiel auf Edens Party, als ihr darüber gesprochen habt, wo ihr schon überall zusammen gewesen seid, da warst du mir für einen Moment … fast ein bisschen fremd.«

Theos Züge versteinerten, Bestürzung spiegelte sich in seinen Augen. Schnell fügte ich hinzu: »Das lag einfach nur daran, dass du für gewöhnlich nicht raushängen lässt, wie viel Geld deine Familie besitzt. Du wirkst immer total bodenständig, einfach … normal.« Ich schaute zu ihm hoch, aber Theo sah immer noch aus, als hätte ich ihm gerade mitgeteilt, dass ich ihn nicht mehr liebte. »Was ich sagen will, ist …« Verdammt, wie sollte ich das ausdrücken, ohne ihm das Gefühl zu geben, einen Fehler gemacht zu haben? »Für dich ist das dein ganz normales Leben, aber für mich oder auch für Bellamy kann das schon mal ziemlich … überfordernd sein. Verstehst du, was ich meine?«

Theo nickte langsam, aber ich war nicht sicher, ob er es wirklich verstand. Nur wusste ich auch nicht, wie ich besser erklären sollte, wie überwältigend seine Welt für jemanden sein konnte, der ganz anders aufgewachsen war.

Und irgendwie hatte ich das Gefühl, dass ich es gerade nur schlimmer machte, wenn ich weiterredete. Also schwiegen wir wieder und liefen weiter. Doch ich konnte förmlich spüren, wie Theos Gedanken kreisten, und obwohl er immer noch meine Hand in seiner hielt, kam es mir so vor, als hätte ich durch meine Worte, ohne es zu wollen, einen Graben zwischen uns gezogen.

»Ich musste so ein hohes Angebot machen«, sagte Theo schließlich. »Sonst hätte Mrs van der Heyden die Pferde nicht verkauft. Zumindest nicht an mich.« Seine Stimme klang jetzt rauer als zuvor. Kurz schaute er zu mir, dann heftete er seinen Blick auf einen Punkt in der Ferne. »Es ist schlimm für mich, dass Bellamy das so empfindet. Und … dass es dir auch so geht. Aber ich würde jederzeit wieder so handeln. Einfach weil ich es auch nicht ertragen könnte, wenn man mir meine Pferde wegnehmen würde.«

»Ich weiß«, sagte ich. Theo hatte das getan, was er in der Situation für richtig gehalten hatte – und diese Großzügigkeit und die Selbstverständlichkeit, mit der er gehandelt hatte, ehrten ihn. Aber je länger ich darüber nachdachte, desto mehr wurde mir bewusst, dass ich ebenfalls sauer gewesen wäre, wenn jemand eine derart gigantische Summe Geld für mich in die Hand genommen hätte, noch dazu über meinen Kopf hinweg. Vermutlich hätte ich nächtelang wach gelegen und mich mit der Frage geplagt, was ich tun könnte, um auch nur einen Bruchteil davon zurückzuzahlen, nur um dann hilflos festzustellen, dass es keine Möglichkeit gab. Ich konnte Bellamy verstehen, seine Wut und das Gefühl, allen anderen, die mehr Geld als er besaßen, ausgeliefert zu sein. Aber ich verstand auch, dass die Situation für Theo nicht leicht war – und dass ich es gerade wahrscheinlich noch komplizierter gemacht hatte. Er hatte einem Freund helfen wollen, nichts weiter. Seine Absichten waren gut gewesen und er sollte jetzt auf keinen Fall das Gefühl haben, dass ich ihn dafür verachtete. Denn das tat ich nicht, im Gegenteil – ich war immer noch unendlich erleichtert, dass wir Amethyst und Cypriano morgen wieder mit nach Hause nehmen konnten.

»Danke, dass du das für Bellamy getan hast«, flüsterte ich deshalb und lehnte mich im Gehen an seinen Arm. Theo antwortete nicht, atmete aber hörbar aus, so als hätte er kurz die Luft angehalten, und streichelte mit dem Daumen über meinen Handrücken.

Wir erreichten das Turniergelände, schlenderten über den Parkplatz und steuerten auf den Eingang des Gebäudes zu, in dem die temporären Stallungen errichtet worden waren. Ohne uns vorher abzusprechen, hatten wir ganz automatisch den Weg eingeschlagen, der uns zu unseren Pferden führte.

»Was glaubst du, wie es für Bellamy jetzt weitergeht?«, fragte ich in die Stille hinein. Einerseits um die Stimmung zwischen uns wieder etwas aufzulockern, aber auch weil sich mir dieser Gedanke so plötzlich aufdrängte, dass ich ihn einfach aussprechen musste. »Mit seinem Stipendium, meine ich. Und überhaupt. Kann Mrs van der Heyden ihn … anzeigen? Wegen Rufschädigung oder so?«

Theo nickte. »Ja, na klar. Das hat sie unter Garantie auch vor. Aber ich werde sie, sobald der Kauf der Pferde final abgewickelt ist, noch einmal wissen lassen, dass sie sich in diesem Fall auch mit mir anlegt. Das wird sie sich nicht trauen.«

»Und was, wenn doch?«

»Dann wäre sie ziemlich dämlich«, antwortete Theo scharf, schaute jedoch gleich darauf über die Schulter und suchte meinen Blick. »Sorry, das war jetzt schon wieder der Upper-Eastside-Modus, oder?«

»Schon okay.« Ich schenkte ihm ein Lächeln, doch er erwiderte es nicht, zog nur schweigend seine Chipkarte hervor und öffnete uns die Tür. Während ich an ihm vorbei nach drinnen in den Stall ging, ließ ich meinen Blick noch einmal über sein Gesicht streifen, über seine blauen Augen, die nun noch kühler wirkten als sonst, und die angespannten Kiefermuskeln.

Für ihn war es nicht okay, das merkte ich in diesem Moment. Ganz und gar nichts war okay.

19

Es kam mir vor, als würden wir etwas Verbotenes tun, als Theo und ich uns in die Halle schlichen, in der die Pferde untergebracht waren, und er das Licht einschaltete. Noch vor wenigen Stunden hatte hier reges Treiben geherrscht, von überall waren die aufgeregten Stimmen von Reitern, Trainern und Pferdepflegern erklungen. Jetzt war alles ruhig. Man hörte nur leises Schnauben, das Rascheln von Stroh und unsere Schritte, die viel zu laut durch den Raum hallten. Twister brummelte erfreut, als ich die Tür zu seiner Box öffnete. Neben ihm stieß auch Alaska ein leises Wiehern aus. Ich ging zu meinem Schecken, lehnte mich an ihn und vergrub meine Finger in seiner Mähne. Erst jetzt merkte ich, dass ich das nach einem Tag wie diesem gebraucht hatte. Twisters warmes Fell an meinem Gesicht und diesen Moment der Stille.

Doch er hielt nicht lange an, denn gleich darauf erklang Hufgetrappel auf dem Beton und keine Sekunde später steckte eine neugierige Skye den Kopf durch die halb geöffnete Tür. Theo hatte entschieden, sie nach Manchester mitzunehmen, um die sensible Stute ganz langsam wieder an das Turniergeschehen zu gewöhnen. Doch wie es aussah, war das gar nicht nötig. Trotz der ungewohnten Umgebung und der vielen fremden Pferde zeigte sie gerade keinerlei Anzeichen von Stress – im Gegenteil. Ihre Augen funkelten regelrecht. *Eine nächtliche Party? Ich bin dabei,* schien sie sagen zu wollen.

»Was hast du vor, Theo?«, fragte ich, als auch Alaska durch die provisorische Stallgasse trottete, ebenfalls ohne Halfter. Doch er sagte nichts, lehnte sich bloß an die Boxenwand und schob Twisters Tür komplett auf. Mit einem Kopfnicken gab er mir zu verstehen, dass wir ihm folgen sollten, und während ich noch überlegte, ob ich nicht doch lieber ein Halfter mitnehmen sollte, marschierte Twister bereits an mir vorbei nach draußen.

Also schön. Ich beeilte mich, ihm nachzulaufen. Ein letztes Mal drehte ich mich zu dem Halfter vor seiner Box um, aber dann beschloss ich, Theo zu vertrauen. Wenn es um Pferde ging, wusste er genau, was er tat, und wenn ich ehrlich war, glaubte ich auch nicht, dass Twister weglaufen würde. Bei Skye hatte ich schon eher Bedenken, doch die Stute überraschte mich mal wieder und blieb die ganze Zeit über dicht an Theos Seite. Immer noch war ich mir nicht ganz sicher, was er vorhatte, aber als wir den Abreiteplatz erreichten und Theo das Tor öffnete, dämmerte es mir. Er ließ seine Stuten hindurchlaufen und wartete, bis auch Twister und ich den Sand erreichten, dann schloss er das Tor wieder und setzte sich auf den Zaun. Ich kletterte neben ihn und gemeinsam beobachteten wir, wie die Pferde sich wälzten und anschließend schüttelten. Skye vollführte sogar ein paar Bocksprünge und trabte ein wenig am Zaun entlang. Alaska und Twister dagegen kamen zu uns und ließen sich kraulen.

Während der folgenden Minuten sprachen Theo und ich kein Wort miteinander. Ich wartete die ganze Zeit darauf, dass er noch einmal auf das Thema von vorhin zurückkam. Doch das tat er nicht. Er saß bloß da, streichelte seine Stute und schien ganz im Moment versunken.

Normalweise störte es mich nicht, wenn wir schwiegen. Stille fühlte sich mit Theo nicht unangenehm an und den Drang, zwanghaft ein Gespräch zu beginnen, gab es nicht. Es war genau wie mit den Pferden. Wir mussten keine Worte austauschen, um uns verbunden zu fühlen oder den anderen zu verstehen. Es geschah einfach. Aber jetzt gerade wünschte ich mir doch, etwas sagen zu können. Irgendetwas.

Unsicher schaute ich zu Theo und beobachtete, wie er mit den Fingern sanft durch Alaskas Mähne glitt und sich dann vorbeugte, um ihr etwas zuzuflüstern. Am liebsten hätte ich mich in diesem Moment einfach zu ihm herübergebeugt und ihn geküsst, ihm gesagt, wie viel er mir bedeutete. Genau so wie er war. Doch irgendetwas an Theo hielt mich davon ab, ich spürte ganz intuitiv, dass er etwas Abstand brauchte und noch nicht wieder bereit war, mich an seinen Gefühlen teilhaben zu lassen. Also blieb ich sitzen, ließ die Zeit an mir vorbeiziehen und zeichnete gedankenverloren einen von Twisters Fellwirbeln nach. Die Minuten verstrichen und irgendwann kam mir eine Idee und ich setzte mich einfach auf seinen Rücken.

Mein Schecke wandte den Kopf zu mir nach hinten und stupste mich mit den Nüstern an. Ich streichelte seine Nase, ließ mich nach vorne kippen, umarmte seinen Hals und kuschelte mein Gesicht an sein warmes Fell. Da lief Twister plötzlich los. Zuerst nur im Schritt, doch als er gleich darauf in einen langsamen Trab fiel, richtete ich mich schnell wieder auf.

»Hey du, nicht so stürmisch«, lachte ich leise und verlagerte mein Gewicht etwas zurück. Sofort wurde Twister langsamer, hielt an und drehte die Ohren zu mir nach hinten, als wartete er auf das nächste Kommando. Als nichts passierte, schaute er wieder zu mir und scharrte mit einem Vorderhuf im Sand. Es war irgendwie niedlich. »Sag bloß, die zwei Runden im Parcours heute waren dir zu wenig?«

Twister schnaubte und obwohl ich natürlich wusste, dass das keine Antwort war, passte es perfekt. Also gut. Warum nicht? Bisher war ich zwar noch nie völlig frei auf ihm geritten, aber inzwischen konnte ich ihn gut einschätzen. Und so brachte ich ihn mit dem sanften Druck meiner Beine dazu, wieder loszulaufen, dieses Mal nur im Schritt. Ein paar Mal hielt ich noch an, um ganz sicherzugehen, dass er mich wirklich verstand und sofort auf meine Kommandos reagierte, dann erlaubte ich ihm, schneller zu werden. Er zögerte nicht, trabte sofort los und schnaubte zufrieden. Ich passte mich seiner Bewegung an, ließ mich einfach von ihm mitnehmen und spürte, wie sich ein Teil der Anspannung, die sich im Laufe der letzten Stunden in mir festgesetzt hatte, endlich löste.

Erst als ich zum Zaun sah, merkte ich, dass Theo nicht mehr dort saß. Ich gab Twister das Zeichen zum Anhalten und schaute mich um. Es dauerte nicht lange, bis ich ihn entdeckte. Theo kam aus einer der Stallgassen heraus und hielt etwas in der Hand. Einen … Reithelm.

»Hier, setz den bitte auf.« Er kletterte durch den Zaun und reichte ihn mir. »Das ist sicherer.«

Ich tat ihm den Gefallen, auch wenn ich nicht glaubte, dass ich herunterfallen würde. Aber Theo hatte recht: Sicher war sicher.

»Wolltest du mir nicht auch noch zeigen, was du mit Skye geübt hast?«, fragte er und klang dabei wieder ganz normal – so als hätte er sich nicht gerade noch in sich zurückgezogen. Aber vielleicht hatte ich mir das auch nur eingebildet und zu viel in den Moment hineininterpretiert.

»Ja, allerdings.« Vorsichtig wagte ich ein Grinsen. »Aber nur, wenn dein innerer Pferdeflüsterer es aushält, dass sie sich mit mir mindestens genauso gut versteht wie mit dir. Wenn nicht sogar besser.«

Ein kleines Schmunzeln stahl sich auf seine Lippen. »Diesen Kratzer an meinem Ego werde ich liebend gern in Kauf nehmen.«

»Okay, na dann.« Ohne allzu große Erwartung, dass es funktionieren würde, stieß ich einen Pfiff aus. »Skye!«

Zwei Sekunden lang geschah nichts, dann erklang ein helles Wiehern und gleich darauf kam Theos Stute von der anderen Seite des Reitplatzes herangetrabt.

»Okay, jetzt bin ich schon ein bisschen beeindruckt«, sagte er und das ehrliche Lächeln auf seinen Lippen wirkte auf mich wie Sonnenlicht nach trüben Wintertagen.

»Ich kann es auch kaum glauben.«

Skye hatte zwar immer hoch konzentriert mitgearbeitet, wenn wir zusammen trainiert hatten, aber dass sie hier, abgelenkt von den vielen neuen Eindrücken, sofort auf mich reagierte? Das hatte ich nicht erwartet.

»Das war aber noch nicht alles, oder?« Theo setzte sich wieder auf den Zaun und betrachtete uns abwartend. »Noch reicht das nämlich nicht ansatzweise, um mein Selbstwertgefühl ins Wanken zu bringen.«

Das brachte mich zum Lachen und ich streichelte Skye über das Gesicht. »Ich glaube nicht, dass das so funktioniert. Ich habe mit ihr ausschließlich vom Boden aus geübt und hatte auch immer eine Gerte dabei, um meine Kommandos zu präzisieren.«

Theo zuckte mit den Schultern. »Na und? Versuch es doch einfach mal. Was hast du zu verlieren?«

»Da ist etwas dran«, gab ich zu und streckte probehalber meinen Arm zur Seite, als Zeichen, dass Skye sich neben mir aufstellen sollte. Sie zögerte kurz, aber dann platzierte sie sich zu meiner Überraschung zielstrebig an Twisters Seite.

»Gut gemacht«, lobte Theo. »Und jetzt reite los.«

Das war schwerer als gedacht, denn kaum, dass Twister antrabte, schoss die zierliche Stute nach vorne, schüttelte übermütig den Kopf und wollte ihre Energie rauslassen. Ich brauchte mehrere Anläufe, bis sie bei mir blieb, nicht mehr überholte und zeitgleich mit Twister anhielt. Doch dann hatten wir den Bogen raus und es gelang mir sogar, beide Pferde auf einen Kreis und anschließend eine liegende Acht entlang zu dirigieren.

Theo klatschte und angesteckt von seiner Anerkennung, gab ich Skye mit einem Handzeichen zu verstehen, dass sie im Kreis um Twister herumlaufen sollte. Auch dieses Kommando kannte sie bisher nur vom Boden, doch Skye verstand mich trotzdem – allerdings war sie wieder zu übermütig, galoppierte direkt an und stürmte davon.

»Hey, Wildfang, komm wieder her!«, rief ich ihr nach und staunte, als sie wirklich abwendete und zurückkam. Beim nächsten Versuch funktionierte es schon besser und nach ein paar weiteren Anläufen gelang es mir tatsächlich, sie um Twister herumzirkeln zu lassen.

»Okay, du hast es geschafft!« Theo lachte und deutete eine Verbeugung an. »Das kratzt jetzt doch an meinem Ego.«

Diese Reaktion entlockte mir ein breites Grinsen. Ich ließ mich von Twisters Rücken heruntergleiten und lobte ihn und Skye ausgiebig. Aber als ich sie entlassen und mich wieder zu Theo auf den Zaun setzen wollte, wichen sie mir nicht von der Seite und verfolgten mich auf Schritt und Tritt. Also überlegte ich es mir anders, beschleunigte meine Schritte und rannte los. Skye war sofort Feuer und Flamme. Zusammen jagten wir über den Sand, wirbelten herum und starteten von Neuem, bis ich irgendwann nicht mehr konnte und die beiden Pferde auf einen Kreis um mich herumlenkte, Twister innen, die übermütige Skye außen. Aus dem Augenwinkel sah ich, dass Theo sich mit Alaska zu uns gesellte, und für einen Moment war es, als würden wir fünf zusammen tanzen. Die Welt um mich herum wurde immer kleiner, bis es nur noch uns gab.

Theo und mich. Twister, Skye und Alaska. Ein ganz persönlicher Glücksmoment.

Doch plötzlich veränderte sich etwas – die Energie im Raum. Ich konnte es gar nicht anders beschreiben. Es fühlte sich an, als würde die Blase, in der wir uns befanden, mit einem Mal zerplatzen. Es war wie eine Vorahnung, ein leichtes Ziehen ganz tief in mir drin. Zuerst verstand ich nicht, woher es kam. Doch dann bemerkte ich, dass Theo stehen geblieben war und zu mir herüberschaute. Nur dass er keine Begeisterung mehr ausstrahlte wie noch vor wenigen Minuten. Stattdessen lag nun etwas Sehnsüchtiges, fast Trauriges in seinem Blick. Prompt krachte mein leichtes, schwebendes Herz zurück in meine Brust.

»Was ist?«, fragte ich und wollte zu ihm gehen. Doch Theo war schneller. Er kam zu mir und bevor ich noch etwas sagen konnte, vergrub er eine Hand in meinen Haaren, schlang die andere um meinen Rücken und küsste mich heftig. Ich keuchte auf. Vor Überraschung, aber auch weil mir augenblicklich die Knie weich wurden. Dieser Kuss war anders als unsere bisherigen: roh, fast verzweifelt und gleichzeitig unendlich elektrisierend. Der feste Druck seiner Hände, seine Zunge in meinem Mund, die Art und Weise, wie er seine Finger in meinem Zopf vergrub – das alles brachte mich innerhalb von Sekunden zum Glühen.

»Whoa, wofür war das denn?«, flüsterte ich leicht atemlos, als Theo sich wieder von mir löste. Er antwortete nicht sofort, legte einfach nur beide Hände um mein Gesicht und betrachtete mich wie ein Gemälde, von dem er sich jedes Detail einprägen wollte. Dann senkte er den Kopf und drückte seine Stirn sanft an meine. So standen wir regungslos da. Sekunden, vielleicht Minuten. Ich wusste es nicht.

»Wenn ich dich so mit den Pferden sehe, dann ...«, brachte

er schließlich hervor. »Dann denke ich, dass du das Beste bist, was mir seit Langem passiert ist. Du bist smart und mutig und … so natürlich. Einfach du selbst.«

Ich spürte seinen Atem auf meiner Haut und in der Stille meinte ich zu hören, wie mein Herz einen kleinen Hüpfer machte. Wie von selbst verzogen sich meine Lippen zu einem Lächeln.

»Theo Vanderton, ich glaube, das ist mit Abstand das Süßeste, was du jemals zu mir gesagt hast. Bist du etwa doch ein Romantiker?« Ich lachte leise und wartete darauf, dass er einstimmte und mir sagte, dass ich mich ja nicht daran gewöhnen sollte. Doch er stand nur da und sah mich wieder auf diese merkwürdige Art an, die mich verstummen ließ.

»Manchmal denke ich, ich habe dich nicht verdient.« Seine Stimme war kaum mehr als ein Flüstern, dennoch kam es mir so vor, als würde jedes einzelne Wort in meinen Ohren dröhnen. Und da wurde mir klar: Das war kein Spaß, kein Necken. Er meinte es völlig ernst. Ich öffnete den Mund, um etwas zu sagen – dass das Blödsinn war und dass er so etwas nicht denken sollte –, aber da fuhr Theo bereits fort. »Louisa, du bedeutest mir so unendlich viel, mehr als du dir vorstellen kannst«, sagte er, doch anstatt mich mit Wärme zu erfüllen, ließen seine Worte mich innerlich erstarren. »Nur manchmal, da … habe ich Angst, dass du mich nicht mehr magst, wenn du mich besser kennenlernst.« Theo schluckte und ich hatte keine Ahnung, worauf er hinauswollte oder wie dieser Abend, dieses Gespräch und unsere Beziehung es geschafft hatten, in den letzten Minuten eine derartige Wendung hinzulegen. Ich wusste nur, dass es mir Angst machte, wie ernst er plötzlich war.

»Wie … kommst du denn darauf?«, fragte ich heiser, woraufhin Theo mich losließ und über seine Jacke strich.

Es dauerte eine ganze Weile, bis er weitersprach. »Vorhin, als wir über Bellamy geredet haben und über Menschen in Machtpositionen – darüber, dass du mich gar nicht richtig kennst …« *Also doch!* Meine Wahrnehmung hatte mich nicht getäuscht. Das Thema beschäftigte ihn immer noch.

»Ich glaube, du hast mich falsch verstanden. Ich wollte damit doch nur sagen, dass es …«

»Lass mich ausreden, bitte«, unterbrach er mich bestimmt und fuhr sich durch die Haare – seine typische Geste. Dann schaute er an mir vorbei zu den Pferden und nahm sich noch einmal einige Sekunden Zeit. »Die Sache ist die, dass … dass es stimmt. Du kennst mich wirklich nicht, nicht … alles von mir.«

Ich kam mir vor wie im falschen Film. Wie in einer Blase, in der ich meinen eigenen rasenden Puls unnatürlich laut und alles andere nur gedämpft hören konnte.

»Was? Aber …«

»Ich will damit sagen, dass ich … kein … guter Mensch bin, Louisa.« Nun schaute Theo mir wieder direkt in die Augen. Er holte tief Luft, bevor er weiterredete. »Du weißt nicht, was ich getan habe.«

20

Ich hörte Theos Worte zwar, verstand aber nicht, was er damit meinte. Das ergab keinen Sinn. Warum sollte er ein schlechter Mensch sein? Wie kam er denn überhaupt darauf?

»Das musst du mir erklären«, murmelte ich und Theo schaute fragend Richtung Zaun. Ich nickte und meine Beine fühlten sich ungewohnt steif an, als ich ihm folgte und mich wieder neben ihn setzte. Auf einmal fröstelte ich, trotz meiner dicken Jacke.

»Das, was du auf dem Weg hierher gesagt hast, hat mich … beschäftigt.« Theo knirschte mit den Zähnen. »Nicht weil ich mich dadurch angegriffen oder beleidigt gefühlt habe, sondern weil … erschreckend viel Wahrheit darin lag.« Er lächelte traurig und ich öffnete den Mund, um etwas zu erwidern. Doch da hob Theo die Hand, eine stille Bitte, ihm die Zeit zu geben, seine Gefühle in Worte zu fassen.

»Es ist mir selbst gar nicht so bewusst gewesen, aber jetzt, wo ich darüber nachgedacht habe, glaube ich, du könntest recht haben. Vielleicht gibt es wirklich mehrere Versionen von mir. Die, die ich im Kern bin und die ich bei dir sein kann, aber auch die, die in New York bestehen und die Familie vertreten muss. Und dann gibt es noch die Version, die ich … vor etwa einem Jahr war. In Haverton House.« Er verzog das Gesicht. »Als ich an die Academy gekommen bin, war ich anders als jetzt. Und Haverton House … Haverton House hat mir nicht gutgetan.« Theo hielt inne, weil Skye zu uns herantrat und sich neben ihn stellte, so als wollte sie es ihm leichter machen, sich mir anzuvertrauen, indem sie einfach da war. Er streichelte seiner Stute gedankenverloren über den Schopf, dann fuhr er fort: »Weißt du, ich wollte nie ein Mensch sein, der sich über andere stellt oder raushängen lässt, dass er sich alles leisten kann. Dass er keinen Finger krümmen muss und trotzdem alles haben kann. Mir war es wichtig, etwas aus meinem Leben zu machen, und vor allem wollte ich es aus eigener Kraft heraus schaffen. So wie meine Mum. Oder mein Grandpa, der sein Unternehmen ganz allein aufgebaut hat – am Anfang von seinem Studentenzimmer aus.« Bei diesen Worten schwang Stolz in Theos Stimme mit, aber auch Wehmut. »In Haverton House hab ich diese Prinzipien allerdings schnell vergessen. Das war nicht schwer, ich meine … du weißt, wie das läuft. Jedes Wochenende Partys, teilweise auch unter der Woche. Die Havertons haben einfach ein ziemlich extremes Maß für Entertainment. Vor einem Jahr war das sogar noch heftiger als jetzt. Es gab ständig irgendwelche Spiele oder andere abgedrehte Aktionen. Ich erinnere mich sogar an einen Tag, an dem Eden ganz plötzlich ein Schloss in Schottland gemietet hat, weil dort eine seiner Lieblingsserien gedreht wurde und er unbedingt eine Live-Experience wollte. Als wir dort angekommen sind, hatte sein Team wirklich alles exakt so hergerichtet wie am Set. Inklusive einer Nachbildung eines Throns, von dem er dann gar nicht mehr aufstehen wollte. Ich meine, kannst du dir das vorstellen?«

Ja, was Eden betraf, konnte ich mir inzwischen so ziemlich alles vorstellen. Ich verstand bloß immer noch nicht, worauf Theo hinauswollte und warum er dachte, ein schlechter Mensch zu sein.

Du weißt nicht, was ich getan habe.

»Dieses Umfeld hat mich verändert«, sagte er da und streichelte Skye über den Hals, ehe er seinen Kopf wieder zu mir drehte. »Versteh das nicht falsch, ich will niemandem die Schuld geben. Menschen oder auch Umstände können einen nur so weit beeinflussen, wie man es zulässt, und ich trage die Verantwortung dafür, wie und wer ich damals war. Ich hatte mich dafür entschieden und ich habe die Zeit ehrlich gesagt auch irgendwie genossen. Nur ... rückblickend mag ich den Menschen, der ich gewesen bin, nicht sonderlich. Ich war ... arrogant und unfreundlich. Viel zu laut und ständig auf der Suche nach neuen Reizen. Plötzlich war nichts mehr gut genug. Die Partys wurden immer größer, meine Freundschaften immer oberflächlicher, ebenso wie die Gespräche. Ich war umgeben von Menschen und trotzdem allein.«

»Bist du deswegen ausgezogen?«, fragte ich. »Weil du erkannt hast, dass dich all das nicht glücklich macht?«

Theo schüttelte den Kopf. »Nein, das war ...« Er zögerte und senkte den Blick. »Das war wegen Annie.«

Annie. Da war er wieder, dieser Name, der mich seit der Party des Masters verfolgte.

»Was war mit ihr?«, hakte ich nach und Theo nestelte an den Knöpfen seines Mantels herum. Er antwortete mir nicht sofort, aber ich konnte spüren, wie es in ihm arbeitete.

»Du weißt ja, dass sie verschwunden ist. Nach dem Gründerball ... und ich ... war mit ihr zusammen dort.«

Daran erinnerte ich mich. Theo hatte mir bereits von jenem Abend erzählt, nachdem Atlas in Chalwood Estate sein wahres Gesicht gezeigt und ihm vorgeworfen hatte, an Annies Verschwinden schuld zu sein.

»Damals habe ich gedacht, es wäre eine gute Idee, sie zu begleiten. Einfach um ihr zu zeigen, dass wir immer noch Freunde waren und ich mich nicht von ihr abwenden wollte, nur weil ich ihre Gefühle nicht erwiderte. Ich wollte nicht, dass sie wieder den Halt verlor und völlig abstürzte.«

»Wie meinst du das?«

Theo seufzte. Er machte eine fahrige Handbewegung, hielt jedoch inne, als Skye ihn anstupste und ihre Nüstern an sein Bein drückte.

»Annie war ... kompliziert. An einem Tag konnte man sie gar nicht bremsen, weil sie nur so vor Energie und neuen Ideen sprudelte. An anderen Tagen war sie sehr in sich gekehrt, leicht reizbar und abwesend. Irgendwie ... in Dunkelheit gehüllt. Ein vollkommen anderer Mensch. Nachdem ich das Gespräch mit ihr gesucht und ihr gesagt hatte, dass aus uns nichts werden würde, hatte ich Angst, dass ... Ich hatte Angst, dass sie sich etwas antut.«

Theos Lippen waren jetzt nur noch eine schmale Linie, er stieß die Luft aus. Ich sah ihm an, wie viel Kraft ihn diese Worte gekostet hatten, und ahnte erst in diesem Moment richtig, wie verzweifelt und zerrissen er sich damals gefühlt haben musste. Vorsichtig legte ich meine Hand über seine und verschränkte unsere Finger.

»Ich dachte, wenn ich ihr zeigen würde, dass ich immer noch für sie da war, als Freund, würde sie besser damit klarkommen, dass wir kein Paar sein konnten.« Er atmete lange aus und strich sich mit der freien Hand über den Hals. »Heute weiß ich, dass das ein Fehler war.«

»Warum?«

»Weil ich ihr damit, dass wir zusammen zu diesem dämlichen Ball gegangen sind, wahrscheinlich irgendwie doch Hoffnungen gemacht habe. Keine Ahnung, ob es anders gekommen wäre, wenn ich nicht ...« Er brach abrupt ab und schüttelte den Kopf. Dann sagte er: »Ich hätte wohl besser klar eine Grenze ziehen müssen. Aber ich wollte sie nicht alleinlassen. Nach dem Unfall ihres Bruders hatte sie es nicht leicht und Annies Familie … Nun, sagen wir mal, die wünscht man niemandem. Während unserer Zeit in Haverton House haben ihre Eltern sie nur einmal besucht, aber da hat ihr Vater selbst mich eingeschüchtert. Er hatte etwas an sich … eine Mischung aus unterdrückter Aggression und absoluter Selbstgefälligkeit, die einen ganz automatisch auf Abstand gehalten hat. So etwas habe ich noch nie zuvor erlebt und glaub mir, ich kenne viele unangenehme Menschen. Aber Mr Lawrence … war noch einmal eine ganz andere Liga. Annie hat auch nie über ihn gesprochen. Nur über Finley, ihren Bruder, über die Hausangestellten oder ihre Hunde. Aber niemals über ihre Eltern.« Theo zuckte mit den Schultern. »Na ja, ist … jetzt ja auch nicht so wichtig.«

»Doch, natürlich ist es das.«

Ich konnte zwar immer noch nicht genau sagen, wie das alles mit dem zusammenhängen sollte, was er seiner Meinung nach getan hatte. Aber jetzt gerade war es mir erst einmal wichtig, ihm einfach zuzuhören.

»Was ich sagen wollte, ist …« Theo sah mich an, dann wieder zu Skye und schließlich auf den sandigen Boden. »Dass ich ausgezogen bin, weil ich es nach Annies Verschwinden nicht mehr in Haverton House ausgehalten habe. Mit Ausnahme von Atlas sind alle relativ schnell wieder zur Normalität übergegangen und das hat mich wütend gemacht. Ich konnte nicht nachvollziehen, wie sie feiern konnten, obwohl niemand wusste, wo Annie war und ob es ihr gut ging. Und Atlas … na ja, er hat mich gehasst und mich mit jedem Atemzug wissen lassen, dass er mir die Schuld an ihrem Verschwinden gab. Und weißt du, was das Schlimmste ist?« Erneut schaute er hoch und der Schmerz, der sich in seinem Blick spiegelte, sorgte dafür, dass ich mich ihm am liebsten in die Arme schmeißen wollte. Doch ich blieb sitzen, zwang mich, ihm seinen Raum zu geben, und wartete ab, was als Nächstes geschah.

»Ich denke, er hatte recht.«

»Was? Aber das stimmt doch nicht!« Jetzt konnte ich mich nicht mehr beherrschen, glitt vom Zaun und stellte mich direkt vor Theo. »Wie solltest du denn etwas damit zu tun haben? Du warst nicht in Annie verliebt und du musstest ihr das sagen. Alles andere wäre unfair ihr gegenüber gewesen und hätte es nur noch schlimmer für sie gemacht. Außerdem verschwindet man auch nicht einfach so spurlos, nur weil man einen Korb bekommt.«

Theo schwieg, er schien mit sich zu ringen, ob er die Tür zu seinem Inneren noch ein wenig weiter öffnen konnte oder ob er sie stattdessen wieder fest verschließen sollte. Schließlich stand er ebenfalls auf und sagte: »Es geht nicht nur um den Korb, sondern auch um den Gründerball und das … was an diesem Abend passiert ist.«

»Aber …« Ich runzelte die Stirn. »Du hast mir doch erzählt, dass du dich gar nicht richtig daran erinnern kannst.«

»Das ist ja das Problem. Ich weiß nicht genau, was vorgefallen ist. Ich erinnere mich ja nicht einmal an den Streit mit Annie, davon haben mir hinterher die anderen erzählt. Für mich ist dieser ganze verfluchte Abend nichts als ein schwarzes Loch.« Theos Stimme wurde kratzig. »Nichts als winzige Erinnerungsfetzen, die immer mal wieder hochkommen.«

Das war es also. Annie. Ihr Verschwinden. Der Grund, warum Theo sich für einen schlechten Menschen hielt. Nur dass er gar nichts falsch gemacht hatte und sich die Schuld für etwas gab, das er nicht hatte beeinflussen können.

»Theo, es ist nicht deine Schuld«, sagte ich und sah ihn fest an. »Was auch immer mit Annie geschehen ist, du kannst nichts dafür.«

»Ich war echt ein ziemlicher Idiot zu dieser Zeit. Ich bin …« Abermals schluckte er und befeuchtete seine Lippen, ehe er weitersprach. »Ich bin immer mehr geworden wie … mein Vater.«

Als er das sagte, seine Augen voller Verachtung, wusste ich sofort, dass er nicht über Anthony sprach – seinen Dad –, sondern über seinen biologischen Vater, über den er für gewöhnlich kein Wort verlor.

»Das ist das Einzige, was ich niemals wollte«, murmelte er. »Meine größte Angst. Aber wie es aussieht, liegen manche Eigenschaften eben doch in den Genen und man kann sich nicht dagegen wehren, egal wie sehr man es versucht.«

»Theo, ich kenne diesen Mann nicht und ich weiß nicht, was er getan hat, aber du bist nicht wie er.«

»Das kannst du nicht wissen. Louisa, ich habe …«

»Doch, das weiß ich«, unterbrach ich ihn, weil ich nicht wollte, dass er sich weiter in seine destruktiven Gedanken hineinsteigerte. »Ich erkenne es daran, wie du mit deinen Freunden umgehst und mit deinen Pferden. Sieh dir nur Skye an, wie großartig sie sich in der kurzen Zeit, die sie bei dir ist, entwickelt hat. Du hast ihr Leben verändert. Und Bellamys. Und … meins auch.« Ich machte eine Pause, um Luft zu holen, aber auch um meine Worte wirken zu lassen. »Als ich vorhin über die Party in Haverton House gesprochen habe, wollte ich eigentlich nur sagen, dass es für mich immer noch komplett verrückt ist, jetzt an der Highclare und Teil des Ruby Circles zu sein, und dass ich hin und wieder vergesse, dass das auch die Welt ist, in der du groß geworden bist und die für dich völlig normal ist. Es tut mir leid, dass ich das so blöd ausgedrückt habe. Ich wollte dich damit weder verletzen noch dir das Gefühl geben, dass etwas mit dir nicht stimmt. Ich will dich nämlich genau so, wie du bist.«

Theo betrachtete mich regungslos und jetzt wieder völlig verschlossen, sodass ich nur ahnen konnte, dass gerade ein Strom aus Gedanken durch ihn hindurchrauschte. Ein reißender Fluss aus Zweifeln und Bildern, die ihm nicht erlaubten, mir zu glauben.

Also anders! Kurz entschlossen stellte ich mich auf die Zehenspitzen, legte meine Arme um seinen Nacken und küsste ihn – ganz zärtlich und langsam. Dabei versuchte ich, all das in den Kuss zu legen, was ich für ihn empfand. All meine Liebe und Dankbarkeit dafür, dass er mein Freund war. Einer der besten und wunderbarsten Menschen, die ich kannte. Das hatte er erst heute wieder bewiesen. Und vielleicht war ihm das selbst nur nicht bewusst, weil er sein Verhalten und seine Einstellung als selbstverständlich ansah. Aber für mich war es das nicht.

»Ich liebe dich«, flüsterte ich und dieses Mal konnte ich in seinem Gesicht sehen, dass meine Worte ihn erreichten. Sein Mund öffnete sich leicht, er blinzelte. Es war das erste Mal, dass ich diese drei Worte zu ihm sagte, und die unzähligen Emotionen, die sich augenblicklich auf seinen Zügen spiegelten und sie weich werden ließen, brachten mein Herz zum Flattern.

»Sag das noch mal«, flüsterte er und ich lächelte.

»Ich liebe dich, Theo Vanderton. Und zwar alles an dir.«

Einen Moment blieb er wie erstarrt, als würde er jedes meiner Worte noch einmal innerlich wiederholen. Dann beugte er sich zu mir herunter und als unsere Lippen sich dieses Mal trafen, inniger als zuvor und so leidenschaftlich, dass ich es in meinem ganzen Körper spürte, wusste ich, dass ich seine Mauern durchdrungen hatte. Dieser Kuss ging tiefer, er fühlte sich an, als würden wir dem anderen ein Stück von uns selbst schenken, und schmeckte nach allem, was wir bisher zurückgehalten hatten. Nach ungesagten Worten, nach verborgenen Wünschen.

Nach so viel mehr.

21

Aus der Bar drangen Stimmen und Musik herüber, aber der Korridor war leer, als wir uns, immer noch küssend, vom Haupteingang des Hotels zum Aufzug vorarbeiteten.

Theo wählte den Knopf für die achte Etage. Dann schlossen sich die Türen und ich öffnete den Reißverschluss seiner Jacke und zog ihn wieder zu mir heran, bis er mich mit seinem Gewicht leicht gegen den Spiegel presste und mir so ein leises Stöhnen entlockte.

»Shhht.« Theo grinste, erstickte es mit einem weiteren Kuss und griff dann nach meiner Hand, um sie unter seinem Pullover hervorzuziehen. Doch kaum, dass wir in seinem Hotelzimmer ankamen und die Tür hinter uns geschlossen hatten, gab er seine Zurückhaltung auf und keine Sekunde später fand ich mich mit dem Rücken an der Wand wieder, sein Körper so dicht an meinem, dass ich jeden seiner Muskeln durch den Stoff unserer Pullover spüren konnte. Eigentlich hatte ich vorgehabt, *ihn* um den Verstand zu bringen, damit er sich nicht länger mit Schuldfragen beschäftigte, sondern sich daran erinnerte, wie viel er mir bedeutete. Dass es mich nicht interessierte, wer er in Haverton House gewesen war, weil ich ihn *jetzt* kennengelernt und mich in den Theo aus Sir Archer Remington verliebt hatte. Doch wie es aussah, war das gar nicht mehr nötig, denn Theo hatte den Spieß kurzerhand umgedreht. Und nun war ich es, die nach Luft schnappte und das Gefühl hatte, meine Knie könnten jeden Moment nachgeben.

Theo lächelte, als wüsste er genau, was er gerade mit mir

anstellte. Er küsste mich noch einmal, dann hob er mich kurzerhand hoch und trug mich zum Bett, wo er mich auf den Rücken legte, sich behutsam auf mich sinken ließ und mit der Hand über meinen Haaransatz strich. Ich schloss die Augen, während er die Konturen meines Gesichts nachzeichnete. Meine Wangenknochen, die Augenbrauen, den Schwung meiner Lippen. Dann fand sein Mund wieder meinen und seine Hände wanderten unter meinen Pullover, an meiner Taille entlang und weiter nach oben bis zu meinen Brüsten. Ich seufzte und gab mich ganz der Berührung hin, dem sanften Kitzeln seiner Fingerspitzen, dem warmen Druck seiner Handflächen. Es fühlte sich gut an. Unbeschreiblich gut. Ich schlang die Beine um Theos Hüften, tastete meinerseits nach dem Bund seines Shirts und zerrte es nach oben über seinen Rücken.

»Hey, nicht so schnell«, murmelte er, ließ aber bereitwillig zu, dass ich es ihm über den Kopf streifte und gleich darauf seinen Gürtel öffnete. Doch er zog seine Hose nicht aus und als ich abermals ungeduldig wurde, griff er nach meinen Handgelenken und führte sie über meinen Kopf, wo er sie in die Kissen drückte.

»Wir haben alle Zeit der Welt«, raunte er mir ins Ohr. »Und glaub mir, die werde ich mir auch nehmen.« Der Klang seiner Stimme war so dunkel, so unglaublich sexy, dass er damit Nervenenden in mir zum Flirren brachte, von denen ich nicht einmal gewusst hatte, dass sie existierten.

»Du willst mich foltern«, protestierte ich und er antwortete mit einem Lächeln.

»Allerdings, und es wird mir ein Vergnügen sein.«

Wie um es mir zu beweisen, stemmte Theo sich leicht hoch, strich quälend langsam an der Innenseite meiner Oberschenkel entlang und berührte dabei fast beiläufig meine Mitte. Ein einziges Mal, aber es genügte, um mich aufkeuchen zu lassen. Mit einem zufriedenen Ausdruck im Gesicht glitt Theo wieder auf mich, strich mir die Haare aus dem Gesicht und küsste mich: zuerst meine Lippen, dann meine Handinnenflächen und schließlich meinen Hals und mein Dekolleté. Als er endlich so weit war, mir meine Hose und den Pullover auszuziehen, war ich bereits so von Hitze erfüllt, dass ich glaubte, jeden Moment zu zerfließen. Einzig der Gedanke an meine schlichte Baumwollunterwäsche kühlte mich schlagartig etwas ab. Ich hatte den zartrosa BH und den schwarzen Slip heute Morgen ausgewählt, weil sie praktisch fürs Turnier waren. Aber jetzt wünschte ich doch, ich hätte irgendetwas angezogen, das wenigstens im Ansatz das Wort *sexy* verdiente.

Theo schien es jedoch gar nicht zu kümmern, was ich anhatte, denn als er mich weiterküsste und sich dabei an mich drückte, konnte ich deutlich spüren, wie sehr er mich wollte. Viel zu schnell ließ er mich wieder los und setzte sich auf. Ich streckte meine Hände nach ihm aus, wollte ihn zurückziehen, aber Theo schüttelte den Kopf und gab mir mit einem Nicken zu verstehen, dass ich sie wieder auf das Kissen legen sollte. Wie eine Feder ließ er seinen Blick über meinen Körper gleiten und Gänsehaut floss über meine Arme und weiter an mir herunter. Er schaute mich an, als sähe er mich zum ersten Mal, und obwohl ich es noch nicht war, fühlte ich mich plötzlich nackt. Für eine Sekunde überkam mich der Drang, die Decke über mich zu ziehen, aber dann bemerkte ich das Funkeln in seinen Augen.

Theo betrachtete mich, als wäre ich ein Kunstwerk. Das schönste, das er jemals gesehen hatte. Trotz all der Stellen an meinem Körper, die ich selbst oft viel zu kritisch bewertete. Meine Brüste, von denen ich mir manchmal wünschte, sie wären etwas größer, meine Taille, die mir zu gerade und zu wenig schmal erschien, und die Narbe an meiner Schulter, die von einem Reitunfall stammte.

»Du bist umwerfend«, flüsterte er und verteilte eine Spur Küsse auf meiner Haut, als hätte er meine Gedanken gehört. Als wollte er mich davon überzeugen, dass ich mit meiner Selbsteinschätzung völlig falschlag und dass für ihn jeder Zentimeter von mir absolut perfekt war. Ganz langsam tasteten sich Theos Lippen von meinem Hals abwärts, bis er an meinem BH hängen blieb und den Kopf hob. Mit dem Daumen streichelte er an einem der Träger entlang und schob ihn mir von der Schulter.

»Darf ich?«, fragte er heiser. Ich nickte, ohne zu zögern, und stützte mich auf die Ellenbogen, damit er besser an den Verschluss herankam. Theo öffnete ihn, zog mich aus und ließ den BH vom Bett auf den Boden fallen. Dann war er wieder über mir. Er betrachtete mich aus seinen kristallblauen Augen und einen aufgeregten Herzschlag lang glaubte ich, die braunen Sprenkel darin, die ich so sehr liebte, würden zu tanzen beginnen. Bei jedem anderen wäre mir dieser Moment wohl unangenehm gewesen und ich hätte mich verletzlich gefühlt. Aber mit Theo war alles anders. Die Art und Weise, wie er mich ansah, erfüllte mich mit Wärme. Jede Berührung von ihm versprach Geborgenheit. Ich vertraute ihm, wusste, dass er jederzeit aufhören würde, wenn ich ihn darum bat, und nie etwas tun würde, das mir unangenehm war. Dass er …

Himmel! Meine Gedanken brachen ab, als Theo sich abermals neben mir abstützte und seinen Kopf langsam herabsinken ließ, bis sein Mund kurz über meiner linken Brust verharrte.

»Darf ich dich küssen?«

Gott, ja! Statt einer Antwort wölbte ich mich ihm entgegen und Theo verstand und umschloss mich mit seinen Lippen.

Ich ließ den Kopf nach hinten sinken und mir entwich ein kehliger Laut, der so gar nicht nach mir klang. Doch Theo lächelte mich nur an und die Flammen in seinen Augen züngelten noch ein wenig höher.

»Und hier?«, fragte er und zeichnete mit dem Finger eine Linie auf die andere Seite. »Darf ich dich hier auch küssen?«

Ich nickte, unfähig etwas zu sagen. Zu überwältigend war es, wie seine Zunge mich umkreiste. Hitze sammelte sich in meinem Bauch und das leichte Ziehen in meiner Mitte verstärkte sich noch, als Theo sich über meine Rippen und an meinem Bauchnabel vorbei weiter abwärtstastete.

»Wie ist es hier?«, wollte er wissen und bei dem Gedanken daran, was er vorhatte, durchlief mich ein Schauer.

»Da auch«, wisperte ich und zwang mich weiterzuatmen, als er sich immer weiter dem Bund meines Slips näherte.

»Und hier?«

»Hör auf zu fragen.«

»Aber …«

»Theo Vanderton, du darfst mich überall küssen.«

»Überall?« Ein Finger in meinen Slip gehakt, schaute er zu mir nach oben und ich nickte ungeduldig.

»Überall.«

Theo atmete scharf ein, dann zog er den Stoff ein wenig nach unten und streichelte über die empfindliche Haut an meiner Leiste. Ich seufzte, streckte meine Hand aus und vergrub die Finger in seinen Haaren, bewunderte das Spiel seiner Muskeln im schwachen Schein der Nachttischlampe. Ob er sich darüber bewusst war, wie unglaublich schön er war? Seine trainierten Schultern, die definierten Arme, seine verwuschelten dunklen Haare, die ihn leicht verwegen und wahnsinnig sexy aussehen ließen. Aber auch die Ruhe und Vertrautheit, die er ausstrahlte, und durch die er diesen Moment für mich zu meinem ganz persönlichen Safe Space werden ließ.

Ich dachte an das, was er vorhin zu mir auf dem Paddock gesagt hatte – dass er sich selbst für einen schlechten Menschen hielt –, und einem Impuls folgend, hob ich den Kopf.

»Theo, warte noch«, sagte ich heiser und setzte mich auf. Sofort hielt er inne und sah mich fragend an, bereit, sich zurückzuziehen, wenn ich es wollte. Aber ich hielt ihn fest, setzte mich rittlings auf seinen Schoß und drückte ihn sanft nach hinten in die Laken. Überrascht schaute er mich an, sagte aber nichts, als ich mich meinerseits über ihn beugte und ihn küsste.

»Ich liebe dich«, hauchte ich und Theo schloss die Arme um mich. Einen Moment lang lagen wir so da, eng miteinander verschlungen, bis ich anfing, ihm durch die Haare zu streicheln und meine Küsse auf seinem Gesicht zu verteilen – auf seinen Wangen, seiner Stirn, seinen Augenlidern. Ich ließ nichts aus, denn ich liebte alles an ihm und ich wollte, dass er das verstand. Dass er sich ebenso fühlte wie ich mich. So unendlich wertgeschätzt und gewollt. So geliebt.

»Du riechst so gut«, murmelte ich leise, als ich langsam an seinem Hals hinabglitt, und Theo schmunzelte.

»Wie rieche ich denn?«

Kurz überlegte ich, dann küsste ich ihn wieder, zog mit meinen Lippen eine feine Spur über seine Brust und die Bauchmuskeln. »Kann ich gar nicht genau sagen. Aber es ist mein Lieblingsduft.«

Er lächelte und ganz langsam ließ ich meine Finger weiter nach unten wandern, bis zu seiner Hose. Dieses Mal hielt Theo mich nicht auf, als ich an den Knöpfen herumnestelte und ihm die Hose von den Hüften streifte. Er half mir und schließlich landete sie samt unseren Socken auf dem Boden.

Eine Sekunde lang war ich unsicher, wie ich weitermachen sollte. Ich hatte, was das hier betraf, absolut keine Erfahrung, all mein Wissen stammte aus Filmen oder Büchern.

Doch da zog Theo mich bereits wieder zu sich herunter und küsste mich so heftig, dass mir schwindelig wurde, streichelte an meiner Wirbelsäule entlang und umfasste meinen Po. Unsere Körper rieben aneinander und das stetig wachsende Gefühl, immer noch nicht genug von ihm zu bekommen, machte mich mutiger. Ich ließ meine Hand zwischen uns gleiten, berührte ihn durch den Stoff seiner Boxershorts und spürte, wie er augenblicklich darauf reagierte. Theo sog die Luft ein, hielt sie in seinen Lungen fest und schloss kurz die Augen. Unweigerlich musste ich an das letzte Mal denken, als ich mich so weit vorgewagt hatte, und die Erinnerung daran, wie es geendet hatte, ließ mich stoppen.

»Ist das … okay?«, flüsterte ich atemlos und Theo nickte.

»Du weißt, dass ich das … nicht von dir erwarte, oder?«, antwortete er und schluckte, jeder Muskel seines Körpers wirkte plötzlich angespannt. Sein Blick flehte mich an, jetzt nicht aufzuhören, doch gleichzeitig wusste ich, dass es absolut okay war, falls ich es tat.

»Ich möchte es aber gerne«, raunte ich ihm ins Ohr, was Theo ein leises Stöhnen entlockte. Es rollte als Gänsehaut über meinen Rücken und ich spürte es tief in mir drinnen.

»Dann ist es … sogar ziemlich okay.« Sein leicht gequälter Tonfall brachte mich zum Lächeln. Ich fing wieder an, ihn zu berühren, und es gefiel mir, wie er die Lippen zusammenpresste, nur um sie gleich wieder zu öffnen.

»Fuck, Louisa, das ist …« Der tiefe Klang seiner Stimme fachte meine eigene Lust noch weiter an und ich wurde mutiger.

»Ist das so … schön für dich?«, fragte ich und biss mir auf

die Unterlippe. »Ich habe das noch nie gemacht. Das ist … mein erstes Mal.«

»Meins auch«, sagte er leise und ich war kurz davor, beide Augenbrauen zu heben. Doch da fügte er hinzu: »Das erste Mal mit einem Mädchen, das mir wirklich etwas bedeutet. Das mir *alles* bedeutet.«

Seine Worte rauschten durch mich hindurch, klangen in mir nach und brachten jede meiner Zellen zum Vibrieren. Noch nie zuvor hatte ich mich so wertvoll gefühlt, so begehrt.

»Und ich habe mir schon Sorgen gemacht, weil ich dachte, dass du … *das hier* … gar nicht willst.«

Theo stieß ein leises Knurren aus. »Du hast ja keine Ahnung, wie sehr ich das will. Wie sehr ich *dich* will.«

Sein Atem wurde schneller und plötzlich rollte er sich herum, fasste mich an der Taille und drehte uns so, dass ich wieder unter ihm lag.

»Hab ich … etwas falsch gemacht?«, fragte ich verunsichert, aber Theo schüttelte den Kopf.

»Nein, im Gegenteil. Nur, wenn du jetzt so weitermachst, ist das hier ziemlich rasch vorbei.«

Er lächelte schief und da verstand ich und grinste.

»Jetzt bin ich dran.« Nach einem Blick, der nach meinem Einverständnis fragte, befreite er mich von meinem Slip und ließ seine warme Hand vorsichtig zwischen meine Beine gleiten, um mich seinerseits zu streicheln. Ich konnte nicht mehr denken, nur noch fühlen, spürte seine Berührungen, seine Küsse … Und als ich irgendwann erschauerte, überrollte mich eine Welle tiefster Verbundenheit.

»Theo«, stöhnte ich und krallte mich an seinen Schultern fest. »Ich … will mit dir schlafen.«

Er hielt inne. »Bist du … ganz sicher?«

»Ja.« Ich nickte und Theo schaute mich an, so sehnsüchtig wie noch nie zuvor. Dann küsste er mich, stand auf und ging zu seiner Dufflebag. Er öffnete einen der Reißverschlüsse, fischte ein Kondom heraus und kam zu mir zurück. Viel zu langsam riss er die Verpackung auf und zog es sich über. Dabei sah er mich an, so als wollte er mir die Chance geben, noch einen Rückzieher zu machen. Doch das hatte ich nicht vor. Ich hatte mir diesen Moment so oft ausgemalt, hatte mir vorgestellt, wie es sein würde, wenn nichts uns mehr voneinander trennte. Aber nie … kein einziges Mal war es so gut gewesen wie in diesem Augenblick.

Theo zog die Decke über uns und mein Herz klopfte wie wild, als er sich erneut auf mich schob und ich ihn an mir spürte. Ich schloss die Augen, gab mich ganz meinen Gefühlen hin, dem Verlangen und der Hitze in mir. Gleich würde es so weit sein, gleich würde er … Unter meinen Händen konnte ich spüren, wie Theos Körper sich veränderte. Er hörte auf, sich zu bewegen. Auch seine deutlichen Atemzüge setzten aus.

»Theo … ist …« *alles in Ordnung,* hatte ich fragen wollen. Doch als ich ihn ansah, blieben mir die Worte im Hals stecken. Ich verstand nicht, was sich binnen Sekunden verändert hatte. Aber in Theos Gesichtszügen stand plötzlich die bloße Panik. Er starrte mich an und kam mir auf einmal meilenweit weg vor.

»Ich …« Theo blinzelte, rollte sich von mir herunter und setzte sich auf. »Tut mir leid, ich … kann das nicht.« Er schüttelte den Kopf, schnappte nach Luft und atmete viel zu schnell.

»Hey!« Sofort war ich bei ihm. »Was hast du?«

Theo fuhr herum, stand jedoch auf, bevor ich meine Arme um ihn schlingen konnte. Sein Mund öffnete sich, wie um etwas zu sagen, doch gleich darauf schloss er ihn wieder, drehte sich um und verschwand im Bad. Das Geräusch der zufallenden Tür ließ mich zusammenzucken und die heiße Lava, die eben noch durch mich hindurchgeflossen war, erkaltete so schnell, dass ich mich tatsächlich wie versteinert fühlte.

Einen Moment lang saß ich regungslos da, den Kopf voller Fragen und wirrer Gedanken. Dann zog ich mir meine Unterwäsche wieder an und setzte mich aufs Bett. Erinnerungen flackerten vor meinem inneren Auge auf und ich zog die Decke fester um mich. Unser erster Kuss im Wohnzimmer von Sir Archer Remington. Theo, der aufgesprungen war und beteuert hatte, dass es nie so weit hätte kommen dürfen. Das Klirren von Schlüsseln. Die Haustür. Und dann Stille. Mein rasender Herzschlag. Leere.

Innerlich zählte ich die Sekunden und musste dabei mühsam die Tränen zurückdrängen, die sich in meinen Augen sammelten. Tränen der Verzweiflung, der Überforderung, aber auch der Angst, er könnte jetzt wieder weglaufen und mich hier sitzen lassen.

Theo brauchte über fünf Minuten, bis er zurückkehrte, und die Reue, die aus seinem Gesicht sprach, zerriss mich fast. Ohne etwas zu sagen, zog er sich seine Boxershorts an und setzte sich neben mich auf die Bettkante.

»Louisa, es tut mir so leid, ich wollte nicht … Das sollte so nicht laufen.« Er schaute zu Boden, atmete tief durch. Dann blickte er wieder hoch. »Ich hab's voll versaut. Das sollte alles perfekt für dich werden und ich … Ich bin so ein Idiot. Ich hätte nicht …«

»Es ist alles okay, Theo.«

»Nein, ist es nicht«, widersprach er. »Wie bescheuert musst du dich gerade fühlen, weil ich …« Abermals schüttelte er den Kopf und dann noch einmal. »Ich wollte … dich nicht enttäuschen.«

»Das hast du nicht«, versicherte ich ihm und verschränkte meine Finger mit seinen. »Es ist genau, wie du es vorhin gesagt hast. Dass du nichts von mir erwartest. Und ich erwarte auch nichts von dir. Es ist immer okay, Nein zu sagen oder abzubrechen. Egal, an welchem Punkt.« Mit der freien Hand strich ich ihm über den Nacken und drückte ihm einen Kuss auf die Schulter. »Und wenn es anders zwischen uns wäre, würde ich diese Beziehung auch gar nicht wollen.«

Theo zwang sich ein Lächeln auf die Lippen, aber es wirkte traurig.

»Kannst du versuchen, es mir zu erklären?«, fragte ich vorsichtig. »Was gerade in dir vorgegangen ist?«

»Nein.« Die Antwort kam hastig und so entschieden, dass es mich tief im Inneren traf und ich mich nicht traute, noch einmal nachzuhaken. Es war, als hätte er mich ausgesperrt und wieder einmal eine Mauer errichtet.

Theo fluchte leise und drehte sich zu mir um. Er blickte auf unsere Hände und für eine Sekunde befürchtete ich, er würde seine wegziehen. Doch dann hob er sie nur an und drückte seine Lippen auf meinen Handrücken, bevor er mir ernst in die Augen sah. »Entschuldige, das sollte nicht heißen, dass ich dich aus meinen Gefühlen ausschließen will. Denn das will ich nicht. Ich kann nur jetzt gerade noch nicht darüber sprechen, weil mir noch zu viel durch den Kopf geht und ich das erst einmal für mich sortieren muss.«

»Verstehe.« Ich versuchte, mir nicht anmerken zu lassen, dass mein Herz sich gerade schmerzhaft zusammenzog. Dass ich immer noch verwirrt war, durcheinander und auch verletzt.

Aber Theo spürte es dennoch.

»Das gerade hatte nichts mit dir zu tun«, sagte er. »Wirklich nicht. Alles, was ich gesagt habe, stimmt. Ich liebe dich und ich wollte das. Aber da ... ist ... etwas Vergangenes, das gerade eben ziemlich heftig wieder hochgekommen ist.« Sanft streichelte sein Daumen über meine Finger. »Ist es okay, wenn ich erst einmal ein bisschen Ordnung in meine Gefühle und Gedanken bringe und wir morgen darüber sprechen? Kannst du so lange noch warten?«

Langsam nickte ich. »Aber du läufst nicht wieder weg?«

»Nein, das mache ich nicht. Versprochen.«

»Dann ist es okay.« Ich drückte seine Hand ein wenig fester und als ich fragend die Decke ein Stückchen anhob, legte er sich zu mir und nahm mich in die Arme.

So lagen wir eng umschlungen beieinander, mein Gesicht an seiner Brust, direkt über seinem aufgewühlten Herzen. Doch während es sich langsam beruhigte und seine Atemzüge länger wurden, kreisten meine Gedanken unentwegt weiter. Was war nur in Theos Vergangenheit passiert, dass er sich so verhielt? Etwas Schlimmes? Oder hatte es doch etwas mit mir zu tun? Nein, das hatte er mir ja auch versichert und … ich hatte schon den Eindruck gehabt, dass er mich ebenfalls wollte. Ach, verdammt! Mit einem Seufzen streichelte ich Theo über seinen Rücken und kuschelte mich enger an ihn, in der Hoffnung, dass er auch ohne Worte verstand, was ich ihm alles noch sagen wollte. Dass ich auf ihn warten würde. Dass ich ihn liebte. Und dass er mir alles anvertrauen konnte.

Theo

Idiot! Verfluchter Idiot! Theo wälzte sich herum und warf einen Blick auf sein Handydisplay. Fast halb vier Uhr nachts. Er schlug sich die Hände übers Gesicht, sein Schädel dröhnte von bohrenden Fragen, durcheinanderwirbelnden Emotionen, Schuldgefühlen und der Stimme in seinem Kopf, die ihn immer wieder daran erinnerte, dass er es verdiente, dass sein schlechtes Gewissen ihm den Schlaf raubte. Einerseits weil er seinen Gefühlen nachgegeben und beinahe einen unverzeihlichen Fehler gemacht hätte. Andererseits weil er sich gar nicht ausmalen wollte, wie es Louisa nun damit ging.

Trotzdem … war es das Richtige gewesen. Denn sie kannte immer noch nicht die ganze Wahrheit über ihn und Theo war sich sicher, dass sie ihn hassen würde, wenn sie davon erfuhr.

Er hatte versucht, darüber zu sprechen, vorhin, als sie bei den Pferden gewesen waren. Einen Augenblick lang hatte es sich so angefühlt, als ob er es ihr sagen könnte. Alles. Er war so kurz davor gewesen.

Theo stieß ein leises Schnauben aus, hielt jedoch gleich darauf die Luft an und drehte sich zu Louisa um, um sich zu vergewissern, dass er sie nicht geweckt hatte. Doch sie schlief tief und fest, das Gesicht zur Hälfte in der Decke vergraben, die sie unter ihrem Kopf zusammengeknüllt hatte. Er streckte eine Hand aus und streichelte ihr sanft über die Haare.

Nein, er konnte nicht erwarten, dass sie ihm verzieh. Wie auch, wenn er es doch selbst nicht konnte?

Blitzartig zog er seine Hand zurück und drehte sich auf den

Rücken. Die Frage, wie es jetzt weitergehen sollte, legte sich ihm schwer auf die Brust. Bisher hatte er sie immer wieder verdrängt, war zu verliebt gewesen, um sich mit dem Unausweichlichen zu beschäftigen. Mit der Tatsache, dass das Glück und die Leichtigkeit, die Louisa seinem Herzen zurückgegeben hatte, nicht von Dauer sein würden. Er hatte diesen quälenden Gedanken sorgfältig in seinem Inneren weggeschlossen. Doch jetzt – nach allem, was an diesem Abend passiert oder besser *fast* passiert war – drängte er sich ihm mit Nachdruck auf.

Er konnte sie nicht weiter belügen. Sie musste es erfahren. Auch wenn er sich dafür seiner größten Angst stellen musste und sie ihn womöglich nie wieder ohne Verachtung in ihren Augen ansehen würde.

Denn was war das für eine Beziehung, wenn sie keine Ahnung hatte, wer er wirklich war – und was er getan hatte?

Keine. Es war nichts als eine verdammte Lüge.

Neben ihm leuchtete sein Handy auf, doch Theo ignorierte es, bis kurz darauf eine weitere Nachricht einging und gleich darauf noch eine. Ohne richtig hinzusehen, entsperrte er den Bildschirm.

Unbekannte Nummer.

Was sollte das – mitten in der Nacht? Er tippte auf die Nachricht und als er die wenigen Textzeilen überflog, stockte ihm der Atem.

Bisher war ich geduldig mit dir. Aber wenn du meinst, dich gegen mich stellen zu müssen, wie bei Bellamy, wird es wohl Zeit, dich daran zu erinnern, was du in dieser Sache zu verlieren hast. M.

Darunter ploppte ein Foto auf. Theo starrte darauf. Sekundenlang, während er das Gefühl hatte, innerlich zu Eis zu gefrieren. Das durfte nicht sein. Wie …?

Das Bild war leicht verpixelt, zeigte aber eindeutig sein altes Zimmer in Haverton House. Das … und ihn. Auf seinem Bett, anscheinend komplett nackt, zusammen mit …

Theo wurde übel, das Blut rauschte ihm in den Ohren. Nein! Nein, nein, nein, nein, nein!

Das war Annie!

Die Worte unter dem Foto verschwammen vor seinen Augen. Doch Theo las sie noch, ehe er aufsprang, mit dem Handy in der Hand ins Bad rannte und hinter sich die Tür verriegelte. Er presste seinen Rücken an die kalten Fliesen – in dem verzweifelten Versuch, die Hitze zurückzudrängen, die sich nun in ihm zusammenballte.

Ich weiß, was du in jener Nacht getan hast. Und wenn du willst, dass ich darüber schweige, solltest du aufhören, meine Anweisungen zu ignorieren.

Atmen, langsam und ruhig: ein, aus, ein und aus! Mühsam versuchte er, sich zu beruhigen. Sich verdammt noch mal auf seinen Verstand zu verlassen und eine Lösung zu finden. Aber da war keine. Nur Tausende Gedanken, die so schnell durch ihn hindurchrasten, dass ihm schwindelig wurde.

Niemand konnte wissen, was in jener Nacht geschehen war, nachdem Annie und er die Party verlassen hatten. Niemand außer Annie … Und von der hatte er nie wieder etwas gehört, genauso wenig wie von ihrer Familie oder dem Officer, mit dem er wenige Tage nach der offiziellen Befragung noch einmal gesprochen hatte. Ein ersticktes Lachen entwich seiner Kehle, kalter Schweiß sammelte sich auf seiner Stirn.

Was, wenn sie an diesem Abend nicht allein zurück nach Haverton House gegangen waren, so wie er es bisher angenommen hatte? Wenn jemand ihnen gefolgt war und diese Aufnahme gemacht hatte? Zu gerne wollte er glauben, dass es sich dabei nur um ein verdammt gut bearbeitetes Bild handelte, aber tief in sich drin wusste er, dass das Foto echt war. Denn auch wenn er sich nicht richtig erinnern konnte, waren da Bruchstücke jenes Abends und vereinzelte Bilder in seinem Kopf, die hin und wieder ohne Vorwarnung auftauchten und ihm den Boden unter den Füßen wegzogen.

Annies gequältes Schluchzen. Schwarze Make-up-Schlieren, die sich über ihr Gesicht zogen. Eine brennende Ohrfeige.

Sein Puls beschleunigte weiter und Theo kniff die Augen zusammen, versuchte, an etwas zu denken, das ihn ablenkte und wieder runterkommen ließ. Eine Melodie, die Noten zu einem Stück, das er oft spielte, das Geräusch von Hufen auf Asphalt. Doch da war nichts, woran er sich festhalten konnte. Nur Dunkelheit und die Gewissheit, dass all seine schlimmsten Befürchtungen gerade Wirklichkeit geworden waren.

Galle kroch ihm den Hals hoch, sein Magen krampfte sich zusammen. In letzter Sekunde sprang er vor und klappte den Toilettendeckel hoch. Er übergab sich, bis er sich völlig leer fühlte und sich kraftlos auf den Boden sinken ließ.

Seine Schläfen pochten, in ihm drehte sich alles und eine Frage wurde immer lauter. Was wusste der Master noch? Besaß er nur das Foto – wer auch immer es ihm zugespielt hatte? Oder hatte er das Puzzle längst zusammengesetzt und herausgefunden, dass er etwas mit Annies Verschwinden zu tun hatte? Dass er der Grund dafür war.

Wieder hob Theo sein Handy auf, entsperrte es und wollte das Bild genauer betrachten, nach irgendwelchen versteckten Hinweisen suchen. Doch da war nichts mehr. Sowohl die Nachricht als auch das Foto waren verschwunden, hatten sich einfach selbst gelöscht. Stattdessen leuchtete ihm ein einziger Satz auf seinem Display entgegen:

Wirst du spielen?

22

Am nächsten Morgen erwachte ich eng an Theo gekuschelt, konnte den Moment jedoch nur kurz genießen, weil gleich darauf sein Handy klingelte und uns daran erinnerte, dass Liz mich überredet hatte, heute noch einmal zu reiten. Und so machten wir uns nach einem schnellen Frühstück wieder auf den Weg in den Stall.

Es war merkwürdig, als Einzige aus meinem Team an den Start zu gehen, auch wenn es sich um eine Einzelwertung handelte. Bellamy, Flora und Nat waren nicht einmal im Stall – das Personal kümmerte sich um ihre Pferde, versorgte sie, deckte sie ein und bereitete sie bereits auf den Transport vor. Wenigstens kam Theo mit und ging mit mir gemeinsam den Parcours ab, obwohl er seine Teilnahme heute ebenfalls zurückgezogen hatte. Irgendwie kam er mir die ganze Zeit über abwesend vor, so als wäre er gedanklich weit weg. Vermutlich beim gestrigen Tag, bei Bellamy, dem Master … oder bei uns?

Ich fragte ihn nicht danach, weil Liz mir zurief, dass es Zeit wurde, Twister warm zu reiten. Mit einem Nicken stieg ich auf und lenkte meinen Schecken zum Abreiteplatz. Doch während ich Twister langsam aufwärmte und schließlich ein paar niedrige Trainingssprünge absolvierte, musste ich ständig daran denken, was Theo gestern genau hier zu mir gesagt hatte.

Du kennst mich wirklich nicht, nicht … alles von mir.

Die folgenden Minuten kamen mir vor wie ein Film, als wäre das alles nicht real: mein Ritt vor den voll besetzten Tribünen, die Kamerateams, das Klingeln der Glocke, Twister, der sofort ansprang und instinktiv wusste, was zu tun war. Nur ihm verdankte ich es wohl, dass wir am Ende fehlerfrei den Parcours verließen und nach dem Stechen sogar einen neunten Platz belegten. Liz war zufrieden, bei dem großen Starterfeld war das ein sehr gutes Ergebnis. Nach der Siegerrunde umarmte sie mich und machte ein Foto, das ich Kami, meiner früheren Mentorin Lucinda und meinen Dads schicken konnte.

Als wir später im Auto saßen und zurück zur Academy fuhren, war ich so müde, dass mir immer wieder die Augen zufielen. Erst jetzt merkte ich, wie sehr das Wochenende mir zugesetzt hatte. Theo und ich fuhren dieses Mal zusammen mit Nat und Flora in einem Wagen, weil Liz noch einmal mit Bellamy sprechen wollte. Bevor wir heute Morgen aufgebrochen waren, hatte sie uns erzählt, dass sie Rektor Lowell über die Vorkommnisse unterrichtet hatte und dass wir alles Weitere besprechen würden, wenn sie sich mit ihm abgestimmt hatte. Was das konkret bedeutete und ob es auch Konsequenzen für Flora geben würde, wusste niemand von uns.

Auch wie es mit unserer Mannschaft weiterging, stand in den Sternen. Als Team mussten wir uns nicht zwingend mögen, aber wir mussten zusammenarbeiten können, wenn es darauf ankam. Ich schätzte, dass Bellamy sich in dieser Sache professionell verhalten würde, aber ich hätte auch verstanden, wenn er nie wieder ein Wort mit Flora hätte wechseln wollen. Wäre ich an ihrer Stelle gewesen, hätte ich die Mannschaft wohl freiwillig verlassen, und insgeheim hoffte ich, dass sie genau das tun würde. Und Nat vielleicht gleich mit ihr. Dann würden wir erst einmal nicht mehr in der Gruppenwertung starten können, aber das war mir egal. Wir waren die Showjumping-Masterclass, das beste Reitteam der Academy, und ich zweifelte nicht daran, dass sich jemand Neues finden würde, der zukünftig mit uns trainieren wollte. Vielleicht würde es etwas dauern, bis wir wieder unser altes Niveau erreichten. Aber wen kümmerte das – wenn wir dafür Mitglieder gewannen, auf die wir uns verlassen konnten?

Der Wagen wurde langsamer und bog in eine Straße ein, von der ich wusste, dass sie durch ein Waldstück hindurch direkt zum Campus führte. Ich atmete auf. Viel länger hätte ich es nicht mehr ausgehalten: Die Energie in dem beengten Raum kribbelte regelrecht. Sobald man nur ansatzweise in Floras Richtung schaute, schoss sie mit ihren Augen Blitze um sich, und Nat sah aus, als könnte sie jeden Moment wieder in Tränen ausbrechen.

Zum Glück dauerte es nur ein paar Minuten, bis das riesige Eingangstor der Academy endlich vor uns auftauchte und wir von einem Securitymann hindurchgewunken wurden.

Kaum, dass der Wagen stand, sprang ich als Erste hinaus und ließ die kühle Winterluft durch meine Lungen strömen, erleichtert, dem erdrückenden Schweigen entkommen zu sein. Doch bereits in der nächsten Sekunde stockte mein Herz, als ich sah, dass ein schwarzer Sportwagen auf dem Parkplatz stand, der mir nur allzu bekannt vorkam.

Bevor ich mich fragen konnte, was Atlas hier wollte, öffnete er die Fahrertür und stieg aus. Hinter mir hörte ich, wie Theo, Nat und Flora dasselbe taten und mit unserem Fahrer besprachen, dass er das Gepäck direkt zu unseren jeweiligen Häusern bringen sollte. Ich jedoch rührte mich nicht. Stattdessen beobachtete ich, wie Atlas entschlossen auf uns zuschritt. Jetzt, im Dämmerlicht der letzten Nachmittagsstunden, mit seinem schwarzen Mantel und mit den dunklen Handschuhen wirkte er noch größer als sonst. Noch … bedrohlicher. Er warf mir nur einen kurzen Blick zu, dann schaute er wieder geradeaus, einen Ausdruck im Gesicht, als würde er gleich jemanden umbringen.

Was sollte das? Was wollte er …?

»Du Wichser! Was hast du mit Annie gemacht?«, schrie er in diesem Augenblick und ich zuckte zusammen. In der nächsten Sekunde packte Atlas Theo am Hals und stieß ihn rückwärts gegen den Wagen. Theos Tasche fiel zu Boden, Nat keuchte auf.

»Hast du sie noch alle?«, krächzte Theo und versuchte, sich zu befreien, aber Atlas drückte ihm weiter die Luft ab.

»Lass ihn los!« Ich sprang vor, fasste Atlas an der Schulter und wollte ihn wegzerren. Doch er schüttelte mich einfach ab und knallte Theo erneut gegen die Autotür.

»Warum ist Annie verschwunden? Sag es mir!«

»Ich weiß es nicht!«, knurrte Theo und drängte Atlas mit den Armen von sich weg. Auch unser Fahrer mischte sich jetzt ein, indem er versuchte, mit Worten zu schlichten, er wagte es jedoch nicht, sich Atlas zu nähern. Der ignorierte ihn komplett, sein Blick haftete auf Theo.

»Lügner! Du warst mit ihr zusammen, kurz bevor sie verschwunden ist.«

»Ja, verdammt! Ich war mit ihr auf dem Gründerball, das weißt du doch!«

»Das meine ich nicht. Du hast die Party früher verlassen und später allen erzählt, dass es dir nicht gut ging. Aber stattdessen hast du sie gevögelt!«

Mir stockte der Atem und für eine Sekunde erschien es mir so, als würden auch alle um mich herum die Luft anhalten. Atlas beugte sich vor, bis sein Gesicht nur wenige Zentimeter von Theos entfernt war. Dann zog er mit der freien Hand sein Smartphone aus der Manteltasche, wischte darüber und hielt es Theo vors Gesicht.

»Sag mir, dass es nicht so war«, zischte er leise. »Na los. Schau es dir an und sag mir, dass ich mich irre.«

Theo antwortete nicht, stattdessen schaute er von dem

Handydisplay zu Atlas und schließlich kurz zu mir. Ich konnte nicht erkennen, was auf dem Handy zu sehen war. Ein Foto? Ein Video? Aber das spielte auch keine Rolle. Denn in dem Moment, in dem Theos Blick meinen kreuzte und ich die Reue darin sah, wusste ich, dass Atlas die Wahrheit sagte.

Noch bevor mir richtig klar wurde, was das bedeutete, holte Atlas aus und schlug Theo mitten ins Gesicht.

»Du elender Lügner!« Erneut wollte er auf Theo losgehen, aber da packte ich seinen Arm so fest, wie ich konnte, und zog ihn zurück. Atlas fuhr zu mir herum. »Wusstest du es?«

»Nein, ich …«

»Also hat er dich auch belogen?« Er lachte kalt, wand sich aus meinem Griff und fasste mich an den Schultern. »Ja, das sieht ihm ganz ähnlich. Nach außen hin der feine Theodore Vanderton, hm? Was hat er dir erzählt? Dass Annie nur eine Freundin für ihn war? Dass er sich lediglich Sorgen um sie gemacht hat und immer für sie da …«

»Fass sie nicht an!« Theo schob sich vor mich, so dicht vor Atlas, dass sie nun Körper an Körper standen. Eine dünne Blutspur lief meinem Freund aus der Nase, aber er wischte sie einfach mit dem Ärmel weg, ohne Atlas aus den Augen zu lassen. Währenddessen stand ich da und merkte, wie ich innerlich erstarrte. Theo hatte mich angelogen. Theo hatte mit Annie geschlafen. Theo … blutete!

Instinktiv machte ich einen Schritt nach vorne, aber Theo blockte mich mit einem Arm ab und hielt mich hinter sich.

»Hör endlich auf, dich als Beschützer aufzuspielen«, zischte Atlas. »Ich bin die Masche so leid. Ich will endlich wissen, was an dem Abend passiert ist – was wirklich passiert ist.«

»Ich habe es dir schon mehrfach gesagt«, gab Theo bemüht ruhig zurück. »Ich kann mich nicht daran erinnern. Irgendjemand hat mich auf der Party unter Drogen gesetzt.«

»Aber das hat dich anscheinend nicht davon abgehalten, mit ihr ins Bett zu gehen.« Atlas' Nasenflügel blähten sich vor Wut. »Hattest du das von Anfang an so geplant? Bist du mit ihr auf den Ball gegangen, um sie später flachlegen zu können?«

»Das ist doch Blödsinn.«

»Ach ja?«

Theo stieß die Luft aus. »Ich will echt kein Arsch sein, aber wir wissen beide, dass ich dafür nicht mit ihr auf den Ball hätte gehen müssen.«

»Du verdammter Mistkerl!« Mit den Händen stieß Atlas grob gegen Theos Brust, sodass er einen Schritt nach hinten stolperte, geradewegs in mich hinein. Dann fing er sich wieder, schaffte es irgendwie, einen Arm nach mir auszustrecken und uns beide zu stabilisieren.

Meine Gedanken rasten, während ich kurz zu Nat, Flora und unserem Fahrer schaute, die allesamt wie verschreckte Rehe im Scheinwerferlicht aussahen. Nein, von ihnen konnten wir keine Hilfe erwarten. Trotzdem musste ich etwas unternehmen, damit die Lage nicht völlig eskalierte. Atlas' Gesicht war inzwischen knallrot, jeder Muskel seines Körpers schien bis zum Zerreißen gespannt. Er war eindeutig bereit, noch einmal zuzuschlagen.

»Du wusstest, wie schlecht es ihr ging. Sie hat sich dir anvertraut und du … du hast die ganze Zeit über nur mit ihr gespielt.«

Ich konnte sehen, wie Theo schluckte. Dann atmete er tief durch und sagte: »Ich weiß nicht, wie oft ich es dir noch sagen muss, bis du das verstehst, aber Annie war auch meine Freundin. Ich war immer ehrlich mit ihr. Sie wusste, wie ich zu ihr stand. Und ob du es glaubst oder nicht, ich habe mir auch Sorgen um sie gemacht.«

Atlas' Augen flackerten auf, er ballte eine Hand zur Faust.

Doch Theo wich nicht zurück. Stoisch blickte er ihm entgegen. »Du bist nicht der Einzige, der sich fragt, wo sie heute ist und wie es ihr geht. Sie war mir auch wichtig.«

»Dann hast du eine wirklich seltsame Art, das zu zeigen. Wenn es meinen Freunden schlecht geht, denke ich nicht als Erstes daran, sie zu ficken!« Die letzten Worte schrie Atlas heraus und die unverhohlene Wut in seiner Stimme löste die anderen endlich aus ihrer Starre.

»Atlas, bitte beruhig dich«, hörte ich Nat flehen. »Ich weiß nicht, was hier gerade abgeht, aber es wird nicht helfen, Theo etwas anzutun. Und du wirst das später hundertprozentig bereuen.«

»Garantiert nicht.« Atlas' Stimme triefte vor Hass. »Ich bereue nur, dass ich das nicht schon viel früher getan habe. Dann wäre es nie so weit gekommen und Annie wäre vielleicht noch hier. Aber nein ...« Er schüttelte den Kopf und lachte bitter auf. »Ich habe gezögert und dir nicht die volle Ladung verabreicht, weil ich dich nicht ins Krankenhaus bringen wollte. Aber glaub mir, Vanderton. So einen Fehler mache ich nicht noch mal.«

Ich schnappte nach Luft und hinter mir keuchte noch jemand auf. Flora? Keine Ahnung. Ich wollte mich jetzt nicht umdrehen. Mein Blick war voll und ganz auf Theo gerichtet.

»Du warst das?« Seine Stimme klang völlig ruhig, aber ich hörte das Beben darin. Er blickte Atlas in seine immer noch lodernden Augen.

»Dass du dir das nicht längst gedacht hast«, gab dieser kühl zurück. »Wer sonst hätte Interesse daran haben sollen, dich an dem Abend aus dem Weg zu schaffen?«

Augenblick ... was? Jetzt kam ich eindeutig nicht mehr hinterher. Theo fehlten fast alle Erinnerungen an den Abend des Gründerballs, weil ihm jemand Drogen verabreicht hatte. Das hatte er mir erzählt. Aber warum … hatte Atlas ihn aus dem Weg schaffen wollen?

»Wieso hast du das getan?«, sprach Theo meine Gedanken aus und Atlas presste die Lippen zu einer blutleeren Linie zusammen.

»Nennen wir es eine Vorahnung«, sagte er. »Ich hatte das Gefühl, dass du etwas planst.«

Fassungslosigkeit schimmerte in Theos Augen. »Atlas, Annie war *krank*. Ich wäre *niemals* auf die Idee gekommen, mich ihr auf diese Weise zu nähern, geschweige denn …«

»Und dennoch hast du es getan!«, schrie Atlas. Genau in diesem Moment nahm ich wahr, wie nun endlich auch der zweite Wagen unserer Kolonne hielt und Bellamy, Holly Sage und Liz heraussprangen. Bellamy reagierte sofort. Mit wenigen schnellen Schritten hatte er uns erreicht, schob Atlas und Theo auseinander und stellte sich zwischen sie.

»Hey, was wird das hier?«, wollte er wissen, dann fiel sein Blick auf Theos Gesicht, von dem Blut auf den Boden tropfte.

Entsetzt wandte er sich an Atlas. »Bist du völlig bescheuert?«

»Halt dich da raus, Trengove. Das geht dich nichts an. Vanderton hat das verdient, er ist ein Scheißkerl.«

»Was den Scheißkerl betrifft, stimme ich dir gerade sogar zu«, sagte Bellamy mit einem Seitenblick zu Theo. Er war also immer noch sauer, weil er ihn wegen der Pferde nicht gefragt hatte. »Aber das ist trotzdem die falsche Art, eure Probleme zu klären.«

»Ich verlange eine Erklärung für das hier«, stellte nun auch Liz klar. Aber Atlas achtete gar nicht auf sie. Oder auf irgendjemand anderen. Für ihn schien es nur noch Theo zu geben. Theo und seinen Hass, den er ihm nun wieder entgegenschleuderte: »Du hast Annie ausgenutzt und sie anschließend einfach fallen lassen. Ist es nicht so? Und damit hast du ihr den Rest gegeben.«

»Ich kann dir nur sagen, was ich weiß«, gab Theo zurück. »Und das ist, dass ich ohne den Einfluss von Drogen – deinen Drogen – niemals etwas mit ihr angefangen hätte. Ich wollte nichts von ihr!«

»Ja, ganz genau, deswegen hast du dir jetzt auch das Mädchen geschnappt, das ihr wie aus dem Gesicht geschnitten ist.«

Theo schnaubte. »Ich bin es nicht gewesen, der sie in Annies Sachen gesteckt und sie in ihrem alten Zimmer einquartiert hat.« Er hob drohend die Hand. »Und ich schwöre, wenn du Louisa noch einmal zu nahe kommst …«

»Keine Sorge, mit ihr bin ich fertig.« Atlas warf mir einen verächtlichen Blick zu. »Aber was Annie betrifft, fange ich gerade erst an. Ich glaube dir nämlich nicht, dass du nicht weißt, wo sie ist, oder warum sie verschwunden ist. Und ich habe schon viel zu viel Zeit vergeudet, in der ich weiter nach ihr hätte suchen können.«

»Hast du mal über die Möglichkeit nachgedacht, dass sie gar nicht gefunden werden will? Auch nicht von dir.«

»Warum sollte sie?«

»Vielleicht weil sie Angst vor dir hatte.«

Theos Worte knallten durch die Luft wie eine Peitsche und ich konnte sehen, wie sie Atlas trafen. Ein Ruck ging durch seinen Körper, für eine Sekunde schien er wie erstarrt.

Dann verzog er das Gesicht zu einer zornigen Fratze. »Dazu gibt es keinen Grund.«

Tatsächlich?, stand Theo ins Gesicht geschrieben und er öffnete bereits den Mund, um etwas zu erwidern. Aber nun trat Liz vor, legte ihm eine Hand auf die Schulter und hielt ihn zurück.

»Das reicht jetzt, ihr zwei geht sofort auseinander«, sagte sie und gab Bellamy ein Zeichen, Atlas wegzubringen.

»Denk ja nicht, dass ich dich in Ruhe lassen werde«, fauchte der und fixierte Theo weiter mit diesem irren Blick. »Und wenn du mir nicht die Wahrheit sagst, wird es beim nächsten Mal nicht bei einem Schlag ins Gesicht bleiben.«

Theo schloss einen Moment lang die Augen, wie um sich zu beruhigen, dann stieß er hervor: »Wir wissen beide, warum du in Wirklichkeit so wütend auf mich bist. Es geht überhaupt nicht um den Gründerball oder um das, was an dem Abend passiert ist. Es geht immer noch darum, dass Annie mich dir vorgezogen hat. Weil sie dich nicht geliebt hat. Und es auch nie getan hätte.«

Ein wütendes Brüllen hallte durch die Luft, dann ging alles zu schnell, als dass ich es im Bruchteil einer Sekunde hätte erfassen können. Atlas stieß Bellamy zur Seite, sprang vor und stürzte sich auf Theo. Der taumelte, fiel zu Boden und gab einen erstickten Laut von sich, als Atlas ihm seine Faust mit voller Kraft in den Bauch rammte. Ich schrie auf.

Doch da war Bellamy schon bei den beiden und riss Atlas von Theo weg. Genau in dem Moment, in dem ich Theo erreichte und mich neben ihm zu Boden fallen ließ, befreite sich Atlas aus Bellamys Griff und versetzte Theo noch einen letzten harten Tritt. Dann spuckte er neben ihn auf den Boden. Sein Blick glühte. »Das hier ist noch nicht vorbei, Vanderton.«

23

»Ich ... kann ... nicht ... atmen.« Panik schwang in Theos Worten mit und ich fühlte mich wie betäubt, spürte nur mein eigenes Herz rasen.

»Alles ist gut, das wird gleich besser«, sagte Liz und klang dabei so ruhig, als würde sie auf ein aufgebrachtes Pferd einreden. Sie erklärte ihm, dass sein Atemreflex nicht richtig funktionierte, weil Atlas seinen Solarplexus getroffen hatte. Ich bekam das alles gar nicht richtig mit, konnte nur hilflos dasitzen und Theos Hand halten. Wie aus weiter Ferne hörte ich, wie Atlas den Motor aufheulen ließ und mit quietschenden Reifen vom Hof jagte.

Währenddessen redete Liz ununterbrochen weiter, stützte Theo und brachte ihn schließlich dazu, sich etwas zu beruhigen und mit ihr gemeinsam ein- und wieder auszuatmen. Und dann endlich – es erschien mir wie eine quälend lange Ewigkeit – wurden seine Atemzüge wieder länger und die Angst in seinem Gesicht verschwand. Ich half ihm, sich aufzusetzen, und als er eine Hand ausstreckte und mir vorsichtig die Tränen aus dem Gesicht wischte, kamen nur noch mehr.

»Hey, es ist alles wieder okay«, sagte er und ich konnte mich gerade so davon abhalten, ein hysterisches Lachen auszustoßen. *Alles okay?* Das sagte er, obwohl er gerade noch mit schmerzverzerrtem Gesicht auf dem Boden gelegen hatte und ihm immer noch Blut aus der Nase lief?

»Nichts ist okay!«, protestierte ich.

Theo versuchte sich an einem Lächeln und kam langsam

auf die Beine, so als wollte er mir beweisen, dass ich mir keine Sorgen machen musste. »Es geht mir gut«, versicherte er mir noch einmal und als er sicher stand, zog er mich sanft an sich und streichelte mir über die Haare.

»Kann mir bitte jemand erklären, was hier los war?«, fragte Bellamy und Holly murmelte: »Das würde mich auch interessieren. So habe ich Atlas noch nie erlebt.«

Ich tat, als hätte ich es nicht gehört, schloss die Augen und umarmte Theo ganz vorsichtig, um ihm nicht wehzutun. Nur einen Moment für uns, nur ganz kurz. Das brauchte ich jetzt.

Nat erzählte den anderen, was geschehen war, und Liz entschied, dass sie Theo ins Krankenhaus fahren würde, um ganz sicherzugehen, dass er keine inneren Verletzungen erlitten hatte. Obwohl Theo protestierte und schließlich sogar den Geschäftsmann auspackte und ihr in fast gebieterischem Tonfall zu verstehen gab, dass sie ihn nicht zwingen konnte, ließ sie sich nicht erweichen.

»Mein Junge, versuch es erst gar nicht auf diese Tour«, erklärte sie ihm. »Du wirst jetzt ins Bad gehen, dir das Blut aus dem Gesicht wischen und dann in mein Auto steigen. Und ich will keine Widerworte mehr hören.«

Daraufhin gab Theo sich geschlagen und ich fragte erst gar nicht, ob ich mitkommen konnte, sondern stieg einfach ein.

Die Fahrt dauerte nicht lange und als Theo sich am Empfang auswies, wurde sofort ein Arzt gerufen. Liz und ich nahmen im Wartebereich Platz und während ich Kami, Jeremy und meine Freunde aus Sir Archer darüber informierte, was geschehen war, wurde es mir auch erst richtig bewusst. Atlas hatte Theo angegriffen, wegen ... eines Fotos oder etwas anderem, das auf seinem Handy gewesen war. Eine Aufnahme von Theo und ... Annie ... bei ... oh Gott! Am liebsten hätte ich aufgehört, weiter darüber nachzudenken. Aber ich wusste auch, dass ich nicht darum herumkommen würde, mich mit diesem Thema auseinanderzusetzen. Damit, dass Atlas' Anschuldigung stimmte. Zumindest hatte Theo sich nicht verteidigt oder das Gegenteil behauptet.

Und jetzt, da das Adrenalin abflaute und Theo außer Gefahr war, kamen alle möglichen Emotionen in mir hoch. Unverständnis und Unsicherheit, vor allem aber: Enttäuschung. Theo hatte also doch mit Annie geschlafen. Nur ... warum hatte er mir nicht die Wahrheit gesagt und stattdessen behauptet, er könnte sich an nichts erinnern?

Schritte erklangen auf dem Flur und ich hob den Kopf und sprang auf, als ich Theo erkannte, der zusammen mit einem Arzt auf uns zusteuerte.

»Und?«

»Wie erwartet, ist alles okay«, sagte Theo und drückte mir einen Kuss auf die Schläfe.

»Also musst du nicht hierbleiben?«, wollte Liz wissen, sah dabei aber nicht Theo, sondern den Arzt an. Der lächelte höflich. »Natürlich wäre es sicherer, wenn Mr Vanderton zur Beobachtung noch eine Nacht hierbleiben würde, aber ...«

»Da wir jetzt wissen, dass ich keine inneren Verletzungen habe, ist es völlig unnötig, ein Bett zu blockieren, das jemand anderes dringender benötigt«, beendete Theo den Satz.

Liz stieß ein leises Schnauben aus und ich wartete darauf, dass sie noch etwas erwiderte, aber schließlich nickte sie nur und bedankte sich bei dem Arzt.

Als wir das Krankenhaus verließen und die Schiebetüren des Eingangsbereiches sich für uns öffneten, gähnte ich. Erschöpfung kroch mir in die Glieder. Die Fahrt zurück zum Campus kam mir deutlich länger vor als die Hinfahrt und wir sprachen nur wenig. Ich bemerkte, wie Theo immer wieder zu mir herübersah, mit seinem Blick vorsichtig über mein Gesicht strich und dann schwer ausatmete. Wir saßen auf der Rückbank, er hatte eine Hand zwischen uns gelegt, wie eine stille Frage. So als traute er sich nicht ganz, nach meiner zu greifen, weil er unsicher war, ob ich das noch wollte. Ich überlegte kurz, schob meine Hand dann aber über seine und verschränkte unsere Finger miteinander.

Ich war nicht wütend. Aber ich wollte Antworten. Ehrliche Antworten. Und Theo wusste das. Ich musste nichts sagen.

»Kannst du uns am Stall absetzen?«, fragte er Liz, als wir die Academy erreichten, und sie warf ihm über den Rückspiegel einen scharfen Blick zu.

»Zum Reden.« Theo verdrehte die Augen. »Das ist etwas … Privates.«

»Vergiss es.« Sie tippte auf die Uhrzeit auf ihrem Autodisplay. Zehn vor elf. »Das könnt ihr genauso gut morgen machen. Ich werde euch jetzt beide nach Hause fahren.«

»Kannst du Louisa dann …«

»Nein. Ich werde Louisa in Haverton House absetzen.«

Damit war die Diskussion für Liz beendet und Theo gab auf.

Er drehte sich zu mir. »Ich hole dich morgen nach deinem letzten Kurs ab und dann erkläre ich dir alles, okay?«

Es war später Nachmittag, als Mr Brown uns aus dem Unterricht entließ. »Ich erwarte, dass Sie alle die Lektüre bis Freitag fertig gelesen und entsprechend bearbeitet haben. Und querlesen zählt nicht. Falls nach den Abendnachrichten nichts Gutes im Fernsehen läuft und mir langweilig wird, könnte es sein, dass ich einen kleinen Test dazu vorbereite.« Mr Brown zwinkerte uns zu, dann verließ er den Raum und ich beeilte mich, meine Tasche zu packen und ebenfalls nach draußen zu kommen.

Theo wartete bereits auf mich. Er stand etwas abseits an der Wand, einen Becher Kaffee und etwas in der Hand, das verdächtig nach eingepacktem Kuchen aussah.

»Hey!«, begrüßte er mich anstelle unseres üblichen Kusses. »Wollen wir los?«

Ich nickte, etwas irritiert von seinem Verhalten. Dachte er, dass ich sauer auf ihn war? Oder … dass ich es gleich sein würde? Hatte er mich deshalb nicht geküsst? Und was sollte der Kuchen?

»Komm, ich zeige dir etwas«, sagte Theo da und lief los, an den Unterrichtsräumen vorbei und weiter bis zur Bibliothek.

»Meinst du den Geheimgang hinter dem Wandteppich?«, fragte ich, als wir an den Regalreihen vorbeikamen und ich den Blick nach oben zu der kunstvoll bemalten Decke gleiten ließ. »Den, über den man einen der Türme erreicht?«

»Ich sehe, du kennst dich inzwischen aus«, sagte er, hielt aber nicht an und ging geradewegs an dem Teppich vorbei. »Allerdings ist dieser *Geheimgang* schon lange nicht mehr wirklich geheim. Der Nordturm dagegen …« Theo brachte seinen Satz nicht zu Ende, sondern setzte sein strahlendstes Lächeln auf und steuerte auf den Schreibtisch von Mrs Ellington zu. Er überreichte der Bibliothekarin den Kuchen und den Kaffee und sie nahm beides mit leuchtenden Augen entgegen.

»Russischer Zupfkuchen, meine Lieblingssorte«, stellte sie erfreut fest und Theo nickte, als hätte er das gewusst.

»Heute ist es allerdings nicht ganz uneigennützig«, gab er zu, woraufhin sie den Blick hob und ihn durch ihre Brillengläser hindurch aufmerksam ansah. »Was kann ich für Sie tun, Mr Vanderton?«

Auf diese Frage schien Theo nur gewartet zu haben, denn er beugte sich ein Stück vor und sagte leise: »Ich bräuchte bitte noch einmal … *den Schlüssel.*«

»Oh natürlich, *der Schlüssel.*« Sie lächelte verschmitzt, dann öffnete sie eine Schublade ihres Schreibtisches und reichte ihm ein kleines seidenes Säckchen.

»Danke.«

»Aber sagen Sie niemandem etwas davon. Nicht Ihren Kommilitonen und schon gar nicht Rektor Lowell oder einem der Professoren.«

»Sie können sich auf mich verlassen«, versicherte Theo. »Das bleibt unser Geheimnis.«

»Schön, schön«, sagte sie, nippte an dem Kaffee und verschwand, vermutlich, um sich eine Gabel für den Kuchen zu holen.

Theo nahm mich mit in den hinteren Teil der Bibliothek, in dem vor allem ältere Werke standen, von denen ich noch nie eines benötigt hatte. Zielstrebig schritt er die Regale ab, blieb schließlich vor dem letzten stehen und schaute noch einmal über die Schulter, wie um sicherzugehen, dass wir allein waren. Dann zog er ein besonders dickes Buch heraus.

»Ein versteckter Mechanismus?«, vermutete ich und Theo grinste. »Gut kombiniert, Sherlock.« Er reichte mir das Buch, dann holte er einen antik aussehenden Schlüssel aus dem Säckchen von Mrs Ellington, ließ seinen Arm halb im Regal verschwinden und …

Ein leises Klacken erklang, sonst geschah nichts. Doch als Theo nun gegen die Regalböden drückte, schwangen diese nach hinten weg. Tatsächlich, da war eine versteckte Tür!

»Nach dir«, sagte er und ich schlüpfte hindurch, blieb jedoch gleich darauf mit angehaltenem Atem stehen.

»Wow, was … ist das hier?«, fragte ich und sah mich um. Der halbrunde Raum erstreckte sich über zwei Stockwerke. Die Wände schienen nur aus Bücherregalen zu bestehen und an der Seite führte eine Wendeltreppe nach oben, zuerst auf eine Galerie und dann noch höher hinauf. Mitten im Raum stand ein reichlich verzierter Holztisch, auf dem eine Karte ausgebreitet war.

»Hier werden die ältesten und wertvollsten Bücher der Academy aufbewahrt«, erklärte Theo. »Man kann sie nicht ausleihen und für gewöhnlich darf auch niemand hier hinein. Wenn jemand etwas in einem dieser Bücher nachschlagen möchte, geht das nur mit einem guten Grund und unter Aufsicht. Man meldet es an und Mrs Ellington sowie einige der Professoren haben dann die Befugnis, die Bücher für einen gewissen Zeitraum mit in ein spezielles Lesezimmer zu bringen.«

Ich staunte. »Aber du darfst hier rein?«

»Nein, eigentlich nicht.« Theo schmunzelte. »Aber sagen wir mal, es hat nicht geschadet, nett zu Mrs Ellington zu sein. Sie kennt sich gut aus an der Academy und weiß mehr über diese alten Gemäuer und ihre Geheimnisse als wir alle zusammen.«

Er griff nach meiner Hand und zog mich mit sich die Stufen hinauf. Der Wendeltreppe folgte eine weitere schmalere aus Stein und schließlich erreichten wir die oberste Ebene.

Im Gegensatz zu dem Turm der Bibliothek, auf dem ich bereits mit Atlas und Coraline gewesen war, war dieser Raum hier nicht zu den Seiten offen, sondern rundum mit kunstvoll verzierten Bogenfenstern versehen. Dazwischen standen drei Büsten auf hölzernen Sockeln – die Gründer der Highclare Academy, vermutete ich. Ich schenkte jedoch weder ihnen noch dem alten Globus oder der historisch anmutenden Sitzgruppe meine Aufmerksamkeit, sondern ging einmal im Kreis herum und blickte durch jedes Fenster, fasziniert davon, dass man von hier aus den kompletten Campus überblicken konnte: Haverton und Belmont House, die Sportanlagen, ja sogar den See mit seiner kleinen Insel darin und dahinter das Wäldchen von Sir Archer Remington.

»Ich habe … diesen Ort gewählt, weil wir sicher sein können, dass wir hier absolut ungestört sind.« Theo räusperte sich und ließ sich auf einen der Stühle sinken. Jetzt klang er plötzlich wieder völlig ernst und mir war klar, was nun folgte. Ich drehte mich zu ihm um, setzte mich aber nicht mit an den Tisch, sondern auf eine der tiefen Fensterbänke.

»Ich … bin gerade nicht sicher, wie ich am besten anfangen soll«, gestand er.

»Wie wäre es damit, dass du mir erzählst, was Atlas dir gestern auf seinem Handy gezeigt hat?«

Theo seufzte und als er den Kopf drehte, kam es mir so vor, als würden Schatten über sein Gesicht huschen. »Das weißt du doch längst, oder?«

»Ich habe eine Vermutung, aber ich will es von dir hören.«

Er nickte, nahm sich aber noch einige Sekunden Zeit, ehe er wieder sprach – leise, aber mit fester Stimme. »Es war ein Foto. Aus der Nacht des Gründerballs. Es … hat Annie und mich gezeigt. In meinem … Bett.« Theo schluckte und in meiner Kehle bildete sich ein Kloß.

»Hast du nicht gesagt, dass du nie etwas von ihr wolltest?«

Wieder ein Nicken. »Ja, und das stimmt auch. Genau wie alles andere, was ich dir über sie erzählt habe. Ich kann mich wirklich nicht daran erinnern, was an diesem Abend passiert ist. Atlas sei Dank.« Er schnaubte und knetete seine Hände. »Ich kann immer noch nicht ganz fassen, dass er mich außer Gefecht setzen wollte, damit ich nicht mit Annie schlafe. Dabei hätte ich das ohne diese bescheuerte Aktion ganz sicher niemals getan.« Kurz huschte sein Blick zu mir herüber, so als wollte er sichergehen, dass ich ihm glaubte. »Die Sache ist die: Dieser Abend ist größtenteils für mich wie ausgelöscht. Da sind nur zusammenhanglose Bruchstücke, die hin und wieder hochkommen und dann ablaufen wie ein Film. So als wäre mir das gar nicht wirklich passiert. Da ist nichts, was ich richtig greifen kann und was einen Sinn ergibt. Ich wusste nicht einmal, dass dieses Foto existiert, und ich habe auch keine Ahnung, wer es gemacht hat.« Er zuckte hilflos mit den Schultern und kurz kam es mir so vor, als würde er innerlich noch einmal in die Vergangenheit reisen und jedes Puzzlestück in seinem Kopf einzeln betrachten.

»Und ... wenn es bearbeitet wurde?«

Theo schüttelte den Kopf. »Natürlich besteht die Möglichkeit. Aber ... meine Erinnerungen ... die wenigen, die ich habe ... passen leider sehr gut dazu.«

Bei seinen Worten wurde mir kalt und ich musste den Reißverschluss meiner Jacke ein Stückchen höher und die Ärmel über die Hände ziehen. Theo bemerkte es sofort und ein Ausdruck von Bedauern legte sich über sein Gesicht, als er sah, was sein Geständnis mit mir machte.

»Ich kann mir bis heute nicht erklären, wie es dazu gekommen ist oder wie ich überhaupt in der Lage dazu gewesen bin, aber irgendwie ... scheint es wohl funktioniert zu haben. Jedenfalls ... waren auch Annies Sachen am nächsten Morgen bei mir.«

Theo redete nun immer schneller und stieß dann deutlich hörbar die Luft aus. Ich sah ihm an, wie schwer es ihm fiel, die nächsten Worte über die Lippen zu bringen. »Als ich aufgewacht bin, war Annie nicht mehr da. Ich hatte wahnsinnige Kopfschmerzen und konnte zuerst gar nicht aufstehen. Irgendwann habe ich es dann aber doch geschafft und sie gesucht. Ich wollte sie fragen, was passiert war, und ich wollte mich entschuldigen. Zu dem Zeitpunkt hatte ich zwar nur einen Verdacht, aber ich habe mich trotzdem wie der letzte Idiot gefühlt. Ich wollte das klarstellen und ihr auch sagen, dass es nichts zwischen uns änderte, falls wir wirklich ...«

Theo machte eine schwammige Handbewegung, die alles sagte. »Aber Annie, sie war … völlig aufgelöst, nicht wirklich … sie selbst. Es ist schwer, das zu beschreiben. Für Annie war es nicht ungewöhnlich, dass ihre Stimmung von einem Extrem ins andere schwankte, das konnte ziemlich schnell gehen. Aber an diesem Tag … ich weiß nicht, sie war … anders als zuvor, hat mir überhaupt nicht zugehört und …«

Mein Handy klingelte und ließ mich zusammenzucken. Bellamy.

»Entschuldige«, murmelte ich, klickte den Anruf weg und schaltete den Ton ab. Doch es dauerte nur wenige Sekunden, bis es erneut vibrierte.

»Willst du nicht drangehen?«, fragte Theo. »Vielleicht ist es wichtig.«

»Nein.« Ich schüttelte den Kopf. »Du bist gerade wichtiger. Bitte erzähl mir, wie …«

Mein Handy begann hartnäckig, wieder zu vibrieren, und ich spürte, dass Theo nicht weiterreden würde, bevor ich nicht drangegangen war. Also nahm ich den Anruf an.

»Ja?«

»Louisa, bist du noch in der Academy?« Bellamy klang aufgebracht, was ungewöhnlich für ihn war.

»Ja, Theo und ich sind im Nor…« Da fiel mir ein, dass der genaue Ort ja unser Geheimnis bleiben musste. »In der Bibliothek.«

»Du musst sofort nach Hause kommen. Es ist … etwas passiert. In deinem Zimmer.«

»Was meinst du damit?«

Bellamy schwieg, ich konnte hören, dass im Hintergrund mehrere Leute durcheinanderredeten.

Schließlich atmete er so deutlich in den Hörer, dass es rauschte. »Das solltest du dir vielleicht besser selbst ansehen.«

24

Theo und ich brauchten nur knapp zehn Minuten bis nach Haverton House. Bereits im Treppenhaus hörte ich aufgebrachte Stimmen und als wir die Etage erreichten, auf der ich wohnte, hatte sich schon eine ganze Traube vor meiner Tür versammelt.

»Hey, stimmt es, dass dein Zimmer verwüstet wurde?«, fragte Haru, ein Typ aus meiner Klasse. Seine Augen funkelten sensationslüstern, doch ein einziger Blick von Theo genügte, um ihn zum Schweigen zu bringen. Er machte einen Schritt nach hinten und ließ uns durch. Mit einem mulmigen Gefühl im Bauch drückte ich die Klinke meiner Zimmertür herunter – und erstarrte. Was zur …?

Das war nicht mein Zimmer! Zumindest nicht so, wie ich es in Erinnerung hatte. Jemand war hier gewesen! Stocksteif betrachtete ich das Szenario und nur Theos Hand auf meinem Rücken brachte mich dazu weiterzugehen. Ganz sanft schob er mich vorwärts und schloss hinter uns die Tür, weil bereits Leute herandrängten, um einen Blick ins Innere erhaschen zu können.

Bellamy und Holly standen in der Mitte des Raums, doch ich nahm nur kurz wahr, dass sie mich mitleidig anschauten. Meine Beine fühlten sich an wie aus Blei, als ich langsam einen Fuß vor den anderen setzte und mich im Kreis drehte.

Die Tür zu meinem Schrank stand offen, all meine Kleidungsstücke lagen quer über den Boden verteilt. Auch meine Schulunterlagen, mein Tablet und einfach alles, was auf meinem Schreibtisch gelegen hatte, war heruntergefegt worden. Der Stuhl war auf die Seite gekippt. Doch nicht nur das: Wer auch immer hier drin gewesen war, hatte die Polster meiner Möbel aufgeschlitzt, genau wie die Kissen und meine Bettdecke, und anschließend alles mit roter Farbe besprüht. Die Vorhänge, den Teppich samt der Kleidung darauf, die Tür zum Schrank, die Kommode: All das war ein wildes Chaos aus roten Linien und Flecken.

Ich musste nicht nachfragen, was es damit auf sich hatte. Auch ohne das große M an der Wand wäre es mir sofort klar gewesen.

»Wisst ihr, wer das getan hat?«, fragte Theo und klang dabei so wütend, wie ich ihn noch nie erlebt hatte. »War es Corentin?«

Holly Sage zuckte mit den Schultern. »Das wissen wir nicht. Coraline hat gemerkt, dass die Tür offen stand.«

Wie aufs Stichwort erschien diese in der Badezimmertür, genau wie beim letzten Mal, als ich sie getroffen hatte, mit einem langen weißen Bademantel bekleidet. »Oh Gott, du Arme, das tut mir alles so leid.« Coraline eilte auf mich zu und nahm mich kurzerhand in den Arm. »Ich wollte dich fragen, ob du mit zum Wellness kommst, und hören, wie das Turnier gelaufen ist. Aber dann habe ich rote Flecken auf dem Boden vor deiner Tür gesehen. Und dann ...« Sie deutete Richtung Sofa. »... habe ich das hier entdeckt und bin in Panik geraten. Zum Glück habe ich Bellamy und Holly auf dem Gang getroffen.«

Bellamy nickte. »Ja, wir konnten die schaulustige Menge da draußen gerade noch so davon abhalten, reinzukommen und in deinen Sachen zu wühlen.«

»Danke.« Allein bei der Vorstellung, wie Leute, die ich zum Großteil nur flüchtig kannte, in meinem Zimmer herumliefen und sich alles ansahen, als wäre mein privater Bereich nichts weiter als ein Ausstellungsraum im Museum, stellten sich mir die Nackenhaare auf.

Ganz langsam machte ich ein paar Schritte auf die Fenster zu und sah mir das Ausmaß der Zerstörung genauer an. Die meisten meiner Kleidungsstücke waren mit roten Farbspritzern übersät, davon würde ich nichts mehr anziehen können. Ich hob den Kapuzenpullover mit dem Logo der Highclare Academy hoch, über dessen Ärmel sich Farbstreifen zogen. Auch der blaue Regenmantel, den Granny mir an Weihnachten geschenkt hatte, war dem Eindringling zum Opfer gefallen. Ich brauchte ihn mir nicht mal genauer anzusehen, um zu wissen, dass er nicht mehr zu retten war. Neben meinem Bett lag das Foto von Kami und meinen Dads. Das Glas war zersplittert, aber der Rahmen war noch heil. Mein Bett dagegen war ein Schlachtfeld. Die Füllung der Kissen ergoss sich über die zerfetzte Decke und ... Oh Gott, nein! Pouchi! Ich blickte mich um, konnte Kamis Einhorn aber nirgendwo entdecken.

»Suchst du das hier?«, fragte Holly Sage da und bückte sich, um etwas aufzuheben, das neben dem Bett lag.

Da war es. Das kuschelweiche Monstrum aus rosa und weißem Plüsch.

»Scheint, als hätte es nichts abbekommen.« Holly Sage drehte Pouchi prüfend hin und her und hielt ihn mir dann entgegen. »Ist wohl direkt runtergefallen und hat dadurch überlebt.«

Erleichtert nahm ich ihn entgegen und gerade war es mir überhaupt nicht peinlich, dass ich Pouchi an mich drückte und meine Nase in seinem Zuckerwattefell vergrub. Ich brauchte das jetzt – ein kleines Stückchen Sicherheit.

»Wir haben übrigens alles fotografiert«, sagte Bellamy da.

»Zu Dokumentationszwecken. Das hier solltest du auf jeden Fall Rektor Lowell melden.«

»Ja, das musst du unbedingt machen«, drängte auch Coraline und ich sah sie an. »Hast du eine Idee, wer das war?«

Sie schüttelte den Kopf. »Als ich es bemerkt habe, war niemand mehr hier.«

Theo ballte die Hände zu Fäusten. »Wenn ich Corentin erwische, dann …«

»Wir wissen nicht, ob er dahintersteckt«, warf Holly Sage ein und hielt ihn am Arm fest, als wollte sie so verhindern, dass er aus der Tür stürmte und die Prügelei von gestern fortsetzte.

»Gleich werden wir es aber wissen.« Theo befreite sich aus ihrem Griff. »Ich gehe davon aus, dass Atlas immer noch im selben Zimmer wohnt wie letztes Jahr?«

»Theo, warte!« Beim eindringlichen Klang von Bellamys Stimme drehte mein Freund sich noch einmal um. »Ich halte das ehrlich gesagt für keine gute Idee.«

Theo schnaubte. »Keine Sorge, ich kann meine Angelegenheiten mit Worten regeln.«

»Aber Atlas anscheinend nicht.«

»Außerdem ist da noch etwas, das ihr euch ansehen solltet«, warf Coraline ein und deutete zum Bad.

Ich ging vor und als ich sah, was sie meinte, drehte sich mir der Magen um. Gleichzeitig spürte ich Wut in mir aufsteigen. Alle Fliesen waren beschmiert worden, die gläserne Duschwand und der Spiegel ebenfalls. *Ich erwarte deine Antwort,* hatte jemand darauf geschrieben – offenbar mit blutrotem Nagellack. Und direkt darunter … klebte ein Briefumschlag.

Ich riss ihn herunter und brach das Siegel. Wie erwartet, fand ich darin eine einzelne Karte. Ich rechnete damit zu lesen, dass ich nun ebenfalls *auserwählt* worden war. Doch stattdessen stand da: *Du hast die Wahl.*

Irritiert schaute ich noch einmal in den Umschlag: Hatte ich eine zweite Nachricht übersehen? Nein, da war nichts. Aber … was sollte das? Wobei hatte ich die Wahl?

»Ich verstehe das nicht«, sagte ich und reichte die Karte an Theo weiter. »Was soll das bedeuten?«

Er runzelte die Stirn und während er die wenigen Worte las, konnte ich zusehen, wie sich sein Gesicht verdunkelte.

»Wir müssen reden«, stieß er hervor. »Allein.«

Sein Tonfall ließ eine Gänsehaut über meine Arme kriechen und eine schreckliche Vorahnung machte sich in mir breit.

Hinter Theo schoben sich Coraline und Holly Sage herein, sie schienen seine letzten Worte nicht gehört zu haben.

»Und, was steht in dem Brief?«, wollte Coraline wissen, während Holly Sage zu mir kam und mir eine Hand auf die Schulter legte.

»Das tut mir alles so leid für dich«, sagte sie. »Wir haben Brenda noch nicht informiert, weil wir dachten, du solltest es zuerst sehen. Aber sie wird sicher schnell eine Lösung dafür finden. Und so lange kannst du gerne bei mir einziehen und dich auch an meinem Schrank bedienen.«

»Das ist wirklich nett«, murmelte ich und schenkte ihr ein kleines Lächeln. Allerdings waren meine zerstörten Sachen gerade mein kleinstes Problem. Ein Blick zu Theo genügte, um es mir zu bestätigen: Er wusste etwas.

»Könnt ihr uns kurz allein lassen?«, bat ich die anderen deshalb und sie nickten sofort.

»Klar, sag Bescheid, wenn du etwas brauchst.« Bellamy wandte sich zur Tür. »Wenn du willst, kann ich den Vorfall auch schon einmal bei Rektor Lowell und bei Brenda melden. Dann brauchst du dich darum nicht auch noch zu kümmern.«

Ich nickte ihm dankbar zu und er erwiderte die Geste, als Zeichen, dass er mich verstanden hatte. »Alles klar. Und ich sorge gleich auch noch dafür, dass die Schaulustigen da draußen verschwinden.«

Damit ging er und Holly Sage und Coraline folgten ihm, nachdem sie mir auch noch einmal versichert hatten, dass ich jederzeit bei ihnen klopfen konnte.

Als die Tür hinter ihnen zufiel, schloss ich kurz die Augen und wappnete mich innerlich für das, was nun folgen würde. Dann drehte ich mich zu Theo um. Die Reue, die sich in seinen Augen spiegelte, traf mich mit voller Wucht.

»Der Brief ist nicht für mich, richtig?«, fragte ich heiser. »Das alles hier ist eigentlich nicht an mich gerichtet.«

Theo atmete tief durch, ehe er antwortete. »Nein, die Nachricht ist für mich und das hier …« Er schaute über die Schulter und dann wieder zu mir. »… ist wohl als Drohung zu verstehen. Dass ich die Wahl habe und mich entweder auf diesen Wahnsinn einlassen kann oder …« Er musste den Satz nicht beenden. Was er gesagt hatte, reichte mir bereits, um mir alles zusammenzureimen und mich innerlich schockzufrosten.

»Also bist du ein Spieler?«, platzte es aus mir heraus. Aber Theo schüttelte sofort den Kopf. »Nein, bin ich nicht. Zumindest nicht richtig.«

Nicht richtig? Was zur Hölle?

»Was heißt das?« Ein Zittern überlief mich, ich konnte es nicht verhindern. Einerseits weil ich mich vor der Antwort fürchtete. Andererseits weil ich einfach nicht glauben konnte, dass er mir noch nicht davon erzählt hatte.

Keine Geheimnisse mehr. Er hatte es mir verdammt noch mal versprochen. An jenem Abend nach der Party des Masters. Es war meine Bedingung gewesen, sonst hätte ich mich auf all das nicht eingelassen. Auf ihn, auf unsere Beziehung, auf alles, was ich für ihn empfand.

»Das heißt, dass ich die Nachrichten des Masters bisher

ignoriert habe«, sagte Theo da und seine Worte rauschten durch mich hindurch wie ein Orkan. *Die Nachrichten?* Theo hatte schon mehrere erhalten?

»Wann hast du deinen ersten Brief bekommen?«

»Kurz nach der Party des Masters.«

Er schluckte und ich konnte nur dastehen und ihn anstarren. Das konnte doch nur ein Traum sein. Der beschissenste seit Langem. Ein Traum, in dem mein Freund mir gerade eröffnete, dass sein Versprechen mir gegenüber rein gar nichts bedeutete. *Keine Geheimnisse mehr.* Keine verfluchten Geheimnisse mehr! Das war alles, was ich gewollt hatte. Vertrauen. Sein Vertrauen. Aber auch das Gefühl, *ihm* immer zu einhundert Prozent vertrauen zu können. Dass ich mich ihm öffnen und mich auf meine Gefühle einlassen konnte, in dem Wissen, dass er mich nie verletzen würde. Zumindest nicht mit Absicht.

»Nach der Party?«, krächzte ich und presste die Zähne aufeinander, um nicht loszuschreien. Trotzdem wurde meine Stimme lauter. »Die war im *Oktober!* Jetzt haben wir November!«

»Ich weiß.«

»Und hattest du vor, mir das komplett zu verschweigen?«

Theo fuhr sich durch die Haare – wie immer, wenn er sich unwohl fühlte.

»Zuerst ja«, gestand er dann und sah mir dabei fest in die Augen. »Ich wollte dich aus allem raushalten. Zum einen weil ich es wirklich nicht für eine große Sache hielt, zum anderen weil ich nicht wollte, dass du dir unnötig Sorgen um mich machst. Du warst so aufgewühlt wegen Jeremy und ich wollte dich …«

»Sag jetzt nicht, du wolltest mich beschützen!«, fiel ich ihm ins Wort.

»Nein, aber du solltest, nach allem, was in den ersten Monaten mit Shiya los war, erst einmal richtig ankommen und dich auf Twister und die Turniere konzentrieren dürfen.« Er seufzte. »Louisa, wir wissen beide, dass es bei dem Termin mit dem Förderkomitee ziemlich eng für dich war. Und ich wollte nicht, dass du dir meinetwegen Gedanken machst und womöglich deshalb dein Stipendium riskierst. Dafür ist es viel zu wichtig.«

»Aber du bist mir auch wichtig!«, protestierte ich laut. »Und wenn du in diese kranke Sache mit reingezogen wirst, kannst du mir das doch nicht einfach so verheimlichen!« Meine Sicht verschwamm. Alles, woran ich denken konnte, war: *Das passiert gerade nicht wirklich. Das darf nicht sein.*

»Ich bin aber nicht mit reingezogen worden.« Theo verschränkte die Hände im Nacken, löste sie jedoch gleich darauf wieder. »Zumindest ... nicht bis Samstagnacht.«

Samstag? Aber da ...

»Da waren wir doch noch auf dem Turnier«, überlegte ich laut und er nickte.

»Ich habe nachts eine Nachricht aufs Handy bekommen mit ... dem Foto von Annie und ... mir.«

Das Foto, das verfluchte Foto. Mir wurde schlecht und es kam mir so vor, als würde sich der Raum um mich herum langsam auflösen. *Das passiert nicht wirklich, das ist alles nicht wahr.*

»Das Foto, wegen dem Atlas gestern so ausgerastet ist?«, hörte ich mich fragen. Es kam mir so vor, als betrachtete ich die Situation wie einen Film. Weit weg, in sicherer Entfernung, geschützt vor der Woge aus Emotionen, die sich gerade in mir sammelte und drohte, mich zu überrollen. *Keine Geheimnisse mehr.* Und jetzt das? Für wie schwach hielt er mich?

»Kann ich es ... sehen?«

Theo schüttelte den Kopf. »Es hat sich nach wenigen Sekunden selbst gelöscht.«

»Okay.« Ich schaffte es nicht, noch mehr zu sagen. Der Schmerz in meiner Brust dehnte sich weiter aus, bis ich glaubte, zu wenig Luft zu bekommen. Kopfschüttelnd ging ich an Theo vorbei, aus dem Bad und zum Bett. Ich schob die Decke zurück, um mich hinzusetzen, doch auch die Matratze war voller roter Flecken. Ein kalter Schauer lief mir über den Rücken und eine Sekunde lang überlegte ich, ob ich mich stattdessen auf das aufgeschlitzte Sofa setzen sollte. Aber etwas in mir sträubte sich dagegen. Das alles hier fühlte sich plötzlich noch viel falscher an als vorher und irgendwie fremd. Nicht nur das Zimmer, sondern … auch Theo.

»Ich muss hier raus«, verkündete ich und stopfte Pouchi und den Bilderrahmen kurzerhand in einen Rucksack. Anschließend sammelte ich die Schulunterlagen, die nicht in Fetzen hingen, vom Boden auf, steckte sie in einen Hefter und klemmte ihn mir unter den Arm. Nach allem, was ich gerade erfahren hatte, brauchte ich dringend frische Luft.

Theo nickte und als ich das Zimmer verließ, folgte er mir schweigend. Ich schloss die Tür, kontrollierte sie zweimal, dann lief ich mit schnellen Schritten nach unten, durchs Foyer und das imposante Eingangstor von Haverton House. Instinktiv schlug ich die Straße ein, die nach Belmont House führte, und Theo lief mir nach.

»Können wir darüber reden?«, fragte er, als ich auf die Hauptstraße trat.

»Worüber?« Ich marschierte weiter. Laufen, einfach laufen. In Bewegung bleiben. Und bloß nicht darüber nachdenken, was die letzten Minuten für mich bedeuteten. Was sie für uns bedeuteten.

»Darüber, was es mit den Briefen auf sich hat, und warum ich …«

»Warum du mich belogen hast? Schon wieder?«

Nun konnte ich doch nicht mehr an mich halten, meine Gefühle drückten hartnäckig gegen meine innere Mauer, bis sie immer mehr bröckelte und schließlich nachgab. Mein Verstand setzte aus und der Schmerz der Erkenntnis flutete unaufhaltsam durch mich hindurch. »Ich habe dir geglaubt, als du gesagt hast, dass es keine Geheimnisse mehr zwischen uns gibt. Aber wie es scheint, bedeutet das alles einen Scheiß für dich. Das Vertrauen zwischen uns, Ehrlichkeit, dein Versprechen an mich.«

Theo knirschte mit den Zähnen, er setzte zu einer Antwort an. Aber ich war noch nicht fertig. »Hättest du mir davon erzählt, wenn Atlas gestern nicht auf dich losgegangen wäre? Und wenn der Master mich nicht als Druckmittel eingesetzt hätte?«

Kurz hielt er inne, als würde er seine Worte abwägen. »Louisa, du musst verstehen, dass das alles nicht leicht für mich ist, und vorhin in der Bibliothek, da wollte ich dir eigentlich …«

»Es ist nicht leicht für *dich?*« Ich schnappte nach Luft. »Ernsthaft? Für dich? Hast du auch nur den Hauch einer Ahnung, wie ich mich gerade fühle? Ich meine … gab es auch nur einen einzigen Tag in unserer Beziehung, an dem du keine Geheimnisse vor mir hattest?«

Wieder schwieg Theo einen Moment, dann stieß er einen frustrierten Laut aus und seufzte. Das reichte mir.

»Also …« Ich schluckte. »Hast du mich auch noch bei anderen Sachen angelogen?«

Die Frage machte mir Angst und mit jeder Sekunde, in der sie zwischen uns in der Luft hing, krampfte sich mein Herz weiter zusammen. Vor allem weil Theo nicht antwortete. Er blieb bloß stehen und schaute mich an, zeigte aber keine Reaktion.

Ich wollte, dass er verdammt noch mal den Kopf schüttelte, mir versicherte, dass ich das alles bloß falsch verstanden hatte. Aber das tat er nicht. Stattdessen sagte er: »Bitte lass es mich dir erklären.«

»Nein.« Das Wort war schneller heraus, als ich denken konnte. Auf einmal war da bloß noch Chaos in mir. Alles um mich herum begann sich zu drehen. Immer schneller, bis es mir vorkam, als würde meine Welt und mit ihr all das, was ich in den vergangenen Wochen erlebt hatte, gänzlich verschwimmen. Wie ein Trugbild, eine Realität, die nie echt gewesen war. In der wir beide, er und ich und alles zwischen uns, nie echt gewesen waren. Der Gedanke explodierte in meinem Inneren, fegte durch mich hindurch und hinterließ nichts als Scherben – und das Gefühl, nur noch aus Schmerz zu bestehen.

Vorsichtig streckte Theo eine Hand nach mir aus, aber ich machte einen Schritt von ihm weg.

»Lass mich«, presste ich heraus und er zuckte sofort zurück und brachte seinerseits Abstand zwischen uns. Seine Lippen bewegten sich, aber ich hörte nicht mehr, was er sagte.

Denn noch bevor die ersten Tränen über meine Wangen rinnen konnten, bevor das Zittern immer stärker wurde und bevor das leise Schluchzen aus meiner Kehle drang, drehte ich mich um und ging.

25

Meine Beine trugen mich auf direktem Weg nach Belmont House. Dort klingelte ich Sturm und Jeremy eilte mir bereits im Treppenhaus entgegen und nahm mich in den Arm.

»Komm mit«, flüsterte er und brachte mich in sein Zimmer, wo ich ihm alles erzählte. Jeremy hörte schweigend zu, versorgte mich mit Taschentüchern, etwas zu essen und warmem Tee und bot mir an, heute bei ihm zu übernachten. Wir redeten viel, über Theo, aber auch über Alaric: Zwar hatte Jeremy sich nach der letzten Anhörung mit ihm getroffen, doch es war immer noch unklar, wie es mit ihnen jetzt weiterging. Sie hatten kaum Kontakt und besprachen nur das Nötigste – vor allem stimmten sie sich zu der zweiten Anhörung ab, die am Freitag, also in vier Tagen, stattfinden sollte. Sobald es um Jeremys Vater ging und darum, wie es mit ihnen beiden weitergehen sollte, stritten sie sich jedoch. Und auch wenn Jeremy gerade versuchte, für mich da zu sein, spürte ich deutlich, wie sehr er unter der Trennung litt.

Da Liz das Reittraining erst einmal bis auf Weiteres abgesagt hatte, blieb ich bis in die späten Abendstunden. Als Brenda mich schließlich anrief, war es bereits nach zehn und ich rechnete damit, dass sie wissen wollte, wo ich war und wann ich nach Haverton House kam. Doch zu meiner Überraschung verlor sie kein Wort darüber. Stattdessen teilte sie mir ungewohnt einfühlsam mit, dass Rektor Lowell über den Vorfall in meinem Zimmer informiert worden war und dass sie meine Räumlichkeiten schnellstmöglich renovieren lassen würde. So lange konnte ich ein anderes, wenn auch etwas kleineres, Zimmer haben. Ich bedankte mich, ein wenig verwundert darüber, dass sie mich nicht abholen ließ. Aber wahrscheinlich hatte das Schlachtfeld in meinem Zimmer sogar ihr Herz erweicht. Und so blieb ich bei Jeremy, machte es mir mit einem Kissen und einer Decke auf seiner Couch gemütlich und dachte über all das nach, was ich in den letzten Stunden erfahren hatte. Über Theo, aber auch über Annie. Über das Foto und das, was es bedeutete. Auch wenn es mir eigentlich hätte egal sein sollen, weil ich Theo zu dieser Zeit noch nicht einmal gekannt hatte, lag mir diese Information jetzt wie ein Stein im Magen – vor allem eine Frage, die damit einherging. Ich drehte mich auf dem Sofa um und schaute zu Jeremy, der schon in seinem Bett lag.

»Jeremy? Denkst du ... Theo ...« Ich wollte den Gedanken gar nicht aussprechen, aber dann tat ich es doch. »Will nicht mit mir schlafen, weil ich ihn an Annie erinnere?«

Im Schein der Nachttischlampe konnte ich sehen, wie Jeremy nachdenklich die Stirn in Falten legte.

»Das kann ich mir nicht vorstellen. Er hat doch selbst gesagt, dass ihr zwei völlig unterschiedliche Menschen seid.«

Ja, das stimmte auch wieder.

»Ich kenne Theo nicht so gut wie du«, fuhr Jeremy fort. »Aber ich bekomme mit, wie er dich ansieht. Und ich denke, wir sind uns einig, dass er sich verhalten hat wie ein Vollidiot. Aber bei einer Sache hat er definitiv nicht gelogen.«

»Und das wäre?«

»Damit, dass er verrückt nach dir ist.«

Jeremy lächelte leicht, dann schaltete er das Licht aus und während seine Atemzüge bereits nach wenigen Minuten ruhiger wurden, lag ich noch eine ganze Weile wach und grübelte darüber nach, warum Theo mir nichts von den Briefen erzählt hatte. Davon, dass er erpresst wurde. Erst jetzt fiel mir auf, dass ich ihn gar nicht gefragt hatte, womit eigentlich. War es nur das Foto – oder war da noch mehr? Und was genau war die Aufgabe, die er für den Master erfüllen sollte?

Theo Vanderton, dachte ich, bevor ich einschlief. *Was ist schlimm genug, um dich bedrohen zu können? Was ist dein größtes Geheimnis?*

Am nächsten Morgen machte ich mich bereits im Dunklen auf den Heimweg, damit niemand aus Belmont House etwas mitbekam. Die Gerüchte über mein verwüstetes Zimmer würden zwar ohnehin die Runde machen, aber ich wollte nicht auch noch die Frage aufwerfen, warum ich nicht bei Theo übernachtet hatte. Das ging keinen etwas an.

Und so lief ich noch vor dem Frühstück zurück nach Haverton House, ließ mir von Brenda meine neue Zimmerkarte aushändigen und machte mich daran, die wenigen Sachen, die ich gerettet hatte, eine Etage höher zu tragen.

Es war mehr als beklemmend, mein altes Zimmer dafür noch einmal zu betreten und alles zusammenzusuchen – die Vorstellung, dass jemand während meiner Abwesenheit hier eingedrungen war, schnürte mir immer noch die Luft ab. Und nicht nur der Master schien sich hier ausgetobt zu haben. Erschrocken stellte ich fest, dass alle meine Möbel und auch die Vorhänge entfernt worden waren, seit ich gestern hier gewesen war. Mein weniges Hab und Gut lagerte im Kleiderschrank, doch auch hier fehlten einige Sachen!

»Ich habe mir erlaubt, deine Kleidung reinigen zu lassen«, informierte Brenda mich, die kurz anklopfte und dann einfach hereinspazierte. »Da war allerdings nichts zu machen. Lass mich wissen, wenn ich sie für dich entsorgen soll. Die Schuluniform habe ich bereits ersetzt. Du findest sie in deinem neuen Schrank. Außerdem möchte der Chef der Security mit dir sprechen und Rektor Lowell lässt dir ausrichten, dass die Academy für den Schaden aufkommt.«

Ich nickte steif, nicht sicher, was ich davon halten sollte, dass Brenda mein Zimmer ausgeräumt hatte. Einerseits war ich dankbar, dass ich es in meiner aktuellen Verfassung nicht selbst hatte machen müssen. Andererseits fühlte es sich an, als hätte sie in meinem Tagebuch gestöbert. Also sagte ich ihr, dass sie nichts einfach so wegschmeißen sollte und dass ich mich später um alles kümmern würde. Dann machte ich mich auf den Weg in den Speisesaal, um noch eine Kleinigkeit zu essen herunterzuwürgen, bevor der Unterricht losging.

Doch kaum, dass ich einen Fuß in den Raum gesetzt hatte, drehten sich alle zu mir herum und es wurde schlagartig still. Gespräche brachen ab, dann wurde geflüstert. Den Blick stur geradeaus gerichtet, steuerte ich auf das Büfett zu. Doch mit dem Getuschel im Rücken und dem Wissen, gerade von allen angestarrt zu werden, schaffte ich es nicht, mir einen Teller zu nehmen. Ich schnappte mir bloß eine Tasse Kaffee und ein Croissant, verließ fluchtartig den Saal und verbarrikadierte mich in meinem neuen Zimmer. Es war nicht ganz so pompös wie das letzte, aber dafür mit Fenstern zum Garten und einem Blumenstrauß auf dem Tisch, der einen angenehmen Duft verströmte. Wie versprochen, warteten drei nigelnagelneue Schuluniformen im Schrank auf mich und nachdem ich geduscht hatte, zog ich eine davon an und band mir die Haare zu einem Zopf zusammen.

Da ich noch etwas Zeit hatte, bevor die erste Stunde begann, machte ich mich daran, die Dinge auszupacken, die ich hatte retten können. Das Foto meiner Familie befreite ich von dem zersplitterten Glas und stellte es auf meinen Nachtschrank,

Pouchi legte ich aufs Bett und die wenigen Anziehsachen, die mir geblieben waren, hängte ich auf einen Bügel. Anschließend setzte ich mich auf die Matratze und sah mich um. Der Raum fühlte sich fremd an, wie in einem Hotel. Dennoch gefiel mir dieses Zimmer besser als das letzte. Vielleicht lag es daran, dass Annie nicht zuvor darin gewohnt hatte. Vielleicht aber auch an dem etwas kleineren, gemütlicheren Schnitt des Raumes und dem Blick auf den Pavillon und die Terrasse. Und trotzdem ... war da etwas, das einen Anflug von Beklemmung auslöste, wenn ich zur Tür schaute. Auch dieser Raum wurde mit einer Karte geöffnet. Ein Mechanismus, den irgendjemand ausgetrickst und sich dadurch Zugang zu meinem alten Zimmer verschafft hatte. Was, wenn es noch einmal passierte? Wenn wieder bei mir eingebrochen wurde, um mich als Druckmittel gegen Theo auszuspielen?

Seit meiner Ankunft an der Highclare war mein altes Zimmer ein Rückzugsort für mich gewesen – insbesondere ganz am Anfang, als ich noch nicht mit Theo zusammen gewesen war und meine freie Zeit in Sir Archer verbracht hatte. Doch dieses Gefühl war nun für immer verloren.

Du wirst hier nie wirklich sicher sein, wurde mir klar. Ganz egal in welchem Zimmer. In Haverton House wohnten einfach zu viele Menschen. Es war nahezu unmöglich, alle gleichzeitig im Auge zu behalten, geschweige denn herauszufinden, wem man vertrauen konnte und wem nicht.

Dieser Gedanke ließ mich frösteln und kurz entschlossen stopfte ich alles, was ich zuvor ausgepackt hatte – inklusive Pouchi und dem Foto meiner Familie –, in meinen Koffer und verstaute ihn im hintersten Winkel meines Kleiderschranks, in der Hoffnung, dass ein Eindringling die Sachen dort nicht finden würde. Dann setzte ich mich aufs Bett, wartete, dass die Zeit verstrich, und dachte an den Samstag mit meiner Familie in Sir Archer, der mir inzwischen so weit entfernt vorkam, und daran, wie gerne ich jetzt einfach das Haus gewechselt hätte und zu meinen Freunden gezogen wäre. Zu ihnen und … Theo.

Nachdenklich wischte ich auf meinem Handy herum und suchte nach dem Bild, das Kami von uns gemacht hatte. Eine Weile betrachtete ich es und überlegte, Theo anzurufen. Aber dann stand ich entschlossen auf und schaltete das Handy aus. Nein, ich brauchte noch etwas Zeit. Zeit, um mir über meine Gefühle klar zu werden und mich innerlich zu sortieren. Theo war nicht ehrlich zu mir gewesen, obwohl er es mir versprochen hatte. Stattdessen hatte er mir wieder und wieder ins Gesicht gelogen. Und woher sollte ich wissen, ob er mir gestern die ganze Wahrheit gesagt hatte und wie viele Geheimnisse er noch vor mir verbarg?

Seufzend ließ ich mich auf mein Bett sinken und starrte an die Decke. Es war unausweichlich – ich würde mich damit beschäftigen müssen, was seine Lügen für mich bedeuteten. Was sie für uns bedeuteten. Wie und ob es weiterging. Nur … nicht jetzt. Denn gerade fühlte ich mich nicht bereit dazu, mich meinen Gefühlen und der Wahrheit zu stellen.

Den restlichen Vormittag über versuchte ich, mich auf den Unterricht und die Vorbereitung für die Klausuren zu konzentrieren, was mir nicht wirklich gut gelang. Und auch der Nachmittag flog nur so an mir vorbei: Zunächst stand der Termin mit Rektor Lowell und dem Sicherheitschef an, bei dem mir eine Menge Fragen gestellt wurden.

Ob es Menschen an der Academy gab, die mir schaden wollten? – Vermutlich mehr als genug.

Ob ich wusste, wer von den Mitgliedern meines Hauses alles spielte? – Keine Ahnung.

Ob ich meine Zimmerkarte jemals einem Mitschüler oder -studenten abgegeben hatte? – Nein, ganz sicher nicht.

Als wir fertig waren, bedankten sie sich bei mir, nickten mir zu und versicherten, dass sie sich der Sache annehmen würden und dass ich mir keine Sorgen machen sollte. Haha, sehr witzig.

Der Sicherheitschef riet mir außerdem, von eigenen Ermittlungen abzusehen und mich sofort zu melden, falls mir etwas verdächtig vorkam.

Doch wirklich sicher fühlte ich mich dadurch nicht – immerhin hatte die sogenannte *Spezialeinheit* bisher ziemlich wenig erreicht, was Jeremy und Bellamy betraf. Es war einfach so frustrierend. Und ja, natürlich konnte es auch sein, dass sie längst mehr wussten und sich noch bedeckt hielten. Aber fest stand nun einmal, dass der Master bis jetzt nicht enttarnt worden war und munter weiter sein Unwesen trieb. Das konnte so nicht weitergehen. Es war mir egal, dass der Sicherheitschef wollte, dass ich mich raushielt. Mir reichte es so was von! Ich würde Atlas jetzt einfach mit meinem Verdacht konfrontieren, ihm dabei ins Gesicht blicken und sehen, ob meine Worte irgendetwas mit ihm machten – ob eine winzige Regung ihn verriet. Mal sehen, wie gut sein Pokerface wirklich war.

Da ich nicht noch einmal mit Atlas allein sein wollte – vor allem nicht nach der Prügelei mit Theo –, entschied ich, ihn im Gemeinschaftsraum von Haverton vor den anderen anzusprechen. Ich fand Atlas zusammen mit Grayson und Eden auf einem der zahlreichen Sofas und bewunderte einen gigantischen Pokal, den das Schwimmteam gerade mit nach Hause gebracht hatte. Obwohl Eden wie so oft keinen Anteil daran gehabt hatte, plusterte er sich auf, als hätte er selbst und nicht Atlas die Bestzeit hingelegt: »Das ist einfach Wahnsinn, dieser Pokal ist riesig! Der braucht einen Ehrenplatz.«

Ich stellte mich zu ihnen, räusperte mich und unterbrach ihn. »Atlas, bist du in mein Zimmer eingebrochen?«

Eden und Grayson hoben die Augenbrauen und sahen ihren Freund an, doch der würdigte mich nicht eines einzigen Blickes. Er blieb locker sitzen, betrachtete zufrieden den Pokal und schwieg. »Atlas! Verdammt, hör auf mit der Scheiße. Bist du in mein Zimmer eingebrochen?«

Nichts. Er ignorierte mich einfach weiter – selbst dann noch, als ich ein wütendes Schnauben ausstieß und einen Schritt auf ihn zumachte. »Rede mit mir!«

Doch immer noch tat er, als wäre ich Luft, und schließlich gab ich es auf und rauschte frustriert aus der Tür.

Ich rechnete schon fast damit, dass Atlas mich später auf einem der Gänge abfangen und wieder versuchen würde, mich einzuschüchtern, weil ich es gewagt hatte, ihm etwas zu unterstellen. Doch nichts dergleichen geschah. Er tat einfach weiter so, als wäre ich Luft. Zum einen erleichterte mich das. Zum anderen machte es mich auch wahnsinnig, weil ich meine Wut über den Master und alles, was in den letzten Tagen und Monaten geschehen war, an irgendwem auslassen wollte, bevor ich daran erstickte: daran, dass Theo mir nicht die Wahrheit gesagt hatte. Dass Jeremy immer noch nicht wusste, was aus seiner Beziehung werden würde. Und daran, dass Bellamy in der Öffentlichkeit bloßgestellt worden war. Doch Atlas gab mir keine Chance, ihm das an den Kopf zu knallen.

Und so blieb mir nichts anderes übrig, als meinen Frust herunterzuschlucken und weiter Kleidungsstücke in Müllsäcke zu stopfen – und mit ihnen meine Erinnerungen an zu Hause.

Völlig unerwartet kam Holly Sage tatsächlich etwas später

an diesem Tag zu mir und brachte mir ein paar Sachen von sich.

»Ich weiß nicht, ob dir das gefällt«, sagte sie und legte mir einen Stapel Designerpullover, Röcke und Hosen aufs Bett. »Aber … schau doch einfach mal durch. Und wenn du willst, können wir auch zusammen nach London fahren und dir etwas Neues kaufen.«

»Das ist wirklich … sehr freundlich«, antwortete ich, ein wenig überfordert von ihrer Großzügigkeit. Bisher war ich immer davon ausgegangen, dass Holly Sage mich nicht leiden konnte, weil sie Shiya gegenüber loyal war. Doch wie es aussah, hatte ich mich getäuscht, denn während ich ihre Sachen anprobierte und wir uns zum ersten Mal richtig unterhielten, stellte ich fest, dass sie wirklich nett war und gar nicht aufgesetzt.

»Danke, Holly Sage«, sagte ich, als sie sich schließlich verabschiedete und mich einlud, mich abends noch mit Coraline, Celestine und ihr im Indoorpoolbereich zu treffen.

»Nur Holly. Meinen vollen Namen nutzen lediglich meine Eltern, Geschäftspartner und die Presse. Für meine Freunde bin ich Holly.« Sie lächelte mir zu, dann verschwand sie und in mir blieb das warme Gefühl zurück, dass wir vielleicht doch noch Freundinnen werden konnten.

Doch schon zwei Tage später, es war Donnerstag, wurden meine Nerven wieder auf die Probe gestellt. Die letzten Unterrichtsstunden fielen aus und so machte ich mich bereits nach dem Mittagessen auf den Weg in den Stall, in der Erwartung, den Hof nahezu für mich allein zu haben. Dadurch war ich nicht im Geringsten darauf vorbereitet, Theo dort zu treffen, der Coco longierte. Als er mich entdeckte, parierte er sie durch und wollte zum Zaun kommen. Doch ich wandte mich schnell ab und ging weiter. Mir war klar, wie kindisch ich mich gerade verhielt. Auch damit, dass ich noch auf keine der Nachrichten, die er mir bereits geschickt hatte, reagiert hatte. Aber ich wusste einfach immer noch nicht, wie ich mit meinen Gefühlen umgehen sollte – wie ich mit *ihm* umgehen sollte.

Also beeilte ich mich, Twister zu satteln und den Hof zu verlassen, bevor Theo sein Training beendete. Ich blieb extralang weg, obwohl ich mir furchtbar dabei vorkam, und als ich zurückkehrte und den Stall leer vorfand, war ich gleichermaßen erleichtert und traurig.

Verdammt. Ich musste mit ihm reden, ich konnte mich nicht ewig davor drücken. Und dennoch ... konnte ich gerade nicht anders. Ich wollte einfach alles verdrängen und so tun, als ob es nie geschehen wäre.

Du weißt, dass das nicht ewig so weitergehen kann. Das ist auch nicht fair.

Ich seufzte und während ich Twister versorgte, nahm ich mir fest vor, mich bei Theo zu melden, ihm etwas zu schreiben. Irgendetwas. Sobald ich in meinem Zimmer war und ungestört darüber nachdenken konnte.

Doch als ich wenig später ins Foyer von Haverton House trat, wurde ich sogleich von Brenda abgefangen, die mir mitteilte, dass Karenetta Sterman angerufen und um einen Rückruf gebeten hatte. Shiya! Nicht ernsthaft! Jetzt rief sie auch noch in Haverton House an? War mein Schweigen auf ihre E-Mail nicht Antwort genug? Unglaublich! Was würde als Nächstes kommen? Wieder eine utopische Summe Geld? Oder würde sie irgendwann anfangen, auf die Tränendrüse zu drücken, und irgendeine rührselige Geschichte auspacken, damit ich mich von ihr in dieser Fernsehsendung vorführen ließ und einen auf heile Welt machte? Darauf konnte sie lange warten. Das sagte ich Brenda auch und bat sie, es meiner Mutter beim nächsten Anruf auszurichten. Dann verzog ich mich in mein Zimmer und brütete darüber, was ich Theo schreiben sollte. Irgendwann legte ich mein Handy jedoch beiseite, mir fielen einfach keine Worte ein. Stattdessen kramte ich meine Schulsachen raus. Die Prüfungen standen unmittelbar bevor und auch wenn ich daran zweifelte, dass ich mich gut würde konzentrieren können, würde es wahrscheinlich nicht schaden, sich mit dem Stoff auseinanderzusetzen. Weit kam ich jedoch nicht, denn bereits nach wenigen Minuten klopfte es an der Tür und Sabia und Colin steckten ihre Köpfe herein.

»Egal, was du gerade machst, lass alles stehen und liegen«, begrüßte mich Colin. »Wir sind hier, um mit dir zusammen deinen Kleiderschrank aufzustocken. Auf Kosten der Academy.« Er grinste und da die Ablenkung mir gerade mehr als gelegen kam, ließ ich mich von den beiden zu einem kleinen Shoppingtrip in einem der nahe gelegenen Orte überreden. Lernen konnte ich später auch noch.

Die Einkaufsstraße entpuppte sich als eine Reihe märchenhafter, weihnachtlich geschmückter Steinhäuser und wir gingen fast in jeden Laden, weil es überall etwas zu entdecken gab. Es war perfekt, um ein wenig den Kopf abzuschalten, allerdings kaufte ich zu Colins Leidwesen nur das Nötigste: zwei Jeans, einen Mantel und ein paar warme Pullover.

Im Anschluss setzten wir uns in ein kleines Café, tranken eine heiße Schokolade und kraulten den alten Basset der Besitzerin, ehe Sabia mit einem Blick auf ihr Handy verkündete, dass wir wieder aufbrechen mussten.

»Sonst kommen wir zu spät zum Treffen heute Abend.«

Das Treffen, richtig! Beinahe hätte ich es vergessen. Morgen Vormittag würde die zweite Anhörung von Jeremy und Alaric stattfinden – dieses Mal mit der Geschäftsführung der Academy und den Vorsitzenden des Elternrats – und wir hatten beschlossen, alle den Unterricht zu schwänzen, um ein Zeichen zu setzen und unsere Solidarität zum Ausdruck zu bringen. Dafür wollten wir uns in dem Korridor versammeln, in dem neben dem Büro des Rektors auch der Besprechungsraum lag. Für heute Abend hatte Jasper ein Treffen in Sir Archer Remington einberufen, zu dem alle, die an dem Protest teilnehmen wollten, kommen und über das weitere Vorgehen abstimmen konnten. Und »alle« bedeutete auch … Theo. Sofort wurde mir flau im Magen. Es war, als hätte unser Streit einen Berg aus verletzten Gefühlen in mir hinterlassen, und ich konnte mich nicht überwinden, ihn fortzuschaffen, weil ich nicht wusste, wo ich anfangen sollte.

Colin schien zu spüren, was in mir vorging, denn als das Shuttle uns wieder auf dem Campus ausspuckte und wir das Haus ansteuerten, legte er mir eine Hand auf den Arm.

»Vielleicht redet ihr einfach mal darüber«, sagte er ohne jeden Zusammenhang und als ich ihn fragend ansah, lächelte er mir wissend zu. »Na, hör mal. Rapunzel spricht seit Tagen mit keinem von uns und zieht ein Gesicht, als hätten wir ihn zu einem Karaoke-Abend verdonnert. Da war mir sofort klar, dass irgendetwas bei euch nicht stimmt. Ist es … sehr schlimm? Habt ihr euch gestritten?«

Darauf antwortete ich nicht und verzog nur die Lippen.

»Okay, verstehe. Du möchtest nicht darüber reden.« Colin schloss die Tür auf und ließ mich als Erste eintreten. Vom Flur aus konnte man bereits Stimmen und leises Lachen hören. Ich zog meine Jacke aus und atmete tief durch. Ich würde das schaffen, Theo gleich gegenüberzutreten. Irgendwie würde ich das schaffen. Neben mir hörte ich Colin seufzen.

»Ich weiß, dass Theo manchmal nicht ganz leicht ist, aber … ihr bekommt das doch wieder hin, oder?«

Hoffnungsvoll schaute er mich an und zog sich seine Mütze vom Kopf. Doch ich konnte nur mit den Schultern zucken, unsicher, was ich darauf antworten sollte. Rasch schlüpfte ich aus meinen Stiefeln, dann schob ich mich an ihm vorbei in den Wohnbereich.

»Bestimmt«, murmelte ich, obwohl ich eigentlich etwas ganz anderes dachte. *Keine Ahnung.*

Zu meiner Überraschung erwarteten uns nicht nur Jeremy und die Remingtons – Theo, Jasper, Avery und Gary – im gemütlichen Wohnzimmer von Sir Archer, sondern auch Bellamy, Holly und sogar eine kleine Gruppe Belmonts, davon zwei Mädchen aus meiner Klasse. Wie so oft roch es nach Früchtetee und selbst gebackenen Plätzchen und ich ertappte mich dabei, wie ich den Duft tief in mich aufnahm und mich dem kurzen Gefühl von zu Hause hingab. Zumindest so lange, bis mein Blick den von Theo kreuzte. Er saß neben Gary auf dem Sofa und trug einen seiner dunklen Hoodies, die ich an ihm so liebte. Sofort schlug mein Herz etwas schneller, nur um sich gleich darauf schmerzhaft zusammenzuziehen, als ich an unser letztes Gespräch dachte.

Hast du mich auch noch bei anderen Sachen angelogen?

Schweigen. Verfluchtes Schweigen. Und doch hatte er so viel mehr damit gesagt, als Worte es vermocht hätten. Ich grub mir die Finger in die Handflächen und als hätte Theo gespürt, was gerade in mir vorging, verdunkelte sich sein Blick. Obwohl neben ihm noch Platz war, setzte ich mich auf den Teppich zu Bellamy und während Jasper uns alle und besonders Holly sichtlich nervös begrüßte und noch einmal den Plan für morgen erläuterte, versuchte ich, nicht allzu oft zu Theo hinüberzusehen. Doch es war, als würde seine Präsenz den gesamten Raum ausfüllen, und es fiel mir schwer, mich auf das Wesentliche zu konzentrieren: darauf, dass wir morgen geschlossen hinter Jeremy und Alaric stehen wollten.

Uns war schon klar, dass wir das Gremium kaum beeinflussen würden, so funktionierte das hier nicht. Aber wir konnten versuchen, für Jeremy da zu sein – und Rektor Lowell und die Führungsetage der Academy sollten wissen, wie sehr wir Alaric als Lehrer schätzten und wollten, dass er blieb.

Dafür hatte Jasper sogar eine Chatgruppe gegründet, in der sich noch mehr Leute befanden, die morgen kommen und auch noch einmal ihren Freunden Bescheid geben wollten.

Nachdem wir alles besprochen hatten, wurden die Themen lockerer. Avery berichtete irgendetwas von einer Wette mit Eden und als Sabia anfing, Pläne zu schmieden, wie sie ihm helfen konnte zu gewinnen, spürte ich Theos Blick so deutlich auf mir, dass mir heiß und kalt zugleich wurde.

Rede mit ihm, los jetzt!, drängte meine innere Stimme. Doch jedes Mal, wenn ich gerade so weit war, aufzustehen und zu ihm hinüberzugehen, war es, als würde etwas in mir mit voller Kraft auf die Bremse treten. Auf einmal fühlte ich mich wieder komplett haltlos und in den Moment zurückversetzt, in dem Theo mir eröffnet hatte, dass er ein Spieler war. Dass er Geheimnisse vor mir hatte. Dass ich ihm nicht vertrauen konnte.

Irgendwann, es war bereits kurz vor zehn, verkündeten Bellamy und Holly, dass sie aufbrechen wollten, und ich erhob mich ebenfalls. Als ich in den Flur trat und mir Jacke und Schuhe anzog, kam Theo mir nach und lehnte sich in den Türrahmen.

»Ich verstehe, dass du sauer bist und du hast auch jedes Recht dazu. Aber bitte geh mir nicht aus dem Weg.«

Ein Schauer lief mir über den Rücken, seine Stimme klang so rau und gleichzeitig verletzlich. Ich schluckte. Dann drehte ich mich langsam zu ihm um und schaute ihm zum ersten Mal an diesem Abend offen ins Gesicht. In seine blauen Augen, aus denen Erschöpfung sprach. Traurigkeit. Und dieselbe Sehnsucht, die ich empfand, seit ich ihn vor Haverton House stehen gelassen hatte.

Theo räusperte sich. »Rede mit mir, bitte. Es gibt etwas, das du wissen musst. Etwas, das wichtig für mich ist und das ich dir sagen will.«

Geheimnisse. Noch mehr Lügen.

Ich schaute auf den Boden, aber da machte Theo plötzlich einen Schritt auf mich zu, berührte vorsichtig mein Kinn und brachte mich dazu, ihn wieder anzusehen.

»Bitte«, wiederholte er. »Gib mir die Chance, dir alles zu erklären, und danach …« Nun war er es, der schluckte. »Danach kannst du mich von mir aus hassen. Das ist okay. Ich möchte dir einfach die Wahrheit über mich sagen. Die ganze Wahrheit.«

Seine Hand immer noch an meinem Gesicht, wartete er auf meine Antwort und die zarte Berührung ließ mich mir einmal mehr wünschen, dass ich einfach alles vergessen könnte, was zwischen uns geschehen war. Doch das war nicht möglich. Trotzdem nickte ich, ganz langsam.

»Okay?«, fragte er.

»Okay.«

Theo warf einen Blick über die Schulter nach drinnen, wo alle anderen sich gerade verabschiedeten. Schritte erklangen und ich hörte, wie Holly sagte: »Es ist schon spät. Wir müssen uns jetzt echt beeilen, sonst bekommt Louisa Stress mit Brenda. Ihr wisst ja, wie streng sie mit den Schülern ist.«

Theo knirschte mit den Zähnen und ich sah ihm an, dass er lieber sofort mit mir geredet hätte und innerlich seine Optionen abwog. Doch schließlich fragte er: »Morgen, nach Jeremys Anhörung?«

»Einverstanden.«

»Ich hole dich ab.«

Ganz sanft streichelte sein Daumen über meine Wange, dann ließ er seine Hand sinken und trat einen Schritt zurück.

Es fühlte sich an, als würde er mir mit einem Schlag sämtliche Wärme entziehen.

26

Das ist ja … der Wahnsinn!«, platzte es aus mir heraus, als ich am nächsten Tag zusammen mit Jeremy auf den Korridor abbog, auf dem der Besprechungsraum lag. Ich hatte gewusst, dass unsere Freunde auf uns warten würden und auch dass Jasper unsere Aktion verbreitet hatte. Aber niemals hatte ich damit gerechnet, dass so viele Belmonts und Havertons kommen würden. Der Platz vor den Türen reichte kaum aus, manche der Anwesenden waren schon auf den angrenzenden Innenhof ausgewichen. Das machte mich sprachlos und gab mir ein klein wenig den Glauben zurück, dass die zwei großen Häuser des Ruby Circles vielleicht doch nicht so übel waren.

Auch Jeremys Augen weiteten sich beim Anblick der Menge, aber ich merkte, dass die Anspannung nicht von ihm abfiel. Wie auch? Ich konnte gut verstehen, was er durchmachte, und ich wünschte, ich hätte ihm die Anhörung abnehmen können.

»Du schaffst das«, raunte ich ihm zu, nachdem wir uns durch den Gang gedrängt hatten, bis vor zu den Remingtons und Theo, die auf uns warteten.

»Danke, Lou«, flüsterte Jeremy zurück. »Ich hatte noch nie so gute Freunde wie euch.«

Ich drückte seine Hand und lächelte ihn an, als Zeichen, dass er mir ebenfalls viel bedeutete. Doch schon im nächsten Moment merkte ich, wie Jeremy sich unwillkürlich versteifte. Alaric Crawley hatte den Flur betreten und bei seinem Anblick – genau wie letztes Mal, im schwarzen Anzug – musste ich unwillkürlich wieder daran denken, wie ungerecht diese

Sache war. Mr Crawley – Alaric – war der coolste und gleichzeitig beste Lehrer, den ich jemals gehabt hatte. Und das nicht nur, weil er erst Mitte zwanzig war und mit seiner Nickelbrille und den verwuschelten Haaren fast selbst noch wie ein Student wirkte. Sondern auch weil der Unterricht mit ihm richtig Spaß gemacht und er sich stets für seine Schüler, einschließlich mich, eingesetzt hatte. Dass er nun seinen Job verlieren sollte, war komplett bescheuert. Immerhin war Jeremy volljährig und die beiden hatten zu keiner Zeit in einem Abhängigkeitsverhältnis gestanden. Alaric hatte ausschließlich die jüngeren Schüler unterrichtet, nicht die Studenten. Außerdem hatte bis zur Enthüllung des Masters niemand überhaupt von ihrer Beziehung gewusst, weil die beiden sie komplett privat gehalten hatten. Warum konnte man sie also nicht einfach in Ruhe lassen?

Sichtlich bemüht, sich nichts anmerken zu lassen, kam Alaric nun auf uns zu. Doch als sein Blick den von Jeremy kreuzte, konnte ich sehen, wie eine Vielzahl von Emotionen über sein Gesicht huschte. Und Jeremy ging es nicht anders. Langsam löste er sich von mir und lief zu seinem Freund hinüber. Die beiden wechselten leise Worte miteinander und es war seltsam – denn obwohl sie einander nicht berührten, geschweige denn, sich umarmten, war dieser Moment zwischen den beiden so innig, ja trotz der vielen Anwesenden fast intim, dass mir die Kehle eng wurde. Doch gleich darauf war er schon wieder vorbei, denn Rektor Lowell betrat den Gang, dicht gefolgt von den Mitgliedern des Ausschusses. Als er die vielen Schüler und Studenten entdeckte, die vor dem Besprechungsraum warteten, wurden seine Schritte langsamer und er ließ seinen Blick über die Anwesenden schweifen, hielt jedoch nicht an. Auch die Männer und Frauen hinter ihm – vermutlich die Geschäftsführung und der Elternbeirat –

liefen stoisch weiter. Nur eine Frau mit kurzen grauen Haaren warf uns einen irritierten Blick zu und rümpfte die Nase. Kurz schaute ich ihr nach und bemerkte die zwei Gestalten, die den anderen mit etwas Abstand folgten, dadurch erst, als Jasper neben mir einen Fluch ausstieß.

Einer der beiden war Cedric, Jeremys breitschultriger Kotzbrocken von Bruder, der andere ein Mann mit graubraunen Haaren, einer hochgewachsenen Statur und einer so verkniffenen Miene, als wäre er auf dem Weg zu einer Gerichtsvorladung. War das etwa ...?

»Scheiße«, fluchte Jasper noch einmal und auch Colin murmelte: »Was macht der denn hier? Das war nicht geplant, dass der auch kommt, oder?«

Ich brauchte nicht zu fragen, ich wusste sofort, wer dieser Kerl war: Mr Peterson, Jeremys Vater. Der Mann, vor dem Jeremy solche Angst hatte und der nicht einmal davor zurückschreckte, den Freund seines eigenen Sohnes zu bedrohen.

Alaric drehte sich um und richtete sich noch weiter auf. Doch Mr Peterson beachtete ihn kaum.

»Halten Sie sich von meinem Sohn fern«, knurrte er nur im Vorübergehen. Dann packte er Jeremy unsanft am Arm und zog ihn hinter sich her in den Besprechungsraum. Sabia stieß einen wütenden Laut aus, aber Alaric warf uns einen Blick zu, der so viel bedeutete, wie: *Das bringt jetzt nichts. Lasst mich das klären.*

Damit lief er den anderen nach. Und ich, genau wie meine Freunde, konnte nur dastehen, eine Mischung aus Sorge und Wut im Bauch, und zusehen, wie sich die Tür hinter ihnen schloss.

Wir warteten eine halbe Ewigkeit und lauschten immer wieder, ob wir etwas von drinnen verstehen konnten. Doch bis auf unverständliches Gemurmel, das durch die dicken Türen drang, und hin und wieder Mr Petersons energische Stimme war nichts zu hören.

Unendliche Minuten später wurden schließlich Stühle über den Boden gerückt und ich atmete erleichtert auf, weil ich glaubte, die Besprechung wäre vorbei. Aber als die Tür aufging, stürmte nur Mr Peterson nach draußen, gefolgt von Alaric und Jeremy. Mr Petersons Gesicht war rot angelaufen. Er drehte sich um und bellte in den Raum hinein: »Das lass ich mir nicht bieten.« Dann richtete er seinen Blick auf Alaric. »Und mit Ihnen bin ich noch nicht fertig! Dass das Gremium Sie auf Ihrem Posten belässt, werde ich nicht akzeptieren. Meine Anwälte werden einen Weg finden.«

Alaric wollte etwas entgegnen, doch da trat Jeremy vor. »Sprich nicht so mit meinem Freund«, sagte er ruhig. Die Augenbrauen seines Vaters schnellten so weit nach oben, dass sie fast seinen Haaransatz berührten.

»Sei still«, war seine Antwort.

Doch Jeremy schüttelte den Kopf. »Nein, das werde ich nicht sein«, erwiderte er. »Das war ich lange genug und damit ist jetzt Schluss.«

Ich schnappte nach Luft und auch Mr Peterson wirkte ganz kurz erschrocken, bevor seine Miene versteinerte.

»Jeremy, ich meine es ernst. Ich erwarte, dass …«

»Ich meine es auch ernst, Dad.« Jeremy atmete tief durch. Im Gang herrschte totale Stille. »Ich liebe Alaric. All diejenigen«, er machte eine Handbewegung, die den Flur und den Innenhof mit einschloss, »die heute hierhergekommen sind, wissen das. Meine Freunde wissen es. Und wenn du als mein Vater das nicht akzeptieren kannst und meinst, mich und meinen Freund weiter bedrohen zu müssen …« Er schluckte, fing sich aber gleich darauf wieder, »… dann ist es vielleicht wirklich besser, wenn ich in Zukunft nicht mehr zur Familie gehöre.«

Niemand rührte sich. Auch Mr Peterson schien sprachlos zu sein, denn er starrte seinen Sohn nur an – eine Mischung aus Wut und Fassungslosigkeit im Gesicht.

»Jeremy, du machst einen gewaltigen Fehler«, brachte er schließlich leise hervor, jedoch so scharf, dass jedes Wort die Luft durchschnitt.

»Nein.« Jeremy schüttelte den Kopf. »Ich tue gerade zum ersten Mal das Richtige.« Er schaute seinem Vater fest in die Augen und obwohl ich innerlich leicht zitterte, wurde ich von Stolz durchflutet. So stark und selbstbewusst hatte ich ihn noch nie erlebt.

Mr Petersons Gesicht wurde noch röter. »Dann steht meine Entscheidung fest. Ich werde dich von der Academy abmelden.«

»Das kannst du nicht«, entgegnete Jeremy, immer noch ruhig und bestimmt, aber ich spürte, wie viel es ihn kostete. »Ich bin volljährig und falls du als Nächstes damit kommen willst, dass du mir kein Geld mehr zahlst – kein Problem. Ich habe das Geld, das Grandpa mir vererbt hat, gut angelegt, und es ist genug, um die Studiengebühren davon bezahlen zu können.«

Sein Vater lachte auf, doch Jeremy ließ sich nicht aus dem Konzept bringen.

»Ich meine es ernst«, sagte er.

»Das ist lächerlich«, schnaubte Mr Peterson. »Und ich werde mir das auch nicht länger anhören. Schon gar nicht hier. Du wirst jetzt kein Wort mehr sagen und …«

»Das passt mir gut«, fiel diesmal Jeremy ihm ins Wort und langsam konnte ich sehen, wie er mit den Tränen kämpfte. »Weil ich dazu nämlich nichts mehr zu sagen habe. Alaric gehört zu mir. Komm damit klar oder halt nicht. Es ist mir egal. Aber hört verdammt noch mal auf, mir weiter das Leben schwer zu machen.«

Kurz schaute ich zu Jeremys Bruder, der inzwischen auch aus dem Besprechungsraum gekommen war und wie eingefroren neben seinem Vater stehen blieb. Sein Gesicht wirkte so ausdruckslos wie das einer Statue, es war unmöglich zu sagen, was ihm gerade durch den Kopf ging. Neben seinem Vater wirkte er jedoch mit einem Mal jünger als sonst, als würde er durch dessen Präsenz ganz allmählich schrumpfen. Ganz im Gegensatz zu Jeremy, der immer noch das Kinn erhoben hielt und seinem Gegenüber ununterbrochen in die Augen blickte.

Irgendwo aus dem Innenhof wurden aufgeregte Stimmen laut, aber gerade war ich so auf das Geschehen vor mir konzentriert, dass ich mich nicht umdrehte, um zu sehen, was draußen geschah.

»Wenn das dein letztes Wort ist, wirst du mir nicht mehr unter die Augen treten.« Mr Petersons Stimme klang kalt und beherrscht und ich wusste, dass gerade etwas in Jeremy zerbrach. Doch er ließ es sich nicht anmerken.

»Dann wäre das ja geklärt.« Jeremy nickte seinem Vater zu. »Mr Peterson.«

Damit wandte er sich um und verschwand mit Alaric wieder im Besprechungsraum. Sein Vater ballte die Hände zu Fäusten und warf einen vernichtenden Blick in die Runde, der uns wohl alle zu Staub zerfallen lassen sollte. Dann stürmte er wie ein wild gewordener Stier über den Korridor und rauschte mit Cedric ab.

Als ihre Schritte verklangen, brach überall sofort Stimmengewirr aus. Alle redeten aufgeregt aufeinander ein und da realisierte ich erst richtig, was wir gerade erfahren hatten: Alaric durfte weiter an der Highclare Academy unterrichten! Vermutlich war auch genau das der Grund, warum Mr Peterson aus dem Besprechungsraum gestürmt war.

»Los kommt, lasst uns den anderen Bescheid geben«, sagte Avery und nickte zum Innenhof, der noch immer voller Leute war und ... Moment mal.

Was war das? Durch die großen Bogenfenster hindurch konnte ich sehen, wie etwas vom Himmel fiel. Rote Punkte. Nein, das waren ... Umschläge! Erst nur vereinzelte, dann immer mehr. Wie dunkle Blutstropfen segelten sie an der Fassade herunter, wurden vom Wind durch die Luft getragen und landeten in der Menge.

Oh nein, bitte nicht!

»Was zur ...?«, murmelte Colin und wir beeilten uns, der nach draußen strömenden Menge zu folgen und zu einer der Türen zu gelangen. Kaum, dass wir den Innenhof erreichten, legte ich den Kopf in den Nacken und folgte den Blicken der anderen zum Dach, wo gerade – heilige Scheiße! – eine zierliche Gestalt am Rand entlangbalancierte. In den Händen hielt sie mehrere Stoffbeutel und als sie einen davon ausschüttelte, regnete es weitere Briefe. Einer davon traf mich an der Schulter und als ich danach griff, wusste ich schon, was mich erwartete. Trotzdem erschauderte ich, als ich das Wachssiegel auf der Rückseite entdeckte und die Konturen des Buchstabens betrachtete.

Du hast ja keine Ahnung, wozu ich noch imstande bin, schien das eingeprägte M mir zuzuflüstern. *Aber keine Sorge, du wirst es bald erfahren. Das Spiel hat gerade erst begonnen.*

Theo

Um ihn herum brach Chaos aus. Alle kreischten, schauten nach oben zu den Zinnen und suchten das Dach ab. Da, tatsächlich! Ein Schatten! Eine Gestalt – komplett in Grautöne gekleidet, sodass sie perfekt mit der alten Architektur verschmolz. Schon kletterte sie flink an einem der Türme empor, schwang sich über die Brüstung und tauchte dahinter unter. Handys wurden nach oben gerichtet, um die bizarre Szene festzuhalten und sofort rannten die Ersten los, vermutlich in dem Versuch, den Master oder dessen Komplizen zu stoppen. Das Sicherheitspersonal bellte Anweisungen und versuchte, die Wege zu verstellen und alle dazu zu bringen, sich wieder zu beruhigen. Doch einige durchbrachen die Mauer, schlängelten sich an der Security vorbei und verschwanden durch eine der Türen.

Auch Theo setzte sich in Bewegung und steuerte auf den Ausgang zu, der auf der gegenüberliegenden Seite des Innenhofs war. Da war sie – seine Chance, mehr Informationen zu bekommen, oder noch besser, dem Master das Handwerk zu legen! Im Laufen bückte er sich, griff nach einem der Umschläge und brach das Siegel. Dann schaute er nach links und rechts, passte einen günstigen Moment ab, in dem die Security beschäftigt war, und huschte durch die Tür. Doch bereits im angrenzenden Gang blieb er wie angewurzelt stehen. Hier war ebenfalls alles voller Briefe, die kreuz und quer auf dem Boden verteilt lagen. Sie klebten an den Spinden und Türen, lagen auf Bänken und steckten in den Rahmen alter Wandporträts. Wer hatte das gemacht und vor allem, wie schnell? Es konnte unmöglich nur eine einzige Person gewesen sein. Klar, ein Großteil aller Mitglieder des Ruby Circles hatte sich gerade vor dem Besprechungsraum versammelt – ideale Voraussetzungen. Aber allein so etwas durchzuziehen? Nein, das war unmöglich!

Theo zog den Zettel aus dem Umschlag und überflog die Zeilen darauf. Mit jedem Wort wurde ihm kälter, er hatte das Gefühl, sein Blut würde langsamer fließen, bis es gänzlich zum Stillstand kam. Hastig warf er einen Blick über die Schulter, um zu sehen, ob ihm jemand gefolgt war. Wenn die anderen die Briefe ebenfalls bereits geöffnet hatten, würde jede Sekunde Chaos ausbrechen. Und dann musste er hier weg. Allerdings nicht ohne Louisa. Er musste mit ihr reden. Jetzt mehr denn je! Sie musste die Wahrheit erfahren.

Er drehte sich um, da spürte er plötzlich, wie sein Handy in seiner Hosentasche vibrierte. Theo versuchte, es zu ignorieren, aber die unangenehme Gänsehaut, die sich augenblicklich über seinen Rücken ergoss und seinen Haaransatz kribbeln ließ, brachte ihn schließlich doch dazu, es hervorzuziehen. Unbekannte Nummer. Er wusste sofort, was das bedeutete. Dieser verdammter Master! Am liebsten hätte er das Handy einfach gegen die nächste Wand geschleudert. Aber das würde nichts bringen. Außerdem reichte es ihm! Bisher hatte er niemanden vom Sicherheitsteam seiner Familie auf diese Sache angesetzt, aber jetzt …

Theos Gedanken brachen ab. Die Nachricht enthielt keinen Text, lediglich einen Link. Ohne zu überlegen, tippte er darauf und eine Datei öffnete sich. Was sollte das denn? Eine …

Scheiße!

In Theos Kopf begann sich alles zu drehen. Hitze durchflutete seinen Körper. Das konnte nicht sein! Nie im Leben hatte jemand an diese Unterlagen kommen können!

Er war so sicher gewesen, dass der Master ihm nichts anhaben konnte – nicht wirklich. Und jetzt saß er in der Falle.

Rasch machte er einen Screenshot, bevor das Dokument verschwand, und las noch einmal die Botschaft auf dem Umschlag, den er noch immer in der Hand hielt.

Das war doch … der pure Wahnsinn!

Schwindel erfasste ihn, er wusste nicht, was er zuerst tun sollte. Zu viele Möglichkeiten, von denen jede richtig, aber auch komplett falsch sein könnte. Sein Leben würde sich verändern, so oder so. Aber wenn er jetzt nicht nachdachte, würden die Konsequenzen vernichtend sein. Nicht nur für ihn, sondern auch für seine ganze Familie. Für seine Mum. Für Louisa.

Bleib ruhig, ermahnte er sich, obwohl sein Herz so schnell raste, als wollte es ihm aus der Brust springen. *Denk nach.*

Doch es war unmöglich. Es war, als hätte sein Verstand komplett ausgesetzt, als wären da nur noch die Gefühle und Eindrücke, die über ihm zusammenschlugen: nackte Panik, der Sturm in seinem Kopf, der alles durcheinanderwirbelte, und Fetzen von Erinnerungen, die auf einmal auftauchten. Bilder von Annie, im fahlen Schein einer Nachttischlampe. Ihr verschwommenes Gesicht, ihre Haut an seiner und dann … ihr Schluchzen. Die verweinten Augen.

Wie konntest du mir das antun?

Ja, wie? Wie um alles in der Welt hatte er ihr das antun können? Er wusste es nicht. Er wusste nur, dass es geschehen war, dass er sich nicht daran erinnern konnte und dass er es für den Rest seines Lebens bereuen würde.

Fass mich nicht an, Theo. Nie wieder!

Mit einer Hand stützte er sich an der Wand ab, atmete tief durch und schüttelte den Kopf, um Annie daraus zu verbannen. Er würde sich später damit auseinandersetzen. Er musste es tun – endlich. Aber zuerst musste er handeln. Er musste telefonieren und vor allem musste er hier weg!

Noch einmal blickte er auf sein Handy, einen letzten Funken Hoffnung in sich, dass er sich verlesen hatte. Dass sein Unterbewusstsein einfach nur seine schlimmsten Ängste hervorgeholt und sie auf diesen Moment projiziert hatte. Doch da stand es, schwarz auf weiß, schnürte ihm die Kehle zu und gab ihm augenblicklich wieder das Gefühl, keinen Halt mehr in der Welt zu haben.

Plötzlich erklang das Geräusch einer zufallenden Tür, danach schnelle Schritte. Aus dem angrenzenden Gang glaubte Theo, seinen Namen zu hören, und als eine Gruppe Belmonts um die Ecke bog, ergriff die Panik erneut Besitz von ihm.

»Hey, Vanderton!«, rief jemand.

Das war der Moment, in dem seine Instinkte übernahmen.

»Stimmt es, dass du ein Spieler bist? Wirst du ...«

Theo hörte nicht mehr, wie der Satz weiterging. Er drehte sich um, wählte eine Nummer aus seiner Kurzwahlliste und presste sich sein Handy ans Ohr. Dann rannte er los.

27

Theo. Es war, als würde von überall sein Name zu mir herüberdringen. Geflüstert, gemurmelt und dann auf einmal ganz laut.

»Wo ist Vanderton eigentlich hin?«, rief ein Typ aus Haverton House und ich drehte mich um. Eben war Theo doch noch bei mir gewesen. Und jetzt? Ein ungutes Gefühl beschlich mich, das immer stärker wurde, als ich sah, wie eine Gruppe Belmonts versuchte, sich durch eine der Türen zu drängen. Sie wurden von den Sicherheitsleuten zurückgepfiffen, aber drei Jungs schummelten sich vorbei und ich hörte deutlich, wie sie nach Theo riefen.

Irgendetwas stimmte hier nicht. Instinktiv setzte ich mich in Bewegung, bahnte mir einen Weg an den anderen vorbei und erwischte einen Moment, in dem die Mitglieder der Security gerade mit den anderen Belmonts diskutierten. Einer von ihnen rief mir noch etwas nach, aber da war ich schon durch die Tür geschlüpft und rannte los, nur um gleich darauf wieder langsamer zu werden. Denn als ich um die Ecke bog, traute ich meinen Augen kaum. Auch hier drinnen war alles voller Briefe und ich musste mich zwingen, nicht stehen zu bleiben und sie mir genauer anzusehen. Wenn ich jetzt wartete, würde ich garantiert auch gleich zurückgerufen werden.

»Theo?« Meine Stimme hallte im Gang und kurz war da nichts als gespenstische Stille. Dann erklang ein Geräusch, nein … ein Schrei – roh und wuterfüllt. Alles in mir wollte, dass ich mich umdrehte und die Beine in die Hand nahm.

Aber ich blieb wie angewurzelt stehen. Da waren … Schritte. Sie kamen auf mich zu, hetzten über den Boden und erinnerten mich an ein zorniges, verletztes Tier.

Los jetzt, hau endlich ab!

Aber was … wenn es Theo war? Der Gedanke trieb mich an, brachte mich dazu, wieder loszulaufen. Wie von selbst trugen meine Beine mich auf die Geräusche zu. Ich bog in einen angrenzenden Flur ab und rannte durch einen der Säulengänge, der an einen weiteren, kleineren Innenhof grenzte. Kurz davor blieb ich jedoch wie angewurzelt stehen. Atemlos starrte ich auf die Szenerie, die sich mir bot. Denn nicht Theo, sondern Atlas taumelte mir auf dem Gang entgegen. Seine Bewegungen wirkten fahrig, regelrecht getrieben. In seinen sonst so selbstbewussten, überheblichen Augen stand blanke Panik, während er die roten Briefe abriss, die an den Spinden klebten, und dann versuchte, auch jene einzusammeln, die auf dem Boden verteilt lagen. Dabei schien er mich gar nicht zu bemerken, er blickte erst hoch, als er fast vor mir stand. Seine Schultern hoben und senkten sich viel zu schnell und eine Sekunde lang starrte er mich an, als wäre ich eine Erscheinung. Dann wurde sein Ausdruck kalt und ich machte automatisch einen Schritt zur Seite.

»Du … kannst sie nicht alle einsammeln. Es sind zu viele«, brachte ich schließlich hervor und deutete auf die Umschläge, die unter seinem Arm klemmten und aus den Taschen seiner Jacke quollen. Doch Atlas erhob sich, jetzt mit seltsam leerem Blick, und ließ mich einfach stehen.

Erst als er um die Ecke biegen wollte und sah, dass dort ebenfalls alles voller Umschläge war, stoppte er. Einige Sekunden lang stand er so still, als wäre er zu Stein erstarrt. Dann schleuderte er die gesammelten Umschläge auf den Boden und stieß dabei einen Laut aus, der tief aus seinem Inneren zu kommen schien. Er krümmte sich, als hätte er Schmerzen, die Hände zu Fäusten geballt, alle Muskeln unter Spannung. Ich konnte nur dastehen und ihn anstarren. Fassungslos, irritiert, aber vor allem hilflos. Was um alles in der Welt geschah hier gerade?

Da lief Atlas bereits wieder los – an mir vorbei, in die Richtung, aus der er gekommen war. Kurz blieb ich wie angewurzelt stehen, doch dann entschloss ich mich, ihm zu folgen. Atlas wusste etwas, so viel stand fest. Und wenn ich wissen wollte, was, durfte ich ihn jetzt nicht aus den Augen lassen.

Noch im Laufen versuchte ich, eine Nachricht an Theo zu tippen, aber da fiel mir auf, dass er mir längst geschrieben hatte.

Bitte komm nach Sir Archer, wir müssen reden. Und wir haben nicht viel Zeit.

Was sollte das denn bedeuten? Ich hielt an, wollte auf seinen Namen tippen und ihn anrufen. Doch da sah ich, wie Atlas die Tür zu dem kleineren Innenhof aufriss und nach draußen stürmte. Wenn ich ihn jetzt nicht verlieren wollte, musste ich hinterher. Also rannte ich ihm nach, auch wenn das bedeutete, dass ich wieder einmal mit ihm allein sein würde.

Der Innenhof war leer, kein Wunder, alle anderen hatten sich vor dem Besprechungsraum versammelt. Dennoch erkannte ich schon durch die Fenster, dass es auch hier rote Briefe geregnet hatte. Atlas griff nach einem davon, zerriss ihn und schleuderte ihn von sich. Dann legte er den Kopf in den Nacken, breitete die Arme aus und drehte sich einmal im Kreis.

»Du hättest dich nicht mit mir anlegen sollen!«, schrie er, als ich gerade meine Hand an die Klinke legte und die Tür aufdrückte. Vor Schreck wollte ich sie gleich wieder zufallen lassen, aber Atlas hatte mich bereits entdeckt und fixierte mich mit einem Ausdruck von Wahnsinn in den Augen.

Verschwinde, drängte meine innere Stimme nun unüberhörbar laut und ich setzte einen Fuß zurück.

»Was willst du?«, fragte Atlas da. »Dich darüber amüsieren, dass ich geschlagen wurde? Vergiss es. Das bin ich noch lange nicht und ich werde auch nicht zulassen, dass es dazu kommt.«

Ich hatte keine Ahnung, wovon er sprach, aber die Art und Weise, wie er das sagte, ließ bei mir alle Alarmsysteme schrillen.

»Es wird Vanderton sein, der dieses Spiel verliert, nicht ich. Das verspreche ich dir. Und dann bekommt er endlich, was er verdient. Und anschließend …« Wieder traf sein Blick die roten Briefe. »… kümmere ich mich um den Master.«

Augenblick, was?

»Aber ich dachte immer …«

»Dass ich der Master bin?« Atlas lachte auf. »Ja, ich weiß, aber da hast du falschgelegen. Ich habe anfangs mit ihm zusammengearbeitet, weil ich glaubte, dass wir dieselben Interessen verfolgen. Aber es hat sich herausgestellt, dass dem nicht so ist.«

Mein Gehirn ratterte. Atlas war nicht der Master. Nicht. Der Master!

»Weißt du, wer es ist?«, fragte ich, doch er schüttelte den Kopf. »Ich habe meine Vermutungen, aber die werde ich garantiert nicht mit dir teilen.«

»Bitte, Atlas, wenn wir diesen Wahnsinn stoppen wollen, musst du mir …«

»Ich muss gar nichts!«, fuhr er mich an. »Außer mich um meine Angelegenheiten kümmern und du …« Nun lächelte er so hasserfüllt, dass meine Instinkte verrücktspielten. »… solltest dich von Theo verabschieden.«

»Was? Warum?«

Er nickte mir zu und sah in seinem langen schwarzen Mantel dabei aus wie ein König, der ein Urteil verkündete.

»Weil ich ihn vernichten werde. Er hat keine Chance zu gewinnen. Das lasse ich nicht zu.«

Zu gewinnen? Was? Ich musste endlich wissen, welche Botschaft in diesen Umschlägen steckte. Sofort!

Doch ich konnte mich nicht bücken, ich konnte mich überhaupt nicht bewegen, weil Atlas mich mit seinem Blick fixiert hielt.

»Ich werde am Ende noch hier sein«, verkündete er und verzog die Lippen zu einem schmalen Lächeln. »Aber Theo … Ich hoffe, es wird richtig hässlich für ihn. Das hätte er verdient.«

Ein Schnauben entwich mir und endlich konnte ich mich aus meiner Starre lösen. »Mal ehrlich, Atlas, hörst du dich selbst reden? Ja, die Tatsache, dass Annie sich in Theo und nicht in dich verliebt hat, hat dich verletzt. Das verstehe ich auch. Aber merkst du nicht, dass du komplett übertreibst? Ein gebrochenes Herz ist kein Grund, jemanden ein Leben lang zu hassen.«

»Du hast es immer noch nicht verstanden, oder?« Atlas sah mich an, als wäre ich ein begriffsstutziges Kind. »Es geht mir nicht darum, dass sie sich in ihn verliebt hat. Es geht mir darum, dass er erst mit ihr gespielt und sie anschließend benutzt und fallen gelassen hat. Und das hat er getan, auch wenn er jetzt allen erzählt, dass er sie nur beschützen wollte.« Er schüttelte den Kopf. »Aber ja, glaub diesen weichgespülten Mist ruhig weiter. Wenn man die Wahrheit nicht verträgt, ist es manchmal ganz hilfreich, einfach die Augen davor zu verschließen, was?«

Ich hob die Brauen und verschränkte die Arme vor der Brust. »Ehrlich gesagt glaube ich eher, dass du die Augen verschließt. Vor der Tatsache, dass Annie sich von dir abgewandt hat, weil sie sich in deiner Gegenwart manipuliert und eingeengt fühlte. Und weil du das nicht einsehen willst, gibst du jetzt Theo die Schuld daran. Einfach weil es leichter zu ertragen ist. Aber mich wirst du von diesem Blödsinn nicht überzeugen. Und auch sonst niemanden an der Academy.«

Meine Worte entlockten ihm nicht mehr als ein Zucken seiner Mundwinkel.

»Glücklicherweise muss ich das gar nicht, weil das der Master für mich übernehmen wird.«

»Was soll das heißen?«

»Louisa.« Nun sprach Atlas meinen Namen fast zärtlich aus und alles in mir zog sich zusammen. Einerseits weil es sich anfühlte, als würde er mir mit diesem einen Wort langsam über die Haut streichen – was ganz klar das Letzte war, was ich wollte. Und andererseits weil er binnen Sekunden umgeschaltet hatte und ich sein Verhalten wieder einmal nicht einschätzen konnte. Atlas war wie ein Chamäleon, ein Schauspieler, der seine Rollen perfekt beherrschte, der alles, was er sagte und tat, bis ins Detail kontrollierte, ohne jemanden wissen zu lassen, was wirklich in ihm vorging. Eben, als er vor Wut geschrien hatte und die Panik in seinen Augen aufgeblitzt war, hatte ich für einen kurzen Moment das Gefühl gehabt, den echten Atlas zu erleben. Aber nun … nun zeigte er mir nur noch das von sich, von dem er glaubte, er könnte mich damit beeinflussen. In welche Richtung auch immer.

»Du bist doch nicht wirklich so schwer von Begriff, oder?« Langsam kam er näher und obwohl seine Stimme immer noch seidenweich klang, war der Spott in seinen Augen nur zu deutlich zu erkennen. »Sollte ich mich tatsächlich so sehr in dir getäuscht haben?«

»Ich weiß nicht, wovon du sprichst.«

Er hob die Augenbrauen und setzte an, etwas zu sagen, doch

dann schien ihm ein Gedanke in den Kopf zu schießen und er entschied sich anders. Fast in Zeitlupe hob er einen der Umschläge vom Boden auf und drehte ihn zwischen den Fingern.

»Du weißt nicht, was drinsteht«, stellte er fest und kurz glaubte ich, etwas wie Überraschung in seiner Stimme zu hören. Aber bereits im nächsten Satz war sie wieder verflogen und der überhebliche Ton kehrte zurück. »Ungewöhnlich, wo du dich sonst doch so gerne in alles einmischst und voreilige Schlüsse ziehst. Ich hätte gedacht, dass du die Erste bist, die wissen will, was es mit dem nächsten Zug des Masters auf sich hat.« Langsam kam er näher, streckte den Arm aus und hielt mir den Briefumschlag entgegen. Dabei blieb er jedoch so weit entfernt von mir stehen, dass ich den letzten Schritt auf ihn zumachen musste. *Vergiss es, Mistkerl!*

Seine Hand ignorierend, hob ich einen anderen Umschlag vom Boden auf, was ihm ein spöttisches Lächeln entlockte. Aber wenigstens verkniff er sich einen Kommentar und schaute bloß zu, wie ich das Siegel brach und das dicke weiße Papier herauszog. »Ich schätze, du wirst sehr bald merken, dass ich die ganze Zeit über recht hatte und Vanderton nicht der heldenhafte Märchenprinz auf dem weißen Pferd ist, den du so gerne in ihm siehst«, sagte er dann und noch bevor ich die erste Zeile überfliegen konnte, drehte er sich um und ging.

28

Was hast du nur getan, Theo?

Ich krallte die Finger fester um meinen Fahrradlenker und schlitterte um gefrorene Pfützen herum, bereits völlig außer Atem, während sich der weiße Zettel wie Säure durch meine Manteltasche hindurchfraß und die Reste meiner kleinen heilen Welt verätzte. Wieder und wieder hörte ich Theos Stimme in meinem Kopf.

Ich will damit sagen, dass ich … kein … guter Mensch bin. Nicht so wie du.

Du hast mich kennengelernt, als ich schon in Sir Archer gewohnt habe. Du weißt nicht, wie ich davor war.

Ich kniff die Augen zusammen, als eine kalte Windböe mir direkt ins Gesicht wehte.

Theo hatte mit mir sprechen wollen, direkt nach unserem Streit, aber ich hatte ihn abgeblockt. Jetzt bereute ich es, nicht zumindest nachgefragt zu haben. Denn vielleicht, ganz vielleicht, hätte er mir dann auch erzählt, dass der Master plante, ihn gegen Atlas auszuspielen.

Im ersten Moment hatte ich nicht glauben wollen, was in dem Brief stand. Doch dann hatte ich weitere Umschläge geöffnet – alle hatten die gleiche Botschaft enthalten:

Schüler und Studenten der Highclare Academy!

Zwei der mächtigsten Studenten des Ruby Circles haben geglaubt, mir in den Rücken fallen zu können, und das kann nicht ungestraft bleiben. Daher werden Theo Vanderton und Atlas Corentin einen Wettstreit miteinander austragen. Zeit und Ort werde ich noch bekannt geben. Ihr könnt euch schon einmal darauf freuen, denn: Der Verlierer bezahlt mit seinem dunkelsten Geheimnis. Und wer würde nicht gerne erfahren, was diese zwei zu verbergen haben?

Die Worte leuchteten vor meinem inneren Auge auf und ich fühlte mich wie in dem Moment, als ich sie zum ersten Mal gelesen hatte – so als würde ich unter einem eiskalten Wasserfall stehen.

Theo hatte mir gesagt, dass er zwar Briefe bekommen hatte, aber nicht spielte. Hatte sich das in der Zwischenzeit geändert? Durch das Foto, das er von Annie und sich erhalten hatte? Oder hatte der Master einfach die Geduld mit ihm verloren?

Und Atlas? Bisher hatte ich tatsächlich geglaubt, dass er selbst der Master war oder dass er zumindest mit ihm unter einer Decke steckte. Mit Letzterem schien ich ja nicht ganz falschgelegen zu haben. Aber warum wandte sich der Master jetzt so radikal gegen Atlas, einen seiner wertvollsten Spieler? Zumindest glaubte ich, dass Atlas das war, denn ich hatte bei meinem Einzug in Haverton House, als er noch mein Mentor gewesen war, selbst erlebt, wie viel Einfluss er an der Academy hatte und wie leicht er einem Türen öffnen konnte. Sich mit ihm anzulegen, war riskant. Wenn der Master das tat, musste Atlas ihn aus irgendeinem Grund ziemlich stark verärgert haben.

Ich bog in die Einfahrt von Sir Archer Remington ein und bremste scharf. Vor der Haustür parkte ein schwarzer Wagen, den ich noch nie zuvor gesehen hatte, eine Limousine mit getönten Scheiben. Daneben standen ein Mann und eine Frau, beide in dunklen Wintermänteln, mit In-Ear-Kopfhörern und – bei diesem Wetter – wirklich lächerlichen Sonnenbrillen. Sie musterten mich streng, als ich die letzten Meter über den Weg schlitterte und von meinem Rad absprang.

»Wer sind Sie?«, fragte der Mann, als ich schon auf dem

Weg zur Tür war, und klang dabei wie der Hauptdarsteller aus einem Agententhriller. Allerdings hatte der Typ wenig Ähnlichkeit mit Daniel Craig, er erinnerte mich eher an Morgan Freeman. In einer ausgesprochen unfreundlichen Rolle.

Ich drehte mich um. »Wie bitte?«

»Ihr Name«, brummte er und die Frau, mit rot geschminkten Lippen und kurzen braunen Haaren, ergänzte: »Wohnen Sie hier?«

»Nein … ich …«

»Was wollen Sie dann?«

Augenblick, was? Das ging sie ja wohl gar nichts an. Und überhaupt, wer waren die beiden?

»Wie wäre es, wenn Sie mir zuerst sagen, wer …«

… Sie sind und was Sie hier wollen?, hatte der Satz lauten sollen. Aber da wurde hinter mir die Haustür geöffnet und die Worte blieben mir im Hals stecken.

Theos Gesicht war so bleich, als wäre er in der letzten Stunde krank geworden, und als er mich erblickte, hätte ich schwören können, dass seine Haut noch weiter an Farbe verlor. Er trug ein Hemd und eine Stoffhose, das Jackett hing ihm über dem Arm – als ginge er zu einem Businesstermin. Nur die Reisetasche über seiner Schulter passte nicht ins Bild, genauso wenig wie seine verwuschelten Haare.

Schlagartig war mein Kopf wie leer gefegt und ich konnte nur dastehen und ihn anstarren. Theo schien es genauso zu gehen, denn einen kurzen Moment lang, der sich wie eine kleine Ewigkeit anfühlte, waren wir beide wie festgefroren.

»Mr Vanderton, sind Sie so weit?« Das war Freeman. Die Blase um uns herum platzte und Theo schluckte.

»So weit wofür?«, fragte ich. Schlagartig war alles zurück: meine Stimme, aber auch meine wirren Gedanken und die eine Million Fragen an Theo, die sich in den letzten dreißig

Sekunden verdoppelt hatten. Ohne etwas zu sagen, trat er zu dem Wagen, reichte dem Mann seine Tasche und wollte zu mir kommen. Doch die Frau hielt ihn zurück: »Keine Gespräche, bevor wir in New York sind.«

New York … was?

»Das ist meine Freundin«, widersprach Theo und bemühte sich sichtlich um Ruhe, doch ich sah ihm an, wie angespannt er war.

»Das tut nichts zur Sache. In der aktuellen Angelegenheit können wir noch nicht sicher sagen, wem Sie vertrauen können, und so lange …«

»Natürlich kann ich ihr trauen. Und was habt ihr gedacht? Dass ich abreise, ohne mich von ihr zu verabschieden? Das ist wichtig für mich, ich muss mit ihr reden.«

»Mr Vanderton«, mischte sich nun auch Freeman ein. »Wir haben strikte Anweisungen, Sie auf direktem Weg zum Flughafen zu bringen. Und bis wir in New York ankommen, sollten Sie mit niemandem sprechen.«

Theo ignorierte ihn einfach, ließ die beiden stehen und kam auf mich zu. Fragend deutete er mit dem Kopf zur Seite und ich folgte ihm bis zu Garys Gewächshaus. Dort blieb er stehen und vergewisserte sich, dass seine Wachhunde uns nicht folgten. Dann atmete er tief durch und ich wusste instinktiv, dass das, was nun folgte, mich treffen würde. Ich sah es ihm an. Denn hätte Reue nur ein einziges Gesicht haben können, es wäre Theos gewesen.

»Es tut mir leid, ich dachte, das würde anders laufen. Louisa, ich …«

Was?, wollte ich ihn anfahren. *Was, verdammt noch mal, hast du mir jetzt schon wieder verschwiegen?*

Doch ich schaffte es nicht, auch nur die Lippen zu öffnen.

»… muss kurzfristig nach Manhattan«, sagte Theo da. »Es

ist … etwas passiert und ich werde … die Konsequenzen dafür tragen. Aber vorher muss ich noch etwas regeln. Ziemlich … schnell. Deshalb …« Er machte eine fahrige Handbewegung Richtung Limousine.

»Deshalb dachtest du, du verschwindest einfach?« Plötzlich war meine Stimme wieder da, lauter und schriller als gewohnt. »Ist es das, was du sagen wolltest?«

»Nein, ich …«

»Hast du gedacht, wenn du einfach wieder wegläufst, regelt sich alles von allein? Theo, du hast mir versprochen, dass du das nicht mehr machst!«

Die letzten Worte schrie ich ihm entgegen, dann schlang ich mir die Arme um den Körper, weil ich völlig unkontrolliert zu zittern begann. Das war alles zu viel! Erst das Turnier und Bellamy, die Information, dass Theo ebenfalls Briefe bekommen und außerdem doch etwas mit Annie gehabt hatte, dann die neue Ankündigung des Masters, mein Gespräch mit Atlas … und jetzt das?

Theo fuhr sich mit der Hand über den Kopf. »Es tut mir leid, ich wollte dich nie verletzen.«

»Das ist alles, was dir dazu einfällt?«

»Mr Vanderton«, meldete sich Freeman erneut, aber Theo brachte ihn mit einer Handbewegung zum Schweigen.

»Noch fünf Minuten.«

»Nein, keine einzige«, stellte die Frau klar. Sie trat zu uns und legte ihm eine Hand auf die Schulter. »Jedes Wort, das hier gesprochen wird, ist eines zu viel.«

Theo fuhr herum. »Mein Gott, Miranda, Louisa hat ein Recht, es zu erfahren.«

»Nein, hat sie nicht. Niemand hat das, bevor ich deinen Arsch nicht sicher ins Büro deines Vaters geschafft habe. Ich weiß nicht, worum es geht, aber wenn dein alter Herr mich in Rekordzeit hierherbeordert und mir sagt, dass in dieser Sache die höchste Geheimhaltungsstufe gilt, dann halte ich mich daran.«

»Ich bin keine zwölf mehr, ich kann das selbst entscheiden«, widersprach Theo.

»Und ich habe klare Anweisungen.«

Theo ignorierte sie und wandte sich wieder an mich.

»Wenn ich zurück bin, werde ich dir alles erklären, ich verspreche es.«

Und wann sollte das sein? In ein paar Tagen? Wochen? Nein, das reichte mir nicht!

»Warum bist du vorhin verschwunden?« Meine Stimme zitterte leicht, weil ich gleichermaßen wütend und ängstlich war. Unsicher, ob ich seine Antwort überhaupt hören wollte. Und doch musste ich wissen, was hier los war. »Was hat der Master gegen dich in der Hand?«

»Theo.« Miranda funkelte ihn warnend an und ich fragte mich, wer sie wohl war, wenn sie ihn so direkt mit dem Vornamen ansprach. Freeman hatte das nicht getan, aber sie verhielt sich, als würden sie sich schon ewig kennen. Ob sie so etwas wie seine Managerin war? Oder seine persönliche Securityfrau? Ganz egal, gerade war sie vor allem nervig. Auch Theo fluchte leise und schloss kurz die Augen, ehe er sich demonstrativ von ihr wegdrehte und mich wieder ansah.

»Ich bin vorhin gegangen, weil ich dachte, ich könnte denjenigen, der auf dem Dach herumgeturnt ist, schnappen und ihn zur Rede stellen. Aber dann …« Er brach ab und presste die Lippen aufeinander. »… habe ich eine Nachricht aufs Handy bekommen.«

»Vom Master?«

Theo nickte. »Ich habe dir doch gesagt, dass er nichts gegen mich in der Hand hat und mir nicht schaden kann. Und davon war ich auch überzeugt. Aber ... ich habe mich getäuscht. Keine Ahnung, wie ...«

»Das reicht.« Miranda legte Theo eine Hand auf die Schulter und wollte ihn sanft von mir wegziehen. Auch Freeman war plötzlich an seiner Seite. »Sir, wir sollten jetzt wirklich aufbrechen.«

»Ich will mich nur noch verabschieden«, knurrte Theo ihn an und machte einen Schritt zur Seite, um wieder mehr Abstand zwischen sich und die beiden zu bringen. Er griff nach meinen Händen und schloss seine Finger darum.

»Es tut mir leid«, flüsterte er und der Knoten in meinem Magen zog sich noch fester zusammen. Da waren sie: Diese verdammten vier Worte, die so viel kaputtmachten und die er in der Zeit, in der wir uns kannten, eindeutig schon zu oft gesagt hatte.

»Ich komme zurück und erkläre dir alles. Wirklich alles. Egal, was das dann für mich und für uns bedeutet. Ich verspreche es.«

Egal, was das dann für uns bedeutet. In meinen Ohren begann es zu rauschen und ich grub mir die Fingernägel in die Handflächen. Was meinte er damit? Ich öffnete den Mund, um ihn zu fragen. Aber da sprach Theo bereits weiter. »Vermutlich werde ich mich in den kommenden Tagen nicht bei dir melden können. Nicht, weil ich nicht will, sondern ... weil ich nicht kann.« Er warf einen schnellen Blick über die Schulter und verzog die Lippen. »Miranda hat mein Handy schon an sich genommen und wird versuchen, die Nachrichten des Masters zurückzuverfolgen. Ich werde ein neues bekommen, aber ... ich möchte dir lieber alles persönlich erklären.«

»Außerdem wäre das Telefonat nicht sicher, solange wir

nicht wissen, mit was und wem wir es hier zu tun haben«, mischte sich Miranda da wieder ein. »Warte also nicht auf einen Anruf.«

»Wer sind die zwei?«, flüsterte ich, an Theo gewandt.

»Miranda ist meine Personenschützerin und Mr Weaver gehört ebenfalls zum Sicherheitsteam.«

Also doch, ich hatte mich nicht geirrt. Nur ... warum behandelten sie ihn wie einen Schwerverbrecher? Theo schien mir die Frage vom Gesicht abzulesen, denn er seufzte und sagte: »Mein Dad will die Angelegenheit ausschließlich mit seinem engsten Kreis besprechen. Diese ...«, er stockte, »Informationen ... dürfen nicht an die Öffentlichkeit geraten.«

Was für Informationen? Worüber redeten wir hier bitte? Was um alles in der Welt hatte Theo denn verbrochen?

»Versteh das bitte nicht falsch. Das ist nicht meinetwegen. Ich weiß, was ich getan habe, und es geht mir nicht darum, mich zu schützen, sondern ... euch. Meine Familie und ... dich.« Verzweiflung und Sehnsucht tanzten in seinen Augen. »Du hast mit Shiya so viel durchgemacht, das ... darf nicht alles wieder von vorne losgehen. Nicht meinetwegen. Ich will, dass du in Sicherheit bist.«

In Sicherheit? Was verdammt noch mal ...? In meinen Kopf brannte etwas durch, ich fühlte mich wie an einer Klippe, an der jeder Windstoß – oder jedes noch so kleine Wort von ihm – mich in den Abgrund stoßen konnte.

»Seit du an der Academy bist, hat sich so viel verändert. In mir. Ehrlich gesagt habe ich nicht geglaubt, dass ich jemals so empfinden könnte«, sagte Theo da ganz plötzlich und kurz machte mein Herz einen Hüpfer. Doch schon in der nächsten Sekunde legte sich eine eiserne Hand darum. »Aber das habe ich, noch viel mehr, als ich es für möglich gehalten hätte.«

Warum sagte er das? Warum ausgerechnet jetzt? Und warum klang es so … endgültig? So als würde er sich mit diesen Worten von mir verabschieden?

Verdammt, rede mit mir! Erklär mir, was los ist!

»Es tut mir leid«, sagte er noch einmal und streckte die Hand nach mir aus. Als seine Finger mein Gesicht berührten, lief ein Zittern durch meinen Körper. Es war, als würde ein Stromstoß durch mich hindurchjagen, der mein Herz zum Rasen brachte und mich alles mit doppelter Intensität spüren ließ, auch wenn ich gleichzeitig das Gefühl hatte, völlig neben mir zu stehen.

Ganz langsam und mit quälender Zärtlichkeit streichelte Theo an meiner Wange entlang und verharrte mit dem Daumen an meinen Lippen.

»Darf ich?«, fragte er und mir war klar, dass er um die Erlaubnis bat, mich zu küssen. Aber das war wirklich das Letzte, woran ich gerade dachte. Ich wollte, dass er hierblieb und mir die Antworten gab, auf die ich wartete. Aber garantiert wollte ich ihn jetzt nicht küssen und dabei ignorieren, dass Hunderte unausgesprochene Worte zwischen uns standen.

»Okay«, sagte Theo da und ließ seine Hand wieder sinken. Er wirkte enttäuscht, aber auch so, als würde er meine Entscheidung verstehen.

»Mr Vanderton«, meldete sich Freeman jetzt wieder zu Wort. Er kam näher und Theo nickte und drehte sich um, ehe sein Securitymann ihm eine Hand auf die Schulter legen konnte.

»Ja, schon gut«, murmelte er, dann schaute er noch einmal zu mir. Und da spürte ich es mit überwältigender Klarheit: Das war es. Das Ende. Unser Ende. Ich wusste nicht, woher ich diese Gewissheit nahm, sie war einfach da. Ich fühlte mich wie betäubt. Leer und unfähig, etwas zu sagen oder auch nur zu atmen.

»Ich liebe dich«, flüsterte er und nie zuvor hatten mir drei Worte so wehgetan. Ich schaffte es nicht, etwas zu erwidern, und konnte nur dastehen und zusehen, wie er sich langsam abwandte und, flankiert von seinen Sicherheitsleuten, auf den Wagen zuschritt.

Alles spulte sich vor mir ab wie ein Film – nicht wirklich real. Doch mit jedem Schritt, den Theo sich von mir entfernte, schlug mein Herz schmerzhafter gegen die Rippen und plötzlich flutete Panik durch mich hindurch, bis sie jede Faser meines Körpers erfüllte.

»Theo!«, rief ich.

Er hielt inne und bevor ich noch weiter darüber nachdenken oder auch nur einen klaren Gedanken fassen konnte, rannte ich ihm nach und warf mich in seine Arme. Theo gab ein überraschtes Keuchen von sich, zog mich aber sofort an sich und hielt mich so fest, als wäre es …

… das letzte Mal, schoss es mir erneut in den Kopf. *Das verdammte letzte Mal.*

Und dann küsste ich ihn, presste meine Lippen hart auf seine und krallte meine Finger in seinen Kragen. Ich wollte alles an ihm noch einmal in mir aufnehmen und ganz tief einschließen: wie es war, ihm so nah zu sein, seinen Geruch, das Gefühl von Sicherheit, wenn er mich hielt. Seine warmen Lippen auf meinen, seine Zunge, sein Atem auf meinem Gesicht. In diesen kurzen Sekunden versuchte ich, mir alles einzuprägen, wünschte mir sehnlichst, dass sich alles um uns herum auflöste. Dass alles gut werden würde und meine Instinkte mich täuschten.

Doch da löste Theo sich schon wieder von mir, strich mir die Haare aus dem Gesicht und lehnte seine Stirn an meine.

»Vielleicht in einem anderen Leben«, murmelte er mit rauer Stimme und in diesem Moment war es, als würde mein Herz in tausend kleine Splitter zerspringen, unmöglich, es jemals wieder zusammenzusetzen.

29

Das Wochenende erlebte ich wie einen Fiebertraum – eine Realität, von der ich mir wünschte, sie wäre nichts weiter als eine Ausgeburt meiner Fantasie und ich könnte ihr entfliehen, wenn ich mich nur intensiv genug darauf konzentrierte, die Augen zu öffnen.

Während ich mich am Montag durch die erste Klausur – Geschichte – quälte, musste ich fast die ganze Zeit an Theo denken, und jedes Mal, wenn ich den Klassenraum verließ, schaute ich zuerst auf mein Handy, um zu sehen, ob er mir geschrieben hatte. Zwar hatte er mir gesagt, dass er sich vermutlich nicht melden konnte. Aber ich erhoffte mir dennoch ein Lebenszeichen von ihm. Eine winzig kleine Nachricht, dass es ihm gut ging und dass alles wieder in Ordnung kommen würde.

Ich wartete allerdings vergebens und während ich das Display hypnotisierte und nichts geschah, war es, als würde eine unsichtbare Macht mich sämtlicher Kraft berauben, bis ich nur noch aus einer Hülle und einem Strudel chaotischer Gefühle bestand. Meine Gedanken kreisten ununterbrochen um unser letztes Gespräch und die Tatsache, dass ich keine einzige Antwort auf meine Fragen bekam, brachte mich fast um den Verstand. Ebenso wie die Tatsache, dass sich in den Gängen der Academy alles nur noch um ein einziges Thema drehte: den bevorstehenden Wettkampf. Während einige meiner Mitschüler wie ich endgültig genug vom Master hatten, schienen andere es kaum erwarten zu können, dass weitere

Geheimnisse enthüllt wurden. Und dass es dieses Mal um die vermeintlichen Abgründe von zwei der mächtigsten Mitglieder des Ruby Circles ging, fachte die Spekulationen nur noch zusätzlich an.

Es verging keine Unterrichtsstunde, in der ich nicht auf Theo angesprochen wurde, und keine Pause, in der ich nicht von irgendwoher seinen Namen hörte. Die Mittagspause verbrachte ich ausnahmsweise in Haverton House, doch auch hier war ich nicht allein und fühlte mich von den vielen Fragen irgendwann so bedrängt, dass ich mir etwas zu essen aus der Küche nahm und auf mein Zimmer flüchtete. Außerdem beschloss ich, in den nächsten Tagen bei Sabia zu übernachten – ganz egal, was Brenda dazu sagte. Die Neugier und Dreistigkeit mancher Mitbewohner waren einfach nicht auszuhalten.

»Wo ist Theo überhaupt? Hat er kalte Füße bekommen?«

»Was ist denn sein dunkelstes Geheimnis? Ich bin so gespannt, ich hoffe, dass es enthüllt wird. Der Typ ist derart verschlossen, ich habe mich schon immer gefragt, was der wohl verbirgt.«

»Vielleicht ist das ja ein richtig großes Ding, irgendein Wirtschaftsskandal oder so und jetzt muss er seine Familie warnen.«

Darüber hatte ich auch schon nachgedacht, es aber gleich wieder verworfen. Ja, ich kannte Theo noch nicht lange, aber ich war mir zu hundert Prozent sicher, dass er sich nicht in dubiose Geschäfte verstricken ließ. Trotzdem gab es natürlich auch in diese Richtung allerlei Gerüchte. Einige Havertons glaubten, ein Londoner Untergrundclan wäre ihm auf den Fersen, weil Theo ihrem Boss Geld schuldete. So ein Blödsinn. Was mir dagegen tatsächlich Sorgen machte, war der Verdacht, Theo könnte etwas mit dem Verschwinden von Annie zu tun haben und mehr wissen, als er zugab. Bei dieser Aussage begann es unangenehm in mir zu grummeln.

So laut die anderen an diesem Tag über Theo sprachen, so still wurden sie, wenn es um Atlas ging. Keiner wagte es, ein Wort über ihn zu verlieren und wenn, dann nur im Flüsterton und hinter vorgehaltener Hand. Kein Wunder. Seit der Verkündung der Challenge kam es mir so vor, als ob Atlas nur noch als schwarzer Schatten durch die Gänge rauschte, einen Ausdruck im Gesicht, als wollte er jeden umbringen, der es wagte, sich ihm in den Weg zu stellen.

»Macht Platz für den Prinz der Unterwelt«, hatte ich von irgendwo aufgeschnappt und ich fand, das passte ziemlich gut. Der Charme, den Atlas sonst immerzu ausstrahlte und mit dem er mich anfangs eingewickelt hatte, war verschwunden. Geblieben war pure Autorität. Zusammengepresste Lippen, dunkle Augen und eine Aura, die Funken sprühte, wenn man ihm zu nahe kam – und die dafür sorgte, dass alle ihm regelrecht aus dem Weg sprangen.

Ich hatte immer noch keine Ahnung, wie genau er bei dem Master in Ungnade gefallen war, aber ich spürte, dass Atlas jedes Wort, dass er im Innenhof zu mir gesagt hatte, ernst meinte. Er würde spielen. Er würde um jeden Preis versuchen zu gewinnen. Und dann würde er den Master ganz oben auf die Liste seiner Feinde setzen. Ob er wusste, wer es war? Vielleicht. Auf jeden Fall hatte er einen Verdacht.

Es war später Nachmittag, als mein Handy plötzlich vibrierte und ich vor Schreck fast meinen Kaffeebecher fallen ließ. *Theo,* durchfuhr es mich sofort. Hektisch zog ich das Telefon aus meiner Tasche. Doch die Nachricht war von Kami, die mir ein Foto von einem Rentierpullover schickte – ein potenzielles Weihnachtsgeschenk für meinen Dad. Ich textete zurück, dass ich mir nicht sicher war, ob sie damit die erhofften Begeisterungsstürme auslöste, und betete, dass sie nicht plante, mich ebenfalls mit etwas Derartigem zu beglücken.

Weihnachten. Gefühlt war es noch so weit weg. Und doch waren es nur noch drei Wochen, bis meine Dads mich abholen würden, damit ich die Ferien zu Hause verbringen konnte. Und im Gegensatz zu Kami hatte ich noch keine Idee, was ich ihnen, Granny und meiner besten Freundin schenken wollte. Und Theo? Würde ich überhaupt die Gelegenheit haben, ihm ein Geschenk zu machen? Und … wollte ich das?

Gedankenverloren schloss ich meinen Spind auf, tauschte meine Hefter und scrollte durch meine Mails, um nach dem Newsletter einer Buchhandlung zu suchen, in dem ich vor ein paar Tagen etwas entdeckt hatte, das Dad gefallen könnte – einen Bildband aller Anwesen der königlichen Familie. Doch ich kam nicht weit, denn eine andere Nachricht sprang mir ins Auge. Sie kam von Shiya. Wie ferngesteuert tippte ich darauf, nur um sie im nächsten Moment sofort in den Papierkorb zu verbannen, weil ich eigentlich gar nicht wissen wollte, was sie schon wieder schrieb. Doch eine Zeile fiel mir dennoch auf.

Penelope und ich treffen uns am Donnerstag um vier zum Vorgespräch. Falls du deine Meinung spontan änderst, kannst du gerne dazukommen.

Fast hätte ich laut aufgelacht. Wie penetrant konnte man eigentlich sein? Und wie ignorant? Glaubte sie ernsthaft, dass ich doch noch nachgab, wenn sie mich nur lange genug belagerte? Garantiert nicht! Ihren beschissenen Ruf konnte sie schön allein wiederherstellen.

Ich knallte die Tür meines Spinds zu, steckte mein Handy wieder ein und machte mich auf den Weg zu dem Raum, in dem gleich die letzten zwei Stunden für heute stattfanden.

Als Atlas mir auf der Treppe entgegenkam und sein Umfeld

mit Blicken verbrannte, hielt ich ihm stand. Wenn er glaubte, dass ich ihm aus dem Weg hechtete wie alle anderen, hatte er sich geschnitten.

Wut loderte in mir auf, während ich geradewegs auf Atlas zusteuerte, und ich empfing sie wie einen alten Freund. Mir reichte es – mit ihm, mit Shiya und mit dem Master! Ich war keine Spielfigur auf einem Schachbrett, die man nach Belieben verschieben konnte. Das konnten sie ruhig alle merken! Dieser Gedanke tat unendlich gut und schenkte mir einen wertvollen Moment der Klarheit. Sollte Atlas doch versuchen, mich weiter einzuschüchtern, mich zu manipulieren oder mir Zweifel an Theo in den Kopf zu pflanzen – es würde ihm nicht gelingen. Zwar war ich mir selbst nicht mehr ganz sicher, ob ich Theo wirklich vertrauen konnte. Aber eines wusste ich: dass ich ihn immer noch liebte. Dass ich mir Sorgen machte und Angst um ihn hatte. Und dass ich nicht einfach so hinnehmen wollte, dass der Master und Atlas weiter ihr Spiel mit ihm trieben – mit uns allen.

Entschlossen hob ich das Kinn und straffte die Schultern. Atlas rechnete sicher damit, dass ich ihm im letzten Moment auf den Treppenstufen auswich. Doch das tat ich nicht und schließlich war er es, der einen Schritt zur Seite machen musste. Der Blick, mit dem er mich dafür strafte, hätte die alten Wände der Academy mühelos erzittern lassen können. Aber ich fühlte mich nur in meiner Entscheidung bestätigt. Er hatte keine Macht über mich. Jetzt weniger denn je. Atlas konnte niemanden verbrennen, der bereits in Flammen stand.

Der Dienstag startete mit einer Versammlung, bei der Rektor Lowell noch einmal verkündete, dass Alaric Crawley von nun an wieder an der Highclare unterrichten würde. Die Neuigkeit erntete tosenden Applaus, niemand hatte wirklich erwartet, dass das Gremium so entschied.

Kurz schaute ich zu Jeremy, der neben mir saß und mir zulächelte. Dabei wirkte er ein kleines bisschen stolz, aber auch unendlich erleichtert – darüber, dass er sich gegen seinen Vater gestellt und am Ende gewonnen hatte. Ich sah ihm an, wie viel ihm dieser Moment bedeutete.

Der Applaus wollte gar nicht aufhören, sodass Rektor Lowell irgendwann um Ruhe bitten musste, um sich den jüngsten Vorkommnissen zu widmen: der neuesten Aktion des Masters. Ich erwartete, dass er uns mitteilte, dass der Spieler vom Dach gefasst worden war, aber Rektor Lowell hielt es knapp: »Die Behörden sind bereits informiert und haben sich dieser Sache angenommen. Wir haben also alles im Griff.«

Ernsthaft? Das war alles? Ich stieß einen frustrierten Laut aus. Glaubte er seinen Worten eigentlich selbst? Ich für meinen Teil glaubte nämlich langsam nicht mehr, dass hier irgendjemand etwas im Griff hatte. Was war zum Beispiel mit den Briefen, mit denen Nat erpresst worden war? Und mit meinem Zimmer? Insgeheim dachte ich immer noch, dass das Atlas gewesen war und dass sich der Sicherheitsdienst bloß nicht an den Corentin-Erben herantraute, weil sich weder die Security noch die Academy mit seiner Familie anlegen wollte. Das würde zumindest erklären, warum das alles so schleppend verlief und ohne Ergebnisse blieb. Aber ja, wenn man gegen die Kinder der reichsten und einflussreichsten Persönlichkeiten des Landes ermittelte, tanzte man wohl auf einem Minenfeld.

Auf dem Weg nach draußen fasste ich Sabia am Arm und zog sie zur Seite. »Wenn wir nicht wollen, dass der Master dieses Spiel doch noch gewinnt, müssen wir langsam mal selbst etwas unternehmen.«

»Ganz deiner Meinung.« Sie nickte und wirkte dabei genauso entschlossen, wie ich mich fühlte. »Was hältst du davon, wenn wir uns heute nach dem Unterricht in Sir Archer treffen?«

»Gute Idee.« Ein Adrenalinschub rauschte durch meine Adern. »Ich finde, wir haben lange genug abgewartet. Ich halte das nicht mehr aus.«

»Dein Warrior-Mode gefällt mir.« Ein kleines Lächeln schlich sich auf Sabias Lippen und sie griff nach meiner Hand und drückte sie fest. »Uns kriegt der Master nicht. Und Theo auch nicht.«

»Keinen von uns«, bestätigte ich.

Meine neu gewonnene Energie und das gute Gefühl, endlich etwas tun zu können, trugen mich durch den Tag. Doch bereits wenig später, als wir uns nachmittags alle um den Küchentisch von Sir Archer versammelten, auf dem mehrere Schüsseln mit Plätzchen und Kannen mit Früchtetee warteten, merkte ich, dass wir komplett bei null anfangen mussten. Wir waren zu siebt: Sabia, Avery, Colin, Jasper, Jeremy und ich. Auch Bellamy hatte beschlossen, sich uns anzuschließen.

»Theo ist mein Freund«, hatte er gesagt und sich wie selbstverständlich auf einen freien Stuhl fallen lassen. Dabei war das gar nicht selbstverständlich. Ich hatte ihm angesehen, wie sehr die Angelegenheit mit seinen Pferden und der Zwiespalt, in dem er sich nach wie vor befand, ihn immer noch beschäftigten. »Außerdem habe ich mit dem Master auch noch ein Hühnchen zu rupfen.«

So gut das Treffen auch begann, kam es mir nach zwei Stunden Diskussionen, Zetteln voller Stichpunkte und rauchenden Köpfen so vor, als wären wir keinen Schritt weitergekommen.

»Habt ihr eigentlich mal versucht, Theo zu erreichen?«, fragte ich die anderen und Colin seufzte. »Jeder von uns mindestens hundert Mal. Aber er geht nicht dran und auf Mails reagiert er auch nicht. Wir haben es sogar schon in der Firma seines Dads versucht. Aber die wollten uns nicht weiterleiten.« Er zuckte mit den Schultern. »Tut mir echt leid.«

»Schon gut, ihr könnt ja nichts dafür. Versucht es einfach weiter, ja?«

»Na klar.« Colin lächelte mir aufmunternd zu, aber es fiel mir schwer, es zu erwidern. Ernüchtert schaute ich auf den Block, der vor mir lag und auf dem eine Reihe von Namen stand. Es waren all jene Schüler und Studenten der Academy, von denen wir wussten, dass sie im Laufe des Spiels einen der roten Briefe bekommen hatten. Jeremy hatte vorgeschlagen, sie nach Relevanz zu ordnen – danach, ob wir glaubten, dass jemand enger mit dem Master zusammenarbeitete und etwas wusste. Und wie nicht anders erwartet, stand Atlas' Name ganz oben.

»Bleibt nur noch die Frage, wie wir jetzt weitermachen und wer sich an wen heftet«, sagte Jeremy und blickte in die Runde. »Gibt es Freiwillige für Atlas?«

Sabia winkte ab. »Corentin können wir vergessen. Ich habe heute nach der Versammlung schon versucht, mit ihm zu reden. Aber der Typ ist härter als jede Granitkugel. Und außerdem ein wirklich arroganter Arsch.«

»Das ist nichts Neues«, brummte Jasper. »Aber wenn wir etwas erreichen wollen, führt wohl kein Weg an ihm vorbei.«

»Ich kann noch mal mit Atlas sprechen«, bot Bellamy an. »Ich denke, von uns allen habe ich die größten Chancen, zu ihm durchzudringen.«

»Das wäre großartig.« Colin wirkte erleichtert, zog den Block zu sich herüber und beeilte sich, Bellamys Namen hinter den von Atlas zu kritzeln. Mir wurde Haru zugeteilt, der in meine

Klasse ging und ebenfalls in Haverton House wohnte, und als wir uns später voneinander verabschiedeten, beschloss ich, ihn direkt zu suchen und anzusprechen.

Ich fand Haru im Haverton-Gemeinschaftsraum, wo er auf einem der dunklen Ledersofas saß, schick in Stoffhose, cremefarbenem Pullover und mit einem Polomagazin in der Hand – Hashtag Old Money. Er begrüßte mich mit einem kurzen Nicken. Doch als ich versuchte, ihn in ein lockeres Gespräch zu verwickeln und schließlich auf den Master ansprach, verschränkte Haru die Arme vor der Brust.

»Das kannst du vergessen, Louisa. Ich rede mit dir nicht über den Master. Ich bin doch nicht bescheuert, es mir mit dem zu verscherzen.«

»Wenn du Angst hast, weil du erpresst wirst, dann kann ich das total verstehen. Aber ...«

»Du verstehst mich falsch.« Er lachte auf. »Ich habe keine Angst vor dem Master, im Gegenteil. Die Zusammenarbeit mit ihm hat sich für mich bisher als ausgesprochen lohnenswert erwiesen. Der Master weiß, dass er sich auf mich verlassen kann, und das verschafft mir einige Privilegien, auf die ich nicht wieder verzichten möchte.«

»Was für Privilegien?«

»Gespräch beendet.«

Er drehte mir die Schulter zu und öffnete seine Zeitschrift wieder. Ich startete noch einen letzten Versuch, aber als Haru mich schlichtweg ignorierte, gab ich auf und trottete auf mein Zimmer, wo ich duschte, mich ins Bett fallen ließ und noch einmal über Harus Worte nachdachte. Es gab ihn also wirklich – den *Inner Circle.* Eine Gruppe von Leuten an der Academy, die dem Master die Treue hielten, weil sie daraus Profit schlugen. Unglaublich, wenn man bedachte, was der Scheißkerl anderen angetan hatte. Ebenso wenig konnte ich verstehen, wie manche dem angekündigten Wettkampf zwischen Theo und Atlas so sensationslüstern entgegenblicken konnten. Wie schwach und ekelhaft musste man denn bitte sein, wenn einem so etwas Freude bereitete? Wenn man es kaum erwarten konnte, dass ein weiteres Mitglied des Ruby Circles öffentlich vorgeführt wurde? Aber vermutlich lag es auch daran, dass es sich bei Atlas und Theo nicht nur um Rivalen, sondern auch um die zwei der einflussreichsten Mitglieder handelte, die jemals Teil des Circles gewesen waren. Schon jetzt wurde das bevorstehende Event *King's Fall* genannt. Ätzend. Einige fragten sich, ob es überhaupt stattfinden würde, nun, da Theo abgereist war. Aber die meisten, darunter auch Haru, waren sich einig. »Der Master richtet sich nicht nach anderen, schon gar nicht nach gefallenen Spielern«, hatte ich ihn am Wochenende im Gemeinschaftsraum sagen hören. »Ich bin mir sicher, das Spiel wird starten, mit oder ohne Theo. Und wenn er nicht antritt, wissen wir, dass wir uns auf jeden Fall schon einmal auf ein Geheimnis freuen können.«

Ich stieß ein tiefes Seufzen aus, vergrub meine Nase in Pouchis weichem Fell und wählte zum gefühlt hundertsten Mal Theos Nummer – jedoch erfolglos. Irgendwann schlief ich ein, eine Stimme im Ohr, die mir sagte, dass der gewünschte Teilnehmer gerade nicht erreichbar war.

»Okay, also halten wir fest, dass wir genauso weit sind wie gestern«, rekapitulierte Jasper am nächsten Tag, als wir alle unsere Ergebnisse zusammentrugen. Es war Mittwochabend, der bereits tiefschwarze Himmel und das leise Pfeifen des Windes erinnerten mich wieder einmal daran, dass wir bereits Anfang Dezember hatten. Eigentlich wäre es der perfekte Tag gewesen, um es sich mit einem Buch, einer dicken Strickdecke und einer Schüssel voll Zimtplätzchen in der Hängeschaukel von Sir Archer Remington gemütlich zu machen. Doch heute schien schon der Gedanke daran unmöglich.

»Wie lief es bei dir?«, erkundigte sich Sabia bei Bellamy, aber der verzog nur die Lippen und schüttelte den Kopf. »Ich glaube, Atlas steht seit der letzten Aktion des Masters etwas neben sich. Er ist nicht mehr er selbst.«

Oder er zeigt dir jetzt erst sein wahres Gesicht. Ich verkniff mir den Kommentar und fragte stattdessen: »Also hat er dir auch nichts verraten?«

»Nein, er hat gesagt, dass er das selbst regelt und darüber nicht reden wird. Auch nicht mit mir. Ich habe ihn dann gefragt, ob ich mir die Briefe ansehen kann, die er bekommen hat, aber da hat er komplett dichtgemacht.«

»Das heißt, wir lagen richtig. Atlas weiß mehr«, stellte Colin fest, einen ziemlich großen Keks im Mund. »Aber wir kommen nicht an ihn ran.«

»Richtig.« Bellamy zuckte mit den Schultern. »Tut mir echt leid, ich dachte, mit mir würde er reden.«

»Schon okay, wir müssen uns eben auf die anderen konzentrieren. Auch wenn das, was wir haben, bisher nicht gerade viel ist.« Sabia schob sich ihren Kugelschreiber zwischen die Zähne. »Eigentlich ist es überhaupt nichts. Entweder die Leute haben Angst und reden nicht oder sie versprechen sich Vorteile durch die Zusammenarbeit mit dem Master.«

Mein Handy vibrierte und lenkte mich ab. Doch wieder war es keine Nachricht von Theo, sondern eine von … einer unbekannten Nummer. Sofort stellten sich mir die Nackenhaare auf. Auch Bellamy schaute auf sein Handydisplay und als wir uns über den Tisch hinweg einen Blick zuwarfen, wusste ich, dass er dieselbe Nachricht bekommen hatte. Einen Link. Mehr nicht.

Nicht draufklicken, ermahnte mich meine innere Stimme noch, doch da gehorchten mir meine Finger schon nicht mehr. Erst geschah nichts, nur der Bildschirm wurde schwarz. Dann blutrot und schließlich ... erklang die unheimliche Computerstimme von der Party in Chalwood Estate und ließ uns alle zusammenzucken.

»Verehrte Mitglieder des Ruby Circles, Rektor Lowell bittet euch um eure Mithilfe, um mich zu finden.« Die Stimme lachte blechern und Jeremy verkrampfte sich neben mir. Ich wusste sofort, woran er dachte, und auch in mir zog sich bei der Erinnerung an seine Bloßstellung alles zusammen.

»Er will mich finden, überführen und aus dem Weg schaffen. Aber dabei tappt er völlig im Dunkeln, der arme alte Mann, genau wie seine lächerlichen Maulwürfe vom Sicherheitsdienst. Sie alle haben nicht die geringste Ahnung, wer ich bin oder was ich will. Und ihr auch nicht. Dachtet ihr, es geht mir nur um Spaß? Falsch. Das war vielleicht am Anfang so. Inzwischen geht es um etwas viel Größeres.« Die Stimme machte eine kurze Pause und es war, als würden alle am Tisch die Luft anhalten.

»Erinnert ihr euch noch an Bethany Lawrence?« Wieder folgte Stille, die viel zu lange anhielt und meinen Puls in ungeahnte Höhen trieb. *»Natürlich tut ihr das. Das hübsche, zarte Mädchen, das im vergangenen Jahr auf so mysteriöse Weise verschwand. Sehr tragisch, das alles, nicht wahr?«*

Ich hob den Blick und in den Gesichtern meiner Freunde spiegelte sich mein eigenes Entsetzen wider.

»Habt ihr euch schon einmal gefragt, wo sie heute ist oder was damals wirklich passiert ist? Ich schon. Und ich denke, einige von euch haben das auch. Deshalb habe ich beschlossen, die Sache aufzuklären und sie zu finden.«

»Bitte was?«, brachte Jasper heraus, aber da sprach der Master bereits weiter.

»Dafür zähle ich auf eure Unterstützung und Mithilfe … genau wie der arme alte Lowell.« Wieder erklang das künstliche Lachen. *»Wenn ihr etwas wisst, tragt es zusammen mit eurem Namen in das Feld ein. Hinweise, die mich weiterbringen, werde ich wie gewohnt belohnen. Ab jetzt dürfen alle spielen. Solltet ihr jedoch planen, mich zu behindern oder zu enttarnen, kann ich euch nur raten: Lasst es bleiben. Auch Macht und Einfluss können euch nicht schützen. Das werde ich euch in Kürze beweisen. Macht euch also bereit, eure Wahl zu treffen. Auf welcher Seite wollt ihr stehen, wenn die Spiele in die finale Runde gehen?«*

Auf einmal wurde es ruhig und ich wartete regungslos, ob noch etwas kam. Doch alles blieb still. Nur auf dem Handydisplay zeichnete sich jetzt ein großes rotes M ab, das wie in Wachs gedrückt aussah. Darunter erschien ein Eingabefeld.

»Okay, jetzt wird's richtig creepy«, fasste Jasper das zusammen, was gerade in mir vorging. Er beugte sich zu mir herüber, um über meine Schulter auf den Bildschirm schauen zu können, und schüttelte den Kopf. »Was hat denn Annie damit zu tun?«

»Ich weiß es nicht«, flüsterte ich, obwohl die Frage nicht direkt an mich gerichtet worden war. In meinem Kopf ratterte es noch. Der Master wollte Annie finden, warum auch immer. Und er spielte Theo und Atlas gegeneinander aus, die beiden Mitglieder des Circles, die am meisten mit ihr zu tun gehabt hatten und die … Ich schluckte.

Die beiden, die ihr am meisten bedeutet haben und die am Abend ihres Verschwindens bei ihr gewesen sind.

Scheiße, das konnte doch kein Zufall sein!

»Ich habe die Nachricht auch bekommen.« Avery hielt sein Handy hoch, ehe die Stimmen meiner Freunde sich zu einem aufgeregten Gewirr vermischten. Mein Herz hämmerte wie wild, ich stand auf, ging in den Flur und wählte wieder Theos Nummer, auch wenn ich mir inzwischen keine großen Hoffnungen mehr machte, dass er dranging. Auch dieses Mal meldete sich sofort die Mailbox. Verdammter Mist!

Aus der Küche verkündete Sabia, dass auch sie die Nachricht nun erhalten hatte, gleich darauf schloss sich Colin an. Scheinbar wurden die Links etwas zeitversetzt verschickt, aber nichtsdestotrotz würde der gesamte Ruby Circle innerhalb der nächsten Stunde wissen, dass der Master die Spiele nun für alle eröffnet hatte. Und dass er Annie suchte. *Annie.* Das Mädchen, das ich gar nicht kannte und das mich dennoch verfolgte, seit ich durch das Tor der Academy getreten war. Das Mädchen, das mir so unglaublich ähnlich sah. Das mit meinem Freund geschlafen hatte, kurz bevor es verschwunden und nie wiederaufgetaucht war.

Keine Ahnung, wie das alles nun auch noch mit dem Master zusammenhängen sollte. Doch eines stand fest: Wenn er eine solche Nachricht verschickte und die Mitglieder des Circles dermaßen anstachelte, würde es nicht mehr lange dauern, bis die Challenge startete. Und Theo war nicht hier. Weder um das alles abzuwenden, noch um anzutreten … oder um irgendetwas anderes zu unternehmen.

»Ähm … Louisa«, erklang es da plötzlich aus dem Wohnbereich. Das war Jasper. »Da ist noch etwas, das du dir ansehen solltest.«

Ich ging zurück und er kam mir bereits entgegen, sein Handy vor sich haltend. Und da sah ich es: Zwischen dem M und dem Eingabefeld war noch ein weiteres Element aufgetaucht. Ein … Countdown – darüber die Worte *King's Fall.*

»Samstag«, presste ich hervor und kurz hatte ich das Gefühl, als würde der Boden schwanken. »Die Challenge startet am Samstag.« In drei Tagen!

»Sieht ganz so aus«, murmelte Jasper und einen Herzschlag lang stand ich regungslos da und spürte, wie Angst und Beklemmung sich langsam in meinem Körper ausbreiteten. Doch dann atmete ich tief durch, schüttelte sie ab und riss meine Jacke vom Haken. Drei Tage! Verfluchte 72 Stunden. Nein, nicht einmal mehr. Wenn wir den Master jetzt noch stoppen wollten, brauchten wir Ergebnisse. Etwas, das uns wirklich weiterbrachte. Und zwar schnell.

Uns lief die Zeit davon.

30

Ich hing an meinem Leben, wirklich. Zumindest hatte ich das bisher immer behauptet. Als ich nun jedoch die Schlüsselkarte vor die Tür hielt und ein leises Klacken verriet, dass ich sie entriegelt hatte, war ich mir nicht mehr ganz so sicher, wie viel von dieser Aussage tatsächlich stimmte. Vermutlich gar nichts mehr. Denn das, was ich hier vorhatte, war absolut lebensmüde. Trotzdem musste ich es versuchen – es war die einzige Möglichkeit, die mir blieb, wenn ich nicht einfach herumsitzen, abwarten und dem Master kampflos das Feld überlassen wollte. Und das war keine Option.

So leise ich konnte, öffnete ich die Tür einen Spalt weit und lauschte. Als kein Geräusch erklang, stellte ich einen meiner Schuhe dazwischen, hielt kurz inne und rannte dann zurück zu dem Wagen der Reinigungskraft, von dem ich die Universalkarte entwendet hatte.

Es war eine Kurzschlussreaktion gewesen, völlig unüberlegt, und hatte damit angefangen, dass ich mein Fahrrad in die Tiefgarage gebracht und festgestellt hatte, dass Atlas' Wagen nicht an seinem Platz stand. Innerlich hatte ich mich auf dem Heimweg darauf vorbereitet, noch einmal mit ihm zu sprechen, nachdrücklich und wenn es sein musste so hartnäckig, dass er irgendwann genervt doch etwas verriet. Doch dann hatte ich auf dem Weg durchs Foyer aufgeschnappt, wie Eden irgendetwas von einem Treffen von Atlas' Familie faselte, von dem er erst am Sonntagabend zurückkommen würde. Und als ich schließlich den einsamen Wagen mit Handtüchern und Putzmitteln vor dem Aufzug entdeckt hatte … samt Universalschlüsselkarte …

Etwas in meinem Kopf hatte einfach ausgesetzt. Bevor meine Vernunft wieder die Oberhand ergreifen und mir einreden konnte, dass mein Vorhaben nicht nur unglaublich leichtsinnig, sondern auch moralisch absolut verwerflich war, hatte ich nach der Karte gegriffen und war zu Atlas' Zimmertür gerannt.

Du bist völlig irre, stellte meine innere Stimme unnötigerweise noch einmal fest, als ich die Karte jetzt blitzschnell wieder an ihren Platz legte und mich vergewisserte, dass mich niemand gesehen hatte. Dann flitzte ich zurück, schlüpfte in meinen Schuh und anschließend durch die Tür, wo ich mich erst einmal mit dem Rücken gegen die Wand lehnte.

Einatmen. Ausatmen. Ruhig bleiben.

Ich hatte es geschafft. Zumindest schon einmal bis hierher.

Du verhältst dich gerade nicht viel besser als Atlas, als er bei dir eingebrochen ist, startete mein Gewissen einen letzten verzweifelten Versuch, mich von meinem Vorhaben abzubringen. Doch ich schüttelte es einfach ab, schließlich hatte ich, im Gegensatz zu ihm, nicht vor, hier zu wüten und alle Dinge zu zerstören, die ihm am Herzen lagen. Ich wollte mich bloß etwas umsehen und nach Hinweisen suchen … nach seinen Briefen.

Na, ob es das besser macht?

Aber auch diesen Gedanken verbannte ich, löste mich von der Wand und machte ein paar Schritte in den Raum hinein. Atlas' Zimmer war komplett in Grau eingerichtet, mit schweren Vorhängen und dunklen Möbeln. Ich war bereits hier gewesen, an meinen ersten Tagen an der Academy, als ich ihm vertraut und mich mit ihm getroffen hatte, um mich auf die Kunstgala vorzubereiten. Schon damals war mir aufgefallen, wie ordentlich alles war. Jetzt jedoch lag wirklich nirgendwo etwas herum und als ich mich genauer umsah, bemerkte ich, dass auch die wenigen persönlichen Gegenstände verschwunden waren: die Bücher im Regal, die Bilder an den Wänden, ja sogar sein Tablet und die Stifte auf dem Schreibtisch fehlten. Atlas' Reich wirkte wie ein unbewohntes Hotelzimmer. War er … umgezogen?

Kurz entschlossen ging ich zum Ankleidezimmer und warf einen Blick hinein, nur um mich zu vergewissern, dass es nicht auch leer war. Doch auf den fein säuberlich aufgereihten Bügeln hingen tatsächlich einige Anzüge, Hemden und Krawatten.

Wenn auch deutlich weniger als erwartet. Da standen auch nur zwei Paar Schuhe. Irgendetwas stimmte hier nicht!

Gerade wollte ich mich umdrehen, um mich wieder dem Schreibtisch zuzuwenden, als plötzlich ein Klacken erklang und ich wie eingefroren stehen blieb.

»Von einem Mädchen in seinem Zimmer überrascht zu werden, ist wohl für die meisten eine reizvolle Sache.«

Ich zuckte zusammen. Atlas! Er stand in der Tür und musterte mich mit einer Mischung aus Zorn und Faszination. »Nur mag ich leider keine Überraschungen. Ich nehme an, du hast nicht vor, dich auszuziehen und herauszufinden, was mein Bett alles so aushält. Also … was machst du hier?«

Langsam kam er näher und wieder einmal fühlte sich seine Präsenz an wie ein elektrisches Feld, das ein unangenehmes Kribbeln auf der Haut auslöste.

Fieberhaft überlegte ich, was ich nun sagen sollte, und versuchte es mit dem Erstbesten, das mir einfiel.

»Solltest du nicht bei einem Treffen mit deiner Familie sein?«

Atlas' Augenbrauen zuckten, als wäre diese Frage das Letzte, womit er gerechnet hatte. Doch dann antwortete er: »Ja, nächste Woche.«

Nächste Woche? Aber Eden hatte doch gesagt, dass …?

Vielleicht hättest du ihm zwei Sekunden länger zuhören sollen.

Ich Idiotin!

»Und dein … Auto?«, stammelte ich, bevor ich länger darüber nachdenken konnte, und kaum dass die Worte meinen Mund verlassen hatten, wollte ich sie bereits wieder zurücknehmen.

Ja, erzähl ihm doch ruhig deinen gesamten naiven Plan, damit du noch dämlicher dastehst.

Atlas' Brauen hoben sich noch weiter. Er kam näher und ich verlor einen Moment meine eiserne Selbstbeherrschung und machte einen Schritt nach hinten. Doch Atlas lief an mir vorbei, ging zu einem Sessel und setzte sich darauf, ohne mich aus den Augen zu lassen.

»Klingt ja nach einem sehr ausgefeilten Plan, den du da verfolgst.« Ein Anflug von Spott blitzte in seinen Augen auf, doch dahinter waberte etwas viel Dunkleres. »Coraline ist heute mit meinem Wagen unterwegs, sie hat irgendetwas in London zu erledigen. Reicht dir das als Antwort oder hättest du gerne Details?« Er sah mir direkt in die Augen, was mich innerlich zum Glühen brachte. »Würdest du nun bitte auch meine Frage beantworten: Was suchst du hier?«

Ich habe nur auf dich gewartet, wollte ich sagen. *Nichts weiter. Ich wollte nur … mit dir reden.*

Doch zum Glück merkte ich noch rechtzeitig, wie bescheuert und unglaubwürdig das klang. Wenn ich nicht wollte, dass er gleich ausrastete, mich aus seinem Zimmer schmiss und ernsthaft darüber nachdachte, mir mein Stipendium wegzunehmen, durfte ich ihn jetzt nicht anlügen.

»Ich bin hier, weil wir versuchen, euch zu helfen. Theo und dir. Und weil ich mir Informationen erhofft habe.«

Atlas schnaubte. »Wie großzügig. Also glaubst du nicht mehr, dass ich dahinterstecke?«

»Nein. Aber ich glaube, dass du mehr weißt als jeder andere an der Highclare. Nicht nur weil du ein Spieler bist, sondern auch weil ich schätze, dass du längst selbst Nachforschungen angestellt hast. Und da ich mir sicher war, dass du nicht einfach mit mir reden würdest ...«

»Ein Spieler warst.«

»Was?«

»Ich habe gespielt, das stimmt. Aber jetzt tue ich es nicht mehr.«

Nun war ich es, die wie von selbst die Augenbrauen hob.

»Eine spontane Entscheidung?«, fragte ich und konnte nicht verhindern, dass auch meine Stimme etwas frostiger klang. »Immerhin hast du letztes Wochenende noch eine Nachricht vom Master bekommen und anschließend mein Zimmer verwüstet.«

Atlas verschränkte die Arme hinter dem Kopf und lehnte sich zurück – eine Geste, die mir ganz klar zeigen sollte, dass ihn meine Anschuldigungen nicht tangierten.

»Für gewöhnlich würde es mir ja schmeicheln, dass du ständig an mich denkst und alles mit mir in Verbindung bringst. Aber in diesem Fall ist es einfach nur nervig. Ich war nicht in deinem Zimmer. Und dass der Master mir noch Informationen liefert, heißt nicht, dass *ich* für *ihn* spiele.«

»Und trotzdem willst du gegen Theo antreten.«

»Das hat persönliche Gründe.«

»Du könntest verlieren.« Mir war klar, dass es gerade vielleicht nicht das Klügste war, ihn zu provozieren, aber ich konnte mich einfach nicht zurückhalten.

Atlas' Mundwinkel zuckten gönnerhaft. »Könnte ich, ja. Aber dafür müsste Theo erst mal auftauchen. Und aktuell sieht es eher nicht danach aus, dass er zurückkommt.«

»Woher willst du das wissen?«

Sein falsches Lächeln wurde breiter. »Weil ich im Gegensatz zu dir mit ihm gesprochen habe.«

Wie bitte?

»Hast du nicht.«

»Es spielt keine Rolle, ob du mir glaubst.« Er zuckte nur mit den Schultern. »Theo hat mich schon am Wochenende mehrfach angerufen und gestern haben wir kurz gesprochen.«

Nein, das konnte nicht sein! Warum sollte er sich bei Atlas melden, aber nicht bei mir?

»Oh, hinterlässt das gerade etwa einen Kratzer im Bild deines ach so perfekten Prinzen?« Atlas lachte leise. »Tja, ich habe dir von Anfang an gesagt, dass Theo nicht der ist, den du in ihm siehst. Vanderton hat genauso viele Abgründe wie jeder von uns im Ruby Circle.«

»Aha. Und du behauptest, sie zu kennen?«

»Nein.« Er schüttelte den Kopf und stand auf. »Allerdings ist das wohl nur noch eine Frage der Zeit.«

Atlas kam auf mich zu und ich musste mich zwingen, stehen zu bleiben, als er seinen Blick einmal an mir herab und wieder zurück zu meinem Gesicht gleiten ließ. Obwohl er dieses Mal Abstand zu mir hielt und noch nicht aus seiner Rolle gefallen war, machte er mir Angst. Irgendetwas … war anders als sonst. Anders, als es in einer Situation wie dieser hätte sein sollen.

»Nun, was auch immer du hier gesucht hast, Louisa.« Mein Name aus seinem Mund klang gleichermaßen, als würde er eine Katze streicheln und mit einer Klinge über Metall fahren. Beides gefiel mir ganz und gar nicht. »Du wirst nichts finden. Oder dachtest du wirklich, dass ich so dumm bin, die

Unterlagen, die du suchst, einfach so offen herumliegen zu lassen?«

Nein, nicht wirklich. Aber insgeheim hatte ich einfach gehofft, dass Atlas, so durcheinander und fassungslos, wie ich ihn kürzlich erlebt hatte, Fehler machte und sich dadurch in die Karten schauen ließ. Dass er, wie jeder normale Mensch, einfach mal etwas in eine Schublade stopfte oder einen Hefter darauflegte.

Aber Atlas hatte recht: In seinem komplett unbewohnt wirkenden Hochglanzzimmer würde ich die ersehnten Hinweise und Briefe lange suchen können. Denn auch wenn mein Instinkt mir immer wieder zurief, dass ich etwas übersah, fand ich nichts, was mir auf den ersten Blick weiterhelfen konnte.

»Schön, wie es aussieht, sind wir hier fertig, oder? Wenn du also nicht vorhast, weiter hier herumzustehen, solltest du jetzt gehen. Oder du bietest mir etwas Angemessenes dafür, dass ich meine Zeit mit dir verschwende.«

Abermals strich sein Blick über mein Gesicht und ich bildete mir ein zu sehen, wie er kurz an meinen Lippen hängen blieb. Sofort verschränkte ich die Arme vor der Brust.

»Vergiss es. Ich werde dich garantiert nicht küssen oder andere Dinge mit dir machen, die …«

»Oh bitte, mach dich nicht lächerlich. Ich habe kein Interesse an dir und die Tatsache, dass du das immer noch denkst, zeigt nur, dass du dich selbst maßlos überschätzt.«

Nun war ich es, die ein Schnauben ausstieß. Weil Atlas mit mir spielte und ich – wie früher – genauso reagiert hatte, wie er es wollte.

»Ich habe mir schon gedacht, dass du mir nichts anzubieten hast, das für mich von Wert ist«, sagte Atlas da, ging zur Tür und öffnete sie. Die Geste war unmissverständlich. Ich sollte verschwinden. Einfach so, ohne Androhung von Konsequenzen. Es war verlockend und doch irgendwie … falsch. Atlas war zu ruhig, zu gefasst. Ich war mir immer noch sicher, dass ich etwas übersah. Dennoch folgte ich ihm. Dabei ratterten die Bilder der letzten Minuten – sein Zimmer, der Ankleideraum, seine nicht mehr vorhandenen persönlichen Gegenstände – unaufhörlich durch meinen Kopf und gerade als Atlas die Tür hinter mir schließen wollte, wirbelte ich herum und stellte einen Fuß in den Rahmen. Atlas konnte nur so vermeintlich entspannt bleiben, weil es in seinem Zimmer rein gar nichts mehr gab, was ich gegen ihn verwenden konnte! Keine Briefe, keine Hinweise, ja nicht einmal Dinge, die ihm etwas bedeuteten.

»Du willst abhauen.« Meine Feststellung klang ein wenig wie eine Frage, verfehlte ihre Wirkung jedoch nicht.

Atlas riss die Tür wieder auf und funkelte mich an. Er sagte nichts, aber die Art und Weise, wie er auf mich herabsah, sorgte dafür, dass ich mich unendlich klein fühlte. Trotzdem hob ich das Kinn und sprach weiter. Die Erkenntnis sickerte immer mehr durch und die Worte sprudelten nur so aus mir heraus. »Na klar, du hast deine Sachen gepackt beziehungsweise … sie schon abholen lassen für den Fall, dass …«

Für den Fall, dass Theo gewinnt.

Das bedeutete, Atlas war längst nicht so cool, wie er vorgab zu sein. Im Gegenteil. Was auch immer ihn belastete, war so schlimm, dass er die Academy verlassen wollte, wenn es ans Licht kam. Geheimnisse hatte er sicherlich genug, daran zweifelte ich nicht. Doch bisher hatte ich tatsächlich geglaubt, dass es nichts gab, womit man jemanden wie ihn erpressen und wirklich unter Druck setzen konnte. Und doch … Ich dachte an die Szene im Innenhof, an sein vor Panik und Wut verzerrtes Gesicht.

Du hättest dich nicht mit mir anlegen sollen.

Die Erinnerung daran ließ mich frösteln. Ich hob den Blick und musterte seine markanten Züge, die perfekt geschwungenen Brauen und seine bernsteinfarbenen Augen. Dieser Typ verströmte so viel Macht, so viel Überlegenheit und Arroganz.

Atlas Corentin, was könnte schlimm genug sein, um dich zu dieser Challenge zu zwingen und dich wie einen Hund an der Leine zu führen?

»Wie ich sehe, hast du endlich die richtigen Schlüsse gezogen«, sagte er da und hob einen Mundwinkel an, was ihn noch herablassender wirken ließ. »Aber zerbrich dir darüber nicht deinen hübschen Kopf. Du wirst es nie erfahren.«

Das musste ich auch gar nicht. Die Erkenntnis, die ich gerade gewonnen hatte, reichte mir – nämlich, dass Atlas durchaus verwundbar war. Dass er eine Schwachstelle hatte. Und Angst. Angst, die ich mir jetzt zunutze machen konnte, um ihn dazu zu bringen, mit mir zusammenzuarbeiten. Wenigstens in dieser einen Angelegenheit. Aber zuerst musste ich noch etwas wissen.

»Atlas, was wollte Theo von dir, als er dich angerufen hat?«

Ein leises Lachen entwich ihm.

»Dasselbe, das du mir gleich vorschlagen wirst.«

»Woher willst du …«

»Ich kann deine Gedanken hören, Louisa. Das ist auch keine große Kunst. Du willst mir anbieten, dass wir uns zusammen gegen den Master stellen können, und mir sagen, dass ich mich deiner kleinen Truppe aus Remington-Möchtegern-Detektiven anschließen soll.«

»Ja schon, aber …«

»Lass es einfach bleiben. Ich habe längst jemanden auf diese Sache angesetzt und werde mein Wissen garantiert nicht mit euch teilen.«

»Also weißt du, wer der Master ist? Atlas, dann musst du …«

»Ich muss gar nichts.« Wieder ließ er mich nicht zu Wort kommen. »Und ich weiß auch noch nicht, wer der Master ist. Aber ich kenne jemanden, der es weiß.«

»Und … warum fragen wir denjenigen dann nicht einfach?«

»Weil sie nicht mehr hier ist.«

Sie. Ein Mädchen also. Ein Mädchen, das nicht an der Academy war und … Augenblick mal!

»Sprichst du gerade etwa von Annie?«

Dieses Mal brauchte Atlas nicht zu antworten. Ich wusste es in dem Moment, in dem ich es selbst aussprach.

»Das hat jetzt wirklich lange gedauert, bis der Groschen gefallen ist«, sagte Atlas und verdrehte die Augen. »Aber falls es dich tröstet: Theo ist auch erst vor ein paar Tagen darauf gekommen.«

Als er seinen Namen aussprach, zog sich mein Herz sofort schmerzhaft zusammen, doch ich zwang mich, mich zu konzentrieren. Auf Atlas, auf meine Mission. Darauf, dass ich noch mehr Informationen brauchte, bevor er endgültig die Geduld verlor.

»Was hat Annie mit all dem zu tun?«, fragte ich deshalb rasch und vergewisserte mich, dass mein Fuß noch immer fest im Türspalt stand.

Dann durchzuckte mich ein Gedanke, der völlig verrückt war, aber auch erschreckend realistisch, und ich fragte mich, warum ich erst jetzt darauf kam. Was, wenn Annie, die aus irgendeinem Grund spurlos verschwunden war, nun plötzlich als Master zurückkehrte, um Rache am Circle zu üben? Bloß … warum? Und warum ausgerechnet an Atlas und Theo? Oder an Jeremy, der vor einem Jahr noch nicht einmal an der Academy gewesen war? Die Puzzleteile passten noch nicht ganz zusammen und dennoch …

»Annie ist nicht der Master«, sagte Atlas und der Gedanke

verpuffte. »Sie ist im Ausland. Und wer auch immer dahintersteckt, ist so gut über alles an der Academy informiert, dass er sich hier aufhalten muss.«

Moment mal … er kannte Annies Aufenthaltsort? Aber … war das nicht einer der Gründe gewesen, warum er kürzlich auf Theo losgegangen war? Weil er glaubte, dass Theo mehr wusste, als er zugab?

Auf Atlas' Stirn bildete sich eine Falte. Ich konnte förmlich spüren, wie er sich wieder verschloss und innerlich einen Schritt zurücktrat. Physisch tat er dabei jedoch das genaue Gegenteil und bewegte sich auf mich zu. Ich reagierte instinktiv, setzte einen Fuß nach hinten und … merkte zu spät, dass das ein Fehler gewesen war. In letzter Sekunde stemmte ich mich mit den Händen gegen die Tür und verhinderte so, dass er sie vor meiner Nase schloss.

»Warte!«

»Was?« Nun wurde seine Stimme doch lauter. Die Tatsache, dass er mir mehr verraten hatte, als er wollte, ließ seine beherrschte Fassade bröckeln.

»Heißt das, du wusstest die ganze Zeit über, wo Annie steckt?«

»Nein, diese Information ist neu.«

»Und von wem? Ihrer Familie?«

Er schüttelte den Kopf, während in seinen Augen etwas aufleuchtete, das man nur als blanken Hass bezeichnen konnte. »Ihre Eltern würden nicht einmal mit mir sprechen, wenn ihr Leben bedroht wäre. Und mit dir werden sie auch nicht reden, vergiss das also gleich wieder. Ihr Vater hat die polizeiliche Suche nach ihr nach wenigen Tagen gestoppt und seitdem behaupten er und seine Frau, dass Annie an einer Academy in Kanada studiert.«

»Und wie hast du sie gefunden?«

»Privatermittler.« Atlas sprach das Wort aus, als hätte ich die dümmste Frage des Jahrhunderts gestellt, aber ich ließ mich dadurch nicht aus dem Konzept bringen.

»Aber warum … erst jetzt? Ich denke, du hast vorher schon nach ihr gesucht. Und Theo auch.«

Atlas schnaubte. »Entgegen deiner Annahme ist es nicht so leicht, jemandem auf die Spur zu kommen, der sich vor seiner Familie und Theo Vanderton versteckt und nicht gefunden werden will.«

Vor Theo? Das wagte ich zu bezweifeln. Doch ich behielt diesen Gedanken für mich und fragte stattdessen: »Also weißt du, wo sie ist?«

»Du solltest jetzt gehen.« Abermals kam er mir entgegen und ich musste den Kopf in den Nacken legen, um ihm weiter ins Gesicht sehen zu können.

»Atlas, bitte. Das ist wichtig, vielleicht kann ich dir helfen. Wir …«

»Ich brauche deine Hilfe nicht. Die Sache ist ganz einfach: Entweder mein Plan geht auf und ich finde Annie rechtzeitig und enttarne mit ihrer Hilfe den Master oder ich werde spielen. So oder so werde ich gewinnen und Vanderton wird für das büßen, was er Annie angetan hat.« Atlas' Augen verengten sich. »Und dir rate ich, dich in Zukunft von meinem Zimmer fernzuhalten. Sollte ich dich noch einmal erwischen, werden dir die Folgen nicht gefallen.«

Mit diesen Worten drückte er mich nach hinten und die Tür gab ein leises Klacken von sich, als sie ins Schloss sprang.

Ich hörte, wie sich seine Schritte entfernten. Dann war es still. Nur mein Herz klopfte wie wild, während ich einen Moment lang einfach nur benommen dastand. Mit immer noch etwas zittrigen Fingern tastete ich nach meinem Handy.

»Dieser Teilnehmer ist vorübergehend …«

Verdammt, Theo! Ich legte auf und überlegte, ihm eine Nachricht zu schreiben. Oder besser … eine Mail, falls er wirklich keinen Zugriff mehr auf sein eigenes Handy hatte.

Theo ist auch erst vor ein paar Tagen darauf gekommen.

Das hieß, er hatte schon vor der neusten Nachricht des Masters geahnt, dass Annie vielleicht, ganz vielleicht, der Schlüssel zu allem sein konnte. Nur hatte er im Gegensatz zu Atlas vermutlich noch keine Spur zu ihr. Natürlich könnte auch er einen Privatdetektiv auf sie ansetzen. Aber Atlas hatte einen klaren Vorsprung. Und wenn Annies Eltern sich sperrten, war es unmöglich, sie jetzt schnell zu erreichen. Es sei denn … Mein Herz machte einen Satz, nur um gleich darauf viel zu schnell loszuhämmern. Nein, stopp, das war verrückt! Mindestens zwölf von zehn Punkten, auf der Leichtsinn-Skala. Das konnte ich nicht machen. Spätestens morgen würde ich es bereuen. Auf jeden Fall nächste Woche und dann für den Rest meines Lebens. Und dennoch … was, wenn es unsere einzige Chance war?

Mit steifen Fingern tippte ich auf den Papierkorb meines Mailprogramms und suchte nach Shiyas letzter Nachricht. Ich hatte mich an das erinnert, was Theo am See zu mir gesagt hatte, kurz nachdem ich die erste Mail von Shiya erhalten hatte: dass Shiyas Moderatorin, Penelope Lawrence, mit Annie verwandt war. Sie war ihre Tante! Und auch sie hatte versucht, ihre Nichte zu finden, laut Theo sogar über ihre Show. Das hatte der Sender zwar nicht erlaubt, aber deshalb würde sie nicht aufgegeben haben. Was, wenn Penelope inzwischen ganz genau wusste, wo Annie sich aufhielt?

Gut möglich, aber warum sollte sie ausgerechnet mit dir reden? Sie ist mit Shiya befreundet und hält dich wahrscheinlich auch für eine irre Stalkerin, Wahrheit hin oder her.

Ja, an diesem Gedanken war etwas dran. Die Wahrscheinlichkeit, dass ich mit dieser Aktion etwas erreichte, war verschwindend gering, das Risiko viel zu hoch. Und doch … war es die einzige Chance, die ich sah. *Es ist für Theo,* dachte ich. Für meine Freunde. Für jeden Einzelnen, den der Master bedroht hatte oder plante, noch zu bedrohen.

Dann begann ich zu schreiben.

31

Am Donnerstag schwänzte ich die letzten zwei Unterrichtsstunden, eilte nach Haverton House und zog mich in Windeseile um. Als ich wieder nach unten kam, wartete bereits eine Limousine in der Einfahrt – pünktlich auf die Minute. Ich wurde von einem übertrieben höflichen Fahrer begrüßt, vermied es aber, mich mit ihm zu unterhalten. Einerseits weil ich ihm seine Freundlichkeit nicht richtig abkaufte. Andererseits weil mir vor Aufregung so schlecht war, dass ich mich zwingen musste, nicht sofort wieder umzudrehen. Deshalb: einsteigen, Tür zu, kein Zurück mehr. Als der Wagen anfuhr und wir die Highclare Academy hinter uns ließen, legte ich den Kopf in den Nacken und schloss kurz die Augen. Das hier fühlte sich alles so falsch an und doch so, als hätte ich keine andere Wahl.

Gestern Abend hatte ich noch versucht, mit Pa zu sprechen und ihn auf Annie und ihren Fall anzusetzen. Doch der Versuch, mich vor dem heutigen Treffen zu drücken, war prompt gescheitert.

»Little One, selbst wenn ich Zugriff auf diese Akten bekommen könnte, dürfte ich dir nicht einfach so davon erzählen.«

Ja… das war mir eigentlich schon klar gewesen, aber ich hatte es trotzdem versuchen müssen. Mist.

»Muss ich mir jetzt Sorgen um dich machen?«

»Nein, schon gut. Es ist alles in Ordnung, wirklich.« Ich hatte es gehasst, ihn anlügen zu müssen, aber hätte ich ihm in diesem Moment die Wahrheit erzählt, hätten er und Dad sich sofort ins Auto gesetzt, um mich nach Hause zu holen. Niemals, unter keinen Umständen, hätte Pa zugelassen, dass ich zu Shiya fuhr.

Ja, und du wärst gut beraten gewesen, auf ihn zu hören.

Ich seufzte, ignorierte meine innere Stimme und wischte mir die Handflächen an meiner Jeans ab. Zuerst hatte ich überlegt, die Sachen anzuziehen, die Holly mir geschenkt hatte und die bei diesem Treffen sicherlich angemessener gewesen wären. Aber schlussendlich hatte ich mich doch für meine Chucks, ein Basecap und den neuen Highclare-Hoodie entschieden. Es war egal, was Shiya von meinem Outfit hielt. Für mich war es perfekt – meine ganz persönliche Kampfmontur.

Während wir durch London rollten, fing es an zu schneien. Erst landeten nur kleine Flocken auf der Scheibe, dann immer größere und es dauerte nicht lange, bis alle Straßen und Wege mit einer dünnen Zuckerwatteschicht bedeckt waren.

Bist du schon unterwegs?, schrieb Kami, als der Fahrer in eine Wohngegend abbog, in der die Häuser größer und die Mauern, die die Anwesen umgaben, immer höher wurden.

Bin fast da, tippte ich zurück und fügte dann hinzu: *Hast du noch etwas über Annie herausgefunden?*

Ich hatte sie gebeten, noch einmal zu recherchieren, und Kami, die schon seit ihrer Kindheit davon träumte, einmal für das MI6 zu arbeiten, hatte sofort losgelegt. Zwar hatte sie das Internet bereits ohne jegliche Spur durchforstet, aber vielleicht hatten wir ja doch irgendetwas übersehen.

K: *Bisher noch nichts, aber ich gebe nicht auf. Gibt's etwas Neues von Theo?*

L: *Nein, leider nicht.*

Er hatte sich weder bei mir gemeldet noch auf einen der tausend Anrufe reagiert, die von seinen Freunden auf der Mailbox warteten. Gestern Abend hatte ich schließlich die von mir selbst gesetzte Grenze übertreten und Theo noch einmal gegoogelt. Allerdings hatte ich es nicht lange durchgehalten, weil es sich immer noch so falsch angefühlt hatte. Und so hatte ich nur ein paar Fotos angeschaut, auf denen er als Teenager zusammen mit seiner Mom zu sehen war, und nebenbei die Vornamen seiner Großeltern herausgefunden. Weitergebracht hatte mich das allerdings nicht.

K: *Über Theo habe ich übrigens auch nichts gefunden. Die sind die totale Vorzeigefamilie. Wohltätigkeitsveranstaltungen, Spenden, Kampagnen für Frauenrechte und gegen häusliche Gewalt, das volle Programm. Habe ich aber bei Deliah auch nicht anders erwartet. Sie ist ja nicht ohne Grund eine meiner Lieblingsschauspielerinnen.*

Ich biss mir auf die Lippen, weil es mir nicht gefiel, dass Kami in Theos Leben stöberte, auch wenn mir natürlich klar war, dass sie das ohnehin längst getan hatte.

K: *Aber sonst nichts Auffälliges, keine Skandale oder so. Und das mit seinem Dad ist ja kein Geheimnis.*

Moment? Theos Dad? Also sein leiblicher Vater? Was meinte Kami mit … kein Geheimnis?

Ich knirschte mit den Zähnen, dann öffnete ich den Browser und tippte Theos Namen zusammen mit dem Wort *Vater* ein. Es dauerte nur ein paar Sekunden, ehe das Internet mir diverse Artikel von Onlinemagazinen ausspuckte.

Wir haben keinen Kontakt – Theo Vanderton über die Beziehung zu R. T. Hammerton.

Filmlegende vor Gericht – ist das das Ende seiner Karriere?

Ich spürte, wie der Wagen bremste, doch ich schaute nicht hoch, war zu gefangen von den Schlagzeilen.

Enthüllt: Filmproduzent wird mit schweren Vorwürfen konfrontiert.

Theo Vanderton: Dieser Mann ist nicht mein Vater und ich will nie so werden wie er.

Ich tippte auf den letzten Artikel und wartete gebannt, dass die Seite lud. Doch gerade als der Text auftauchte, klopfte jemand von außen an die Scheibe und ich zuckte zusammen. Im nächsten Moment wurde die Tür geöffnet.

»Miss Bennett, wir sind da.«

Shiyas Villa lag gut versteckt hinter hohen Bäumen und einer Mauer. Es war keines der schönen alten Gebäude, wie man sie aus den reichen Gegenden der Innenstadt kannte, sondern ein klotzartiger Neubau mit riesigen verspiegelten Glasflächen und einer Eingangstür, so groß wie ein Garagentor. Kalt, irgendwie seelenlos. *Wie passend.* Im Vorgarten wuchsen keine Pflanzen, alles war gepflastert oder mit Steinen bedeckt, auf denen nun eine dünne Schneeschicht lag, und direkt vor dem Haus stand eine Statue, die entfernt an einen Baum erinnerte. In Grau. Und ohne Blätter.

Während ich auf die Haustür zulief, musste ich an Theo denken. An die Headlines der Artikel. An seinen Vater, der anscheinend auch in der Filmindustrie gearbeitet und … vor Gericht gestanden hatte. Und von dem Theo nie freiwillig sprach. Hätte ich ihn eindringlicher danach fragen müssen, als wir am See gewesen waren?

Noch bevor ich das gigantische Vordach erreichte, schwang die Tür plötzlich auf. Ich hatte erwartet, von einem Portier begrüßt zu werden, der mich naserümpfend empfing und mich dann in einen Salon oder Meetingbereich führte. Doch zu meiner Überraschung stand Shiya selbst im Entree, in einem eleganten Etuikleid, gestylt für den nächsten großen Auftritt. Kurz glitt ihr Blick an mir herunter, doch wenn sie etwas Abfälliges dachte, verbarg sie es gut.

»Louisa, wie schön, dass du es dir noch anders überlegt hast.« Ihre Lippen verzogen sich zu etwas, das wohl ein Lächeln sein sollte, aber ich kaufte es ihr nicht ab und nickte bloß.

Ja, wirklich schön. Schön verzweifelt.

»Ich habe noch nichts entschieden«, sagte ich anstelle einer Begrüßung. Sie ging nicht darauf ein, sondern bat mich einfach ins Haus und führte mich in einen großräumigen Wohnbereich mit einer riesigen offenen Küche und einer Sitzecke samt Kamin. Alles war perfekt eingerichtet und roch frisch und absolut sauber – wie in einem Luxushotel.

Verrückt, dachte ich, während ich mich umsah und am liebsten gleich wieder aus dem Raum spaziert wäre. Es gab so viele Menschen, die alles dafür getan hätten, Shiya einmal privat zu treffen. In ihrem eigenen Haus, ganz allein, ohne andere Fans oder die Presse. Doch ich fühlte nichts als Beklemmung und den Drang, schnellstmöglich wieder zu verschwinden.

»Louisa, das ist Penelope Lawrence«, stellte sie mir die Frau vor, die bereits auf einem der Sofas wartete. Sie stand auf und als sie mir die Hand reichte, musterte sie mich offen. Ich tat es ihr gleich. Penelope war ungefähr so groß wie ich, schlank, mit kinnlangen braunen Haaren und einer großen Brille. Ihr Style, eine dunkle Bluse zu einer weiten cremefarbenen Hose und dezentem Make-up, gefiel mir. Nur das Lächeln, das sie sympathisch gemacht hätte, fehlte.

»Es freut mich, dich kennenzulernen.«

»Ja … mich auch.« Auf Small Talk in der Höhle des Löwen war ich definitiv nicht vorbereitet. Ich hatte Shiya bisher als jemanden kennengelernt, der sich nicht gerne mit Geplänkel aufhielt und gleich zur Sache kam. Doch heute wirkte sie wie ausgewechselt, bot mir etwas zu trinken an und verhielt sich beinahe freundschaftlich.

»Wie läuft's in der Schule und mit deinen Freunden?«, wollte sie wissen, und ich verschluckte mich fast an meinem Wasser. Das konnte jetzt unmöglich ihr Ernst sein!

»Gut.« Wie sollte ich mich denn bitte in dieser Situation verhalten? Erst einmal mitspielen und so tun, als ob zwischen uns alles okay war? Nein, damit wäre ich nicht besser als sie und ich war mir sicher, dass ich das ohnehin nicht lange durchhalten würde. Also räusperte ich mich.

»Mir wäre es am liebsten, wenn wir gleich zu dem Grund kommen, warum ich hier bin.«

»Eine gute Idee.« Shiya lächelte und ich glaubte, etwas wie Erleichterung in ihren Zügen zu erkennen. Die scheinheilige Mutter-Gothel-Rolle zerrte wohl auch an ihren Nerven.

Mit einer Handbewegung lud sie mich ein, mich aufs Sofa zu setzen. »Wie du ja weißt, ist dieses Treffen dazu gedacht, dass wir uns schon einmal zu den Interviewfragen abstimmen, und dazu, in welche Richtung das Gespräch grundsätzlich gehen soll.«

Ja, dazu brauchte ich keine Extraeinleitung. Wie ich Shiya einschätzte, würde sie einige Tränchen verdrücken und irgendeine ausgedachte, aber höchst medienwirksame Geschichte auspacken, die ihr Verhalten mir gegenüber rechtfertigte und bei ihren Fans Mitleid hervorrief. Von mir aus konnte sie das tun, abhalten konnte ich sie sowieso nicht. Aber wenigstens die Details wollte ich mir ersparen.

»Ehrlich gesagt …« Ich räusperte mich und überlegte noch kurz, ob es klug war, gleich mit der Tür ins Haus zu fallen. Doch dann sprach ich es einfach aus. »… bin ich gar nicht wegen des Interviews hier.«

Nun hatte ich ihre volle Aufmerksamkeit. Penelope legte leicht den Kopf schief, Shiyas Lächeln verschwand auf der Stelle.

»Und wieso dann?«, wollte sie wissen und ich atmete tief

durch und setzte mich Penelope gegenüber aufs Sofa, in dem Versuch, so etwas nahbarer zu wirken.

»Ich bin hergekommen, weil ich gehofft habe, dass Sie mir bei etwas helfen können«, gestand ich. Penelope hob leicht die Augenbrauen, sagte aber nichts und wartete ab, dass ich fortfuhr.

»Es geht um Bethany. Annie. Ihre Nichte.«

Penelopes Gesicht versteinerte. Doch vorher, im Bruchteil einer Sekunde, sah ich sie – die Regung in ihrem Gesicht. Ein schnelles Weiten der Augen, das kaum merkliche Öffnen ihres Mundes.

»Ich spreche nicht über Bethany. Mit niemandem.«

Damit hatte ich gerechnet, immerhin war ich eine Wildfremde für sie. Also redete ich einfach weiter. »Sie ... hat immer noch Freunde an der Academy, die sich große Sorgen um sie machen, und ...«

»Schickt Atlas Corentin dich?« Die Frage überraschte mich nicht. Natürlich hatte er bereits versucht, mit Penelope in Kontakt zu treten. Ich schüttelte den Kopf.

»Nein, ich ...« Wie sollte ich ihr die Wahrheit sagen, ohne ihr gleichzeitig von dem Spiel des Masters zu erzählen, sie eine Schlagzeile wittern zu lassen und ihr damit etwas gegen mich in die Hand zu geben? »Ich habe eigene Gründe für meinen Besuch«, setzte ich schließlich erneut an. »Mein ... Freund wird erpresst und wir wissen nicht, von wem, aber ... alles deutet gerade darauf hin, dass Annie wissen könnte, wer diese Person ist. Es gibt ... Hinweise.«

»Was für Hinweise?«, wollte Penelope wissen. Sie presste die Lippen zusammen, als wollte sie mit aller Kraft vermeiden, eine Emotion zu zeigen.

»Hinweise darauf, dass ... die Person, die ...« Verdammt, sie machte es mir nicht leicht. »... meinen Freund ... unter Druck setzt, Annies Verschwinden aufklären will und auf der Suche nach ihr ist.«

Penelope blinzelte, dann drückte sie sichtbar die Kiefer aufeinander und stieß die Luft aus.

»Dann ist Atlas dein Freund?« Sie schaute mich an und nickte, als würde das für sie Sinn ergeben. »Ja, ganz offensichtlich. Scheint, als wäre er seinem Typ treu geblieben.«

Ein kleines Lachen entwich ihr, aber es klang nicht amüsiert, sondern eher beunruhigt. Irgendetwas von dem, was ich gesagt hatte, hatte sie in Alarmbereitschaft versetzt, ich spürte es.

»Atlas ist nicht mein Freund«, beeilte ich mich zu sagen. »Wir … kennen uns, stehen uns aber nicht sehr nahe. Mein Freund heißt Theo.«

»Vanderton?«

Langsam und etwas irritiert nickte ich. Irgendwie hatte ich den Moment verpasst, in dem sich das Gespräch gedreht hatte, sodass sie es nun war, die die Fragen stellte. Aber gut, solange sie mit mir redete, hatte ich noch eine Chance, etwas herauszufinden.

»Theo, natürlich«, murmelte Penelope, als hätte sie nichts anderes erwartet.

»Wie … meinen Sie das?«

Sie lachte erneut und machte eine Handbewegung an mir herunter. »Na, schau dich doch an. Du bist ihr fast wie aus dem Gesicht geschnitten.«

Shiya räusperte sich. Sie stellte eine Flasche Wasser und einen Teller mit kunstvoll verziertem Gebäck auf den Tisch. Anschließend platzierte sie einen Stapel Papiere direkt vor meiner Nase.

»Ich schlage vor, dass wir diese Unterhaltung erst fortführen, wenn wir die Formalitäten geklärt haben«, sagte sie und ihrem kühlen kalkulierten Ton entnahm ich, dass sie nun wieder sie selbst war und nicht mehr krampfhaft versuchte, nett zu mir zu sein. Aber das war mir nur recht, zum Teufel mit diesen Scheinheiligkeiten.

Auch ohne auf die Zettel zu blicken, wusste ich, was da gerade vor mir lag. Ein Vertrag, vermutlich für das Interview. Und das bedeutete, dass sie ungeduldig wurde. Mir blieb nicht mehr viel Zeit. Wenn ich noch etwas aus Penelope herausbekommen wollte, dann jetzt.

»Mrs Lawrence«, versuchte ich es abermals. »Ich war noch nicht an der Highclare, als Annie … verschwunden ist, und ich weiß nicht genau, was passiert ist. Aber ich glaube wirklich, sie könnte uns helfen, diese Sache aufzuklären.«

Penelope schaute mich an, bestimmt ganze zehn Sekunden lang, dann beugte sie sich ein Stück weit nach vorne. »Du hast vorhin davon gesprochen, dass es Hinweise gibt, die zu meiner Nichte führen? Was sind das für Hinweise?«

Ich zögerte. Alles in mir sträubte sich dagegen, ihr Genaueres zu erzählen. Einerseits weil ich nicht sagen konnte, wie diese Frau zu Annie stand. Andererseits weil ich Angst hatte, dass sie die Presse auf die Highclare und auf Theo losließ. Doch sie wusste etwas über Annie, so viel stand fest. Alles, was ich bisher gesagt hatte, triggerte sie und ich sah ihr an, wie es in ihr arbeitete.

»Es … sind Briefe verschickt worden, aus denen hervorgeht, dass sich jemand an der Academy für Annie und ihr Verschwinden interessiert. Und gestern …« Ich rang mit mir, aber schließlich riskierte ich es doch. »… hat dieser Jemand allen an der Academy einen Link aufs Handy geschickt.«

»Was für einen Link?«

Ich seufzte und zog die Unterlippe zwischen die Zähne.

»Penelope, vielleicht sollten wir zum eigentlichen Thema

dieses Treffens zurückkehren«, warf Shiya ein und setzte sich neben sie. Doch die Moderatorin schüttelte den Kopf.

»Was für einen Link?«, wiederholte sie, dieses Mal schärfer, und meine Intuition sagte mir, dass sie ganz genau wusste, wo ihre Nichte sich aufhielt. Es war gefährlich, ihr zu viel zu verraten, aber gleichzeitig würde sie mir nicht weiterhelfen, wenn ich diesen Schritt jetzt nicht machte. Also zog ich mein Handy hervor, öffnete den Link und hielt ihr das Telefon hin. Als die Stimme des Masters erklang, weiteten sich Penelopes Augen und ihre Haltung wurde steifer. Shiya hingegen beugte sich interessiert ein Stückchen näher. Obwohl ich die Ansage kannte, breitete sich wieder eine Gänsehaut auf meinen Armen aus und als der Master endete und verkündete, dass man ihm Hinweise zu Annie liefern sollte, wich Penelope die Farbe aus dem Gesicht.

»Du weißt nicht, wer dahintersteckt?«, fragte sie und ich schüttelte den Kopf. Allerdings war ich nicht sicher, ob sie es sah, weil sie immer noch auf das Display starrte. Gleich darauf griff sie nach ihrem eigenen Handy, entsperrte es und fluchte leise. Dann kramte sie ein Ladekabel hervor, steckte es in die Steckdose neben dem Sofa und wischte erneut über ihr Display.

»Komm her«, befahl sie mir und ich gehorchte und zeigte ihr auf eine eindeutige Handbewegung hin noch einmal mein Handy. Sie tippte auf den Link und als die Computerstimme erneut erklang, hielt Penelope ihr Handy direkt über meins. Ich brauchte einen Moment, um zu verstehen, dass sie ein Video machte.

»Penelope, ich wäre Ihnen wirklich dankbar, wenn Sie mir …«

»Shhht!«, unterbrach sie mich und gab mir mit einem Blick zu verstehen, dass ich nicht in die Ansage hineinreden sollte.

Also wartete ich, bis die Moderatorin fertig war. »Gibt es noch mehr solcher Aufnahmen? Oder anderweitige Aufforderungen, meine Nichte zu finden?«

»Es gab wohl einige Briefe, aber … die habe ich nicht.«

Penelope nickte, strich sich die Haare aus der Stirn und wirkte kurz, als wäre sie in einer anderen Welt. Im nächsten Moment begann sie, hektisch auf ihrem Handy zu tippen – ganz offensichtlich schrieb sie eine Nachricht. Ich warf einen Blick zu Shiya, aber auch die schien unser Interview gerade vergessen zu haben, und beobachtete jede von Penelopes Bewegungen ganz genau. Schließlich legte diese das Handy auf einem Beistelltisch ab, ging zu ihrer Tasche und fischte In-Ear-Kopfhörer heraus. Dann tippte sie auf ihrer Uhr herum, um einen Anruf zu starten. Erst auf dem Weg zur Tür schien ihr wieder einzufallen, dass wir auch noch da waren.

»Ich brauche ein paar Minuten, bin gleich wieder da«, sagte sie zu Shiya, ehe sie sich an mich wandte. »Es tut mir leid, aber ich kann dir nicht weiterhelfen.«

»Aber …« Ich stand auf, doch Penelope schüttelte den Kopf. »Von mir wirst du nichts über Annie erfahren.«

Als sie das sagte, klang ihr Ton so abweisend, dass all meine Zuversicht augenblicklich verschwand.

»Mrs Lawrence … bitte lassen Sie mich …«

Doch da war Penelope bereits in den Flur marschiert. Wir hörten noch das Klackern ihrer Stilettos, dann wurde die Haustür geöffnet. Stille. Nur das Polster knisterte leicht, als Shiya sich zurücklehnte und mich ansah.

»Theo Vanderton, also«, sagte sie. »Auf der Kunstgala habe ich das ja ehrlich gesagt für eine hervorragende Inszenierung gehalten. Aber dem Jungen scheint es wohl durchaus ernst mit dir zu sein. Alle Achtung.« Shiya nickte mir zu, was meine Abneigung für sie nur noch größer werden ließ. Ich hasste es, dass sie es so darstellte, als hätte ich mir Theo bewusst geangelt, weil ich glaubte, einen Nutzen daraus ziehen zu können. Als wären meine Gefühle für ihn nicht echt und meine Beziehung zu ihm eine Leistung, zu der man mir gratulieren konnte. Ich drückte die Lippen fest aufeinander und Shiya lächelte, als wüsste sie genau, was mir gerade durch den Kopf ging.

»Schon gut«, säuselte sie. »Ich weiß, dass Geld dich nicht interessiert. Das hast du mir bereits mehrfach zu verstehen gegeben. Aber diese Zahl …« Nun beugte sie sich vor und deutete mit einem ihrer perfekt manikürten Fingernägel auf den Vertrag vor mir. »… solltest du dir trotzdem ansehen.«

»Kein Bedarf. Wie ich schon gesagt habe: Ich bin nicht wegen der Show hier, sondern einzig und allein, weil ich meinen Freunden helfen will.«

»Wie heldenhaft.« Shiya verdrehte zwar nicht die Augen, klang aber dennoch, als wollte sie mich mit ihren Worten verhöhnen. Offensichtlich genervt von mir, stand sie auf und ging zu dem Beistelltisch, auf dem Penelope ihr Handy zurückgelassen hatte. Bevor ich mich fragen konnte, was sie vorhatte, entsperrte sie es und klickte sich durch die Kontakte.

Moment mal, was sollte das?

»Oh bitte.« Jetzt schlug Shiya doch die Augen gen Himmel. »Tu doch nicht so schockiert. Als ob du noch nie an ein fremdes Handy gegangen wärst.«

Sofort musste ich an Jasper denken, von dessen Handy aus ich heimlich etwas auf Instagram gepostet hatte, um die Aufgabe des Novice Runs zu erfüllen. Danach hatte ich mich tagelang schlecht gefühlt. Shiya hingegen erweckte nicht den Eindruck, als hätte sie Gewissensbisse.

Mit einem gespielt theatralischen Seufzen schüttelte sie den Kopf. »Langsam fürchte ich, du hast wirklich gar nichts von mir geerbt außer deinem guten Aussehen. Nun, das kommt definitiv nicht von Jack.« Shiya lachte leise. »Aber du wirst an der Highclare schon noch lernen, dich durchzusetzen. Wenn man in diesen Kreisen nicht nur überleben, sondern auch zur Elite gehören will, muss man in manchen Situationen eben tun, was nötig ist.«

Ich schnaubte, völlig sprachlos von so viel Skrupellosigkeit. Obwohl ich es ja inzwischen eigentlich hätte besser wissen müssen. Penelope war Shiyas Freundin, zumindest hatte ich das bisher geglaubt. Und doch scrollte sie nun durch ihre privaten Kontakte, fotografierte etwas und machte gleich darauf noch weitere Aufnahmen des Displays.

»Bethany war richtig, oder?«, fragte sie, ohne den Kopf zu heben, und ich konnte noch immer nichts anderes tun, als schweigend und innerlich wie erstarrt zu beobachten, wie Shiya Penelopes Handy schließlich zurücklegte und alles so drapierte, wie es zuvor gewesen war.

»Es gibt ja die unterschiedlichsten Geschichten über den Verbleib dieses Mädchens. Keine Ahnung, welche du gehört hast. Aber verschollen ist sie auf jeden Fall nicht. Penelope und ich haben zwar nie viel über sie gesprochen, aber ich weiß, dass die beiden in Kontakt stehen.«

Ich grub mir die Fingernägel in die Handflächen, mein Herz donnerte so fest gegen meine Rippen, dass ich es bis in die Zehenspitzen spürte.

Shiya warf einen Blick auf ihr eigenes Handy, dann schaute sie hoch. »Wie sehr würden dir eine Telefonnummer und eine E-Mail-Adresse helfen?«

Ich schnappte nach Luft und Shiyas Mundwinkel zuckten, als würde ihr das bereits als Antwort genügen. Doch ich war nicht so dumm zu glauben, dass sie mir diese Informationen einfach so überlassen würde.

»Was willst du dafür?«, presste ich hervor, obwohl ich es mir bereits denken konnte.

»Liegt das nicht auf der Hand?«

Doch, leider. Ich biss mir auf die Unterlippe und als mein Blick über die Papiere vor mir auf dem Tisch glitt, krampfte sich mein Magen so fest zusammen, dass ich automatisch eine Hand darauflegte. Das Interview! Sie wollte, dass ich an dem Interview teilnahm und genau die Worte in die Kamera sagte, die sie mir in den Mund legte. Nein! Alles in mir sträubte sich dagegen.

»Woher weiß ich, dass du mich nicht verarschst?«, fragte ich. Anstatt einer Antwort ließ Shiya mich einen kurzen Blick auf ihr Display werfen, das tatsächlich einen Kontakt anzeigte. *Bethany,* stand darüber. Mehr nicht. Ich beugte mich vor, um genauer hinsehen zu können. Aber da zog Shiya ihre Hand schon wieder zurück.

»Ob die Daten stimmen, kann ich dir natürlich nicht sagen, das Risiko wirst du wohl eingehen müssen«, flötete sie und schlug elegant die Beine übereinander. »Also, willst du die Informationen nun oder nicht?«

Ich antwortete nicht sofort, ich fühlte mich wie betäubt. Nach allem, was Shiya getan hatte, wollte ich ihr garantiert nicht weinend um den Hals fallen, während von allen Seiten Kameras auf uns gerichtet wurden. Ich wollte überhaupt nichts mehr mit ihr zu tun haben.

Theo hatte recht. Viel zu lange hatte ich ihr Macht über mich gegeben, hatte mich unvollständig gefühlt und wertlos, einzig und allein aus dem Grund, weil sie mich nicht in ihrem Leben gewollt hatte. Weder früher noch heute. Ich hatte lange gebraucht, um zu erkennen, dass es nicht Shiyas Aufmerksamkeit war, die ich so dringend brauchte, sondern meine eigene Wertschätzung. Ich war gut genug. Auch ohne diese Frau, die die Bezeichnung Mutter überhaupt nicht verdiente.

Als ich hergekommen war, war ich mir sicher gewesen, dass dies unser letztes Treffen sein würde und dass ich sie nie mehr wiedersehen wollte. Und jetzt? Jetzt sollte ich auf den Bildschirmen von Hunderttausenden Leuten das emotionale Wiedersehen von Mutter und Tochter zelebrieren? Nie im Leben! Zumal ich davon ausgehen konnte, dass es nicht dabei bleiben würde. Wenn das Ganze überzeugend sein sollte, musste man uns schließlich auch später noch ein paar Mal zusammen sehen, beim gemeinsamen Essen oder Shoppingbummel. Die Paparazzi würden es lieben! Mein Gesicht würde wieder überall in der Presse zu sehen sein und die Freiheit, die ich mir in den Wochen an der Highclare Academy zurückerobert hatte, wäre dahin.

Verflucht, ich wollte das nicht!

Trotzdem konnte ich nicht aufhören, den Vertrag anzustarren und dabei auch an Theo zu denken. An Jeremy, an Bellamy, an die roten Briefe, die mich inzwischen schon bis in meine Träume verfolgten.

Ich hatte die Macht, das alles zu beenden, Annie zu finden und den Master zu enttarnen. Jetzt. Hier. Mit meiner Unterschrift.

»Also?«, fragte Shiya, keine Sekunde bevor das Geräusch der Haustür erklang. Ich schluckte. Penelope kam zurück und das bedeutete, ich musste mich entscheiden.

Meine Selbstbestimmung gegen Annies Kontaktdaten und die Möglichkeit, die Challenge zu verhindern.

Es geht mir nicht darum, mich zu schützen, sondern … euch. Meine Familie und … dich.

Da lag sie, schwarz auf weiß, neben einem teuer aussehenden Füllfederhalter – meine Chance, Theo wiederzusehen und noch einmal mit ihm zu sprechen. Denn wenn ich mich jetzt dagegen entschied …

Vielleicht in einem anderen Leben.

Bei der Erinnerung an seine Worte und das, was sie womöglich bedeuteten, überkam mich das Gefühl, gänzlich den Halt zu verlieren. Das durfte nicht passieren. Ich würde es nicht ertragen, wenn Theo einfach so aus meinem Leben verschwand.

»Wir können weitermachen«, erklang da Penelopes Stimme hinter mir und ich schloss kurz die Augen, um mich zu sammeln.

»Allerdings werde ich keine Fragen mehr zu meiner Nichte beantworten und schlage vor, dass wir nun mit der Vorbereitung des Interviews starten. Seid ihr so weit?«

»Louisa?«, gab Shiya die Frage an mich weiter und obwohl sich alles in mir dagegen wehrte, nickte ich steif, griff nach den Papieren und öffnete die Kappe des Füllers. Dabei versuchte ich, Shiya nicht anzusehen, aber ich spürte ihr triumphierendes Lächeln auf mir, als ich sagte: »Ich bin bereit.«

32

Als ich Shiyas Villa geschlagene zwei Stunden später wieder verließ und wie in Trance auf die Limousine zusteuerte, kam ich mir vor, als würde ich durch einen Vorhang aus Nebel wanken. Aber so fühlte man sich wohl, wenn man gerade seine Seele verkauft hatte.

Während Penelope und Shiya sich unterhalten hatten und die Fragen für das Interview durchgegangen waren, hatte ich nur dagesessen und ins Leere gestarrt, geradezu in Ketten gelegt von dem Wissen, dass ich gegen all meine Prinzipien gehandelt und der nächsten medialen Hetzjagd auf mich zugestimmt hatte. Mit meiner Unterschrift!

Auch jetzt war da immer noch diese Leere in mir drin, die sich anfühlte wie eine Schutzschicht vor der Realität, mich aufrecht hielt und dazu brachte, weiter einen Fuß vor den anderen zu setzen.

Völlig erschöpft ließ ich mich auf die Rückbank fallen, schnallte mich an und lehnte den Kopf an das Polster. Der Wagen rollte los und eine ganze Weile konnte ich nur dasitzen und mich fragen, ob ich gerade wirklich das Richtige getan oder möglicherweise den größten Fehler meines Lebens gemacht hatte. Doch in meinem Kopf herrschte Leere, ich spürte nur ein leichtes Pochen in meinen Schläfen.

Als ich die Augen schloss, flackerten die Bilder des Treffens noch einmal vor meinem inneren Auge auf: der Moment, in dem Shiya begriff, dass sie gewonnen hatte. Meine Hand, die leicht zitterte, als ich meinen Namen ans Ende des Vertrages setzte, ohne diesen richtig gelesen zu haben. Und Penelope, die den Termin fortsetzte, ahnungslos, was ihre Freundin gerade getan hatte.

Langsam fürchte ich, du hast wirklich gar nichts von mir geerbt.

Ja, und dafür war ich wirklich mehr als dankbar. Denn diese Frau hatte mir gerade einmal mehr gezeigt, wie ihr wahres Gesicht aussah.

Als ich die Augen schließlich wieder öffnete, hatten wir die Lichter der Stadt längst hinter uns gelassen und befanden uns auf der Autobahn. Ich lehnte meine Stirn an die kühle Scheibe und blickte in die Dunkelheit des Abends, beobachtete, wie die Straßenschilder an uns vorbeirauschten. Keine halbe Stunde mehr, dann wäre ich endlich zurück an der Academy und würde meinen Freunden erzählen können, was ich erreicht hatte – dass wir das Ruder vielleicht doch noch herumreißen und die Challenge des Masters verhindern konnten.

Ganz kurz erlaubte ich mir ein leichtes Hochgefühl, ein aufgeregtes Kribbeln im Bauch, das sich vorsichtig in mir ausbreitete. Ich hatte es geschafft! Das, was bis vor wenigen Stunden niemand – und auch ich selbst nicht – für möglich gehalten hatte. Ich hatte Annie gefunden, ich hatte sie wirklich gefunden! Zumindest … fast. So oder so war ich mit der Telefonnummer nicht nur Atlas, sondern auch allen anderen, die sich fragten, was mit ihr geschehen war, etwas voraus.

Ein kleines Lächeln auf den Lippen kramte ich mein Handy hervor, um es nach dem Treffen wieder auf laut zu stellen und meinen Freunden zu schreiben, dass wir uns treffen mussten. Auch Kami wartete inzwischen bestimmt schon ungeduldig auf eine Antwort und … was zur …?

Ich erstarrte. Unzählige Nachrichten und acht verpasste Anrufe. Alle in der letzten Stunde! Zwei von Jeremy. Einer von Sabia. Alle anderen von … Theo!

Meine Hände begannen zu zittern. So heftig, dass es mir kaum gelang, auf seine Nummer zu drücken. Ein Kloß bildete sich in meiner Kehle und ich presste mir das Handy ans Ohr. Es erklang nur ein gleichmäßiges Tuten. Scheiße, was sollte das? Mit rasendem Herzen überprüfte ich die Nummer. Nein, ich hatte mich nicht geirrt.

Geh ran, geh ran, geh ran, betete ich, während ich es noch einmal versuchte. Gleiches Ergebnis. Frustriert ließ ich mich in den Sitz zurückfallen. Was sollte das? Warum meldete Theo sich seit Tagen nicht, nur um mich dann in kurzer Zeit so oft hintereinander anzurufen und schließlich doch nicht dranzugehen?

Ich öffnete die Nachrichten, ignorierte Kamis und die meiner Freunde und tippte sofort auf Theos Namen.

T: *Louisa, wo bist du? Ich stehe vor Haverton House, aber du bist nicht hier. Bitte ruf mich an, ich muss dringend mit dir reden.*

Es war, als würde mein Herz für einen Moment aussetzen und alles spielte völlig verrückt: meine Gedanken, meine Gefühle, mein Körper. Jeder Zentimeter meiner Haut kribbelte wie in einer Achterbahn, kurz bevor sie in die Tiefe stürzte. Theo war … vor Haverton House? Also war er zurück an der Academy?

Hastig überflog ich die nächsten Zeilen.

T: *Ich weiß, dass ich mich dir gegenüber schrecklich verhalten habe und dass es dafür keine Entschuldigung gibt. Aber ich muss mit dir sprechen, bevor es losgeht.*

Bevor … was losging?

T: *Bitte nimm ab. Es bleibt nicht mehr viel Zeit.*

Mein Herz schlug immer schneller. Was meinte er damit, dass nicht mehr viel Zeit blieb?

Da bemerkte ich, dass Theo auch noch eine Sprachnachricht geschickt hatte, gerade mal vor etwas über einer halben Stunde. Mit klopfendem Herzen zog ich meine Kopfhörer aus der Jackentasche – was auch immer er mir zu sagen hatte, war privat – und spielte sie ab. Zuerst hörte ich nichts, außer hektischem Atmen und dem knirschenden Geräusch von Kies.

»Louisa?«

Theo. Ich presste mir die Hand auf den Mund, im Versuch, die Welle aus Emotionen im Zaum zu halten, die mich schlagartig überfiel. Wie sehr hatte ich ihn in den vergangenen Tagen verflucht und mir gleichzeitig gewünscht, dass er sich meldete.

»Louisa«, sagte er abermals und seine Stimme bebte. »Du musst mir jetzt bitte ganz genau zuhören. Ich weiß nicht, wo du bist, aber du darfst auf keinen Fall an die Academy zurückkommen. Fahr nach Hause, zu deinen Dads, deiner Granny oder zu Kami, ganz egal. Aber komm nicht hierher.«

Was? Wieso das denn?

»Mir ist klar, dass du nicht beschützt werden willst, erst recht nicht von mir. Aber ich bitte dich, es zuzulassen. Nur dieses eine Mal.« Theo versuchte, ruhig zu klingen, aber ich hörte die Panik in seinen Worten. »Bleib, wo auch immer du gerade bist. Bitte Louisa … versprich es mir.«

Damit brach die Nachricht ab und ich merkte erst, dass sich Tränen in meinen Augen gesammelt hatten, als sich eine davon löste und langsam über meine Wange rollte. Ich verstand die Welt nicht mehr.

Hastig scrollte ich weiter, um zu sehen, ob er mir noch mehr geschickt hatte, doch ich fand nur noch eine einzige Nachricht.

T: *Es tut mir leid. Alles. Ich wollte nicht, dass es so kommt.*

Was sollte das? Was tat ihm leid? Dass er mich angelogen hatte? Dass er einfach so verschwunden war? Oder … etwas anderes? Wieder tippte ich auf seinen Namen und versuchte, ihn anzurufen – vergeblich. Verdammte Scheiße! Obwohl ich wusste, dass es zwecklos war, wählte ich Theos Nummer noch zweimal und las seine Nachrichten dann erneut.

Ich muss mit dir sprechen, bevor es losgeht.

Was meinte er damit? Und überhaupt … was sollte das alles? Und warum ging er jetzt nicht an sein Handy? Die wachsende Angst in mir fühlte sich an wie eine kalte Hand, die sich langsam um meinen Hals legte. Ich klickte mich zurück zu den Nachrichten meiner Freunde. Jeremy, Sabia, Kami und … Die unsichtbare Hand drückte ruckartig zu und kurz glaubte ich, tatsächlich keine Luft mehr zu bekommen. Da … zwischen all den bekannten Kontakten, war noch ein weiterer Chat. Eine unbekannte Nummer. Zuvor war sie mir nicht aufgefallen, weil ich beim Anblick von Theos Namen alles andere ausgeblendet hatte. Aber nun gefror mir das Blut in den Adern. Kurz schloss ich die Augen, dann öffnete ich den Chat und genau wie beim letzten Mal in Sir Archer Remington tauchte einen Moment später ein einzelner Link vor meinen Augen auf. Ohne nachzudenken, öffnete ich ihn und es dauerte keine Sekunde, bis der Bildschirm sich rot färbte und die mir inzwischen allzu bekannte Computerstimme aus den Kopfhörern drang.

»Verehrte Mitglieder des Ruby Circles, wie mir zugetragen wurde, gibt es einige unter euch, die beschlossen haben, sich gegen mich zu stellen – die mich enttarnen und meine Pläne vereiteln wollen. Dazu kann ich nur sagen: viel Glück. Ihr tappt alle im Dunkeln, und daran wird sich auch nichts ändern, solange ich es so will. Dieses Spiel spielen wir einzig und allein

nach meinen Regeln, vergesst das nicht.« Der Master stieß ein Lachen aus und mir lief ein Schauer über den Rücken. *»Ich bin der Spielleiter. Niemand verschiebt eine Figur auf meinem Feld, ohne dass ich es bemerke, und niemand verlässt dieses Spiel ohne meine Erlaubnis. Auch du nicht, Theo Vanderton.«*

Als er den Namen meines Freundes aussprach, blechern und doch irgendwie höhnisch, krallte ich meine Finger automatisch fester um mein Handy.

»Hast du wirklich geglaubt, du könntest erst vor mir fliehen und dich dann heimlich wieder an die Academy schleichen? Netter Versuch. Und nur so als Tipp für die Zukunft: Wenn ich *unbemerkt bleiben will, nehme ich für gewöhnlich nicht den Helikopter.«* Wieder ein Lachen. *»Aber vermutlich dachtest du wirklich, wenn du mit genügend Abstand zur Academy landest, würde es niemand mitbekommen – ein unüberlegter Schachzug. Du hast vergessen, dass mein Inner Circle täglich wächst und dass meine Augen und Ohren überall sind.«* Der Master machte eine kurze Pause und ich hielt den Atem an, wartete vor Angst wie gelähmt darauf, was als Nächstes geschah.

»Um nicht nur Theo Vanderton, sondern euch alle noch einmal daran zu erinnern, dass ihr mich in diesem Spiel nicht hintergehen könnt – nicht ohne Konsequenzen –, habe ich entschieden, den King's Fall, *wie ihr es nennt, vorzuziehen. Es wird einen neuen Countdown geben, samt einem kleinen Rätsel für euch. Wenn es euch gelingt, dieses zu lösen, könnt ihr live dabei sein. Und denkt nicht mal daran, zu schummeln und einen der beiden Spieler vorab anzurufen. Die beiden haben ihre Handys nämlich längst nicht mehr. Wir wollen ja nicht, dass noch irgendjemand dazwischenfunkt.«* Wieder ein Lachen. *»Also löst das Rätsel, dann könnt ihr heute Abend mit eigenen Augen sehen, wie einer der Könige des Ruby Circles fällt. Oder … sollte ich besser sagen … wie er untergeht?«*

Damit endete die Ansage. Für die Dauer eines Herzschlages war ich wie versteinert. Hitze breitete sich in mir aus, so rasend schnell, dass mir kurz schwindelig wurde. Keuchend zerrte ich mir den Schal vom Hals und riss meine Jacke auf.

Der Fahrer des Wagens warf mir im Rückspiegel einen fragenden Blick zu. Aber ich ignorierte ihn, denn in diesem Moment erschien ein Countdown auf meinem Display, genau wie beim letzten Mal.

Nur dass dieser hier nicht mehr am Samstagnachmittag endete, sondern – mir stockte der Atem – bereits in weniger als dreißig Minuten.

33

Siebenundzwanzig Minuten. Mir brach der Schweiß aus, während ich den Countdown, die verstreichenden Sekunden und die Zahlenreihe darüber fixierte. *Was sollte das sein? Eine Telefonnummer? Ein Code?*

Sechsundzwanzig Minuten. Panisch überlegte ich, was ich nun tun sollte. *Theo anrufen,* schoss es mir als Erstes durch den Kopf und obwohl der Master gesagt hatte, dass das nicht mehr möglich war, wählte ich erneut seine Nummer. Sofort sprang die Mailbox an. Verdammt!

»Könnten Sie bitte schneller fahren?«, bat ich meinen Chauffeur. Der warf mir einen verwirrten Blick im Rückspiegel zu, beschleunigte dann aber ohne weitere Nachfragen.

Denk nach, denk nach! Doch nichts geschah. Kein Geistesblitz, nicht einmal ein vernünftiger Gedanke tauchte auf. Da war nur Angst. Angst vor dem, was mich erwartete, wenn ich die Academy erreichte. Angst um Theo.

Ich dachte an seine Worte aus der Sprachnachricht – an seine Bitte, umzudrehen und nicht zurückzukommen. Er hatte so verzweifelt geklungen, so aufgewühlt. Und doch konnte ich ihm diesen Gefallen nicht tun. Nicht, nachdem ich gerade alles dafür geopfert hatte, den einen Menschen zu finden, der uns vielleicht sagen konnte, wer der Master war, und …

Annie! Ich hatte ja ihre Telefonnummer!

Eigentlich hatte ich mit dem Anruf warten wollen, bis ich wieder an der Highclare war und mich mit meinen Freunden abstimmen konnte, wer von uns sich bei Annie melden sollte. Am besten jemand, den sie kannte. Aber jetzt waren es nur noch fünfundzwanzig Minuten, bis die Challenge startete. Und die Sekunden liefen erbarmungslos weiter herunter. Kurz hob ich den Kopf und schaute nach vorne zum Fahrer. Die Bedingungen für das Telefonat waren so ungünstig wie nur irgend möglich: Ich war viel zu emotional, wahrscheinlich würde ich Annie komplett überfallen.

Einatmen. Ausatmen. Beruhig dich, sagte ich mir, immer und immer wieder. *Denk erst nach.*

Keine Chance. Als der Countdown die 20 Minuten erreichte, flogen meine Finger wie von selbst zu dem Kontakt, den Shiya mir geschickt hatte. Ich tippte Annies Nummer ein, verharrte eine letzte Sekunde, in der ich all meine Zweifel in die hinterste Ecke meines Bewusstseins verbannte, und startete den Anruf. Sogleich erklang ein gleichmäßiges Tuten.

Komm schon, nimm ab. Bitte.

Nach dem zehnten Klingeln gab ich auf und rief stattdessen Jeremy an. Er brauchte keine zwei Sekunden, um ans Telefon zu gehen.

»Louisa, wo bist du?«, fragte er. Im Hintergrund konnte ich meine Freunde aus Sir Archer hören, die aufgeregt durcheinanderredeten. In diesem Moment wünschte ich mir sehnlichst, bei ihnen zu sein und etwas unternehmen zu können. Irgendetwas, das dieses Gefühl, die Ahnung, dass etwas Furchtbares geschehen würde, in meinem Inneren vertrieb.

»Ist Theo bei euch?«, brachte ich anstelle einer Antwort hervor, doch Jeremys lauter Atemzug reichte mir bereits als Antwort.

»Wir wissen nicht, wo er ist«, gestand er. »Aber Colin hat gerade das Rätsel des Masters gelöst.«

»Die Zahlen sind Koordinaten!«, erklang da auch schon Jaspers Stimme aus dem Hintergrund, als hätte er durch den

Hörer meine Gedanken gelesen. *Koordinaten?* Ich dachte zurück an die Zahlenreihe. Ja, klar, das ergab Sinn!

»Sie führen zum See«, informierte mich Jeremy weiter. »Wir sind gerade auf dem Weg dorthin.«

»Wisst ihr auch, was dort passieren soll?«

»Nein, das weiß keiner. Ich habe Alaric schon angerufen, und der hat Rektor Lowell und den Sicherheitsdienst verständigt.«

Gut, dachte ich, obwohl ich nicht sicher war, ob das etwas nützen würde. Bisher hatte der Master sich weder vom Rektor noch von dessen Sicherheitsteam beeindrucken lassen und war ihnen immer einen Schritt voraus gewesen. Aber vielleicht würde das heute, da er die Challenge vorgezogen hatte und nicht so viel Zeit für Planungen blieb, anders sein. Hoffentlich.

»Sagst du mir jetzt endlich, wo du gerade bist?«, fragte Jeremy da. »Wir haben uns wirklich Sorgen um dich gemacht.«

Ich seufzte. Bis auf Kami hatte ich niemandem von meinem Treffen mit Shiya erzählt, aus Angst, dass ich es mir sonst im letzten Moment noch anders überlegte.

Jetzt war es für vernünftige und logische Argumente allerdings zu spät und so erklärte ich Jeremy in knappen Sätzen, was passiert war. Als ich den Vertrag erwähnte, hörte ich ihn scharf einatmen.

»Wir reden später in Ruhe darüber, einverstanden?« Für einen Moment herrschte Stille. Aber dann stieß Jeremy ein Seufzen aus. »Ja, okay. Jetzt müssen wir erst mal versuchen, Theo und Atlas zu finden.«

Während der restlichen Fahrt blieb ich mit meinen Freunden in Verbindung und als wir den Campus erreichten, lotste ich den Chauffeur direkt zum See, der sich, von Bäumen und

Büschen umrahmt, im Herzen des Academygeländes befand, an der einen Seite durch den Wald begrenzt, in dem sich Sir Archer Remington befand, an der anderen von einer weitläufigen Wiese umgeben.

Es war nicht schwer, die Stelle auszumachen, zu der die Koordinaten des Masters führten, denn es hatten sich bereits über hundert Leute in der Nähe des Sees versammelt. Obwohl die Straße etwas entfernt lag und man mit dem Auto nicht näher herankam, konnte ich sie gut erkennen. Einige standen auf dem Weg, der einmal um den See herumführte, andere liefen auf dem lang gezogenen Sandstreifen entlang, der sich an dieser Seite des Ufers erstreckte.

In der Dunkelheit leuchteten die zahlreichen Handydisplays wie Schwärme von Glühwürmchen. Auch das Sicherheitsteam von Rektor Lowell war vor Ort: Die Mitarbeiter der Security trugen Taschenlampen bei sich, hatten sich am Rand positioniert und beobachteten das Geschehen. Kaum, dass der Wagen zum Stehen gekommen war, riss ich die Tür auf und stürzte nach draußen. Sogleich fegte mir eine Windböe kalten Nieselregen ins Gesicht. Rasch zerrte ich mir meine Kapuze über den Kopf.

»Louisa, hier sind wir!«, rief da auch schon jemand und im nächsten Moment sah ich Jeremy auf mich zurennen. Er fasste mich an der Hand und zog mich hinter sich her, geradewegs über die weitläufige Wiese und durch die Menge hindurch. Meine Freunde – alle Remingtons, Gary, Holly und Bellamy – warteten am Rand des kleinen Strandabschnitts, der etwas aufs Wasser hinausragte und die engste Stelle des Sees bildete. Genau wie ich waren auch die anderen in dicke Wintermäntel gehüllt, mit Mützen auf den Köpfen, die Schals bis zu den Nasenspitzen hochgezogen. Sofort erkannte ich, dass Theo nicht bei ihnen war. Dafür stand Alaric Crawley neben Jeremy, den Blick wachsam auf die Umgebung gerichtet.

»Habt ihr Theo noch nicht gefunden?«, fragte ich anstelle einer Begrüßung und sah mich suchend um, einen letzten Funken Hoffnung in mir, er könnte noch irgendwo auftauchen. Aber meine Freunde schüttelten nur betreten die Köpfe.

»Atlas ist auch nicht da«, hörte ich Coraline sagen, die gerade an uns vorbeilief und die letzten Worte aufgeschnappt haben musste. Sie warf mir einen besorgten Blick zu, dann ging sie weiter zu Eden und Grayson, die ganz vorne am Wasser standen.

»Seid ihr ganz sicher, dass wir hier richtig sind?«, fragte ich und Colin, der wie gebannt auf sein Handy starrte, nickte.

»Wenn ich die Koordinaten in meine Geocaching-App lade, landen wir genau hier.«

Angespannt schaute ich jetzt auch auf mein Handy. Es blieben nur noch sechs Minuten, bis die Challenge starten sollte, und wir hatten immer noch nicht den geringsten Anhaltspunkt, was uns erwartete.

Die Sekunden liefen weiter herunter und nichts geschah. Bis die Anzeige auf fünf Minuten sprang und es plötzlich ganz hell um uns herum wurde. Vor Schreck zuckte ich heftig zusammen. Jeremy machte einen Schritt nach hinten, direkt in Alaric hinein. Genau wie ich schien er kurz überfordert zu sein, bevor er verstand: Am Ufer und auch auf der kleinen Insel mitten im See waren Scheinwerfer eingeschaltet worden.

»Hab doch gesagt, dass wir hier richtig sind«, murmelte Colin, während überall um uns herum überraschte Rufe und aufgeregtes Gemurmel zu hören waren und Handys gezückt wurden, um alles zu filmen. Da nahm ich auf einmal ein leises Summen über mir wahr und als ich den Kopf in den Nacken legte, entdeckte ich mehrere Drohnen, die sich über dem See verteilten. Ich stieß Jeremy an und deutete nach oben.

»*Verehrte Mitglieder des Ruby Circles, ich begrüße euch zur neuesten und bisher spektakulärsten Challenge meines Spiels!*«, erklang da auf einmal die Stimme des Masters aus dem Lautsprecher meines Handys. Und nicht nur aus meinem, sondern ... aus den Handys aller Anwesenden gleichzeitig. Sofort bekam ich eine Gänsehaut. Wie es aussah, hatte gerade wirklich jeder hier den Link des Masters auf seinem Handy geöffnet.

»*An alle, denen es gelungen ist, mein kleines Rätsel zu lösen: Herzlichen Glückwunsch, ihr werdet gleich live dabei sein. Für alle anderen, die es nicht geschafft haben oder die heute aus anderen Gründen nicht hier sein können, habe ich eine Videoübertragung auf euren Geräten eingerichtet. Diese startet, sobald der Countdown die letzte Minute erreicht.*«

Fast zeitgleich tauchte auf meinem Handy ein neues Fenster unter dem Countdown auf. Noch war es allerdings schwarz.

»*Die verbleibenden Minuten möchte ich gerne dazu nutzen, euch allen die Regeln der heutigen Challenge – dem King's Fall – zu erklären. Ich habe hier am See zwei Codes und ein Tablet versteckt, auf dem die Geheimnisse von Theo Vanderton und Atlas Corentin gespeichert sind. Nach Ablauf einer Zeitspanne von fünfzehn Minuten werden diese veröffentlicht und automatisch an sämtliche großen Fernsehsender und Zeitungen verschickt. Die zwei Spieler haben die Chance, dies zu verhindern, indem sie ihren Code rechtzeitig finden und in das Tablet eingeben, dessen ungefähren Aufenthaltsort ich ihnen mitgeteilt habe. Geschieht dies innerhalb der vorgegebenen Zeit, wird das Programm gestoppt – jedoch nur eines der beiden. Das zweite Geheimnis wird veröffentlicht. Startet ein Spieler vor Ablauf des Countdowns, wird sein Geheimnis ebenfalls gelüftet. Gelingt es keinem der beiden, ihre Aufgabe bis zum Ablauf der Frist zu erfüllen, werde ich beide Geheimnisse mit euch und der Öffentlichkeit teilen. Und glaubt mir, wenn ich euch sage, dass jedes davon dazu imstande ist, die Machtverhältnisse im Ruby Circle, aber auch außerhalb dieser Mauern zu verändern. Heute Nacht wird nicht nur ein König fallen, sondern mit ihm auch sein Imperium.*«

Die Worte hallten über das Wasser und ließen mich frösteln. Ich sah, dass auch meine Freunde blass geworden waren und erschrocken wirkten. Niemand sagte etwas – die Stille nach den Worten des Masters war gespenstisch. Mit angehaltenem Atem warteten wir darauf, dass noch etwas kam, aber schließlich war es Edens Stimme, die uns aus unserer Starre riss.

»Was steht ihr noch so rum? Lasst uns diese Codes und das Tablet suchen!«

»Ja, gute Idee«, antwortete jemand und sofort rannten einige, die zuvor noch auf dem Weg gestanden hatten, los, um in den Büschen nachzusehen oder am Ufer Steine hochzuheben. Auch Jasper, Sabia und Avery schlossen sich dem Trupp an. Ich blieb stehen und schaute zu den Sicherheitsleuten, die sich gerade über ihre Kopfhörer verständigten. Kurz sah ich eine Frau nicken, bevor sie sich umdrehte und mit mehreren ihrer Kollegen zu den Wagen der Security eilte, die oberhalb des Sees parkten. Ich beobachtete noch, wie sie losfuhren, dann heftete ich meinen Blick wieder auf das Wasser, das im Licht der Scheinwerfer funkelte wie polierter Onyx. Irgendetwas stimmte hier nicht. Die Zeit lief ab – es blieben keine drei Minuten mehr bis zum Ende des Countdowns –, aber Theo und Atlas waren immer noch nicht hier.

Verzweifelt versuchte ich, meine Gedanken zu sortieren und mich auf die Fakten zu besinnen. Auf alles, was der Master bisher gesagt hatte und woran ich mich erinnerte, auf die

Koordinaten, die uns laut Colin genau hierher geführt hatten. Mein Blick glitt zum Ufer auf der gegenüberliegenden Seite, zu der Stelle, die uns am nächsten war. Irgendwo dort musste sich der Steg befinden, an dem ich auf meinem Spaziergang mit Theo vorbeigekommen war – damals, nachdem Shiya mir die erste Mail geschrieben und ich von Penelope Lawrence erfahren hatte. Wie lange das her war! Jetzt in der Dunkelheit war der Steg jedoch kaum mehr als ein Schemen. Ganz im Gegensatz zu der kleinen Insel, die sich seitlich davon im See befand und auf der ein einzelner kahler Baum von einem Scheinwerfer hell ausgeleuchtet wurde. Gruselig.

Ich kniff die Augen zusammen und hielt mir die Hände übers Gesicht, um es vor dem Regen zu schützen, doch von meiner Position aus konnte ich dennoch nichts Genaueres erkennen. Dafür lag die Insel viel zu weit entfernt, aber … Moment mal! Das war's! Die Insel! Wenn der Master sich die Mühe gemacht hatte, sie extra zu beleuchten, mussten die Codes dort versteckt sein. Warum sonst sollte er das tun?

Aber wie sollten Theo und Atlas dort hinkommen? Wieder schaute ich zum Steg, von dem aus es vielleicht dreißig oder vierzig Meter bis zur Insel waren – deutlich weniger Strecke als von unserer Seite. Ich kniff die Augen zusammen, fokussierte den Punkt ganz genau und hatte einen Moment lang das Gefühl, eine diffuse Bewegung wahrzunehmen. Doch dann waren da wieder nur Schwärze und Schatten. Es war zu dunkel.

Trotzdem spürte ich einfach, dass ich recht hatte. Theo und Atlas würden nicht mehr auf unserer Seite des Sees auftauchen, weil sie … dort drüben waren.

»Sie sind auf dem Steg.«

»Was?« Fragend wandte Jeremy sich mir zu, aber ich antwortete nicht sofort. Mein Gehirn ratterte viel zu schnell, ich überlegte fieberhaft, ob ich Theo noch rechtzeitig erreichen konnte. Zu Fuß auf keinen Fall. Und nicht einmal in einem Auto würde ich es jetzt noch schaffen.

»Theo und Atlas sind …« Ich brachte den Satz nicht mehr zu Ende, denn in diesem Moment gingen weitere Scheinwerfer an, die nun auch das hintere Ufer beleuchteten. Und da entdeckte ich sie: zwei Gestalten, die nebeneinander auf dem Steg standen und zu uns herüberblickten. Ich hatte mich nicht geirrt.

Jeremy fluchte leise und um uns herum wurden Stimmen laut. Alle blickten auf ihre Handys und da fiel mir wieder ein, was der Master über die Liveübertragung gesagt hatte – dass sie startete, sobald die letzte Minute des Countdowns angebrochen war. Die letzte Minute! Angstvoll entsperrte ich mein Handy und sofort fiel mein Blick auf das Fenster unter der erbarmungslos ablaufenden Sekundenanzeige, das nun nicht länger schwarz war.

Theo! Er war es tatsächlich. Wie gebannt starrte ich auf das Bild, das eine der Drohnen direkt auf mein Display übertragen musste, und schnappte nach Luft.

Theo und Atlas trugen beide dunkle Mäntel und unterhielten sich mit angespannten Mienen. Gerade sagte Theo etwas und gestikulierte dabei wild mit den Händen, aber die Drohne war zu weit entfernt, um seine Stimme einzufangen. Ich konnte nur sehen, wie Atlas den Kopf schüttelte. Und noch etwas anderes sprang mir ins Auge: Da war ein Stapel Kleidung auf den Holzbohlen, direkt neben Atlas' Beinen. Seinen … nackten Beinen. Augenblick mal! Hatten sie etwa vor, zur Insel zu *schwimmen?* In dieser Kälte? Das war doch Wahnsinn!

Das schienen offenbar auch die Mitarbeiter der Security zu denken, denn plötzlich kam Bewegung in die Leute. Sie riefen sich Anweisungen zu, einige von ihnen sprinteten zu ihren Autos.

Es blieben nur noch dreißig Sekunden. Dreißig verfluchte Sekunden. Die Aufnahme wechselte, zeigte uns nun eine andere Perspektive: den kompletten See von oben samt Pavillon und dem Strandabschnitt, auf dem wir uns befanden.

Ich ballte meine Finger zur Faust, mein Herzschlag dröhnte mir in den Ohren. Zwanzig Sekunden. Panisch scannte ich die Videosequenz nach dem Boot ab, das ich bei meinem letzten Spaziergang am Steg gesehen hatte. Nur dass da jetzt keines mehr war. Mir wurde schwindelig. Hatte der Master es etwa entfernen lassen, damit Theo und Atlas … schwimmen mussten? Aber … das konnte richtig gefährlich werden. Wollte der Master sie ernsthaft dazu bringen, ihr Leben zu riskieren, um seine Challenge zu erfüllen? Das war doch kein Spiel mehr!

Da veränderte sich das Bild auf meinem Display wieder. Jetzt zeigte es den dürren, von Scheinwerferlicht erleuchteten Baum und zoomte heran. Zwei durchsichtige Handytaschen baumelten an einem der Äste und in jeder davon lag … ein eingeschweißter Zettel. Die Drohne entfernte sich, gleich darauf wechselte die Kameraperspektive wieder zu Atlas und Theo.

Atlas legte gerade seinen Mantel ab und ich sah, dass er darunter nichts trug außer seine Boxershorts.

»Scheiße, sie wollen echt schwimmen«, flüsterte Jeremy und ich wusste, dass er recht hatte. Das war doch völlig lebensmüde! Die Temperaturen liefen gegen null, es regnete und das Wasser des Sees war so kalt, dass es teilweise sogar von einer dünnen Eisschicht überzogen war. Kein Geheimnis der Welt war das wert!

»Theo!«, schrie ich und taumelte einen Schritt nach vorne. In der Aufnahme auf meinem Display konnte ich sehen, wie er den Kopf hob und seinen Blick einmal von links nach rechts wandern ließ, als versuchte er, mich in der Menge auszumachen. Doch so weit entfernt, wie der Steg lag, würde er mich vermutlich nicht einmal erkennen können, wenn ich jetzt die Arme hochriss.

Zehn Sekunden. Neun. Acht.

Tränen der Verzweiflung stiegen mir in die Augen und um mich herum brach Chaos aus. Alle riefen und liefen durcheinander. Einige drängten nach vorne, noch näher zum Wasser, um besser sehen zu können, was geschah.

Vier Sekunden. Drei. Zwei. Als die letzte Sekunde verstrich, rutschte mir mein Handy aus der Hand und fiel zu Boden. Aber ich sah noch, wie Atlas an die vordere Kante des Stegs herantrat und als Erster im Wasser verschwand.

34

Es war, als würde die Zeit stehen bleiben. Wie durch einen Schleier bekam ich mit, wie Sabia auf uns zugerannt kam und sich bückte, um mein Handy aufzuheben. Sie reichte es mir und ich klammerte mich daran fest. Dann schaute ich wieder zum Steg und blinzelte.

Theo … er stand immer noch da. Er hatte nicht einmal seine Kleidung abgelegt.

»Heißt das …« Jeremy schaute unsicher zu mir. »Heißt das, er wird nicht antreten?«

Ich hatte keine Ahnung. Doch, ja, es musste so sein. Die Drohnenkamera wechselte zwischen Atlas, der sich nun Meter für Meter zur Insel vorkämpfte, und Theo hin und her. Ich wischte die Tropfen von meinem Handy und starrte auf das Display: auf den neuen Countdown von fünfzehn Minuten, der gerade darauf erschienen war. Und auf Theo – seine steife Haltung, die zusammengepressten Lippen, den ausdruckslosen Blick. Von außen betrachtet, hätte man denken können, dass er völlig ruhig war, während er Atlas nachschaute. Aber ich kannte diesen Ausdruck, mit dem Theo sich in sich selbst zurückzog und sich vor der Welt abschottete.

Er musste von vorneherein entschieden haben, nicht an der Challenge teilzunehmen. Und das bedeutete, er hatte akzeptiert, dass der Master in wenigen Minuten sein Geheimnis lüften würde.

Ein Gefühl der Erleichterung durchflutete mich. Das war die richtige Entscheidung. Ganz sicher.

Atlas hatte die Insel nun fast erreicht. Mit kräftigen Schwimmzügen brachte er sich bis zum Ufer. Als er aus dem Wasser kam, zitterte sein ganzer Körper. Sein Brustkorb hob und senkte sich deutlich beim Atmen, er bewegte sich nur langsam. Doch schließlich gelang es ihm, eine der beiden durchsichtigen Taschen von dem Ast abzuziehen und sich um den Hals zu hängen.

Schon war er wieder am Wasser, in einer Nahaufnahme konnte ich sehen, wie er die Augen schloss und die Zähne aufeinanderpresste. Dann machte er einen Schritt nach vorne, watete erneut in die eisige Schwärze des Sees und steuerte auf uns zu. Verdammt, warum schwamm er nicht zurück? Die Strecke zu Theo war viel kürzer und … Da verstand ich. Das Tablet musste auf unserer Seite des Sees versteckt sein, und Theo und Atlas wussten davon. Trotzdem. Das waren locker noch einmal über hundert Meter.

Alles wird gut, versuchte ich, mir einzureden. *Atlas wird das schaffen, er ist ein Profischwimmer.*

Wieder schaute ich zu Theo und da bemerkte ich, dass er nicht mehr allein auf dem Steg war. Jemand war bei ihm … ein Mann in Schwarz. Theo hatte sich zu ihm umgedreht und als das Bild der Liveübertragung wechselte, erkannte ich, dass es sich um einen der Sicherheitsleute handelte, die vorhin in die Autos gestiegen waren.

Gerade reichte der Mann Theo sein Handy, er tippte etwas ein und hielt sich das Telefon ans Ohr. Das Gespräch dauerte nur wenige Sekunden. Dann gab Theo das Handy zurück und wechselte ein paar Worte mit dem Securitymann. Dabei deutete er quer über den See in Richtung des Waldabschnitts, der rechts von ihm lag, und schließlich wandte der andere sich ab, verließ den Steg und rannte los, sein Handy nun ebenfalls am Ohr, als wollte er seine Kollegen darüber informieren, dass er etwas entdeckt hatte. Gleich darauf verstand ich, was es möglicherweise gewesen war: Eine der Drohnen bekam plötzlich Schwierigkeiten. Sie geriet ins Straucheln, stürzte ab und stabilisierte sich erst kurz über dem Wasser wieder. Die Bildübertragung brach ab, die Aufnahme auf dem Display wurde schwarz.

»Scheint, als hätten Lowells Leute endlich mal einen der Komplizen geschnappt«, murmelte irgendjemand neben mir. Aber ich schaffte es nicht mehr, den Kopf zu drehen und nachzusehen, ob man, dort, wo der Wald lag, etwas erkennen konnte – die Sicherheitsleute, eine Rangelei oder jemanden, der wegrannte –, denn in diesem Moment erklang ein Schrei. Ich erschrak und auch Sabia und Jeremy zuckten heftig zusammen. Alle reckten die Köpfe und drängten nach vorne. Hektisch scannte ich den See ab, konnte Atlas aber nirgends mehr entdecken. Scheiße, wo war er?

Jeremy und ich wurden nach hinten geschoben, aber jetzt lief die Übertragung auf den Displays wieder und ich konnte sehen, wie Atlas auf halber Strecke zwischen Insel und unserem Strandabschnitt aus dem Wasser auftauchte, nach Luft schnappte und mit dem Arm auf die Wasseroberfläche schlug. Gleich darauf ging er wieder unter. Mein Herz setzte einen Schlag lang aus und ich wartete darauf, dass etwas geschah – dass irgendjemand ihm zu Hilfe eilte. Mein Blick irrte zu Eden und Grayson – zu Atlas' *Freunden*. Warum rührten sie sich nicht, sondern standen nur da wie erstarrt und sahen zu, wie Atlas jetzt wieder auftauchte und unkoordiniert mit den Armen um sich schlug – nur um einen quälend langen Moment später erneut im Wasser zu versinken.

Ich presste mir die Hand auf den Mund.

Alles um mich herum begann sich zu drehen, als ich sah, dass Theo nun ebenfalls seinen Mantel auf die Holzbohlen warf und vortrat.

Es war klar, was er dachte. Er war von uns allen am nächsten bei Atlas. Von seiner Seite des Ufers hatte er die besten Chancen, ihn noch rechtzeitig zu erreichen. Kurz schaute Theo in die Kamera der Drohne und es war, als würde er mich direkt ansehen. Nur eine Sekunde lang, in der sich eine Gänsehaut auf meinem gesamten Körper ausbreitete. Dann ging er in die Hocke, stützte sich ab und ließ sich völlig bekleidet ins Wasser gleiten. Sein Gesicht verzog sich, aber er zögerte nicht. Mit einer kräftigen Bewegung stieß er sich vom Ufer ab und als er sich mit schnellen Schwimmzügen vom Steg entfernte, hörte ich mich selbst schreien.

In meinen Ohren rauschte es, ich konnte Theo in der Ferne nicht mehr richtig sehen. Doch dann wechselte die Kamera und nahm ihn in den Fokus. In diesem Moment fühlte ich nichts und gleichzeitig zu viel. Angst, Bestürzung und dann … Leere. So als wäre das, was hier gerade geschah, gar nicht real. Alles, was ich spürte, waren mein rasendes Herz und die plötzliche Taubheit, die sich um mich legte wie ein schützender Kokon. Einen Augenblick lang blendete mein Unterbewusstsein alles aus: die schockierten Stimmen der anderen, Rektor Lowells gebrüllte Anweisungen, die Mitarbeiter der Security, die sich hastig von ihrer Kleidung befreiten und vom Ufer aus ins Wasser stürzten. Neben mir hörte ich, wie einer der Sicherheitsleute den Notruf wählte und hastig schilderte, was gerade passierte.

»Ja, genau, mehrere Personen im Eiswasser, eine davon vermutlich verletzt. Highclare Academy … richtig.«

Seine Worte holten mich zurück in die Wirklichkeit und die Wucht, mit der mich diese traf, fühlte sich an wie ein Fels, der auf meine Brust knallte und meine Knochen zersplitterte. Theo war im See. Auf dem Weg zu Atlas, der sich noch immer nicht weiter vorwärtsbewegte, sondern stattdessen völlig hilflos wirkte. Seine Arme machten unkoordinierte Bewegungen, er schien nach Luft zu ringen, bevor er erneut unterging.

Ich stolperte vor. Blind vor Panik schob ich mich durch die Umstehenden hindurch und hielt auch nicht an, als ich das Wasser erreichte. Sofort durchnässte es meine Hose und es war, als würden sich Tausende Nadeln in meine Haut bohren. Mir wurde schwarz vor Augen. Ich konnte nicht mehr atmen, nicht mehr …

»Du bleibst hier, Mädchen«, brummte da eine tiefe Stimme und gleich darauf wurde ich von kräftigen Händen nach hinten gezerrt. Es war einer der Securitymänner, der mich wieder an den Strand brachte – zurück zu Jeremy. Mein bester Freund griff nach meiner Hand und drückte sie fest.

»Bleib hier, die zwei bekommen schon Hilfe.« Mit dem Kopf deutete er auf die Sicherheitsleute, die in Theos und Atlas' Richtung durchs Wasser schwammen.

Zu spät, viel zu spät, dachte ich, während ich gelähmt mit ansah, wie Theo sich in der Liveübertragung mit entschlossenen Zügen auf die Stelle zubewegte, an der Atlas sich nur noch unter größten Anstrengungen und immer nur für wenige Sekunden an der Oberfläche halten konnte. Er hatte sie fast erreicht und in mir verkrampfte sich alles, als ich sah, wie er tief Luft holte … und dann untertauchte.

»Es wird alles gut, ganz bestimmt«, sagte Jeremy zu mir und auch wenn er mich damit sicher beruhigen wollte, klang er jetzt so, als ob er ebenfalls kurz davor stand, die Nerven zu verlieren.

Im Gegensatz zu den anderen schauten wir nun nicht länger auf unsere Handys, sondern blickten direkt auf den See, wo weder Theo noch Atlas zu sehen waren. Und die Sicherheitsleute, die sich in ihre Richtung bewegten, waren noch immer zu weit entfernt. Mein Körper begann, unkontrolliert zu zittern.

»Er schafft das«, flüsterte Jeremy mir zu und wieder kam es mir so vor, als brauchte er diese Worte gerade ebenso wie ich – als könnte er es kaum ertragen, nur herumzustehen und zusehen zu müssen.

Da brach Theo durch die Wasseroberfläche. Er hatte einen Arm um Atlas geschlungen und kurz empfand ich einen Anflug von Erleichterung. Doch diese verpuffte sofort, als ich sah, wie schwer es ihm fiel, Atlas' Kopf über Wasser zu halten.

Noch nie hatte ich mich so ohnmächtig gefühlt. Atlas schien seine Kraft nun komplett aufgebraucht zu haben, denn er bewegte sich nicht mehr. Immer wieder wurde Theo von seinem Gewicht nach unten gezogen, tauchte unter und kämpfte sich mühsam wieder nach oben. Endlich – nach einer gefühlten Ewigkeit – wurden sie von den Männern der Security erreicht.

Ein kollektives Aufatmen ging durch die Reihen. Doch ich hielt immer noch die Luft an und beobachtete verkrampft, wie einer der Sicherheitsleute Theo Atlas abnahm, während der andere ihm half weiterzuschwimmen.

Als sie nur noch etwa zwanzig Meter entfernt waren und das Wasser so flach wurde, dass man stehen konnte, eilte eine Gruppe Jungs hinein. Erst auf den zweiten Blick erkannte ich, dass es Bellamy, Jasper und Avery waren. Auch Alaric war bei ihnen. Gemeinsam stützten sie die Securityleute und halfen, Theo und Atlas an Land zu tragen.

Atlas' Arme und Beine hingen leblos herab und als Avery und Alaric ihn vorsichtig neben Theo auf dem Sand ablegten, kippte sein Kopf zur Seite. Er hielt die Augen geschlossen, seine Haut war blass, die Lippen ganz blau. Er sah … er sah aus, als wäre er tot.

35

Theo blinzelte erschöpft, als ich mich neben ihm in den Sand warf. »Hey«, brachte er heiser hervor und es kam mir vor, als würde ihn dieses Wort sein letztes bisschen Kraft kosten. Er zitterte am ganzen Körper, so heftig, dass seine Zähne aufeinanderschlugen. »M-mir … geht … es gut.«

Blödsinn! Ich konnte doch sehen, dass es nicht so war. Ein hysterisches Lachen wollte sich aus meiner Kehle lösen, doch als es mir über die Lippen kam, verwandelte es sich in ein ersticktes Schluchzen. Ich griff nach Theos Hand, seine Haut war eiskalt. Kurz schloss er die Lider und meine Panik drohte mich zu überwältigen, als auch sein Kopf zur Seite kippte. Doch gleich darauf öffnete er die Augen wieder und schaute zu Atlas, der neben ihm lag.

»W-was ist … mit ihm? W-was … ist mit … Atlas?«

Ich schluckte und traute mich kaum, den Kopf zu heben und selbst nachzuschauen. Noch immer lag Atlas völlig reglos im Sand und wurde von den Securityleuten versorgt, die alle anderen um uns herum auf Abstand hielten. Eine Frau kniete neben ihm und überprüfte seine Vitalfunktionen. Als sie ihren Kollegen zunickte, liefen mir nur noch mehr Tränen über die Wangen.

»Er atmet«, verkündete sie dann laut und Theo schloss noch einmal die Augen, so als wäre er unendlich müde. Ich beeilte mich, meine Jacke auszuziehen, und gerade als ich sie ihm unter den Kopf legte, erklang ein markerschütternder Schrei. »Atlas!«

Sofort schaute ich mich um und entdeckte Coraline, die sich an den Securityleuten vorbeidrängte und sich mit tränenüberströmtem Gesicht neben Atlas auf den Boden sinken ließ. »Mach keinen Mist, hörst du?« Sie rahmte sein Gesicht mit ihren Händen ein und schluchzte auf. »Atlas! Bitte!«

Doch schon im nächsten Moment wurde sie von ihm weggezerrt, ich hörte nur noch ihr unterdrücktes Wimmern. »Helfen Sie ihm«, flehte sie. »Bitte, Sie müssen ihm helfen.«

Auch zu uns kam jetzt ein Mann aus dem Securityteam und ich spannte mich an, bereit, mich aus Leibeskräften zu wehren, wenn er mich auch nur anfasste. Doch er brachte nur eine Rettungsdecke und faltete sie auseinander.

»Wartet!«, rief da jemand und gleich darauf war Bellamy an meiner Seite. Er kniete sich neben Theo und riss kurzerhand sein Hemd auf. »Er muss erst aus seinen Sachen raus.«

»Du auch«, setzte ich an, als Bellamy Theo die Schuhe von den Füßen zog. Er war ebenfalls tropfnass. Aber Bellamy schüttelte den Kopf. »Theo war länger im Wasser. Ich komme klar.« In Windeseile hatte er Theos Hose geöffnet und zerrte daran. Doch der feste Stoff wollte sich kaum von ihm lösen und auch mit vereinten Kräften brauchten wir mehrere Anläufe, bis es uns gelang, ihm die Hose von den Beinen zu ziehen. Sofort wurde Theo in die Rettungsdecke gewickelt – und der Securitymann wies Bellamy an, sich nun ebenfalls auszuziehen.

Was dann geschah, raste an mir vorbei wie in einem Zeitraffer: die vielen aufgebrachten Stimmen, Jacken, die uns gereicht wurden, und die Securityleute, die Atlas in die stabile Seitenlage brachten.

Im Hintergrund hörte ich immer noch Coralines Schreie und aus dem Augenwinkel bekam ich mit, wie einige der Umstehenden ernsthaft ihre Handys zückten und uns filmten. Doch in diesem Moment blendete ich sie einfach aus. Da waren nur Theo und ich, seine kalten Finger in meinen Händen und … ein Husten! Sofort schnellte mein Blick wieder zu Atlas und ich stieß ein erleichtertes Keuchen aus, als ich sah, dass seine Augen leicht geöffnet waren. Er röchelte und spuckte Wasser in den Sand. Eine Sekunde lang schien er völlig orientierungslos zu sein, aber dann traf sein Blick auf Theos und ich konnte sehen, wie seine Erinnerungen zurückkehrten und mit ihnen die Ereignisse der letzten Minuten.

Atlas' Augen weiteten sich, auf einmal atmete er viel zu schnell. Sofort war die Securityfrau wieder an seiner Seite und versperrte mir die Sicht. Dann blickte Theo erneut zu mir, streckte langsam die Hand aus und streichelte mir eine Träne von der Wange. Die Kälte seiner Finger ließ mich erschauern und gleichzeitig sammelten sich noch mehr Tränen in meinen Augen.

»Nicht weinen«, flüsterte Theo. »Es ist … alles gut.«

»Du bist ein schlechter Lügner.« Ich schniefte und Theo lächelte traurig, sagte aber nichts mehr. Ganz langsam nahm er meine Hand in seine, führte sie zu seinen Lippen und hauchte einen Kuss darauf. Das war zu viel für mich. Das alles, der gesamte Tag. Theos unerwartete Nachrichten, die Challenge und dass ich ihm jetzt auf einmal wieder so nah war – seine Lippen auf meiner Haut.

Die ganze Zeit über hatte ich meine Gefühle zurückgehalten, aber nun überfielen sie mich mit geballter Kraft: meine eigene Panik, die Wut darüber, dass er einfach so verschwunden war und sich nicht gemeldet hatte. Die Angst davor, was nun aus uns wurde, und schließlich der bittersüße Schmerz in meiner Brust, der mich wissen ließ, dass ich ihn trotzdem immer noch liebte und nie wieder loslassen wollte.

»Louisa, noch … kannst du … gehen«, flüsterte Theo da und

seine Worte fühlten sich an, als würde sich blitzartig eine Eisschicht um mein Herz legen.

»Was … nein!«, stammelte ich völlig irritiert. »Ich lasse dich doch jetzt nicht allein.«

Wie kam er denn überhaupt darauf?

Theos Lider flatterten leicht, aber dann sah er mich fest an und atmete tief durch. »Ich … will nur, dass du … in Sicherheit bist. Und hier wird gleich die Hölle losbrechen, glaub mir.«

Jetzt verstand ich. Er dachte an das Spiel des Masters: an den Countdown, der weiter gnadenlos herunterlief, und an sein Geheimnis, das gelüftet werden würde, sobald die Zeit um war. Seit Theo ins Wasser gesprungen war und meine Welt aufgehört hatte, sich zu drehen, hatte ich komplett vergessen, dass diese irrsinnige Challenge immer noch wie ein Damoklesschwert über ihm hing.

»Wann verstehst du endlich, dass du mich nicht beschützen musst?«, wisperte ich und wischte mir weitere Tränen aus dem Gesicht. »Nach allem, was du in den letzten Tagen abgezogen hast, hast du es wirklich nicht verdient, dass ich dir das jetzt sage. Aber du bedeutest mir etwas, Theo Vanderton. Und wenn du nur ansatzweise dasselbe empfindest, dann komm endlich damit klar, dass ich mich nicht einfach fortschicken lasse, wenn es mal kompliziert wird.«

»Du verstehst nicht, was …«, setzte er an, aber ich schüttelte den Kopf.

»Nein, du verstehst es nicht. Ich habe mich dafür entschieden, eine Beziehung mit dir zu führen, weil ich alles an dir will – auch die Anteile, die dir selbst nicht gefallen. Ich will *dich*, Theo, mit allem, was dich ausmacht. Auch deine Schattenseiten.«

Stille. Obwohl es um uns herum so laut war, waren alles, was ich wahrnahm, seine deutlichen Atemzüge … und mein wild klopfendes Herz.

»Kein Geheimnis könnte so schlimm sein, dass es zwischen uns steht«, versprach ich ihm und Theo schloss kurz die Augen. Dann öffnete er den Mund, um etwas zu sagen. Doch bevor die Worte es über seine Lippen schafften, wurde ich aus dem Moment gerissen. Jemand rief: »Atlas, das Tablet! Ich habe das Tablet gefunden!«

Eden. Komplett außer Atem kam er vor uns zum Stehen, doch als er sah, in welchem Zustand sein Freund war, ließ er das Tablet in den Sand fallen und erstarrte. Theo berührte mich am Arm und nickte in Edens Richtung.

Ich verstand, was er wollte, beugte mich vor und griff nach dem Tablet. Auch hier lief der Countdown über den Bildschirm. Als ich sah, dass er bereits die letzten Minuten erreicht hatte, hielt ich inne. Alles in mir verkrampfte sich, ich konnte nur noch dasitzen und die Sekundenanzeige anstarren, in dem Wissen, dass ich weder sie noch den Master rechtzeitig würde stoppen können.

»Louisa.« Theo stützte sich auf die Unterarme und richtete sich vorsichtig auf. Immer noch zitternd streckte er den Arm aus und schloss die Hand fest um einen kleinen Gegenstand. Erst auf den zweiten Blick erkannte ich, dass es die durchsichtige Hülle war, die Atlas um den Hals getragen hatte. Die Mitarbeiterin des Sicherheitsdienstes musste sie einfach in den Sand geworfen haben, als sie erste Hilfe geleistet hatte.

»Gib mir das Tablet«, sagte Theo und ich legte es ihm in den Schoß und sah zu, wie er versuchte, mit steifen Fingern die Tasche zu öffnen. Zuerst verstand ich nicht, was das sollte, aber dann wurde es mir plötzlich klar: Theo hatte vor, Atlas' Geheimnis zu retten und damit ausgerechnet dem Menschen zu helfen, der ihn in der Vergangenheit immer wieder seinen abgrundtiefen Hass hatte spüren lassen.

Ich schluckte und zögerte einen Moment lang. Doch schließlich nahm ich ihm die Tasche einfach aus der Hand und zog den Zettel für ihn heraus. Darauf standen sechs Zahlen und als Theo sie eintippte, verschwand der Countdown und der Bildschirm wurde schwarz.

Sogleich erklang das schaurige Lachen des Masters. Und nicht nur aus dem Lautsprecher des Tablets, sondern wieder von überall. Es dröhnte aus unzähligen Handys um uns herum. Mein Magen rebellierte, am liebsten hätte ich das Tablet ins Wasser geschleudert, um das alles zu beenden. Doch ich wusste, dass es nichts gebracht hätte, und so umklammerte ich nur weiter Theos Hand.

»Herzlichen Glückwunsch, Atlas Corentin, du hast den King's Fall gewonnen und das bedeutet: Dein Geheimnis ist bei mir sicher.«

Neben uns hörte ich einen scharfen Atemzug und als die Securityfrau, die Atlas versorgte, sich zu uns umdrehte, erhaschte ich einen Blick auf ihn. Atlas' Augen waren geweitet – so, als könnte er ebenfalls kaum glauben, was er da hörte. Seine Lippen öffneten sich, aber es drang kein Laut hervor.

Dafür sprach der Master weiter: *»Und nun zu dir, Theo Vanderton: Seit Beginn meines Spiels habe ich dir so viele Chancen gegeben, dich mir gegenüber als loyal zu erweisen. Aber wie sich herausgestellt hat, bist du für mich nicht von Wert und hast sogar versucht, mich zu verraten und zu enttarnen. Wie dumm von dir.«*

Pause. Theo knirschte mit den Zähnen und atmete tief durch.

»Aber nun ist es zu spät für Reue. Ich habe dem Ruby Circle einen Skandal versprochen und wir wissen beide, dass dein Geheimnis die Erwartungen der Anwesenden noch übertreffen wird.« Wieder hielt die Stimme inne und um uns herum wurde es so still, dass ich fast sicher war, dass alle den Atem

anhielten. Nur in der Ferne erklang das Brummen eines Hubschraubers.

»Besonders Atlas dürfte diese Neuigkeit interessieren. Und was werden wohl deine Familie und Freunde dazu sagen, wenn sie erfahren, was der ach so anständige Theo Vanderton in der Nacht des letzten Gründerballs getan hat? Ich selbst wollte es ja zuerst gar nicht glauben …«

Der Gründerball? Die Worte fühlten sich an, als würde sich mir eine unsichtbare Schlinge um den Hals legen, die sich langsam zuzog. In jener Nacht war Theo … mit Annie zusammen gewesen.

»Wie ihr wisst, dient dieses Spiel nicht nur ausschließlich der Unterhaltung, sondern einem größeren Zweck: der Suche nach Bethany Lawrence. Und auch wenn ich trotz aller bisherigen Hinweise noch nicht sagen kann, wo sie sich aufhält, können wir heute Abend doch etwas Licht ins Dunkel bringen, was ihr kurz vor ihrem Verschwinden widerfahren ist.«

Auf dem Display tauchte ein Foto auf und ich musste nur einen schnellen Blick darauf werfen, um zu erkennen, dass es das Bild sein musste, wegen dem Atlas die Prügelei angefangen hatte – die Aufnahme, auf der Annie und Theo gemeinsam in seinem Bett zu sehen waren. Ich zwang mich, nicht so genau hinzusehen, das wollte ich mir selbst ersparen. Leises Gemurmel erhob sich, doch es wurde von den jetzt immer lauter werdenden Geräuschen des Hubschraubers übertönt. Da verschwand das Foto plötzlich und das Bild wurde weiß, ehe im Sekundentakt Schlagzeilen aufleuchteten.

Ich kann nicht länger darüber schweigen – Mit diesen krassen Vorwürfen belastet Deliah Vanderton R. T. Hammerton.

Hollywood-Star wehrt sich vor Gericht: Alles Lügen. Ich habe die Schlampe nie gegen ihren Willen angefasst.

Schockierende Details im Vergewaltigungsprozess – Deliahs Fans fordern härtere Strafe.

»*Nun, diese Meldungen dürften für euch alle nichts Neues sein. Oder doch? Schließlich waren die meisten von euch damals noch unschuldige Kinder.*« Wieder drang blechernes Gelächter aus den Lautsprechern. »*Aber mal unter uns – für mich ist es immer noch einer der Skandale überhaupt. Immerhin war es Deliah selbst, die mit den Informationen an die Presse gegangen ist, dass Theos Vater, ein bekannter Hollywoodproduzent, sie bei Dreharbeiten mehrfach vergewaltigt haben soll. Deliah konnte den Prozess damals zwar nicht klar für sich entscheiden, aber ich denke, ich übertreibe nicht, wenn ich sage, dass Ronald Hammertons Image seither mehr als gelitten hat. Immerhin war keine seiner Produktionen mehr ein Hit und seine Villa in den Hollywood Hills verkauft man ja auch nicht einfach so, oder? Nun, wenn ihr mich fragt, hätte der Mann für seine Taten ruhig noch mehr bluten können. So ein ekelhaftes Schwein!*« Obwohl es eine computergenerierte Stimme war, klangen die letzten Worte gehässig. »*Na, wie dem auch sei. Ich will euch nicht weiter mit Informationen aus der Vergangenheit langweilen. Denn viel spannender ist ja die Tatsache, dass der Apfel nicht weit vom Stamm fällt.*«

Die Schlagzeilen auf dem Tablet verschwanden, dafür öffnete sich nun ein Dokument, mit dem ich zunächst nichts anfangen konnte. War das … eine Polizeiakte?

»*Was sagt ihr dazu?*«, schnurrte der Master und genau wie alle anderen überflog ich rasch die Zeilen. Tatsächlich handelte es sich um einen Polizeibericht. Eine Aussage, angeblich von Theo selbst. Sie stammte aus dem letzten Jahr. Dem Schriftstück nach sollte er sich angezeigt haben, weil er – ich stockte – jemanden vergewaltigt hatte. Bethany Lawrence!

Bitte was? Das war doch … komplett lächerlich und an den Haaren herbeigezogen.

»Wollt ihr meine Theorie hören, was nach dem Gründerball passiert ist?«, meldete sich der Master wieder zu Wort. *»Ich glaube, dass Theo nach dem Ball seine Hände nicht bei sich lassen konnte und Annie vergewaltigt hat. Und damit sie niemandem davon erzählt, hat er sie unter Druck gesetzt. So sehr, dass sie schließlich Angst bekommen hat und gezwungenermaßen untergetaucht ist. Später hat ihn dann das schlechte Gewissen gepackt und er hat sich selbst angezeigt. Doch da nichts bewiesen werden konnte, wurde der Fall zu den Akten gelegt.«*

Der Master sagte noch mehr, darüber, dass er Annie immer noch finden und die ganze Sache aufklären wollte. Aber das hörte ich kaum noch. Zum einen weil das Geräusch des herannahenden Hubschraubers inzwischen alles übertönte und zum anderen weil sich auf einmal wie von selbst ein Lachen aus meiner Kehle löste. Meinte der Master das wirklich ernst? Dass Theo ein Vergewaltiger war? So etwas Bescheuertes! Ich kannte Theo – das hätte er niemals getan.

»Glaubt das hier irgendjemand?«, rief ich gegen den Lärm der Rotoren an. Bei all den wilden Geschichten, die der Master sich über Theo hätte ausdenken können, hatte er sich entschieden, ausgerechnet diese zu erzählen? Ich drehte mich zu den anderen um, die von den Securityleuten abgeschirmt wurden, und suchte in den Gesichtern nach Anzeichen, dass sie ebenfalls kein Wort von all dem glaubten. Doch alles, was ich vorfand, waren Neugier, Fassungslosigkeit und Abscheu.

In diesem Moment tauchte der Helikopter über dem See auf. Seine Scheinwerfer glitten über uns hinweg und die Umstehenden wichen auseinander, als er erst über uns schwebte und dann langsam zur Landung auf der Wiese oberhalb des

Strandes ansetzte. Wind peitschte mir ins Gesicht, ich senkte den Kopf und kniff die Augen zusammen. Dabei streifte mein Blick den von Theo, der mit ausdrucksloser Miene an mir vorbei auf den See schaute. Ich hatte etwas wie Belustigung in seinen Zügen erwartet, vielleicht auch Wut, darüber, dass jemand es wagte, ihm etwas Derartiges zu unterstellen. Doch in seinen Augen fand ich etwas ganz anderes.

»Ich wollte es dir schon sagen, als wir auf dem Nordturm waren. Tut mir leid, ich weiß, dass das keine Entschuldigung ist.« Theo zog seine Hand aus meiner und schlagartig erinnerte ich mich daran, wie eindringlich er mich gebeten hatte, mit ihm zu sprechen: zuerst im Turm und zuletzt im Hausflur von Sir Archer Remington.

»Das hast du nicht getan«, protestierte ich dennoch. »Das ist völlig an den Haaren herbeigezogen. Jeder Idiot kann heutzutage so etwas mit Photoshop erstellen. Das ist …«

»Die Wahrheit«, sagte Theo und nun endlich wandte er mir sein Gesicht zu und blickte mir in die Augen. »Das ist die Wahrheit, Louisa. Das Dokument ist echt.«

Was? Aber … nein!

»Ich wollte nie, dass du es so erfährst«, fügte er hinzu und ich fasste ihn an den Schultern, um ihn zu schütteln, weil er so etwas sagte und mir damit solche Angst einjagte. Das war nicht lustig, das war …

»Louisa.« Theo setzte sich auf und löste meine Hände von sich. Die Geräusche des Helikopters wurden ohrenbetäubend, der Wind zerrte an uns. Und dann, ganz plötzlich, war alles vorbei. Der Hubschrauber war gelandet und so hörte ich Theos nächste Worte mehr als deutlich.

»Es tut mir so leid. Du und ich, das hätte niemals …« Er brach ab, schüttelte den Kopf. »Ich hätte dich nicht in diese Situation bringen dürfen.«

Die Türen wurden geöffnet und mehrere Personen in Schwarz rannten zu uns herüber. Zuerst glaubte ich, dass es sich um Rettungssanitäter handelte, aber dann erkannte ich den grauen Vanderton-Schriftzug auf dem Helikopter.

»Wo ist Theo?« Die Stimme kam mir vage bekannt vor. Das war … Miranda, Theos Personenschützerin.

»Theo!«, rief sie abermals und ich stand auf und hob die Hand, damit sie uns bemerkte.

»Lieber Himmel, was ist passiert?« Sofort kam Miranda auf uns zugerannt, dicht gefolgt von Freeman – Mr Weaver – und einem weiteren Mann, den ich nicht kannte. Sie schob mich energisch zur Seite, hockte sich neben Theo auf den Boden und musterte ihn eindringlich von oben bis unten.

»Ich bin okay«, behauptete Theo. Langsam und immer noch zitternd versuchte er, auf die Beine zu kommen, wie um es ihr zu beweisen. Der dritte Mann, mit roten Haaren und Vollbart, half ihm dabei. Er zog seinen Mantel aus und hängte ihn Theo über.

Als Miranda sicher zu sein schien, dass er aus eigener Kraft stehen konnte, verengten sich ihre Augen zu schmalen Schlitzen und sie funkelte Theo wütend an. Dann zischte sie, so leise, dass nur wir es hören konnten: »Wir hatten einen Deal, erinnerst du dich? Du wollest nur ganz kurz rein, deine Sachen holen und mit deiner Freundin sprechen. Und was machst du stattdessen? Riskierst hier dein Leben.« Sie tippte ihm auf die Brust. »Diese Aktion wird noch ein Nachspiel haben, glaub mir. Und wenn dein Vater mich nicht fristlos entlässt, wenn wir zurück sind, wirst du in Zukunft nicht mal mehr allein aufs Klo gehen. Darauf kannst du dich verlassen, wir …«

Mitten im Satz schien ihr wieder aufzufallen, wo wir uns befanden und dass immer noch von überall Handykameras auf uns gerichtet wurden. Sofort erloschen ihre Emotionen und der professionelle Ausdruck kehrte in ihr Gesicht zurück. Sie legte Theo eine Hand auf die Schulter und wollte ihn von mir wegschieben. Da fiel ihr Blick auf Atlas, der immer noch am Boden lag. Kurz zögerte sie, es sah aus, als würde sie überlegen, ob sie Atlas ins Krankenhaus fliegen sollten. Aber schon erklangen Sirenen in der Ferne. Endlich kam Hilfe!

»Wartet.« Theo stemmte die Füße in den Boden. »Ich will, dass einer von euch Louisa hier rausschafft und zu ihren Dads bringt.«

»Theo, das ist jetzt wirklich nicht unsere Priorität«, sagte Miranda.

»Entweder ihr sorgt für ihre Sicherheit oder ich tue es persönlich«, beharrte er und sie stieß einen Fluch aus und nickte Freeman kaum merklich zu. Sofort war der an meiner Seite und fasste mich am Arm. »Miss, kommen Sie. Ich bringe Sie hier weg.«

Was? Nein! Ich versuchte, mich loszumachen, aber der Mann hielt mich fest, während Miranda und der Mann mit dem Vollbart Theo in ihre Mitte nahmen, um ihn in Richtung Helikopter zu führen. Raus aus der Situation, raus aus meinem Leben.

»Das kannst du nicht machen!«, schrie ich ihn mit Tränen in den Augen an. »Du kannst jetzt nicht einfach so wieder verschwinden. Das habe ich nicht verdient. Du schuldest mir Antworten!«

Theo schluckte. Ein letztes Mal schauten wir uns an und kurz konnte ich seine Zerrissenheit und die Verzweiflung sehen, die in ihm gegen die Vernunft kämpften. Doch dann glitt sein Blick zu den unzähligen Handys, die in der Dunkelheit leuchteten, begierig darauf, alles, was gerade zwischen uns geschah, aufzuzeichnen. Er presste die Lippen aufeinander und ich verstand.

»Nein!«, schrie ich. Aber es war zu spät. Er hatte sich bereits umgedreht und lief, von seinen Sicherheitsleuten gestützt, auf den Helikopter zu. »Theo!«

Fassungslos beobachtete ich, wie sich die Türen hinter ihm schlossen und der Hubschrauber startete.

Dann brach Chaos über mich herein. Da waren so viele Stimmen, die plötzlich auf mich einredeten und mir Fragen stellten. Ob ich es gewusst hatte? Warum ich nichts gesagt hatte? Wie ich jemanden wie Theo hatte lieben können. Und dazwischen … immer wieder Annies Name. Alles um mich herum begann, sich zu drehen.

Freeman packte mich an den Schultern und lotste mich aus dem Tumult heraus. Keine Ahnung, wie es mir gelang, weiter einen Fuß vor den anderen zu setzen, doch irgendwie erreichten wir einen der Wagen der Sicherheitsleute. Freeman wechselte kurz ein paar Worte mit dem Fahrer, ließ sich die Schlüssel aushändigen und setzte mich auf die Rückbank. Gleich darauf rasten wir los. Weg vom See, durch das riesige Eingangstor der Highclare Academy und weiter in die Nacht – hinein in meine neue Realität. Eine, in der es Theo und mich nicht mehr gab und in der alles, was ich geglaubt hatte, gemeinsam mit ihm zu sein, mir wie eine einzige Lüge vorkam.

36

Freeman brachte mich direkt nach Hause, wo ich meinen Dads schluchzend in die Arme fiel und erst einmal übers Wochenende blieb – in meinem Bett, die Decke bis zur Nasenspitze hochgezogen. Kami kam täglich, um nach mir zu sehen, und Granny brachte extra meinen Lieblingskuchen vorbei. Aber gerade halfen weder stundenlange Gespräche mit meinen Dads noch Kuscheleinheiten mit Orion und Cookie, unseren alten Pferden, die im Garten einen Offenstall hatten.

Trotz allem, was passiert war, vermisste ich Theo schrecklich, und jedes Mal, wenn ich meine Zimmertür hinter mir schloss und einen Moment allein war, brach der Schmerz über mich herein wie eine Welle und riss mich von den Füßen. Nachts konnte ich nicht schlafen. Mein Körper schien gegen die Wahrheit rebellieren zu wollen – gegen das, was ich über Theo erfahren hatte, aber auch gegen die Tatsache, dass er nun nicht mehr Teil meines Lebens war. Ich fror, zitterte am ganzen Körper und schwitzte gleichzeitig so stark, als versuchte mein Innerstes, sich mit aller Kraft von Theo zu befreien. Von all den besonderen Augenblicken, die wir geteilt hatten, von leise geflüsterten Worten, von jedem Funken Hoffnung, unsere letzte Begegnung könnte nichts weiter gewesen sein als mein schlimmster Albtraum.

Am Montag kehrte ich an die Academy zurück, auch wenn Dad und Pa absolut dagegen waren und fanden, dass die

Highclare nach allem, was geschehen war, eindeutig kein sicherer Ort mehr war. Doch ich versicherte ihnen, dass ich noch keinen Brief bekommen hatte und mich nicht in Gefahr bringen würde. Außerdem kam ein erneuter Schulwechsel für mich nicht infrage. Zum einen weil ich nach dem Interview mit Shiya garantiert wieder völlig belagert werden und die Mauern der Academy zu schätzen lernen würde. Zum anderen weil ich mich weder von meinen Freunden noch von Twister trennen wollte, die in den vergangenen Monaten unendlich wichtig für mich geworden waren.

Und so schwor ich meinen Dads, dass ich mich sofort bei ihnen melden würde, wenn der Master mich ebenfalls bedrohte oder mir nur irgendetwas komisch vorkam. Bevor ich aufbrach, versprach Dad, sich um Shiya und den Vertrag zu kümmern, aber ich rechnete nicht damit, dass er Erfolg hatte, auch wenn ich es mir noch so sehr wünschte. Denn allein der Gedanke daran, vor eine Kamera treten zu müssen und womöglich nicht nur auf Shiya, sondern auch auf Theo angesprochen zu werden, raubte mir sämtliche Kraft. Ich wusste ja noch nicht einmal, wie ich reagieren sollte, wenn mir an der Highclare Fragen gestellt wurden. Aber krankschreiben lassen war keine Option, immerhin standen vor Weihnachten noch einige Klausuren an und nach meinem eher holprigen Start am Anfang des Schuljahrs wollte ich diese auf keinen Fall verschieben.

Tatsächlich stellte ich schnell fest, dass das Lernen mir half, besser mit allem klarzukommen. Solange ich etwas hatte, das ich mir in den Kopf prügeln konnte – irgendetwas zu tun –, gelang es mir, hin und wieder meine Gefühle auszublenden und mich von den neugierigen Blicken der anderen abzulenken. Und so saß ich bis in die späten Abendstunden in der Bibliothek und lernte noch so lange auf meinem Zimmer weiter, bis mir die Augen zufielen.

Bereits am Mittwoch entschied ich, erst einmal nach Sir Archer zu ziehen – nicht offiziell, denn das war ja nicht einfach so möglich, aber zumindest vorübergehend. Zwar erinnerte mich im gemütlichen Herrenhaus der Remingtons wirklich alles an Theo, und es fiel mir schwer, mich zusammenzureißen, aber das war immer noch besser als die bohrenden Fragen und das leise Geflüster, das mich in Haverton House auf Schritt und Tritt verfolgte. Es war einfach nicht auszuhalten. Tatsächlich waren Theo, Annie und ich überall in der Academy das Gesprächsthema Nummer eins – aber hier hatte ich Jeremy, Bellamy und die Remingtons, die mich beschützten, als wären sie meine persönliche Leibgarde. Bellamy brachte mich morgens zum Unterricht und wenn wir in die Pause entlassen wurden, stand immer mindestens einer meiner Freunde bereits vor der Tür und wartete auf mich. So gelang es mir, Tag für Tag zu überstehen und eine Klausur nach der anderen hinter mich zu bringen.

Die Nachmittage verbrachte ich meist bei Twister, ging mit ihm ausreiten oder trainierte allein in der Reithalle. Wie es mit unseren Mannschaftstraining weiterging, war weiterhin unklar.

Liz hatte es uns freigestellt, ob wir immer noch mit Nat und Flora zusammen reiten wollten, und uns gebeten, in den Winterferien darüber nachzudenken. Doch nach allem, was passiert war, konnte Flora sich von mir aus auf den Kopf stellen – bei mir würde sie keine Sympathiepunkte mehr sammeln können. Trotzdem hatte ich beschlossen, Bellamy diese Entscheidung zu überlassen. Immerhin war er es, dem sie auf so hinterhältige Weise in den Rücken gefallen war.

Ich rechnete insgeheim damit, dass er Flora das nicht verzeihen konnte und dass es ein bisschen dauern würde, bis Liz ein neues Team zusammengestellt hatte. Auch weil niemand wusste, ob Theo zurückkommen würde – oder ob er beschließen würde, seine Pferde nach New York zu holen.

Die Vorstellung, ihn niemals wiederzusehen und mich auch noch von seinen Stuten, insbesondere von Skye, trennen zu müssen, machte mich fertig. So oft ich konnte, ging ich deshalb nach dem Training mit Twister noch zu ihr, kraulte sie und vergrub mein Gesicht in ihrem warmen Fell, während ich an Theo dachte und mir die Tränen übers Gesicht liefen. Ich fragte mich, wo er wohl gerade war – vermutlich in irgendeiner Penthouse-Wohnung an der Upper Eastside, eingesperrt in einem goldenen Käfig. Zumindest gab es seit Tagen keine neuen Fotos mehr von ihm im Netz.

Ich hatte mich zwar davon abhalten können, mich online durch Promisendungen zu klicken, aber abends, wenn ich nicht schlafen konnte, wurde ich doch schwach und schaute jedes Mal nach, ob es neue Artikel über Theo oder Bilder von ihm gab. Inzwischen wusste ich auch alles über seinen leiblichen Vater: über die Anschuldigungen gegen ihn und den Prozess, der nur mit einer Geldstrafe geendet hatte, obwohl mehrere Frauen später angaben, dass ihnen dasselbe widerfahren war wie Deliah. Fassungslos hatte ich die Artikel überflogen und mir außerdem mehrere YouTube-Zusammenschnitte und Interviews angeschaut – jedoch nur wenige Minuten lang. Dann war mir regelrecht übel geworden und ich hatte die Selbstgefälligkeit und das aufgeblasene Gehabe von Ronald Hammerton keine Sekunde länger ertragen können.

Ich fragte mich, wie es für Theo gewesen sein musste, in dem Wissen aufzuwachsen, dass dieser Mann sein Vater war. Ihm musste erst als Jugendlichem wirklich klar geworden sein, was er getan hatte, und ich konnte mir nur schwer vorstellen, wie diese Erkenntnis sich für ihn angefühlt haben musste.

Mein Vater ist ein richtig widerlicher Mensch, hatte er zu mir gesagt, als wir zum ersten Mal über ihn gesprochen hatten. Kurz darauf hatten wir uns geküsst. Ich dachte daran zurück. Daran, wie verzweifelt ich in diesem Moment gewesen war und wie die Berührung seiner Lippen mich alles hatte vergessen lassen. Meine Erinnerungen flogen durch die letzten Wochen, zu all den Momenten, in denen wir uns seither geküsst hatten – ganz langsam und liebevoll, stürmisch oder voller Leidenschaft – und schließlich zu dem Abend des Turniers, an dem Theo irgendwie komisch gewesen war.

Ich will damit sagen, dass ich kein guter Mensch bin, Louisa. Du weißt nicht, was ich getan habe.

Immer noch wollte es mir nicht in den Kopf gehen, ein Teil von mir weigerte sich einfach zu glauben, dass Theo Annie vergewaltigt haben sollte – Drogen hin oder her. Doch dann dachte ich wieder an seine Worte am See.

Es ist wahr. Das Dokument ist echt.

Nein, verdammt, das durfte einfach nicht sein! Das ergab alles keinen Sinn. Seit ich Theo kannte, war er immer unglaublich vorsichtig gewesen und hatte Rücksicht auf mich genommen – oft viel zu viel für meinen Geschmack. Wenn es zwischen uns einmal intimer geworden war, war es ihm schwergefallen, den Kopf auszuschalten, und ich hatte mir mehr als einmal gewünscht, dass er sich endlich fallenließ und darauf vertraute, dass ich es ihm schon sagte, falls es mir zu viel wurde. Aber Theo hatte immer gefragt, bevor er einen Schritt weitergegangen war, hatte sich fast schon akribisch versichert, dass er nicht doch versehentlich eine Grenze übertrat. War das … wegen Annie gewesen? Weil er Angst gehabt hatte, zu weit zu gehen? Und … war das auch der Grund, warum er irgendwann immer abgebrochen und komplett dichtgemacht hatte? Weil ihn Erinnerungen und Schuldgefühle überfielen? War er deshalb anfangs so abweisend zu mir gewesen und hatte Sir Archer mitten in der Nacht verlassen, nachdem wir uns geküsst hatten?

Gut möglich. Ich konnte es nicht leugnen, dass diese Puzzleteile zusammenpassten. Aber ich fühlte mich trotzdem nicht bereit dafür, mich der vollen Bedeutung dieser Erklärung zu stellen und zu akzeptieren, dass Atlas in manchen Dingen vielleicht recht gehabt hatte.

Ich schätze, du wirst sehr bald merken, dass Vanderton nicht der heldenhafte Märchenprinz auf dem weißen Pferd ist, den du so gerne in ihm siehst.

Diese Worte geisterten mir immer wieder durch den Kopf und wurden noch präsenter, als Atlas eine Woche nach den Ereignissen am See überraschend wieder an die Highclare Academy zurückkehrte.

Bereits kurz nach der Challenge hatte Eden alle in Haverton House darüber informiert, dass er über den Berg war und keine bleibenden Schäden davontragen würde. Aber ihn nun zu sehen – aufrecht und wieder mit Farbe im Gesicht – war noch einmal etwas anderes. Atlas war kein Freund von mir, ganz im Gegenteil. Aber als er so reglos im Sand gelegen hatte, Lippen und Haut bläulich angelaufen, hatte ich doch Angst um ihn gehabt.

Zu meinem Erstaunen machte er keine große Show aus seiner Rückkehr, und sogar Eden riss sich am Riemen, auch wenn man ihm ansah, dass es ihn in den Fingern juckte, zumindest eine kleine Welcome-Back-Party zu schmeißen. Doch Atlas machte gerade nicht den Eindruck, als ob er sich darüber freuen würde.

Er wirkte abweisend und wortkarg und brachte alle, die wagen wollten, ihn anzusprechen, allein durch Blicke dazu, wieder den Mund zu schließen. Ich hielt mich von ihm fern, aber mir entging nicht, wie die anderen die Köpfe zusammensteckten und darüber flüsterten, dass er irgendwie nicht mehr derselbe war.

»Scheint, als hätte das Wasser ihn noch mehr abgekühlt als erwartet. Lang lebe der Eiskönig!«, hörte ich Haru beim Mittagessen in der Academy witzeln, als Atlas wieder einmal nur kurz durch den Speisesaal rauschte, sich mit dunklen Ringen unter den Augen eine Tasche Kaffee schnappte und verschwand.

Ich konnte mich nicht zurückhalten. »Du bist echt das Letzte. Atlas hätte sterben können, ist dir das eigentlich bewusst?«, zischte ich Haru im Vorbeigehen zu, bevor ich meinen Teller wegstellte und meine Schulbücher für die nächsten Unterrichtsstunden aus dem Spind holte. Es war unglaublich, dass Haru nicht längst der Academy verwiesen worden war.

Es hatte sich herausgestellt, dass er einer der Spieler gewesen war, die die Drohnen über den See gesteuert hatten – besser gesagt: derjenige, dessen Drohne abgestürzt war. Die Sicherheitsleute hatten noch einen weiteren Komplizen erwischt, einen Typ aus dem letzten Studienjahr, der gestanden hatte, auch bei der Programmierung des Links geholfen zu haben. Mit dem Master war er allerdings nie persönlich in Kontakt getreten. Haru hingegen hatte nichts verraten und bei seiner Befragung wohl ordentlich auf die Tränendrüse gedrückt – zumindest, wenn man den Gerüchten glauben konnte. Vermutlich hatte er sich als eines der armen, erpressten Opfer dargestellt. Wie auch immer, es hatte gereicht, damit er erst einmal bleiben durfte. Und das machte mich unglaublich wütend. Außerdem ärgerte es mich, dass Rektor Lowell und sein Team sich weiterhin bedeckt hielten und immer noch keine Stellung bezogen hatten. Bisher war nur angekündigt worden, dass der Vorfall am See Konsequenzen nach sich ziehen würde – was auch immer das heißen sollte. Sichtbare Maßnahmen oder weitere Informationen gab es nämlich noch nicht. Und so wandelte ich täglich weiter durch die Academy, ließ meinen Blick über die Gesichter derer schweifen, die mir begegneten, und fragte mich im Stillen, ob einer von ihnen der Master war und ob dieser im Hintergrund gerade schon sein nächstes Opfer auswählte.

Es war wenige Tage vor Weihnachten, als meine Dads mich zusammen mit Kami abholten und ich mich von meinen Freunden verabschiedete. Jeremy würde dieses Jahr mit Alaric feiern – zum ersten Mal. Ich spürte, dass ihn die Trennung von seiner Familie mehr schmerzte, als er es uns wissen ließ, aber auch, wie sehr er sich auf das gemütliche Fest bei Alarics Eltern freute.

Bevor ich ins Auto stieg, umarmte ich alle und zu Hause angekommen, wurde ich bereits von einem Weihnachtsbaum im Wohnzimmer begrüßt, den wir am Abend gemeinsam schmückten.

Doch obwohl meine Dads sich erdenkliche Mühe gaben, mich abzulenken, fragte ich mich immer wieder, was Theo wohl gerade machte und ob er ebenfalls aus dem Fenster sah – auf New York – und an mich dachte.

Einen Tag vor Heiligabend trafen wir uns wie jedes Jahr mit Granny und Kami zum Plätzchenbacken und hörten Weihnachtslieder.

»Christmas isn't cancelled«, gröhlten meine Dads extralaut, als Kelly Clarkson aus den Lautsprechern in der Küche hallte, Kami grinste und stimmte mit ein. »Just you!«, rief sie enthusiastisch.

Ein weihnachtlicher Break-Up-Song? Oh Mann, wie es aussah, ließen sie wirklich nichts unversucht, um mich aufzumuntern. Ich schüttelte den Kopf und beugte mich über ein

Blech, um kleine Kekspferde zu verzieren. Nach Singen und Tanzen war mir einfach noch nicht zumute. Gerade als ich einem der Plätzchen eine pinke Zuckergussmähne verpasste, klingelte es an der Tür, und Dad verschwand mit einer Pirouette im Flur. Es dauerte ein paar Minuten, bis er zurückkehrte, und als er die Küche wieder betrat, stellte er die Musik aus. Fragend drehte ich mich zu ihm um und sah ihm sofort an, dass etwas nicht stimmte.

»Das war ein privater Kurier«, sagte er ernst, schaute mich an und seufzte. »Er hat etwas für dich abgegeben.«

Dads Ton gefiel mir nicht und erst, als er nun die Hand hob und sie mir entgegenstreckte, bemerkte ich den schlichten weißen Umschlag darin. Ich ging auf ihn zu und nahm ihm den Brief ab. Kein Absender, nur meine Adresse. Und doch reichte ein Blick, damit mein Herz zu rasen begann und alles in mir durcheinandergewirbelt wurde. Denn ich erkannte die Handschrift sofort. Es war Theos.

»Entschuldigt mich bitte kurz«, stammelte ich, schon auf dem Weg zur Tür. »Ich brauche einen Moment für mich allein.«

Und damit stürmte ich hinaus, die Treppe nach oben und in mein Zimmer. Dort ließ ich mich mit dem Rücken gegen meinen Schrank sinken, öffnete den Umschlag und faltete das Papier darin auseinander.

Liebe Louisa,
diese Zeilen zu schreiben, fällt mir nicht leicht. Aber du hast am Strand zu mir gesagt, dass ich dir Antworten schulde und du hast recht.
Bitte glaub mir, wenn ich dir sage, dass ich nie wollte, dass es so kommt. Und damit meine ich nicht, dass du etwas über diesen Teil meiner Vergangenheit erfährst, sondern, dass du

es auf diese Weise erfahren musstest. Ich hätte es dir gerne persönlich gesagt, unter anderen Umständen. Aber nun ist es zu spät. Trotzdem bin ich dir die Wahrheit schuldig und nach allem, was die Presse aktuell über mich schreibt, ist es mir wichtig, dass du meine Version der Geschichte und meine Sicht auf die Dinge kennst. Zuerst einmal: Es stimmt, was der Master enthüllt hat. Ich war bei der Polizei und habe mich selbst angezeigt – wegen jenem Abend des Gründerballs und dem, was danach passiert ist.

Es ist genau so, wie ich dir gesagt habe: Ich kann mich nicht wirklich daran erinnern. Aber da sind Bruchstücke, die hin und wieder hochkommen und die sind ziemlich heftig und eindeutig.

Sicher fragst du dich jetzt, warum es keine offizielle Anklage gegeben hat. Das liegt daran, dass Annie direkt nach dem Gründerball verschwunden ist und weder die Polizei noch ich eine Chance hatten, mit ihr zu sprechen.

Als ich am nächsten Morgen aufgewacht bin, war sie nicht mehr bei mir und als ich später versucht habe, mit ihr zu reden, war Annie komplett aufgelöst und hat mir die Tür vor der Nase zugeknallt. Kurz darauf war sie auf einmal weg. Spurlos verschwunden. Den Rest der Geschichte kennst du ja. Ich habe ihr unzählige Anrufe auf der Mailbox hinterlassen. Diese Erinnerungsfetzen, die auf einmal da waren, haben mich komplett fertiggemacht, ich hatte Angst um Annie und fühlte mich wie ein Monster. Ein paar Tage später habe ich es dann nicht mehr ausgehalten und bin zur Polizei gegangen. Doch da es weder Beweise noch eine Anklage des Opfers gab und auch die Nachforschungen nichts ergeben haben, wurde der Vorfall schließlich zu den Akten gelegt.

Bis zur Verkündung der Challenge dachte ich, dass das alles ein Geheimnis wäre, weil ich mit niemandem darüber ge-

sprochen hatte, auch nicht mit meinen Eltern. Ich hatte einfach Angst, dass Mum dann einen völlig anderen Menschen in mir sehen könnte. Nicht mehr ihren Sohn, sondern … meinen Vater. Und das ist etwas, vor dem ich mich schon mein Leben lang gefürchtet habe. Vielleicht war es feige, sich so zu verhalten. Aber ich liebe meine Eltern, und ich konnte den Gedanken nicht ertragen, dass sich etwas zwischen uns verändert.
Mein Plan war, mein Studium durchzuziehen, mich dann auf die Arbeit zu konzentrieren, irgendwie damit klarzukommen und das mit mir selbst auszumachen. Das ist auch einer der Gründe, warum ich nach Sir Archer umgezogen bin. Ich habe mir selbst nicht mehr getraut – da war plötzlich eine Seite an mir, die ich zuvor nicht gekannt habe und die ich auch nie für möglich gehalten hätte. Und damit sie kein zweites Mal zum Vorschein kommen konnte, habe ich versucht, mich komplett abzuschotten. Das hat so lange ganz gut funktioniert, bis ich dich kennengelernt habe, und du meine Welt völlig durcheinandergebracht hast. Denn mich plötzlich zu verlieben, gehörte ganz sicher nicht zu meinen Plan. Deshalb habe ich mich gerade am Anfang auch ziemlich danebenbenommen und das tut mir leid – genau wie so vieles andere. Dass ich dich angelogen habe, dass ich dich in diese Situation gebracht habe und dass ich einfach verschwunden bin, ohne eine Erklärung. Letztere möchte ich an dieser Stelle gerne noch nachholen: An dem Tag von Jeremys und Alarics Anhörung, als der Master die Challenge verkündet hat, hat er Atlas und mir zusätzlich eine Drohung aufs Handy geschickt, als Zeichen dafür, wie ernst es ihm war. Plötzlich diese Unterlagen zu sehen – Dokumente, von denen ich dachte, sie wären sicher verwahrt –, das hat mir den Boden unter den Füßen weggerissen.
Bis heute weiß ich nicht, wie es dem Master gelungen ist, an

diese Akte zu kommen, aber in diesem Moment war mir klar, dass ich mit meiner Familie reden und es ihnen erzählen musste. Also habe ich meinen Dad angerufen, und der hat sofort Miranda und Weaver verständigt, um mich nach New York zu bringen. Wenn es nach ihm gegangen wäre, hätte ich auch nicht wieder nach London fliegen dürfen. Aber es war ja eigentlich noch Zeit bis zur Challenge und ich wollte dich unbedingt sehen, dir persönlich alles erklären und mich zumindest von meinen Freunden verabschieden. Außerdem sollte alles ganz schnell gehen: Mein Team hat mich vom Flughafen direkt zur Academy geflogen und etwas abseits gewartet, weil ich nicht wollte, dass jemand mitbekommt, dass ich wieder da bin. Das hat nur leider nicht so gut funktioniert, wie ich dachte, und, nun ja, den Rest hast du ja selbst miterlebt.

Ich wünschte wirklich, wir hätten uns schon eher kennengelernt, unter anderen Umständen und ohne diesen Abschnitt meiner Vergangenheit. Vielleicht hätten wir dann eine Chance gehabt. Aber so, wie die Dinge jetzt stehen, gibt es die wohl eher nicht.
Ich weiß noch nicht, wie es jetzt weitergeht, aber fest steht, dass ich nicht an die Academy zurückkehren kann und auch meine Pferde abholen lassen werde.
Allerdings würde ich mich sehr freuen, wenn du Skye behältst. Ihr seid ein gutes Team geworden, und sie benötigt genau so eine einfühlsame Reiterin wie dich. Ich bin sicher, gemeinsam könnt ihr viel erreichen, und es würde mich unglaublich stolz machen, dich irgendwann in naher Zukunft ganz oben an der Spitze zu sehen.
Und solltest du etwas brauchen – Hilfe wegen der Presse, Personenschutz, was auch immer – kannst du dich jederzeit bei

Cassandra Davenport melden, einer meiner Mitarbeiterinnen. Ihre Karte findest du im Umschlag.

Ich möchte, dass du weißt, dass die letzten Wochen die schönsten und glücklichsten in meinem Leben waren und dass ich dich liebe und jeden Tag vermisse. Aber dennoch ist dieser Brief auch ein Abschied. Denn alles, was ich immer wollte, war, dich glücklich zu sehen – und das kannst du nun einmal nicht mit mir zusammen sein.
Theo

Die letzten Zeilen verschwammen immer mehr und als ich den Brief sinken ließ, rannen mir die Tränen über das Gesicht. Eine Weile saß ich einfach nur so da, völlig in mich zusammengesunken, die Arme um meine Beine geschlungen. Dann las ich Theos Brief noch einmal und dachte darüber nach, was er mir bisher alles über den Gründerball und Annies Verschwinden erzählt hatte: dass sie sich noch auf der Party gestritten hatten und dass er sich dank Atlas' Drogen nicht gut gefühlt hatte. Vielleicht hatte Annie ihn trotz Streit zurück nach Haverton House gebracht, wo Theo sie dann … Nein, irgendetwas stimmte nicht. Kurz flackerte das Foto der beiden vor meinem inneren Auge auf, auf das ich nur einen ganz kurzen Blick geworfen hatte. Trotzdem war ich mir sicher, dass Theo auf dem Rücken gelegen und Annie auf ihm gesessen hatte. Hätte sie ihn nicht gewollt, hätte sie einfach nur aufstehen müssen und überhaupt … wie wahrscheinlich war es, dass Theo mit den Drogen im Blut noch in der Lage gewesen war …? Ich würde Pa später danach fragen, nahm ich mir vor. Als Polizist kannte er sich mit den Auswirkungen von chemischen Substanzen aus.

Doch so oder so, irgendetwas erschien mir faul an der ganzen Sache und an Theos Wahrnehmung der Dinge. Konnte es sein, dass Annie gar nicht seinetwegen verschwunden war und er sich die Schuld für etwas gab, das so nicht geschehen war? Dass er sie erpresst und verängstigt hatte, glaubte ich ohnehin nicht. Aber was, wenn … es Annie selbst gewesen war, die dieses Foto gemacht hatte?

Der Gedanke schenkte mir neue Energie. Ja, schon klar, es konnte gut sein, dass ich gerade bloß verzweifelt versuchte, die Dinge so hinzubiegen, dass sie ein Bild ergaben, mit dem ich leben konnte. Aber … irgendwie konnte ich mir immer noch nicht vorstellen, dass er das wirklich getan haben sollte. Nicht Theo! Ich weigerte mich einfach, das zu akzeptieren. Besonders jetzt, da er schrieb, dass er mich immer noch liebte und ebenso sehr vermisste wie ich ihn. Denn das tat ich, egal wie wütend ich gleichzeitig auch auf ihn war. Und na klar, wenn Theo Annie tatsächlich vergewaltigt hatte, war das unverzeihlich. Aber alles, worauf sich diese Annahme stützte, waren seine eigenen unvollständigen Erinnerungen, von denen niemand sagen konnte, ob sie der Wirklichkeit entsprachen oder teilweise vielleicht sogar Halluzinationen gewesen waren.

Entschlossen stand ich auf, ging zum Fenster und blickte in die Ferne, auf einmal von einer überraschenden Klarheit erfüllt.

Es gab nur einen Menschen auf der Welt, der mir sagen konnte, was an jenem Abend wirklich geschehen war.

Wenn ich die Wahrheit erfahren wollte, musste ich Annie finden.

Epilog

Obwohl die Temperaturen draußen nachts bereits unter null Grad fielen, schwitzten die Hände des Mädchens, als sie die Nummer in ihr Handy tippte. Sie hatte sie noch im Kopf, immerhin hatte sie sie früher einmal auswendig gelernt. Nur für den Fall … dass sie mal Hilfe brauchte. Damals war *er* ihr Anker gewesen, einer der wenigen Menschen, denen sie vertraute. Wie lange das jetzt schon her war. Es erschien ihr wie ein anderes Leben.

Das Mädchen zögerte einen Moment, dann sperrte sie das Handy wieder, steckte es in die Tasche und lief weiter durch die menschenleere Gasse, bis sie die breitere Straße erreichte. Jetzt waren es nur noch wenige Schritte bis zu ihrer Haustür. Noch im Gehen zog sie ihren Schlüssel aus der Manteltasche und warf einen Blick über die Schulter, ehe sie aufschloss – eine Angewohnheit, die sie wohl nie ablegen würde. Schon auf dem Absatz der Treppe wurde sie von dem getigerten Kater begrüßt, der ihr um die Beine strich. Aber das Mädchen kraulte ihn nur kurz, ihre Gedanken waren woanders: bei diesem verfluchten Telefonat. Sie musste es führen, das wusste sie. Je eher, desto besser, denn damit würde sie nicht leben können. Und doch … war es ein unkalkulierbares Risiko. Was, wenn sie alles in Gefahr brachte? Sich? Diese Identität? Einfach alles? Mit einem Seufzen ließ sie sich aufs Sofa fallen, schloss kurz die Augen und dachte nach. Es war nie ihr Plan gewesen, noch einmal mit jemandem aus ihrer Vergangenheit Kontakt aufzunehmen. Viel zu riskant. Anfangs hatte sie das zwar bereut, gerade seinetwegen. Aber am Ende hatte sie erkannt, dass dieser Schritt notwendig gewesen war, um ihr die Augen zu öffnen und sie aus ihrer selbst geschaffenen Abhängigkeit zu reißen. In den letzten Monaten war alles immer leichter geworden und sie hatte sich schließlich diesem neuen Gefühl von Sicherheit hingegeben.

Doch dann hatte der Anruf sie erreicht und die Informationen darüber, was gerade an der Highclare Academy passierte, hatten ihr seither den Schlaf geraubt. Dabei konnte niemand wissen, wo sie sich aufhielt, sie hatte alle Verbindungen sauber gekappt. Zumindest glaubte sie das. Und doch … war da die stetig wachsende Angst in ihr, dass sie etwas übersehen hatte.

Gerade jetzt, da ihr Name auf so vielen Titelblättern prangte – zusammen mit seinem Gesicht. Als sie es zum ersten Mal gesehen hatte, war ihr ein kalter Schauer über den Rücken gelaufen, und obwohl ihr klar war, dass es nichts brachte, hatte sie an dem Tag verzweifelt alle Zeitungen gekauft, die sie finden konnte, und im Kamin verbrannt. Doch in den darauffolgenden Tagen waren es immer mehr geworden. Überall wurde darüber berichtet, die reißerischen Schlagzeilen überschlugen sich. Vermutlich lag das auch daran, dass es immer noch keine offizielle Stellungnahme zu den Vorwürfen gab. Sie verstand nicht, warum er sich nicht wehrte. Warum nahm er diese Anschuldigung einfach so hin?

Ihre Finger zitterten leicht, als sie die Nummer abermals eintippte und dann blitzschnell auf den grünen Hörer klickte, nur um gleich darauf wieder aufzulegen.

Idiotin, schalt sie sich selbst. *Was soll das?*

Sie legte das Handy vor sich auf den Tisch, stand auf und lief ein paar Schritte auf und ab. Doch auch das half nicht, sie zu beruhigen, und als ihr Telefon plötzlich klingelte, wusste sie, auch ohne nachzusehen, dass er es war.

Panik durchflutete sie, aber bevor sie es sich anders überlegen konnte, griff sie nach dem Handy und nahm den Anruf entgegen – sie musste sich dem stellen.

»Hallo?«, meldete sich eine Stimme und ihr ganzer Körper begann zu kribbeln. Er war es. Ihr Atem ging schneller, sie musste sich zwingen, nicht gleich wieder aufzulegen.

»Theo?«, krächzte sie und sofort herrschte Stille in der Leitung. Lange schockierte Stille, bei der sie sich schon fragte, ob er vielleicht wieder aufgelegt hatte. Doch schließlich hörte sie ihn tief einatmen, so als müsste er sich sammeln.

»Annie?«

Danksagung

Ihr Lieben,
wie immer wäre dieses Buch nicht das, was es ist, wenn ich im Hintergrund nicht so viele großartige Menschen hätte, die mich unterstützen, mich motivieren und die ich jederzeit anrufen kann, wenn es irgendwo brennt.

Tanja – Was wäre eine Danksagung ohne deinen Namen? Du bist immer die Erste, der ich alles erzähle, und diejenige, die mich in meinen Schreibkrisen daran erinnert, was ich alles schon erreicht habe. Danke fürs Ordnung-In-Meine-Chaotischen-Gedanken-Bringen, fürs Korrekturlesen und fürs stundenlange Anhören all meiner Sorgen <3

Anna – mein liebster Schreibbuddy, Königin der WhatsApp-GIFs und Partner in Crime. Danke, dass du mir geholfen hast, das Leben meiner Protagonisten nach allen Regeln der Kunst in Schutt und Asche zu legen, damit wirklich jeder am Ende denkt: Hat sie nicht getan!!!

(Ups, habe ich das gerade wirklich so geschrieben? :-D)

Marina – Ich weiß nicht, was ich in den letzten Tagen vor der Abgabe ohne dich getan hätte. Als mir die Luft ausgegangen ist, war es deine Begeisterung, die mich durch die Seiten getragen hat. Du hast mir so unglaublich geholfen! Danke fürs Händchenhalten!

Anni – Die Vorstellung, meine Lektorin wechseln zu müssen, hat mir erst einmal Bauchschmerzen bereitet. Aber du hast den Übergang für mich so leicht gemacht und ich bin unheimlich glücklich, dass wir jetzt ein Team sind. Danke für alles!

Katrin – Kein Mensch, außer mir, kennt diese Geschichte inzwischen so gut wie du. Danke für das gemeinsame Plotten, für stundenlange Telefonate, Brainstormings und deine unerschütterliche Ruhe, wenn ich im Lektorat Panik wegen der Abgabe geschoben habe.

Christiane – meine Superheldin Nummer 1! Ich weiß noch genau, wie es war, als ich dir mein erstes Manuskript geschickt habe und du gesagt hast, dass du etwas in mir siehst und mir eine Chance gibst. Wenn ich jetzt zurückblicke, sehe ich, wie weit ich seither gekommen bin, und ich spüre, dass da noch so viel mehr ist, was auf mich wartet. Ich kann dir nicht genug dafür danken!

Das unglaubliche Team des Arena Verlags – Ich wünschte, ich könnte euch alle einzeln aufzählen, aber Anni sagt, ich muss mich kurz fassen. Deshalb so: Jedes Mal, wenn ich euch sehe, sage ich euch schon, wie unfassbar gern ich euch alle habe und wie dankbar ich für alles bin, was ihr für mich auf die Beine stellt. Aber hier noch einmal für alle: Ihr seid die Besten!

Außerdem möchte ich gerne meiner Familie danken, die mir immer den Rücken freihält, sowie Nora und Debora. Danke für eure unerschütterliche Begeisterung, fürs Testlesen und euren Support. Das bedeutet mir so viel! Und danke, Tanita, für die perfekten Erste-Hilfe-Tipps fürs Buch. Es ist immer praktisch, eine Krankenschwester als Freundin zu haben, wenn man seine Charaktere in lebensgefährliche Situationen bringt :-D

Und wie immer gilt mein Dank natürlich auch all meinen Lesern und Leserinnen. Danke, dass ihr meine Bücher lest, danke für eure Unterstützung: für jede liebe Rezension im Internet, für eure Vorfreude und Nachrichten auf Instagram und TikTok.

Und solltet ihr nach dem Ende dieses Buchs ein klein wenig Angst haben weiterzulesen, kann ich euch sagen: Ja, es wird auf jeden Fall noch schlimmer. Aber … habt ein wenig Vertrauen in mich :-D

Personenverzeichnis

Haverton House

Louisa Bennet	Protagonistin
Eden Caldwell	Erster Vorsitzender von Haverton House und Teil der Haverton Hot Five, bekannt für seine skandalösen Partys
Bellamy Trengove	Model und Nachwuchsstar am Reiterhimmel, Mitglied von Louisas Reitmannschaft, Teil der Haverton Hot Five
Atlas Corentin	Louisas Mentor, Teil der Haverton Hot Five, einer der einflussreichsten Studenten des Ruby Circle, Leistungsschwimmer
Grayson Deverell	Teil der Haverton Hot Five und Mitglied der Schwimmmannschaft
Holly Sage Stafford	bekannter und überall beliebter Serienstar, Mitglied der Reitmannschaft
Celestine	Freundin von Holly Sage und Coraline
Coraline Thorley	genießt die Vorzüge von Haverton House, ist sowohl mit den Five als auch mit Holy Sage befreundet
Haru	Coralines Mentee, geht in Louisas Klasse

Belmont House

Ekatarina Romanowa	erste Vorsitzende von Belmont House und die Perfektion in Person

Flora	Mitglied der Reitmannschaft, beste Freundin von Nat
Natalia »Nat«	Mitglied der Reitmannschaft, ehemalige Besitzerin von Skye
Jeremy Peterson	Louisas bester Freund an der Highclare Academy
Cedric Peterson	Jeremys Bruder und echter Kotzbrocken

Sir Archer Remington

Theo Vanderton	reichster Student an der Highclare Academy und Louisas Freund, Mitglied der Reitmannschaft und früher Teil der Haverton Hot Five)
Jasper Grady	Erster Vorsitzender von Sir Archer Remington, ziemlich erfolgreicher YouTube-Star und unsterblich verliebt in Holly Sage
Sabia Whitfield	neustes Mitglied von Sir Archer und einziges Mädchen im Haus
Colin	Jaspers bester Freund, der für jeden Spaß zu haben ist
Avery Brennan	Sabias Mentor, ist sportlichen Herausforderungen nie abgeneigt

Louisas Familie

Jack Bennet, »Dad«	Louisas leiblicher Vater, Lehrer an der Cheswell School

Kayne Bennet, »Pa«	hat Louisa adoptiert, Polizist
Granny	Louisas Großmutter
Kamika Gupta, »Kami«	Louisas beste Freundin und Schwester im Herzen
Karenetta Sterman alias Shiya	international gefeierte Sängerin und Louisas leibliche Mutter

Highclare Academy

Rektor Lowell	Direktor der Highclare Academy
Alaric Crawley	Louisas ehemaliger Klassenlehrer und Jeremys Freund
Mr Brown	Vertretung für Alaric Crawley
Brenda	Hausvorsteherin von Haverton House
Gary Chapman	Hausvorsteher und gute Seele von Sir Archer Remington
Bethany »Annie« Lawrence	ehemaliges Mitglied des Ruby Circle, gilt seit über einem Jahr als vermisst
Liz	Trainerin von Louisas Reitmannschaft

Sonstige Charaktere

Lexi	ehemalige Freundin von Louisa, die ihr in den Rücken gefallen ist
Lucinda Norwood	ehemalige Mentorin vor der Highclare Academy und Chefin von Louisas Dad
Penelope Lawrence	Fernsehmoderatorin, Annies Tante

Deliah Vanderton Theos Mutter

Anthony Vanderton Milliardär, der Theo adoptiert hat

Miranda Theos Personenschützerin

Die Pferde

Twister Schecke, wird Louisa von der Academy zur Verfügung gestellt

Skye Theos Pferd, Fuchstute, gehörte früher mal Nat

Alaska Theos Pferd, Fuchsstute, auf sie kann er sich immer verlassen

Coco Theos Pferd, Fuchsstute, temperamentvoll

Amethyst Schimmel, wird Bellamy von seiner Sponsorin zur Verfügung gestellt

Cypriano Brauner Hengst, wird Bellamy von seiner Sponsorin zur Verfügung gestellt

Trinity Hollys Pferd, Apfelschimmelstute

Orion Louisas ehemaliges Turnierpferd, wohnt bei ihren Dads im Garten im Offenstall

Cookie Pony von Louisas Familie

Jana Hoch

Royal Horses

978-3-401-51240-2

Kronenherz

Greta will nur noch weg. Da kommt ihr der Ferienjob auf dem Gestüt der Royals gerade recht. Mit Pferden hat Greta zwar gar nichts am Hut – und mit Prinzen und Prinzessinnen noch viel weniger –, aber das Schloss der Königsfamilie lässt ihr Herz trotzdem höher schlagen. Doch kaum angekommen, macht Edward, der Pferdetrainer, ihr das Leben schwer. Nicht nur, dass er sie von Mariscal fernhalten will, dem silbrig-grauen Hengst… auch Edward hat ein Geheimnis.

978-3-401-51256-3

Kronentraum

Paparazzi, Blitzlichtgewitter, Skandale – Gretas Leben wird von einem Tag auf den anderen völlig auf den Kopf gestellt. Und daran trägt nur einer die Schuld. Edward. Oder besser gesagt: Prinz Tristan. Noch immer fühlt sich Greta wegen seiner Lügen hintergangen. Doch als Edward ihr anbietet, Schutz vor dem Medienrummel auf Caverley Green zu suchen, kann Greta nicht nein sagen. Aber ist Greta wirklich bereit, Teil seiner Welt zu werden?

978-3-401-51267-9

Kronennacht

Prinzessin werden – das wollte Greta nie. Doch nun sind sämtliche Kameras auf sie gerichtet, und jeder Schritt, den sie an Edwards Seite macht, wird genau beobachtet. Schnell merkt sie, dass das glamouröse Leben alles verändert: ihre Beziehung zu Edward, aber auch sie selbst. Inmitten aller Skandale findet Greta nur bei den Pferden Zuflucht. Und während Edward immer weiter in seine Rolle als Prinz gedrängt wird, kommen Greta Zweifel.

Jeder Band: Klappenbroschur • www.arena-verlag.de

Arena

Jana Hoch

Dancing with Raven

Unser wildes Herz

Auf dem neuen Internat soll Katrina zwei Dinge tun: Freunde finden und reiten. Doch genau das kommt nicht infrage. Denn sie hat sich geschworen, nie wieder auf dem Rücken eines Pferdes zu sitzen – und für neue Freunde ist sie nicht bereit. Nicht nach allem, was passiert ist. Selbst als sie Raven trifft, den ungestümen Palomino, der sich von niemandem etwas sagen lässt, hält Katrina an ihrem Vorsatz fest. Trotzdem will sie bei ihm sein, denn Raven gibt ihr etwas zurück, das Katrina glaubte verloren zu haben: das Gefühl von Freiheit, das Gefühl von Leben. Doch nicht nur Raven zieht Katrina Schritt für Schritt aus ihrer Trauer. Da ist auch Henry. Der Junge, der Katrina mehr herausfordert als jeder andere ... und der hartnäckig versucht, hinter ihr Geheimnis zu kommen.

384 Seiten • Gebunden • ISBN 978-3-401-60519-7 • www.arena-verlag.de

Hinweis zu sensiblen Themen
(Achtung: Diese Hinweise enthalten Spoiler!)

Dieses Buch enthält folgende Themen, auf die du sensibel reagieren könntest: Mobbing, Gewalt, Homophobie, sexualisierte Gewalt, Erbrechen, lebensbedrohliche Situationen, Drogen, Sexualisierung von Frauen, Panikattacken